성경신학적 구약 주해와 적용

강 정 주 지음

성경신학적 구약 주해와 적용

2022년 02월 10일 초 판 1쇄 인쇄
2022년 02월 15일 초 판 1쇄 발행

저 자 • 강 정 주

발행인 • 조 경 혜
발행처 • 도서출판 그리심
07030 서울시 동작구 사당로2길 72 인정 인정 B동 (B01)

등록번호 • 제 7-258호(1998. 4. 23)
출 판 사 • 전화 523-7589 팩스 523-7590
전자우편 • grisimcho@hanmail.net
홈페이지 • grisim.net
• http://smartstore.naver.com/grisimgrisim

• 이 책에 인용된 성경본문은 개역개정판(성서공회 2005년 발행)을 사용함.

ISBN 978-89-5799-465-8 (93230)

하나님께 돌아가는 길

하나님께 돌아오라는 것은 무슨 말씀입니까?
하나님과의 올바른 관계로 다시 나아오라는 말씀입니다.
하나님의 백성으로서
하나님과 맺은 언약 관계에서
마땅히 행해야 하는 율법과 규례를 지키라는 말씀입니다.
그러나 당시의 하나님 백성들은
돌아오라는 말씀에 대해
"우리가 어떻게 돌아갈까요?" 하고 반문을 합니다.
이러한 반문에는 하나님의 율법과 규례를 지켰다는
그들의 주장이 들어있고
여호와를 떠나지 않았다는 그들의 인식이 표현된 것입니다.
어떻게 돌아가야 하는지를 정말 몰라서가 아니라
돌아가야 할 필요성 자체를 느끼지 못한다는 질문입니다.

[본문설교에서]

목 차

시가서

선지서

저자 서문

안암교회를 섬기면서 행한 몇 년의 구약설교들을 모아서 책으로 발간하게 되었습니다. 단순한 구약설교라기 보다 구약 본문들에 대한 주해에 가깝습니다. 구약을 신학교에서 강의하면 신학적 접근에 집중하게 됩니다. 나중에 학생들의 이해를 점검해보면 잘 소화되지 않았음을 발견하게도 됩니다. 그리하여 좀 더 실제적으로 구약본문을 다룰 필요를 느끼기도 했습니다. 이 책이 이런 필요를 만족시킬 수 있다고 생각합니다. 성경의 한 부분인 구약 전체를 신약과의 관계성 속에서 신학적으로 주해하지만 설교 강단이라는 상황에서 진행하였기에 좀 더 쉽게 이해할 수 있다고 생각합니다. 또한 구약 전체에서 각 권별로 선택한 본문을 주해하고 설교하지만 각권의 중요한 신학적 이슈를 언급하면서 주해와 설교가 이루어졌습니다. 이런 면에서 각 권의 설교와 주해는 선택된 해당 본문의 이해에만 그치지 않고 그 본문이 속한 책 전체를 이해할 수 있도록 진행되었습니다. 이러한 이해는 구약을 넘어서서 신약을 동시에 이해하는 유익을 줄 것입니다.

신학교 강의가 신학적 측면에 집중함으로써 구약의 실제적인 이해에 어려움을 줄 수 있었다면 다른 한편으로 예배 가운데 행해지는 일반적인 구약설교는 구약본문의 신학적 깊이를 알려주는 데 어려움을 주기도 합니다. 설교자의 개인적인 수준과 예배에서의 설교라는 실제적인 여러 상황 때문에 구약에 대한 깊이 있는 신학적 이해를 전달하는데 한계가 있

습니다. 구약본문과 관련한 예화와 단순화시킨 적용에 만족하는 교우들도 있겠지만 좀 더 구약을 예수 그리스도 안에서 이해하고 싶어 하는 교우들에게는 많은 아쉬움을 주기도 합니다. 이 책은 이러한 분들의 필요도 채울 수 있다고 생각합니다. 구약 본문을 주해함에서 나오는 메시지가 어떻게 예수 그리스도 안에서 우리의 삶에 적용될 수 있는지를 발견하게 될 것입니다. 그러므로 이 책은 신학생들을 비롯하여 목회자들과 일반 교우들에게도 유익하리라 생각하여 출판합니다.

이 책의 출판을 위해 무엇보다 설교를 녹취해준 한 제자에게 깊은 감사를 전합니다. 일찍이 오래 전에 녹취 작업을 해주었지만 이제야 정리하고 출판하게 되어 미안한 마음을 가집니다. 또한 예화 없는 설교를 잘 들어주신 안암교회 성도님들과 출판을 격려해 주신 모든 분들께도 감사를 드립니다.

성경신학적 구약 주해와 적용

모세오경

단순한 구약설교라기 보다 구약 본문들에 대한
주해에 가깝습니다.

각 권의 설교와 주해는
선택된 해당 본문의 이해에만 그치지 않고
그 본문이 속한 책 전체를
이해할 수 있도록 진행되었습니다.
이러한 이해는
구약을 넘어서서
신약을 동시에 이해하는
유익을 줄 것입니다.

창세기 22장 1-19절
여호와 이레

(1) 그 일 후에 하나님이 아브라함을 시험하시려고 그를 부르시되 아브라함아 하시니 그가 이르되 내가 여기 있나이다 (2) 여호와께서 이르시되 네 아들 네 사랑하는 독자 이삭을 데리고 모리아 땅으로 가서 내가 네게 일러 준 한 산 거기서 그를 번제로 드리라 (3) 아브라함이 아침에 일찍이 일어나 나귀에 안장을 지우고 두 종과 그의 아들 이삭을 데리고 번제에 쓸 나무를 쪼개어 가지고 떠나 하나님이 자기에게 일러 주신 곳으로 가더니 (4) 제삼일에 아브라함이 눈을 들어 그 곳을 멀리 바라본지라 (5) 이에 아브라함이 종들에게 이르되 너희는 나귀와 함께 여기서 기다리라 내가 아이와 함께 저기 가서 예배하고 우리가 너희에게로 돌아오리라 하고 (6) 아브라함이 이에 번제 나무를 가져다가 그의 아들 이삭에게 지우고 자기는 불과 칼을 손에 들고 두 사람이 동행하더니 (7) 이삭이 그 아버지 아브라함에게 말하여 이르되 내 아버지여 하니 그가 이르되 내 아들아 내가 여기 있노라 이삭이 이르되 불과 나무는 있거니와 번제할 어린 양은 어디 있나이까 (8) 아브라함이 이르되 내 아들아 번제할 어린 양은 하나님이 자기를 위하여 친히 준비하시리라 하고 두 사람이 함께 나아가서 (9) 하나님이 그에게 일러 주신 곳에 이른지라 이에 아브라함이 그 곳에 제단을 쌓고 나무를 벌여 놓고 그의 아들 이삭을 결박하여 제단 나무 위에 놓고 (10) 손을 내밀어 칼을 잡고 그 아들을 잡으려 하니 (11) 여호와의 사자가 하늘에서부터 그를 불러 이르시되 아브라함아 아브라함아 하시는지라 아브라함이 이르되 내가 여기 있나이다 하매 (12) 사자가 이르시되 그 아이에게 네 손을 대지 말라 그에게 아무 일도 하지 말라 네가 네 아들 네 독자까지도 내게 아끼지 아니하였으니 내가 이제야 네가 하나님을 경외하는 줄을 아노라 (13) 아브라함이 눈을 들어 살펴본즉 한 숫양이 뒤에 있는데 뿔이 수풀에 걸

려 있는지라 아브라함이 가서 그 숫양을 가져다가 아들을 대신하여 번
제로 드렸더라 (14) 아브라함이 그 땅 이름을 여호와 이레라 하였으므
로 오늘날까지 사람들이 이르기를 여호와의 산에서 준비되리라 하더라
(15) 여호와의 사자가 하늘에서부터 두 번째 아브라함을 불러 (16) 이
르시되 여호와께서 이르시기를 내가 나를 가리켜 맹세하노니 네가 이같
이 행하여 네 아들 네 독자도 아끼지 아니하였은즉 (17) 내가 네게 큰
복을 주고 네 씨가 크게 번성하여 하늘의 별과 같고 바닷가의 모래와
같게 하리니 네 씨가 그 대적의 성문을 차지하리라 (18) 또 네 씨로 말
미암아 천하 만민이 복을 받으리니 이는 네가 나의 말을 준행하였음이
니라 하셨다 하니라 (19) 이에 아브라함이 그의 종들에게로 돌아가서
함께 떠나 브엘세바에 이르러 거기 거주하였더라 [창세기 22장 1-19절]

아브라함에게 주신 하나님의 명령

오늘 창세기 22장에 있는 이 말씀은 신앙생활을 어느 정도하신 분들은 잘 아는 내용입니다. 하나님께서 아브라함의 노년에 아들, 이삭을 주시고 이삭이 적어도 고등학교 1학년 정도 나이가 되었을 때에는 이 하나 밖에 없는 아들을 번제물로 바치라고 명령하신 것입니다. 번제라고 하는 것은 원래 짐승을 각 떠서 잡아가지고 하나님께 불태워 드리는 것입니다. 하나님께서 짐승을 그렇게 받으시기는 하지만 어떻게 사람을 각 떠서 불태워 바치라고 하실 수 있을까? 이해할 수 없는 하나님의 명령임에도 불구하고 아브라함은 순종하여 말씀하신 모리아 산으로 나아갑니다. 이삭을 하나님께 번제로 드리려고 합니다. 그러나 하나님께서는 이삭을 죽이려는 순간에 천사들을 통해 아브라함을 말리시고 그의 순종을 인정하십니다. 그리고 이삭 대신에 수풀에 걸린 숫양을 가져다가 번제물로 드리게 하십니다. 그래서 아브라함이 그곳을 "여호와 이레"라, '하나님께서 준비하셨다' 혹은 '공급하셨다' 라고 명명하게 되었다는 말씀의 내용을 여러분께서 다 아실 것입니다.

이 말씀을 통해서 하나님께서는 모세시대의 백성들에게 무엇을 교훈하시려고 하는 것일까요? 더 나아가 지금의 우리 성도들에게는 무엇을 말씀하시려고 약 3천 5백 년 전에 이러한 말씀을 하셨고 이 말씀이 전해지도록 보존하셨을까요? 이것은 아브라함의 믿음과 순종에 대한 말씀일까요? 아니면 그 외에 어떤 하나님의 메시지가 있는 것일까요?

시험하시는 하나님

먼저 오늘 말씀이 시작되고 있는 창세기 22장 1절을 생각해 보겠습니다. "그 일 후에 하나님이 아브라함을 시험하시려고 그를 부르시되"라고 하는 말씀입니다. 하나님께서 아브라함을 시험하시려고 그를 부르셨다고 말씀합니다. 하나님께서는 아브라함의 무엇을 시험하시려고 아브라함을 부르시고 있는 것일까요? 하나님께서는 과연 사람을 시험하시는 분이실까요? 하나님이 어떠한 분이신지를 알고자 할 때 이 시험이라고 하는 단어와 관련하여 야고보서 1장에 있는 말씀을 우리가 생각해 볼 수 있습니다. 야고보서 1장 12-13절은 시험과 관련하여 아래와 같이 언급합니다:

> 시험을 참는 자는 복이 있나니 이는 시련을 견디어 낸 자가 주께서 자기를 사랑하는 자들에게 약속하신 생명의 면류관을 얻을 것이기 때문이라. 사람이 시험을 받을 때에 내가 하나님께 시험을 받는다 하지 말지니 하나님은 악에게 시험을 받지도 아니하시고 친히 아무도 시험하지 아니하시느니라 오직 각 사람이 시험을 받는 것은 자기 욕심에 끌려 미혹됨이니

시험이라고 하는 단어를 구약의 단어(나싸, נסה)나 신약의 단어(페이라조, πειράζω)로 생각해 보면 의미적으로는 그렇게 차이가 없습니다. 두 단어 모두 두 가지 의미를 가질 수 있는데 하나는 무엇을 테스트하는, 무엇을 좀 검증하는, 무엇을 측량하는 의미를 갖습니다. 예를 들어, 수능

시험을 통해서 이 학생이 어느 정도의 수준의 대학에서 과연 공부할 수 있는지를 알기 위해서 테스트 하는 경우가 있습니다. 그러나 똑같은 단어가 문맥에 따라서 전자의 의미와 다르게 유혹하는, 넘어지게 하는, 사람을 망가뜨리게 하는 그런 의미로도 쓰일 수 있습니다.

야고보서 1장 13절에서 "하나님은 악에게 시험을 받지도 아니하시고 친히 아무도 시험하지 아니하시느니라"라고 말씀하셨을 때의 시험이란 하나님께서 괜스레 사람을 한 번 넘어뜨려보려고, 골탕 먹어보려고 시험을 하시는 분은 아니시라는 말씀입니다. 그러나 오늘 말씀처럼 하나님께서는 아브라함이나 다른 그의 백성들을 시험하시는 분이기도 합니다. 하나님께서 이런 시험을 하시는 이유는 약속하신 것을 주시려는데 있습니다. 이 시험은 다른 말로 시련과도 같은 것입니다. 자기를 사랑하는 자들에게 약속하신 생명의 면류관을 얻도록, 무엇인가를 확신시키도록 하는, 무엇인가 긍정적이고 하나님의 약속하신 것을 받게 하는 시험과 어떤 어려움들, 이것이 하나님이 주시는 시험입니다. 그러므로 야고보서 1장 2절은 이런 시험을 받는 자는 복이 있으니 시험을 당할 때에 오히려 온전히 기쁘게 여기라고 말씀합니다.

그렇다면 오늘 창세기 22장에서 나타나는 하나님의 시험은 어떤 시험일까요? 분명 하나님은 아브라함을 유혹하고 넘어뜨리려고 하는 시험을 하시지 않았을 것입니다. 하나님께서 아브라함이 믿음이 있는지, 없는지를 몰라서 아브라함을 시험하신 것도 아닐 것입니다. 사실 22장 12절의 말씀을 보면 혹시 그러한 오해를 낳을 수도 있는 말씀입니다. "사자가 이르시되 그 아이에게 네 손을 대지 말라 그에게 아무 일도 하지 말라 네가 네 아들 네 독자까지도 내게 아끼지 아니하였으니 내가 이제야 네가 하나님을 경외하는 줄을 아노라." 이러한 언급 때문에 우리는 '하나님께서 아브라함이 하나님을 믿고 순종할지, 안 할지, 하나님을 경외할 줄을 알지 못하셔서 시험을 하셨다' 이렇게 생각할 수도 있습니다. 그러나 전혀 그렇지 않습니다. 우리는 하나님을 전능하신, 전지하신, 모든 것을 아시고, 모든 것을 하실 수 있는 그러한 능력의 하나님으로 믿습니다. 하나님께서 아브라함이 어떠한 믿음을, 어느 정도의 믿음을 가졌는지를 몰라서, 그를 한 번 시험하신 것은 아닐 것입니다. 오히려 '이제야 내가 안다' 는 것은 하나님께서 이미 알고 계신 것을 이제 확고히 하신다는 말씀입니다(창 18:21 참조).[1)]

그러면 하나님께서 아브라함을 시험하신다고 하셨을 때에 이 시험이라는 것은 야고보서에 있는 말씀처럼 하나의 시련을 주신 것이며 하나의 연단인 것입니다. 몰라서 테스트를 하신 것이 아니라 하나님이 주신 어떤 약속을 분명히 누리고 확신하게 하려는, 믿음을 업그레이드 시키려는, 하나의 전환점을 만들려고 하시는 그런 긍정적 의미의 시험인 것입니다. 하나님께서 앞으로 주시고자 하는 약속에 대해서 아브라함이 하나님의 계획과 하나님의 일하심을 구체적으로 알 수 있게 하고 감당할 수 있게 하는 시험입니다. 이것은 그의 믿음을 다지고자 하시는 시험입니다. 그러한 선하신 의도 가운데에서 아브라함을 향한 시험이 시작되었습니다. 그러한 선하신 하나님의 의도가 본문의 내용 속에서도 잘 드러나고 있습니다. 결국 하나님께서는 이삭을 죽이려고 하신 것이 아니었음을 알기 때문입니다.

하나님은 일관성 있는 하나님이십니다. 하나님은 결코 사람을 죽여서 드리는 제사를 좋아하시는 분이 아니십니다. 아니 그것을 혐오하시는 분이십니다. 일찍이 아브라함의 후손들이 출애굽 이후로 가나안 땅에 들어가서 가나안의 아모리 사람들을 철저히 진멸하고자 하실 때에 그 이유 중에 하나는 그들이 몰렉 신을 믿고 자신의 자식들을 불태워 몰렉 신에게 드리는 인신제사의 종교 생활을 했기 때문이라고 말씀하셨습니다(레

---

1)고든 웬함, 『창세기 16-50』: WBC 성경주석 2, 윤상문, 황수철역(서울: 솔로몬, 2001), 235.

18:21; 20:1-5 참조). 이런 일은 하나님께서 가증하게 여기시는 것이기에 행하지 말라 하셨습니다(신 12:29-31).

사사시대에 입다라고 하는 사사는 전쟁에서 승리하면 하나님께 자신을 제일 먼저 맞으러 오는 자를 번제물로 드리겠다는 우스꽝스러운 서원을 하기도 했습니다. 그는 결국 그 서원을 갚아서 자신의 딸을 번제로 드리는 일을 했지만 하나님께서는 결코 그의 서원을 기뻐하지 아니하셨고 그의 서원을 성취하는 일에 대해서 한 마디 말씀도 하지 아니하심으로써 그것이 얼마나 어리석은 서원이었는지를 가르쳐 주십니다.

하나님이 아브라함을 시험하시고자 하는 이 시험은 악한 의도도 없으시고, 이삭을 잡아 죽이고자 하시는 그러한 계획도 없으신, 그저 아브라함이 어느 정도 믿음의 사람인지를 확인 하려고 하시는 선하신 시험입니다. 하나님께서 그에게 주신 약속을 그에게 확신시키기 위한 하나의 시험으로 이해할 수 있습니다.

믿음으로 반응한 아브라함

이러한 하나님의 시험에 대해서 아브라함은 사실 갈등했을 것입니다. 그러나 22장의 본문 말씀은 아브라함의 갈등을 전혀 서술하고 있지 않습니다. 하나님께서 아들 이삭을 번제물로 드리라는 명령에 대해서 22장 3절은 아브라함이 아침 일찍 일어나서 나귀에 안장을 지우고 종들과 아들 이삭을 데리고 번제물로 드리기 위해서 떠나고 있는 행동만 곧바로 언급하고 있기 때문입니다. 갈등이 없어 보입니다. 하나님께서 명령하시자 3절은 곧바로 그가 아침에 일찍 일어나 종들과 이삭을 데리고 하나님이 지시하신 곳으로 갑니다. 인간적 갈등이 생략되었다는 의미입니다. 아브라함의 인간적 갈등의 모습이 오늘 본문에서 중요하지 않다는 모세의 의도가 잘 나타나 있습니다.

그러나 히브리서에 있는 말씀을 보면 아브라함에게 갈등이 있었음을 분명히 알 수 있습니다. 왜 갈등하지 않겠습니까? 하나님께서 아브라함을 부르실 때에 75세 전에 부르셨습니다. 갈대아 바벨론 땅 우르에서 그를 부르셨습니다. 부르실 때에 내가 너의 자손을 아주 번성하게 하겠다. 내가 너에게 아름다운 땅을 주겠다. 그리고 너를 통해서, 너의 자손을 통해서 모든 만민이 복을 얻도록 하겠다. 네가 그러한 사람이 되도록 하겠다. 그러한 약속을 주셨습니다. 아브라함은 75세에 다시 하나님의 명령을 따라서 불림을 받았을 때에 하란을 떠나 약속의 땅으로 가게 됩니다. 그 약속의 땅에 살면서 그가 백세의 나이가 될 때까지 하나님의 약속은 지켜지지 않았습니다. 아들을 주시겠다는 약속이 이루어지지 않았던 것입니다. 그래서 아브라함은 자신이 스스로 하나의 방안을 마련합니다. 다메섹에서 데려온 엘리에셀을 입양하여 아들로 삼으려고 합니다. 이집트의 여인 하갈을 통해 이스마엘을 낳아서 자신의 후계자로 삼으려고도 합니다. 그러나 하나님은 그것이 아니라고 하십니다. 네 몸에서 태어나는 아들을 주시겠다고 말씀하십니다. 사라는 이미 갱년기의 여성이 되었고 더 이상 아이를 생산할 수 없는 여인이 되었습니다. 그런데도 하나님께서 아들을 주시겠다고 하니, 자신의 자손을 번성케 하신다고 말씀하니 참 이해되지 않는 날들을 보내었습니다. 그러나 하나님께서는 그가 백세 때에, 또 그의 아내 사라가 90세가 되었을 때에 이삭을 아들로 주셨습니다. '드디어 하나님께서 약속하신대로 나의 자손을 통해 번성케 하시고 만민에게 복을 주시려고 하시려는가 보다' 하고 생각을 하게 되었을 것입니다.

여기에 오기까지 아브라함은 많은 인생의 숱한 여정을 겪어야 했습니다. 그리고 이삭이 15살 때쯤 되었을 때, 곧 그의 나이가 115세 정도 되었을 때 어느 날 하나님은 자신을 부르셔서 그 아이를 바치라고 말씀하신 것입니다. 하나님이 주신 약속과 하나님이 지금 현재 요구하시는 그 요구 사이에는 일관성이 없는 것입니다. 모순이 있죠. 이삭은 하나님의 약속의 아들이고, 이 아들이 살아야 자손이 번성하고 만민이 복을 얻는데 그 싹을, 그 씨앗을, 그 아들 이삭을 죽이라고 말씀하시니 이것은 도저히 이해할 수 없는 하나님의 명령이었습니다. 그런 약속과 현실에서 그는 많은 고민을 했을 것입니다. 어느 정도 고민을 했는지는 모르지만 지체하지는 않았습니다. 하나님의 명령을 받은 그 다음날 아침 일찍 그는 이삭과 종들을 데리고 하나님의 명령을 순종했기 때문입니다.

그는 어떻게 하나님의 약속과 현실 속에서의 그 모순을 이기고, 갈등을 이기고, 믿음에 순종하는 사람이 되었을까요? 우리 한 번 히브리서에서 말씀하시는 본문을 보고 생각해 보겠습니다. 히브리서 11장 16절에서 19절을 한 번 교독해 보겠습니다.

> 그들이 이제는 더 나은 본향을 사모하니 곧 하늘에 있는 것이라 이러므로 하나님이 그들의 하나님이라 일컬음 받으심을 부끄러워하지 아니하시고 그들을 위하여 한 성을 예비하셨느니라 아브라함은 시험을 받을 때에 믿음으로 이삭을 드렸으니 그는 약속들을 받은 자로되 그 외아들을 드렸느니라 그에게 이미 말씀하시기를 네 자손이라 칭할 자는 이삭으로 말미암으리라 하셨으니 그가 하나님이 능히 이삭을 죽은 자 가운데서 다시 살리실 줄로 생각한지라 비유컨대 그를 죽은 자 가운데서 도로 받은 것이니라

이삭은 분명히 약속의 아들이었습니다. 그런데 이 약속의 아들을 하나님께서 드리라고 했을 때에 아브라함은 많은 고민과 갈등이 있었겠지만 오늘 히브리서는 그가 이삭을 드리게 되었는데 그것은 죽은 자 가운데에서도 다시 살리실 줄을 그가 믿었기 때문이라고 그의 갈등의 해결점을 말씀해 주고 있습니다.[2] 아브라함은 밤새 고민했을 것입니다. 그 고민 가운

---

2) B. K. Waltke and C. J. Fredricks, *Genesis: A Commentary* (Grand Rapids: Zondervan, 2001), 307.

데 이삭에게 초점을 맞추게 되면 해결 방법이 없습니다. '이삭은 하나님의 약속의 아들이 아닌가? 이삭이 살아야만 하나님의 약속이 이루어지고 만민이 복을 얻는 것 아닌가?' 이렇게 이삭은 하나님의 약속의 도구이지만 이삭만을 바라볼 때에 아브라함은 갈등 속에서 헤어 나올 수가 없었을 것입니다.

그러나 그가 이삭이 아닌 하나님을 바라볼 때에는 갈등을 해소할 수 있었습니다. "어떠한 하나님이신가? 아이를 낳기엔 너무 늙어 버린 나와 아내에게 아이를 주신 전능하신 하나님이 아니신가? 하나님께서 이삭을 데려가신다 할지라도 다른 자손을 주실 수 있는 하나님이 아니신가? 설사 이삭을 번제물로 드려 죽인다고 할지라도 전능하신 하나님이 그 이삭을 다시 살리실 분이 아니신가?" 전능하신 하나님에 대한 신앙, 이삭이 아닌 하나님께 초점을 맞춘 그의 믿음, 하나님 자신에 대한 믿음, 하나님의 전능하심에 대한 믿음, 그 믿음이 그로 하여금 갈등을 해소하게 했고, 믿음으로 나아가게 했음을 성경은 우리에게 말씀해 줍니다.

약속의 수단만을 집중하면 결코 순종할 수 없는 믿음인데 하나님 자신만을 바라볼 때에 그는 순종할 수 있는 믿음으로 나아갈 수 있었던 것입니다. 선하신 하나님, 약속의 하나님, 내가 믿는 전능하신 하나님, 그 분이 바로 내가 믿어야 할 하나님이심을 깨달을 때 에 그는 아침에 일찍 일어나서 그 명령에 순종하는 믿음으로 나아간 것입니다.

사랑하는 여러분! 창세기 22장 5절의 말씀을 보면 그의 부활에 대한 믿음, 히브리서가 말하고 있는 이삭을 다시 살릴 것에 대한 그 믿음이 기록되어 있습니다. 22장 5절에 "이에 아브라함이 종들에게 이르되 너희는 나귀와 함께 여기서 기다리라 내가 아이와 함께 저기 가서 예배하고 우리가 너희에게로 돌아오리라"라는 말씀입니다. 내가 아이와 함께 하나님이 말씀하신 그 산에 가서 '우리'가 예배하고, '우리'가 너희에게로 돌아오리라 그렇게 종들에게 말하는 장면에서 아브라함은 이미 믿음의 결단을 내린 것입니다. "우리가" 라고 복수형으로 말하고 있기 때문입니다. 이삭을 잡아 죽였으면 돌아올 때는 자기 혼자만 돌아오니 단수로 말해야 하지만 아브라함은 복수로 표현하고 있습니다. 우리가 함께 예배하고, 우리가 함께 너희에게로 돌아오리라. 아브라함은 그와 이삭이 함께 돌아올 것을 믿은 것입니다. 이삭을 다시 살리시어 함께 돌아오게 하실 것을 믿은 것입니다. 하나님에 대한 믿음입니다. 하나님의 선하심에 대한 믿음입니다. 그래서 그는 그 믿음대로 순종하고 나아간 것입니다.

선물을 준비하신 하나님

22장 8절을 보면 아브라함과 이삭이 번제를 위해 나아갈 때 이삭이 번제할 어린 양이 어디에 있냐고 물어본 것을 알 수 있습니다. 이삭의 질문에 아브라함이 대답합니다. "내 아들아 번제할 어린 양은 하나님이 자기를 위하여 친히 준비하시리라." 하나님이 준비하시리라. 하나님이 공급하시리라. 엘로힘 이레의 믿음을 가지고 그는 이삭을 하나님께 드리려고 했습니다. 그러한 믿음 가운데 아브라함이 이삭을 잡아 죽이려고 하자 하나님께서는 긴급히 말리십니다. 그가 하나님이 약속하신 아들을 드리기까지 순종하는 것을 보시고 수풀에 걸려 있는 한 마리의 양을 이삭을 대신하여 번제물로 드리게 하셨습니다.

하나님께서 아브라함의 믿음대로 하나님의 산에서 준비하신 것입니다. 여호와이레의 하나님이셨습니다. 하나님께서 공급하셨습니다. 무엇을 공급하셨습니까? 대신 죽을 어린 양을 공급하신 것입니다. 하나님께서 시험하신 목적이 여기에 등장하고 있습니다. 하나님께서 아브라함을 시험하신 목적이 무엇인가? 그의 믿음을 한 단계 더 업그레이드 시키고자 하는 목적이셨는데 하나님께서 약속하신 그 약속을 어떻게 이루실 것인지에 대해 깨닫게 하시고자 하는 그러한 시험이셨습니다. 바로 아들 이삭 대신에 어린 양을 대속적으로 죽게 하시는 그러한 하나님의 일을 아브라함에게 미리 말씀해 주신 것입니다. 그러한 목적을 22장 15절 이하는 다시 설명하고 있습니다. 15절부터 19절까지 교독해 보시죠.

> 여호와의 사자가 하늘에서부터 두 번째 아브라함을 불러 이르시되 여호와께서 이르시기를 내가 나를 가리켜 맹세하노니 네가 이같이 행하여 네 아들 네 독자도 아끼지 아니하였은즉 내가 네게 큰 복을 주고 네 씨가 크게 번성하여 하늘의 별과 같고 바닷가의 모래와 같게 하리니 네 씨가 그 대적의 성문을 차지하리라 또 네 씨로 말미암아 천하 만민이 복을 받으리니 이는 네가 나의 말을 준행하였음이니라 하셨다 하니라 이에 아브라함이 그의 종들에게로 돌아가서 함께 떠나 브엘세바에 이르러 거기 거주하였더라

사랑하는 여러분! 17절과 18절에 있는 말씀은 아브라함이 35년 동안 늘 줄기차게 들었던 하나님의 약속의 말씀입니다. "내가 너에게 큰 복을 주고 네 씨가 번성하고 그리고 네 씨가 대적을 이기고 네 씨로 말미암아 천하 만민이 복을 받으리라." 이것이 아브라함을 부르신 목적이며 그를 통해 이루고자 하시는 하나님의 비전입니다. 그의 자손을 통해 천하 만민이 복을 얻게 하시는 것, 아름다운 세상을 만드시는 것이 아브라함을 부르시고 그에게 주신 약속의 내용이었습니다. 이전까지 아브라함은 아마도 '하나님께서 내 자손을 잘 되게 해 주신다. 나에게 땅을 주신다. 내게 복을 주신다' 는 차원에서만 생각했는지 모릅니다. 그러나 하나님은 아브라함에게 그의 자손을 통해 천하 만민이 복을 얻는다는 원대한 비전을 주시고 이제 이삭을 바치는 시험을 통해서 그에게 어떻게 천하 만민이 복을 얻게 되는지 방법을 가르쳐 주시는 것입니다. 그것은 바로 이삭 대신에 죽은 양을 통한 대속의 원리를 통해서 하실 것입니다. 그의 자손 가운데에 오시는 한 씨가 대속적 죽음을 통해서 천하 만민에게 복을 가져다준다는 하나님의 원대한 계획을 아브라함에게 미리 가르쳐 주시는

것입니다. 아브라함은 그러한 하나님의 원대한 계획을 깨달을 만한 믿음의 분량이 있었던 사람입니다. 하나님께서는 그것을 확인하시고자 하셨습니다. 이런 정도의 믿음의 분량에 해당되는 아브라함에게 그의 씨의 대속적 죽음을 통해 천하 만민에게 복을 주시고자 하는 하나님의 원대한 계획을 알게 해 주신 것입니다. 이것이 바로 하나님께서 아브라함을 시험하신 목적입니다. 아브라함은 이렇게 약 2천년 후에 그의 후손으로 오시는 예수가 천하 만민을 대속하기 위해 죽고 그들에게 구원과 복을 가져오실 것을 희미하게라도 깨닫고 바라보면서 믿음으로 살다간 첫 사람입니다(요 1:29; 막 10:45; 요 8:56 참고).[3)]

시험을 통해 드러나는 하나님의 비전

사랑하는 여러분! 이 말씀을 통해서 하나님께서는 모세시대의 백성들에게 무엇을 교훈하시려고 하는 것일까요? 광야의 어려운 시련 가운데에서도 하나님의 약속을 붙잡고 믿음으로 순종할 것을 요구하신 것입니다. 준비하신 숫양을 통해 이삭을 살리신 것처럼 출애굽의 유월절 양을 통해 자신들을 살리신 것을 기억나게 하시고 앞으로도 구원을 준비하실 것을 확신하길 원하십니다.[4)] 이렇게 선조들과 현재의 그들을 살리신 것처럼 천하 만민도 복 주시려는 것임을 알게 하십니다. 그러므로 천하 만민에게 복을 가져올 통로인 아브라함의 후손들로서 지금의 어려운 상황 속에서도 하나님의 비전을 붙잡고 순종하며 나아갈 것을 말씀하십니다.

이 말씀이 지금의 우리 성도들에게 교훈하는 것은 또한 무엇입니까? 하나님께서 여러분을 시험하실 수 있다는 것입니다. 그러나 걱정하지 마

3) 예수의 모형으로서의 숫양에 대한 이해를 위해서는 시드니 그레이다누스, 『창세기 프리칭 예수』, 강정주, 조호진역(서울: CLC, 2010), 313-314를 보라.

4) 시드니 그레이다누스, 『창세기 프리칭 예수』, 317, 325-326.

십시오. 아브라함에 하신 것처럼 "네가 사랑하는 아들을 바쳐라"와 같은 시험은 안 하실 것입니다. 하나님께서 예수 그리스도를 통해 대속적 죽음을 가져올 것이라고 하는 이 특수한 계시는 특별한 사람 아브라함에게 시험을 통해 주신 것이지 우리에게도 동일한 시험을 하시지는 않습니다. 이 시대에는 이 시대 성도들의 믿음의 분량에 맞는 시험과 시련을 또한 주십니다. 그러한 시험과 시련을 받을 때에 기쁘게 여겨야 합니다. 더 나아가 복으로 여겨야 합니다.

그런 하나님의 시험 속에서는 우리에게 주시고자 하는 뭔가 선한 목적이 있기 때문입니다. 우리의 믿음을 한 단계 더 업그레이드 시키고자 하시는 하나님의 목적이 있을 수가 있습니다. 이러한 시험을 통해서 하나님의 놀라운 비전을 확실하게 깨닫게 하고자 하시는 목적이 있을 수 있습니다. 성도 여러분! 하나님께서 우리에게 뜻하신 바를 이루시고자 할 때에 여러 가지로 우리를 테스트 하시고 우리를 훈련하시고 선한 목적 가운데 여러 가지로 우리에게 갈등과 어려움을 주실 수도 있습니다. 그럴 때에 하나님께서는 우리가 아브라함처럼 믿음으로 순종하길 원하십니다.

하나님께서는 어떤 프로그램과 이벤트와 사건이 아니라 하나님 자신에 대한 믿음, 하나님 자신을 믿는 믿음, 그 전능하심과 선하심을 믿는 믿음, 그 믿음으로 갈등을 이기고 순종하며 나아올 것을 원하십니다. 이렇게 하여, 교회인 우리를 통해서 이루고자 하는 하나님의 그 원대한 꿈, 곧 아름다운 지역과 아름다운 세상을 '하나님의 어린 양' 예수 그리스도 안에서 이루시고자 하는 그 비전을 성도들 각자에게 확신케 하시는 것입니다(요 1:29). 순종치 않고서는 우리가 그것을 경험할 수가 없습니다. 순종하지 않는 믿음은 죽은 믿음일 것입니다. 확신하지 못해서 늘 흔들리는 믿음입니다. 그러나 하나님 자신에 대한 믿음을 가지고 순종할 때, 우리는 하나님이 약속하신 것들을 경험하며 누릴 수 있습니다. 역동적이고 살아있는 믿음생활을 우리는 경험할 수 있습니다. 특별히 아브라함에게 일찍이 하나님의 비전을 보게 하셨는데 우리는 예수 안에서 확실히 그 비전을 맛보고 있고 그 비전의 완성을 바라보며 살아가고 있습니다. 그러므로 예수 안에서 완성되어 가는 하나님 나라의 실제를 경험하며 순종하는 우리가 되어야겠습니다. 그 나라의 비전 가운데 우리가 믿음으로 순종하며 나아갈 것은 무엇입니까? 하나님이 준비하신 어린 양 예수의 속죄와 승리를 전함으로 천하 만민이 복을 얻게 하는 것입니다 (막 10:45; 고전 5:7). 이러한 하나님의 비전에 구체적으로 순종하실 수 있는 여러분들이 되시기를 주님의 이름으로 부탁드립니다.

출애굽기 40장 34-38절 함께 거하시며 인도하시는 하나님

(34) 구름이 회막에 덮이고 여호와의 영광이 성막에 충만하매 (35) 모
세가 회막에 들어갈 수 없었으니 이는 구름이 회막 위에 덮이고 여호와
의 영광이 성막에 충만함이었으며 (36) 구름이 성막 위에서 떠오를 때
에는 이스라엘 자손이 그 모든 행진하는 길에 앞으로 나아갔고 (37) 구
름이 떠오르지 않을 때에는 떠오르는 날까지 나아가지 아니하였으며
(38) 낮에는 여호와의 구름이 성막 위에 있고 밤에는 불이 그 구름 가
운데에 있음을 이스라엘의 온 족속이 그 모든 행진하는 길에서 그들의
눈으로 보았더라 [출애굽기 40장 34-38절]

성막과 여호와의 구름

오늘 출애굽기 본문은 성막과 관련한 말씀입니다. 성막(聖幕)뿐만 아니라 회막(會幕)에 대한 언급도 있습니다. 성막(미쉬칸, מִשְׁכָּן)은 무엇이며, 회막(오헬 모에드, אהל מועד)은 무엇입니까? 의미가 조금 다르기는 하지만 이 본문에서 회막과 성막은 본질적으로 서로 동의어입니다. 회막이라고 하기도 하고 성막이라고 하기도 하는 이 텐트가 완성되었는데 출애굽한지 1년 만에 시내산에 세워진 것입니다. 하나님께서는 이스라엘 백성들을 이집트에서 나오게 하시고 3개월 만에 시내산에 도착하게 하셨습니다. 그리고 9개월이 지나 출애굽한지 1년 만에 이 회막이라고 하며 성막이라고도 하는 텐트를 세우게 하신 것입니다. 40장 17절에 보면 "둘째 해 첫째 달 곧 그 달 초하루에 성막을 세우니라"로 되어 있습니다. 이집

트에서 나와 1주년이 된 새해 첫날을 이스라엘은 하나님의 거룩한 텐트와 함께 맞이하게 된 것입니다. 또한 이 텐트는 이집트에서 나온 60만 명 이상 되는 이스라엘 백성들의 텐트들 중앙에 세워졌습니다.

오늘 본문은 이 텐트가 세워졌을 때 어떤 일이 일어났는지를 언급하면서 출애굽기의 말씀을 마치고 있습니다. 하나님께서 세우라고 명령하신 회막 혹은 성막을 세웠을 때에 어떤 일이 일어났습니까? 34-35절 말씀을 보면 회막에 구름이 덮였고/거했고(샤칸, שָׁכַן) 여호와의 영광이 충만하였습니다. 두 번이나 반복되는 구름에 대한 언급은 여호와의 영광과 병행되어 언급되고 있습니다. 또한 이 구름이 38절에서는 “여호와의 구름”이라고 언급되고 있는 것을 볼 때 단순히 하늘에 떠있는 구름은 아닙니다. 이 구름은 ‘여호와의 영광을 가시적으로 드러내는 구름’ 인 것입니다(16:10; 24:16-18).[5] 여호와의 영광은 하나님의 임재를 의미합니다. 그러므로 성막에 충만한 구름과 영광은 하나님께서 성막에 분명히 강림하셨음을 나타냅니다.[6]

이스라엘 백성 중에 거하시고 인도하시는 하나님

이스라엘 백성이 이와 같은 여호와의 구름을 언제 또 보았습니까? 그들은 몇 달 전 시내산 꼭대기에 하나님께서 임재하실 때에 나타났던 구름을 본적이 있었습니다(출 19:9, 16). 바로 그 구름이었습니다. 아주 짙은 구름이 시내산 꼭대기에 가득했을 때, 불이 일어나며 천둥과 함께 하나님께서 시내산에 임재 하셨던 것을 보았습니다. 그 구름은 하나님의 임재를 드러내는 구름이었습니다. 오늘도 그와 같은 구름을 다시 보고 있

5) 제임스 브루크너, 『출애굽기』(서울: 성서유니온, 2015), 506.

6) Childs는 하나님의 임재를 나타내기 위하여 저자가 의도적으로 구름과 영광을 병행시켜 서술하고 있다고 관찰한다. B. S. Childs, Exodus (London: SCM, 1974), 638.

는 것입니다. 하나님의 성막이 세워졌을 때 하나님의 임재를 보여주는 그 구름이 그 성막에 가득하게 내려앉았습니다. 하나님의 영광이 그 성막에 충만했던 것입니다. 무엇을 의미하는 것입니까? 시내산에 임재 하셨던 그 하나님께서 이제는 산이 아니라 이스라엘 백성들 가운데 거하셨다는 것입니다. 하나님께서 이스라엘 백성들과 함께 거하시고 함께 생활하시게 되었다는 것을 말씀합니다.

하나님께서 이스라엘 백성들 가운데에 함께 거하셨을 뿐만 아니라 36절 말씀을 보면 성막 위에 내려앉은 그 구름을 떠오르게 하셔서 구름이 떠오를 때에는 행진하라는 표시를 주셨습니다. 광야의 이스라엘 백성들이 어디로 가야하는지, 언제 출발해야 하는지를 구름이 떠오르게 하심으로 알려주신 것입니다. 그러므로 그 구름이 떠오르지 않고 그냥 성막에 있을 때에는 이스라엘 백성들도 앞으로 나아가지 않도록 하신 것입니다. 이렇게 해서 하나님께서는 그들과 함께하실 뿐만 아니라 그들의 여행길을 인도하신 것입니다(민 9:15-23).

낮에는 그렇게 하셨는데 구름이 안 보이는 밤에는 어떻게 인도하셨을까요? 38절 말씀을 보면 낮에는 여호와의 구름이 성막 위에 있고 밤에는 불이 그 구름 가운데에 있게 하셨습니다. 밤에는 잘 보이지 않으니까 모든 사람이 볼 수 있도록 불 구름이 되게 하셔서 밤에도 구름이 떠오르는지 아니면 그냥 머무르는지를 모든 이스라엘 백성들이 보게 하셔서 가야 할 때와 머물러야 할 때를 알게 하셨습니다. 이렇게 하나님께서는 자상하게 그들을 인도하셨습니다. 이스라엘 백성들을 이집트에서 구원하시고 시내산으로 인도하셨을 때에는 '이제 알아서 구원 받은 백성으로 살아가라'고 내버려 두신 것이 아닙니다. 그들과 함께 사시고 그들을 인도하시기 위해서 그들을 출애굽 시키셨고 구원하셨습니다. 특히 다음과 같은 출애굽기 29장 45-46절에 있는 말씀을 보면 이런 출애굽의 목적을 분명히 알 수 있습니다.

> 내가 이스라엘 자손 중에 거하여 그들의 하나님이 되리니 그들은 내가 그들의 하나님 여호와로서 그들 중에 거하려고 그들을 애굽 땅에서 인도하여 낸 줄을 알리라 나는 그들의 하나님 여호와니라

하나님께서 이집트에서 이스라엘 백성들을 구원하신 것은 그들의 하나님이 되어주시고 그들과 함께 살며 그들을 인도하시기 위함이라고 말씀하신 것입니다. 구원의 목적이 무엇인가? 하나님께서 그들과 함께 사시고자 함이었습니다. 그들을 구원하여 그들의 하나님이 되고 그들을 인도하시고자 함이었습니다.

창조와 출애굽의 목적

사실 하나님께서는 이러한 목적 가운데에서 사람과 온 세상을 창조하시기도 하셨습니다. 온 우주와 사람을 만들어 놓으시고 그들이 알아서 살게 하시지 않으셨습니다. 그들과 함께 거하시고 인도하시려고 세상을 창조하셨고 사람을 만드셨습니다. 아담과 하와를 위해 동방의 에덴에 동산을 만들기도 하셨습니다. 그리고 그 동산에서 그들과 함께 말씀하시고 거니셨습니다. 하나님께서 만드신 이 세상을 우리에게 주신 목적이 있다면 그것은 우리와 함께 사시며 인도하시는데 있었습니다.

그러나 이런 하나님의 창조 목적과 비전은 참으로 실망스럽게 끝이 났습니다. 인간을 대표하는 아담과 하와가 그들을 창조하시고 함께하시려는 하나님을 대항하고 거절한 것입니다. 그들 스스로 독립하여 하나님 없이 따로 살겠다고 반란을 일으킨 것입니다. 그러한 독립과 반란이 좋은 결과를 가져왔으면 좋겠지만 그러지 못했습니다. 그들은 낙원과도 같은 에덴에서 쫓겨났고 하나님께서도 그들과 함께하시는 것에서 철수하셨습니다. 하나님께서 함께하시지 않는 에덴 밖에서의 삶은 그렇게 녹록한 삶이 아니었습니다. 하나님이 함께하시지 않는 삶은 독립을 이루었다

할지라도 궁핍하고 제대로 되는 일이 없는, 그리고 마침내 죽어야 하는 삶이었습니다. 이런 인간들에게 하나님께서는 함께 사시려는 꿈과 비전을 포기하지 않으셨습니다. 노아를 통해 약속하신 대로 셈의 장막에 거하시려는 계획을 세우셨습니다(창 9:27).[7] 셈의 자손인 아브라함을 부르심으로 이스라엘 백성을 이루게 하시고 모세를 통해 그들을 이집트에서 구원하셨습니다. 마침내 그 백성들이 머무는 시내산에 임하신 것입니다. 시내산에 내려오시고 그들과 말씀으로 교제하셨습니다. 그리고 이제는 오늘 말씀처럼 거룩한 장막에 친히 거하신 것입니다. 그들을 인도하시겠다고 내려오신 것입니다. 척박한 그 광야에서 이스라엘 백성과 함께 사시려고 사람이 지은 그 성막에 임하신 것입니다.

하나님의 임재에 대한 도전과 하나님의 은혜

이런 하나님이신데 출애굽기 32장 이후에 보면 이 하나님의 멋진 비전을 방해하는 일이 성막 제작 전에 있기도 했습니다. 하나님께서 성막을 지으려고 하시는 그 순간에 일어난 일입니다. 여러분도 아시는 것처럼 이스라엘 백성이 황금 송아지 우상을 만들어서 하나님으로부터 다시 독립하려고 시도한 것입니다. 모세가 십계명과 성막 건축을 위해 시내산에 올라가 40일간 머무르는 사이에 하나님의 인도와 모세가 보이지 않는다고 황금 송아지 우상을 만든 것입니다. 황금 송아지를 만들어 그들을 인도할 신이라고 숭배하였습니다. 이러한 일은 인간의 타락 후 사람과 함께 사시려는 하나님의 비전을 다시 산산 조각 내는 행동이었습니다.

이번에도 하나님께서는 그들과 함께 하기를 원하지 않으셨습니다. 그

---

7) '야벳이 셈의 장막에 거하게 한다' 는 개역개정과는 달리 '하나님께서 셈의 장막에 거하신다' 는 약속으로 보는 이해에 대하여는 Walter C. Kaiser, Jr. *The Messiah in The Old Testament* (Grand Rapids: Zondervan, 1995), 42-45와 『구약성경신학: 구약에서의 메시아』, 류근상 역 (서울: 크리스챤 출판사, 2001), 33-36을 보라.

들을 다 버리고 새롭게 하나님의 비전을 펼치시려고 하셨습니다. 그러나 모세가 하나님께 중보기도를 통하여 매달렸습니다. 이 백성을 버리지 않기를, 하나님께서 함께 하시기를 간절히 기도했습니다. 모세의 중보기도로 말미암아 하나님께서는 백성을 용서하시고 그들과 언약을 새롭게 하신 후에 성막 짓는 일을 계속하게 하셨습니다(출 34장). 그리하여 성막이 완성되었고 하나님께서 함께하시고 인도하시기 위해 그 성막에 구름으로 임하시게 된 것입니다. 이것이 오늘 본문 말씀의 문맥과 내용입니다.

이런 내용은 구약 성경 전체의 내용을 대변하기도 합니다. 하나님께서는 출애굽 이후로 광야에서 뿐 아니라 약속의 땅에서도 이스라엘 백성들 가운데 거하기를 원하셨습니다. 성막이 아닌 예루살렘 성전 가운데에서 그들과 함께 살면서 그들을 인도하셨습니다. 그러나 이스라엘 백성들은 함께 사시고자 하는 하나님의 비전에 여전히 대항했습니다. 하나님 대신에 이제는 바알 신을 섬기기 시작했고 하나님의 인도를 거부하였습니다.

마침내 하나님께서는 이들을 징계하셨고 이방나라에 의해 멸망하게 하셨습니다. 포로로 잡혀 가게 하신 것입니다. 성막과 성전이 있던 땅에서 쫓겨나서 하나님을 모르는 백성들 밑에서 힘들게 살아가게 하셨습니다. 그러나 하나님께서는 그러한 가운데에서도 은혜를 버리지 않으셨습니다. 그들을 향한 긍휼하심을 포기하지 않으셨습니다. 에스겔서 11장 16절에 이런 말씀이 있습니다.

> 그런즉 너는 말하기를 주 여호와의 말씀에 내가 비록 그들을 멀리 이방인 가운데로 쫓아내어 여러 나라에 흩었으나 그들이 도달한 나라들에서 내가 잠깐 그들에게 성소가 되리라 하셨다 하고

하나님께서는 쫓아내신 땅까지도 찾아가시고 그들과 함께하시는 성소가 되어주셨습니다. 쫓겨 간 땅에서 비참하게 생활하는 그들에게 인도자가

되어 주셨습니다. 또한 이사야서 41장 9-10절에서는 이렇게 말씀하십니다.

> 내가 너를 택하고 싫어하여 버리지 아니하였다 하였노라 두려워하지 말라 내가 너와 함께 함이라 놀라지 말라 나는 네 하나님이 됨이라...

호세아 선지자를 저버린 고멜과 같이 하나님을 저버리고 도망간 백성이었지만 하나님께서는 다시 그 백성들을 찾아오셨고 그들의 하나님이 되어 주셨습니다(사 52:8). 그 백성들을 다시 인도하시기 원하셨습니다. 이런 긍휼과 은혜의 하나님께서 결정적으로 결심하신 것이 있습니다. 성막이나 성전에 잠시 임재하시는 그런 수준이 아니라 자신이 직접 이스라엘 백성들 가운데에 오시겠다고 결단하신 것입니다. 죄 없으신 사람의 몸을 입고 이 땅에 오시겠다고 하신 것입니다. 이런 결단을 따라 육신이 되어 우리 가운데에 '장막을 치시고'(스케노오, σκηνόω, 샤칸, שָׁכַן) 충만한 영광으로 함께 하신 일이 바로 성탄절이요 예수님의 오심입니다(요 1:14).

하나님의 임재이신 예수 그리스도

예수님의 다른 이름이 무엇입니까? '임마누엘'입니다. '하나님께서 우리와 함께 하신다' 는 의미입니다(마 1:23). 2천 년 전에 예수님께서는 하나님이셨지만 이 땅의 우리와 함께 거하시고 우리를 인도하시기 위해서 오셨습니다. 목자 없는 양들처럼 방황하며 죽을 길로 달려가는 사람들을 위해서 친히 인간의 몸을 입고 이 땅에 오셔서 장막을 치시고 사셨습니다. 그리고 말씀하셨습니다. '하나님과 함께 사는 것을 방해하는 죄를 내가 십자가에서 죽음으로 청산하겠다. 죄가 가져왔던 그 죽음을 내가 부활함으로 제거하겠다. 죄와 죽음을 제거함으로써 하나님과 함께 다시 살며 인도 받을 수 있는 길을 열겠다.' 이것은 바로 예수님을 이 땅에 오게 하신 하나님의 비전이었습니다. 이것을 위해 예수님께서는 죄와 죽음을 정복하시고 하나님과 살 수 있는 새로운 길을 열어놓으신 것입니다(요 14:6).

하나님께서 우리와 함께 살기를 원하시기에 보내신 예수님을 믿고 받아들일 때에 우리는 하나님과 함께 거하며 살 수 있게 되었습니다. 광야 40년 동안 하나님께서 함께 하시며 그들을 인도하실 때에는 그들의 옷과 신발이, 그리고 그들의 먹을 것이 늘 충분했습니다. 광야였지만 하나님께서 먹을 것과 입을 것을 주시고 살 수 있는 길로 인도하셨습니다. 그것은 하나님의 함께 하심과 하나님의 인도하심 때문이었습니다. 우리가 예수 그리스도 안에서 하나님과 함께 살고 하나님의 인도하심을 받는다면 상상해 보십시오. 광야와 같은 우리의 인생살이의 먹고 입고 사는 문제도 하나님께서 능히 해결하시고 인도하시는 것을 경험하게 될 것입니다(마 6:30).

예수님께서 우리를 위해 죽으시고 부활하심으로서 우리에게 하나님과 함께 사는 길을 열어놓으셨는데 잠시 예수님께서는 승천하셔서 하나님의 우편에 앉아계십니다. 그러나 그의 영을 보내셔서 이 시대에 예수 믿는 자들과 함께 거하시며 인도하시겠다고 말씀해 주셨습니다(요 14:16-26). 그 약속하신 영이 2천 년 전 오순절에 오신 성령 하나님이시고 예수의 영으로서 예수 믿는 자들 가운데에 거하시면서 성경말씀을 통해 오늘도 하나님의 백성들을 인도하십니다. 이 성령이 임재하시고 말씀으로 인도하시는 삶을 사는 사람들이 바로 예수 믿는 사람들입니다.

그러나 하나님의 비전은 이것이 전부가 아닙니다. 하나님의 비전은 예수의 재림이 이루어지는 마지막 날 완성될 것입니다. 요한계시록 21장 3-4절은 이렇게 말씀하고 있습니다.

> ...보라 하나님의 장막이 사람들과 함께 있으매 하나님이 그들과 함께 계시리니 그들은 하나님의 백성이 되고 하나님은 친히 그들과 함께 계

> 셔서 모든 눈물을 그 눈에서 닦아 주시니 다시는 사망이 없고 애통하는 것이나 곡하는 것이나 아픈 것이 다시 있지 아니하리니 처음 것들이 다 지나갔음 이러라

예수님이 다시 오시는 날에 우리는 하나님의 얼굴을 보게 될 것입니다(계 22:4). 하나님께서 우리가 살고 있는 이 땅을 새롭게 하셔서 우리와 함께 살림을 차리시고 우리를 직접 인도하심을 경험하게 될 것입니다. 마지막 날에 삼위일체 하나님이 우리와 함께 거하시고 인도하시는 삶은 눈물과 질병과 사망이 없는 새 하늘과 새 땅에서의 삶입니다. 우리는 이러한 하나님의 약속과 비전 가운데에서 예수를 믿고 살아가는 사람들입니다.

성령의 임재와 인도를 받는 생활

사랑하는 여러분! 이렇게 예수를 믿는 사람들로서 예수의 영이신 성령 하나님께서 우리와 함께 하시고 인도하심을 인식하십니까? 사도행전 2장 33-39절의 말씀을 보십시오. 베드로 사도는 회개하여 예수의 이름으로 세례를 받고 죄 사함을 얻으면 성령을 선물로 받는다고 말씀합니다. 성령 하나님이 그 안에 임재하시는 것입니다. 이것은 이미 예수님이 하신 약속이기도 합니다. 우리가 진정 예수님을 하나님과 함께하는 삶을 방해하는 죄와 죽음을 제거하신 구원자로 믿는다면 성령 하나님께서 우리 안에 거하시는 것입니다. 예수님이 우리를 고아와 같이 버려두지 아니하시고 성령으로 오셔서 인도하십니다. 진리 가운데로 인도하시며 장래 일을 우리에게 알려주십니다(요 16:13).

혹 우리의 느낌과 환경은 성령이 우리와 함께 계시지 않는 것처럼 여겨지게 한다 할지라도 그것은 느낌과 환경에 불과한 것입니다. 때로 우리는 기도를 많이 하면 하나님이 함께 하시는 것 같고, 기도를 안 하면

하나님이 안 계시는 것 같이 생각하기도 합니다. 그러나 하나님이 우리와 함께 하심은 예수님의 약속에 근거합니다. 정말 우리가 예수님을 확실히 믿는다면 그분의 약속대로 성령께서 우리 가운데에 거하심을 믿어야 합니다. 이런 믿음 가운데 있는 자들에게 성령 하나님은 함께하시고 인도하실 것입니다. 우리가 성경말씀을 읽고 들을 때, 기도할 때, 예배할 때, 서로 교제할 때, 우리가 가는 인생길에서 멈추거나 가야할 때를 알려주실 것입니다(시 119:105).

성령의 함께 하심과 인도를 받고 살아가야 되는데 우리는 때로 무감각해지고 라오디게아 교회 성도들처럼 차지도 덥지도 않은 신앙인들로 살아가기 쉽습니다. 이럴 때에 예수께서 라오디게아 성도들에게 뭐라고 말씀하셨습니까? '마음 문을 열어라! 내가 들어가 너희와 함께 먹고 마시며 살겠다.' 고 말씀하셨습니다(계 3:20). 그러므로 우리가 홀로 있다고 느껴질 때나 영적 무기력에 있을 때 마음의 문을 열고 주님과 교제하고자 하는 열린 마음을 가져야겠습니다. 회개하고 돌이키며 성령의 임재와 인도하심에 대해서 마음과 귀를 열어야겠습니다. 정말 막막하고 원하지 않는 일들이 일어나서 혼란스럽고 외로운 순간에도 하나님께서 우리와 함께 하신다는 것과 인도하실 준비를 하고 계신다는 것을 기억해야겠습니다. 이렇게 하여 주어진 인생길을 하나님의 인도로 승리하며 나아가실 수 있기를 주님의 이름으로 부탁합니다.

레위기 16장 29-34절
속죄일

(29) 너희는 영원히 이 규례를 지킬지니라 일곱째 달 곧 그 달 십일에 너희는 스스로 괴롭게 하고 아무 일도 하지 말되 본토인이든지 너희 중에 거류하는 거류민이든지 그리하라 (30) 이 날에 너희를 위하여 속죄하여 너희를 정결하게 하리니 너희의 모든 죄에서 너희가 여호와 앞에 정결하리라 (31) 이는 너희에게 안식일 중의 안식일인즉 너희는 스스로 괴롭게 할지니 영원히 지킬 규례라 (32) 기름 부음을 받고 위임되어 자기의 아버지를 대신하여 제사장의 직분을 행하는 제사장은 속죄하되 세마포 옷 곧 거룩한 옷을 입고 (33) 지성소를 속죄하며 회막과 제단을 속죄하고 또 제사장들과 백성의 회중을 위하여 속죄할지니 (34) 이는 너희가 영원히 지킬 규례라 이스라엘 자손의 모든 죄를 위하여 일 년에 한 번 속죄할 것이니라 아론이 여호와께서 모세에게 명령하신 대로 행하니라

[레위기 16장 29-34절]

이스라엘의 7월 절기들

오늘 레위기 말씀은 하나님께서 모세를 통해 시내 산에 있는 이스라엘 백성들에게 주신 말씀입니다. 특별히 7월 10일(양력 10월 초순)에 지켜야 할 규례에 대해 말씀하십니다. 이스라엘의 종교력에서 7월은 여러 가지 중요한 일들이 있습니다. 7월 1일에는 나팔절이라고 해서 나팔을 불고 새해가 되었다는 것을 축하하는 날입니다(레 23:24). 그 다음날부터는 금식하면서 회개하는 기도를 하다가 7월 10일이 되면 속죄일이라고 해서 하나님 앞에 일 년간의 죄를 용서받는 의식을 행합니다. 그리고 15일이

되면 초막절이라고 해서 초막에 거하며 하나님의 구원을 기념하는 절기를 갖게 됩니다(레 23:34). 이러한 일들은 이스라엘 백성이 7월에 지켜야 하는 중요한 규례들입니다.

이런 가운데에 오늘 본문 레위기 16장은 7월 2일부터 속죄를 받기 위해 금식하고 기도하다가 7월 10일이 되었을 때에 행하는 속죄일에 대한 말씀을 전하고 있습니다. 이 속죄일 날에는 모든 백성이 금식하고 기도하면서 일 년간의 죄에 대해 회개합니다. 뿐만 아니라 그들을 대표하는 대제사장 아론이 수송아지 한 마리와 숫양 두 마리, 숫염소 두 마리를 가지고 하나님의 임재가 있는 성막에 나아갑니다. 먼저 수송아지를 잡아서 아론은 자신과 자신의 가족의 죄에 대해서 회개하는 속죄의 제사를 하나님께 드립니다.

그 후에 그 수송아지의 피를 가지고 성막 안으로 들어가고 또 가장 거룩한 곳이라고 하는 지성소, 곧 하나님의 언약궤가 있는 곳에 나아가게 됩니다. 거기에 나아가 가지고온 그 수송아지의 피를 손으로 언약궤 위에 천사들이 앉아있는 하나님의 보좌(속죄소) 앞에 일곱 번 뿌려서 속죄합니다. 이렇게 제사장 자신과 자신의 집에 대한 속죄를 행하고 난 후에는 숫염소 한 마리를 잡아서 그 피를 가지고 다시 지성소의 언약궤가 있는 곳에 나아갑니다. 이번에는 이스라엘 백성들의 죄를 용서 받기 위해 그 염소의 피를 하나님의 언약궤의 속죄소 앞에 뿌립니다. 그리고 다시 나와서 제사를 드렸던 그 번제단 뿔에도 수송아지와 숫 염소의 피를 바르고 뿌려서 그 제단 또한 성결케 합니다. 이렇게 수송아지와 숫염소의 피를 통해 하나님이 거하시는 성막을 정결케 하는 의식을 이 속죄일에 하게 됩니다.

숫염소 두 마리 중에 아사셀을 위하여 남겨진 한 마리에는 아론이 두 손을 들어 그 머리에 안수하고 이스라엘의 모든 죄를 고백합니다(21절). 이스라엘 백성들의 모든 죄를 그 염소의 머리에 전가시키는 것입니다.[8)]

죄를 다 전가한 다음에는 이 염소를 데리고 광야의 접근하기 어려운 곳으로 가서 놓아 보냅니다. 죄를 짊어진 염소를 깊은 계곡이나 절벽 같은 광야의 '되돌아올 수 없도록 단절된 땅인 아사셀' 에 보냄으로써 백성들의 죄를 제거하는 것입니다.[9] 마지막으로 씻고 옷을 갈아입은 대제사장은 남은 두 마리의 숫양으로 자신과 이스라엘 백성을 위한 번제를 드림으로 속죄를 마칩니다. 이렇게 하여 이스라엘 백성들의 모든 부정과 죄악을 제거하는 의식이 속죄일에 있습니다. 하나님께서 이러한 속죄일의 규례를 이스라엘 백성에게 주신 이유는 하나님께서 거룩하신 분이기 때문입니다. 거룩하신 하나님과 함께 그의 백성이 살려면 죄를 가지고서는 함께할 수 없기에 죄를 제거하는 의식을 1년에 한 번 행하도록 명령을 하신 것입니다.

속죄일의 목적과 그 기능

죄라고 하는 것은 죽음을 가져옵니다. 속죄일에 대한 말씀을 시작하는 레위기 16장 1-2절에는 이러한 말씀이 있습니다.

> 아론의 두 아들이 여호와 앞에 나아가다가 죽은 후에 여호와께서 모세에게 말씀하시니라 여호와께서 모세에게 이르시되 네 형 아론에게 이르라 성소의 휘장 안 법궤 위 속죄소 앞에 아무 때나 들어오지 말라 그리하여 죽지 않도록 하라 이는 내가 구름 가운데에서 속죄소 위에 나타남이니라.

거룩하신 하나님께 아무렇게나 나오다가 죽지 않게 하기 위해서, 이스라엘 백성과 함께하시는 하나님 앞에서 일 년 간 살면서 지은 죄로 인해

8) G. J. Wenham, *The Book of Leviticus.* NICOT (Grand Rapids: Eerdmans, 1979), 233.

9) Wenham, *The Book of Leviticus*, 235.

심판 받고 죽지 않도록 하나님께서는 속죄일에 대한 말씀을 주신 것입니다.

레위기 10장을 보면 아론의 아들들인 나답과 아비후가 하나님께 나아가다가 불에 타서 죽는 일이 일어납니다. 나답과 아비후는 술을 먹은 후에 하나님께서 지시하지 않은 불로 향단에 불을 피우고 하나님을 섬기려 했습니다(10:9). 그러나 불이 하나님 앞에서 나와서 그들을 죽인 겁니다. 이런 사건 후에 하나님께서는 제사장들이 잘못 나아오다가 죽지 않도록 속죄일에 대한 명령을 주신 것입니다. 무슨 말씀입니까? 하나님께 함부로 나아갈 수 없는 것인데 함부로 나아가다가 거룩하신 하나님 앞에 죽음을 당할 수 있다는 것입니다. 또한 거룩하신 하나님 앞에서 죄 된 백성이 존재할 수 없다는 것을 보여주시는 것입니다. 여기서 죄라는 것이 무엇입니까? 나답과 아비후가 보여준 것처럼 하나님께서 원하시지 않는 방식으로 나아오거나 하나님께서 원하시지 않는 방식으로 살아가는 것이 죄입니다. 하나님이 원하지 않는 자기의 방식으로 살아가거나 자기의 방식으로 하나님을 섬기려 한다면 그것은 죄이며, 그 죄의 결과는 죽음이라고 말씀하시는 것입니다.

죄를 가지고 하나님과 함께 살 수는 없습니다. 하나님은 거룩하신 분이시며 자신의 뜻과 방식을 유지하시는 분이십니다. 하나님의 뜻과 방식대로 살아갈 때에 생명이 보존되고 하나님과 살 수 있지만 자신의 방식을 따라 하나님께 나아오고 살려고 하면 그는 죽는다는 사실을 속죄일의 제도는 가르쳐 줍니다. 하나님께서는 온 세상의 구원을 위해 이스라엘 백성들을 먼저 구원하시고 그들과 함께 사시기를 원하셨습니다. 그래서 그들 가운데 텐트를 치셨습니다. 이 텐트가 모세에 의해 세워진 거룩한 성막입니다. 이 성막에 하나님이 그들과 함께 거하심으로 이스라엘 백성은 생명을 유지했고 안전과 보호를 얻었습니다. 반면에 거룩하신 하나님과 함께 사는 것은 한편으로는 죽음의 위험에 직면하는 것이기도 했습니다. 하나님께서 거룩하시기 때문에 그와 함께 하는 이스라엘 백성도 거룩하지 않으면 죽어야 했기 때문입니다. 나답과 아비후가 죽은 것처럼 이스라엘 백성도 하나님 앞에 죽음을 면할 수가 없습니다. 하나님도 그들과 함께 임재 할 수가 없습니다. 그러므로 죽지 않고 거룩하신 하나님과 함께 살아가려면 이스라엘 백성도 거룩을 유지해야 했습니다(18:5; 19:2). 하나님께서 지시하시는 방식으로 죄를 제거함으로 거룩을 유지해야 했던 것입니다.

이스라엘의 거룩과 하나님의 계속적인 임재를 위해 하나님께서는 속죄일을 통해 일 년에 한 번 대제사장인 아론과 이스라엘 백성들의 죄를 속하게 하셨습니다. 하나님의 계속적인 임재를 가능하게 하도록 성막을 성결하게 해야 했습니다. 수송아지와 숫염소의 피를 통해서 하나님이 계시는 지성소와 성소를 정결하게 하고 아사셀을 위한 염소를 광야로 보내어 이스라엘 백성들을 정결케 하셨습니다. 대제사장 아론이 수송아지와 염소의 피를 가지고 그들을 속죄하기 위해 성막에 나아갈 때에 이스라엘 백성들은 어떻게 합니까? 16장 29절과 31절을 보면 "스스로 괴롭게" 하라고 말씀합니다. 스스로를 괴롭게 한다는 말은 금식과 회개를 의미합니다(사 58:3, 5; 시 35:13).[10] 속죄일에 구경만하고 있을 것이 아니라 금식하며 자신을 돌아보고 죄를 회개함으로 참여하라고 하신 것입니다.

하나님께서 모세를 통해서 이러한 속죄일의 제사와 규례를 그들에게 주신 것은 그들과 거하시는 하나님과 동행할 수 있도록 그 하나님으로부터 안전과 보호와 생명을 얻을 수 있도록 주신 임시방편이었습니다. 사실 이 짐승들의 피는 일 년간의 죄를 속할 수는 있었지만 영원히 그리고 완벽하게 이스라엘 백성들의 죄를 속할 수는 없었습니다. 다시 한 해가 돌아오면 다시 하나님께 짐승의 피를 가지고 나아가야 하는 번거로운 제사였습니다. 뿐만 아니라 이 짐승의 피는 몸으로 행한 것은 용서할 수

---

10) Wenham, *The Book of Leviticus*, 236.

있었지만 양심까지는 속죄할 수 없는 불완전한 제사였습니다(히 9:9).

예수 그리스도의 속죄

하나님께서는 이러한 불완전하고 번거로운 제사를 폐기하고 완전하고도 한 번에 영원한 속죄가 이루어지고 하나님의 영원한 임재가 가능하게 하는 일을 준비하셨습니다. 하나님의 아들 예수 그리스도를 통해 이런 일을 가능하게 하셨습니다. 하나님께서는 예수 그리스도를 이 땅에 보내셔서 하나님 백성 된 자들이 죄를 용서받을 수 있고 하나님과 함께할 수 있는 새로운 길을 열어 놓으셨습니다. 바로 예수님을 예루살렘 밖에 있는 골고다 언덕에서 십자가에 못 박아 죽게 하심으로써 그 예수의 피를 통해서 하나님의 임재가 가능한 세상을 만드셨습니다. 뿐만 아니라 그의 속죄의 피를 믿는 자들이 용서받을 수 있는 새로운 길을 만드셨습니다.

복음서에 보면 예수께서 십자가에서 죽으실 때에 예루살렘 성전의 휘장이 위에서 아래로 찢어졌다고 말씀하고 있습니다(마 27:51; 막 15:38; 눅 23:45). 무슨 말씀입니까? 모세 시대를 비롯하여 전에는 지성소에 대제사장이어도 아무 때나 나아갈 수 없었는데 이제는 하나님의 백성들이 마음껏 하나님께 나아가며 교제할 수 있는 새로운 길이 열렸다는 것입니다. 예수님은 짐승의 피가 할 수 없었던 완전한 속죄를 그의 십자가에서 이루셨습니다. 계속해서 반복적으로 십자가에서 죽어야 하는 것이 아니라 약 2천 년 전에 예루살렘 밖 골고다에서 죽으신 한 번의 죽음을 통해서 영원한 속죄와 용서를 이루신 것입니다. 죄 자체를 제거하시고 우리의 양심까지도 완벽하게 하나님 앞에서 용서받을 수 있게 하신 것입니다(히 9:14).

히브리서 9장에 있는 말씀을 보면 예수께서 속죄일에 짐승이 흘린 피와 같이 그의 피를 통해 이스라엘 백성들을 죄를 용서하셨다고 말씀합니다. 그러나 예수님의 피는 불완전한 짐승의 피와 달리 완벽하게 하나님의 백성들의 죄를 용서하고 하나님을 섬기게 하는 피라고 말씀합니다. 히브리서 9장 24-28절에 있는 말씀을 읽어보겠습니다.

> 그리스도께서는 참 것의 그림자인 손으로 만든 성소에 들어가지 아니하시고 바로 그 하늘에 들어가사 이제 우리를 위하여 하나님 앞에 나타나시고 대제사장이 해마다 다른 것의 피로써 성소에 들어가는 것 같이 자주 자기를 드리려고 아니하실지니 그리하면 그가 세상을 창조한 때부터 자주 고난을 받았어야 할 것이로되 이제 자기를 단번에 제물로 드려 죄를 없이 하시려고 세상 끝에 나타나셨느니라 한번 죽는 것은 사람에게 정해진 것이요 그 후에는 심판이 있으리니 이와 같이 그리스도도 많은 사람의 죄를 담당하시려고 단번에 드리신 바 되셨고 구원에 이르게 하기 위하여 죄와 상관없이 자기를 바라는 자들에게 두 번째 나타나시리라.

예수님께서 예루살렘 밖 골고다에서 우리의 모든 죄를 지시고 버림당하심으로 하나님의 백성들에게 죄의 용서와 하나님과 함께 살 수 있는 새로운 길을 열어 놓으신 것입니다.

죄에 다시 돌아가지 않는 생활

모세 시대에 주어진 해 마다 반복하여 지켜야 하는 속죄일의 규례는 죄에 대한 근본적 해결에 불완전함을 보여줌으로써 완전한 속죄를 바라보게 합니다. 하나님께서는 예수를 통해 이루어질 완전한 속죄의 비전을 염두 해 두시면서 속죄일의 모형을 통해 미리 그것을 바라보게 하십니다(히 9:9-12). 이러한 하나님의 비전 가운데에서 우리가 예수를 통해 용서받고 하나님께 마음껏 담대히 나아와 예배할 수 있는 사람들이 되었습니다.

예수를 통해 하나님의 놀라운 속죄의 은총을 체험한 우리 성도들은 이제 어떻게 살아야 하겠습니까? 히브리서 10장 19절-29절을 보겠습니다.

그러므로 형제들아 우리가 예수의 피를 힘입어 성소에 들어갈 담력을 얻었나니 그 길은 우리를 위하여 휘장 가운데로 열어 놓으신 새로운 살 길이요 휘장은 곧 그의 육체니라 또 하나님의 집 다스리는 큰 제사장이 계시매 우리가 마음에 뿌림을 받아 악한 양심으로부터 벗어나고 몸은 맑은 물로 씻음을 받았으니 참 마음과 온전한 믿음으로 하나님께 나아가자 또 약속하신 이는 미쁘시니 우리가 믿는 도리의 소망을 움직이지 말며 굳게 잡고 서로 돌아보아 사랑과 선행을 격려하며 모이기를 폐하는 어떤 사람들의 습관과 같이 하지 말고 오직 권하여 그 날이 가까움을 볼수록 더욱 그리하자 우리가 진리를 아는 지식을 받은 후 짐짓 죄를 범한즉 다시 속죄하는 제사가 없고 오직 무서운 마음으로 심판을 기다리는 것과 대적하는 자를 태울 맹렬한 불만 있으리라 모세의 법을 폐한 자도 두세 증인으로 말미암아 불쌍히 여김을 받지 못하고 죽었거든 하물며 하나님의 아들을 짓밟고 자기를 거룩하게 한 언약의 피를 부정한 것으로 여기고 은혜의 성령을 욕되게 하는 자가 당연히 받을 형벌은 얼마나 더 무겁겠느냐 너희는 생각하라

히브리서 9장과 10장은 레위기 16장에 있는 속죄일의 기능이 예수 그리스도 안에서 온전히 성취되었다는 것을 보여줍니다. 짐승 제사의 열등함을 보여주면서 예수 그리스도는 완전한 속죄의 제사를 우리를 위해 드리셨다고 말씀합니다. 이러한 가운데 히브리서 10:19이하는 그러한 속죄의 은혜를 받은 우리가 어떻게 살 것인가에 대해 말씀합니다. 어떻게 살아야 하는 지와 관련하여 특별히 26절은 진리이신 예수를 아는 지식을 받은 후 의도적으로 죄를 다시 범하면 다시는 속죄하는 제사가 없다고 경고합니다. 예수를 짓밟고 그의 속죄의 피를 대수롭지 않게 여기고 은혜의 성령을 욕되게 한 자는 감당할 수 없는 무거운 형벌을 받을 것이라고 경고합니다. 더 이상 그에게는 속죄의 수단과 속죄의 기회도 없고 오직 불의 심판만 있다고 말씀합니다. 무슨 말씀입니까? 예수께서 구원하신 죄로 다시 돌아가는 생활을 하면 안 된다는 것입니다.

죄는 자기의 방식으로 살아가는 것이고 하나님의 뜻과 상관없이 사는 것을 의미합니다. 그것은 하나님으로부터의 단절이며 죽음을 의미합니다. 그런데 이러한 단절과 죽음에서 예수께서 우리를 사는 길로 인도하셨습니다. 하나님께 나아갈 수 있는 길과 하나님의 방식으로 살 수 있는 길로 인도하셨습니다. 이제 그 길을 따라 나아가면 우리는 안전과 보호를 얻으며 생명을 얻습니다. 하나님과 함께하여 새로운 살 길을 얻습니다. 그런데 그것을 알고 살아온 사람이 어느 순간 그것을 대수롭지 않게 여기고 고의적으로 다시 자기 방식으로 살아간다면 그 사람은 더 이상의 기회가 없다는 것입니다. 이런 경고를 통해서 옛 생활과 죄로 돌아가서는 안 되고 성령의 인도를 받는 생활을 계속해야 한다고 말씀하시는 것입니다.

죄의 유혹에 맞서 싸우고 모이기에 힘씀

사랑하는 여러분! 예수를 처음 믿을 때 죄인인 것을 깨닫고 눈물을 흘리며 감격하여 예배하던 시절이 있었을 것입니다. 그런 시절을 우리가 잘 기억해야 합니다. 그러나 더 중요한 것은 우리가 현재 어떻게 살아가고 있느냐 하는 것입니다. 이미 언급한 히브리서의 말씀은 전혀 예수를 모르는 사람에게 하시는 말씀이 아니라 예수를 믿은 후에 의도적으로 죄를 짓고 사는 자들에게 하시는 말씀입니다. 예수 그리스도를 믿고 살다보면 어느 순간에 예수가 나를 위해서 값없이 십자가에서 죽으셨다는 사실에 대해 대수롭지 않게 여길 때가 있습니다. 하나님 방식으로 살아야 하는데 자기 방식을 고집하면서 계속 살아갈 때가 있습니다. 우리의 양심에 호소하시며 탄식하시는 성령의 경고를 무시하면서 살아갈 때가 있습니다. 그때 우리가 조심해야 합니다. 우리가 이러한 경고를 무시하고 계속하여 나아간다면 더 이상 회개의 자리로 나올 수 없기 때문입니다.

사랑하는 여러분! 예수의 피로 우리가 값없이 용서 받았다는 사실을 값없이 받아서는 안 됩니다. 늘 우리의 심장 속에 간직하고 살아야 합니다. 주님의 은혜로 내가 하나님께 나아갈 수 있는 자가 되었으며 하나님의 인도와 안전과 생명을 부여받은 자라는 사실을 늘 되새겨야 합니다. 그것을 기억하면서 죄가 유혹할 때에도 죄에 대해 경각심을 가지고 죄로부터 돌이키며 죄와의 전쟁을 선포해야 합니다. 우리의 죄 때문에 하나님의 아들이신 예수께서 버림당하시고 단절되시고 죽으셨는데 우리가 다시 죄로 돌아간다는 것에 대해서 경각심을 가져야 합니다. 배은망덕한 사람들이 되어서는 안 됩니다. 하나님의 방식을 수용하고 받아들이고 세상의 방식과 맞서 싸워야 합니다.

속죄의 은총을 입은 자들로서 하나 더 생각해야 할 것이 있습니다. 그것은 히브리서 10:23-25절에 있는 말씀처럼 서로 돌아보고 모이기에 더욱 힘쓰는 것입니다. 예수께서는 하나님께 담대히 나아갈 수 있는 고속도로를 뚫어놓으셨습니다. 그러면 그 고속도로를 자주 이용해야죠. 그 고속도로 곧 시온의 대로를 통해 늘 하나님께 나아가야 합니다. 담대하게 확신을 가지고 하나님께 자주 나아가야 하지 않겠습니까? 자주 나아가서 어떻게 해야 합니까? 능력을 받고 거룩한 삶을 살아야죠. 하나님이 원하시는 방식의 삶을 살아야죠. 그것은 어떻게 사는 것입니까? 사랑과 선행으로 서로 돌아보고 믿음과 소망을 가지고 살아가는 것 아닙니까? 이것이 예수로 속죄의 은총을 받은 성도들이 가져야 하는 또 하나의 합당한 반응입니다. 성도 여러분 모두가 속죄의 은총을 받은 사람에 합당한 삶으로 나아가시길 예수님 이름으로 부탁드립니다.

민수기 21장 4-9절
놋뱀

(4) 산에서 출발하여 홍해 길을 따라 에돔 땅을 우회하려 하였다가 길
로 말미암아 백성의 마음이 상하니라 (5) 백성이 하나님과 모세를 향하
여 원망하되 어찌하여 우리를 애굽에서 인도해 내어 이 광야에서 죽게
하는가 이 곳에는 먹을 것도 없고 물도 없도다 우리 마음이 이 하찮은
음식을 싫어하노라 하매 (6) 여호와께서 불뱀들을 백성 중에 보내어 백
성을 물게 하시므로 이스라엘 백성 중에 죽은 자가 많은지라 (7) 백성
이 모세에게 이르러 말하되 우리가 여호와와 당신을 향하여 원망함으로
범죄하였사오니 여호와께 기도하여 이 뱀들을 우리에게서 떠나게 하소
서 모세가 백성을 위하여 기도하매 (8) 여호와께서 모세에게 이르시되
불뱀을 만들어 장대 위에 매달아라 물린 자마다 그것을 보면 살리라
(9) 모세가 놋뱀을 만들어 장대 위에 다니 뱀에게 물린 자가 놋뱀을 쳐
다본즉 모두 살더라

[민수기 21장 4-9절]

광야생활의 마지막 여정에서

오늘 읽은 민수기의 말씀은 여러분도 잘 아시는 내용일 것입니다. 광야의 이스라엘 백성이 하나님께 원망하다가 하나님께서 보내신 불뱀에 물려 많이 죽었습니다. 그러한 가운데 모세가 하나님께 기도함으로써 죽어가던 사람들이 살게도 되었습니다. 하나님께서 모세에게 놋뱀을 장대에 매달게 하시고 그것을 바라보는 자들은 살 수 있게 하셨기 때문입니다. 여러분은 민수기의 이 짧은 말씀을 통해서 그동안 어떤 교훈을 얻으셨습니까? 저는 오늘 이 말씀을 통해서 하나님께서 우리에게 교훈하시는 것

을 다시 한 번 상고하고자 합니다.

먼저 민수기 21장에 나타난 오늘 본문의 사건은 출애굽 한 이스라엘 백성이 40년간의 광야 생활을 마쳐가는 상황에서 일어난 일입니다. 40년 전 이스라엘 백성은 가데스 바네아에서 하나님께 반역함으로써 며칠 안에 들어갈 수 있는 가나안 땅에 들어가지 못하고 광야에서 방황하며 지내야 했었습니다(14:29-34). 이렇게 그들은 40년 간 광야 생활을 해왔는데 본문의 사건은 이 광야 생활을 이제 마쳐가던 시기에 일어난 일입니다(20:24-29; 33:38 참고). 한편으로 갈렙과 여호수아를 제외한 20세 이상으로 출애굽 한 옛 세대는 대부분 죽어가고 20세 이하로 출애굽 한 새로운 세대가 본문의 이스라엘 백성을 구성하게 된 시기이기도 하였습니다.[11] 사실 앞 장인 민수기 20장부터 보면 40년간의 광야생활을 끝내고 약속의 땅으로 들어가려고 이동하는 상황을 볼 수 있습니다(14-21절). 21장의 오늘 말씀은 이런 상황에서 새로운 세대의 이스라엘 백성이 하나님께 원망하는 내용으로 시작하고 있습니다.

이스라엘의 새로운 세대의 원망

40년간의 광야 생활을 끝내가는 새로운 세대의 이스라엘 백성이 무엇을 원망하고 있습니까? 먼저 이들의 원망은 하나님께서 가나안의 내륙이 아닌 요단의 동편 쪽을 통해 가나안으로 들어가게 하시는 것과 관련이 있습니다. 요단의 동편 쪽으로 가기 위해서는 지나야 하는 땅이 에돔 땅입니다. 21장 4절에 보면 "백성이 호르 산에서 출발하여 홍해 길을 따라 에돔 땅을 우회하려 하였다가" 라고 되어 있습니다. 요단강 동편 쪽으로 들어가려면 첫 번째 지나야 하는 땅이 이삭의 아들인 에서의 후손들로

11) 민수기 20-21장이 신세대로의 전환을 보여준다는 설명에 대해서는 이원우, "민수기에 나타난 구세대에서 신세대로의 전환", 『구약신학저널』 2권 4호(2001): 317-337을 참고하라.

이루어져 있는 에돔 땅을 지나야 합니다. 그런데 이 에돔 사람들은 이스라엘 사람들이 자신들의 땅을 지나는 것을 허락하지 않았습니다(20:14-21). 하나님께서도 동족인 이 에서의 후손들과는 싸우지 말라고 말씀하셨습니다(신 2:5).

이제 이스라엘의 선택은 한 가지 밖에 없습니다. 홍해에서 먼 가데스 쪽으로 올라왔었는데 에돔 땅을 통과하여 지나지 못하니 우회하여 홍해 쪽 엘랏으로 내려갔다가 다시 올라올 수 밖에 없는 것입니다.[12] 빨리 갈 수 있는 길을 놔두고 빙빙 돌아서 가야하니까 이스라엘 백성들이 이 일 때문에 마음이 심히 상했습니다. 그래서 이들이 원망했습니다. 그들 편에서는 원망할 수 있는 상황이기도 하였습니다. 쉬운 길을 놔두고 돌아가야 했기 때문입니다. 사실 그 땅은 에돔의 광야이기 때문에 쉽게 돌아갈 수 있는 길도 아니었습니다. 만약 에돔 지역을 통과 할 수 있었다면 "왕의 큰길"(데렉 함멜렉, דרך המלך)이라는 상인들이 다니던 뻥 뚫린 길로 갈 수 있었을 텐데 그 길을 놔두고 힘든 땅을 돌아서 가야하니까 원망할 수밖에 없는 상황이기도 했습니다(20:17 참고). 이런 가운데에서 그들이 하나님께 원망을 했는데 21장 5절 말씀을 보면 "백성이 하나님과 모세를 향하여 원망하되 어찌하여 우리를 애굽에서 인도해 내어 이 광야에서 죽게 하는가 이 곳에는 먹을 것도 없고 물도 없도다 우리 마음이 이 하찮은 음식을 싫어하노라" 하면서 원망을 했습니다.

40년 전 출애굽 당시에 20세 이상이었던 이스라엘 백성들도 가데스 바네아에서 하나님께 크게 반역하고 원망했던 세대였습니다. 물이 없고 배고프다고, 고기가 없다고 10번이나 모세에게 원망하며 불평했던 자들이었습니다(14:22 참고). 그러나 오늘 21장에 등장하고 있는 이 세대는

12) 요하난 아하로니, 미카엘 아비요나 공저, 『아가페성서지도』(서울: 아가페출판사, 1988), 42 참조.

출애굽 당시에 20세 이하였던 새로운 세대입니다. 불평하고 반역하던 옛 세대는 대부분 죽었기에 이제 이 새로운 세대는 무언가 달라졌을까요? 오늘 말씀을 보면 달라지지 않았습니다. 그들도 옛 세대들처럼 원망하고 있기 때문입니다.

그러나 그들의 원망 가운데에는 옛 세대들과 다른 점이 있습니다. 그것은 5절에 있는 것처럼 "하나님과 모세를 향하여" 원망했다는 구절에서 잘 나타납니다. 옛 세대들의 원망은 단지 모세를 향한 원망이었습니다. 하나님을 향한 직접적인 원망 보다는 모세를 향해 원망했습니다. "왜 우리를 이리로 끌고 왔느냐? 왜 우리를 이렇게 고생시키느냐? 왜 우리를 죽게 만드느냐" 하면서 하나님의 대언자인 모세를 향한 원망은 있었지만 하나님을 향한 직접적인 원망은 없었습니다(출 15:24; 16:2; 17:2-3; 민 11:1; 14:2; 20:3 참고). 그러나 출애굽 제 2세대에 해당하는 이스라엘 백성들은 모세뿐 아니라 하나님을 향하여 직접적으로 원망했습니다.[13] 이들은 옛 세대들보다 더 나아간 것입니다. 하나님께 간접적으로 원망하지 않고 대놓고 직접 원망했습니다. "왜 우리를 이집트에서 구원했는가? 이 광야에서 왜 우리를 죽게 만드는가? 이곳에는 먹을 것도 없고 물도 없다." 이렇게 하나님께 원망하고 불평을 늘어놓은 것입니다. 하나님께서 이스라엘 백성들을 이집트에서 나오게 하신 구원의 목적이나 그들을 통해 거룩한 나라를 만드시고 온 세상에게 복을 주시려고 하시는 거룩한 비전들을 다 휴지 조각으로 만들었습니다. 그동안에 하나님께서 베푸신 은혜와 사랑을 멸시하는 원망을 이 새로운 세대는 하나님을 향하여 직접 늘어놓았습니다.

그러나 이들의 원망은 단순히 먹을 것과 물에 대한 것에서 더 나아갑니다. 그들은 자신들의 마음이 "이 하찮은 음식을 싫어하노라" 고 말하고

13) 데니스 T. 올슨, 『민수기』, 차종순역 (서울: 한국장로교출판사, 2010), 209-210.

있기 때문입니다. 보잘 것 없는 하찮은 음식이란 여기에서 만나를 의미합니다. 하나님께서 매일 광야에서 일하지 않아도 먹을 수 있는 음식을 주셨습니다. 오늘날의 뷔페에서 먹을 수 있는 음식은 아니어도 생명을 연장하며 살아갈 수 있게 하는 만나를 주신 것입니다. 그런데 이들이 이제 이 만나를 지긋지긋하다고 하면서 혐오한다는 불평의 말을 하나님께 늘어놓은 것입니다. 이들이 불평하는 불평은 그들의 조상들이 했던 불평과는 차원이 좀 다른 하나님을 향한 직접적인 불평이요, 하나님께서 주신 만나를 보잘 것 없는 음식이라고 하면서 노골적으로 싫어하는 불평이었습니다.

그러나 사실 이들의 불평이 올바르지 않다는 것을 우리가 신명기 8장을 보면 알 수 있습니다. 다 같이 신명기 8장 3-4절에 있는 말씀을 보겠습니다.

> 너를 낮추시며 너를 주리게 하시며 또 너도 알지 못하며 네 조상들도 알지 못하던 만나를 네게 먹이신 것은 사람이 떡으로만 사는 것이 아니요 여호와의 입에서 나오는 모든 말씀으로 사는 줄을 네가 알게 하려 하심이니라 이 사십 년 동안에 네 의복이 해어지지 아니하였고 네 발이 부르트지 아니하였느니라

40년간 그들과 옛 세대의 백성들이 살아오면서 하나님께서는 그들의 의복이 해어지지 않게 하셨고 발이 부르트지 않게 하셨습니다. 적어도 호화로운 생활은 못했다고 할지라도 입고 신을 수 있도록 책임져 주셨습니다. 뿐만 아니라 3절에 있는 말씀은 만나를 주셨다고 말씀하시면서 너에게 만나를 주신 목적이 있다. 그것은 사람이 빵이나 밥으로만 사는 것이 아니라 하나님의 입에서 나오는 모든 말씀으로 사는 줄을 알게 하시려고 만나를 먹이신 것이라고 말씀합니다. 일하지 않고 거두어들인 만나를 먹게 하신 것은 그들이 먹는 빵으로 사는 것이 아니라 하나님의 말씀으로

사는 것인 줄 알게 하시려고 만나를 주셨다는 말씀입니다.

민수기에서 오늘 이 이스라엘 백성들이 하는 원망은 정당하지 못할 뿐 아니라 하나님께서 왜 그들에게 만나를 주셨는지를 모르는 불평이었습니다. 그들에게는 하찮은 음식일지 모르지만 하나님께서는 그들에게 빵으로 사는 것이 아니라 하나님의 모든 말씀으로 산다는 것을 교훈하시기 위한 음식이었습니다. 광야 40년 동안 그들을 교육시키시려고 만나를 주셨던 것입니다. 이러한 하나님의 목적에 반하여 이들은 하나님께 불평했고 원망했습니다. 하나님께 직접 따졌습니다. 그러했기에 하나님께서는 이들을 징벌하셨습니다. 하나님을 모독한 그들의 원망과 불평에 대해 불뱀을 보내심으로 심판하셨습니다.

불뱀과 놋뱀

불뱀은 어떤 뱀입니까? 맹독을 지닌 독사들을 의미합니다. 물리면 불과 같이 뜨거워지는 열병에 걸리면서 고통 가운데 죽게 하는 뱀이었기에 불뱀이라고 부른 것입니다. 많은 사람들이 이러한 불뱀에 물려서 죽어갑니다. 그러자 백성들이 모세에게 찾아옵니다. 모세를 붙잡고 하나님께 기도해 달라고 합니다. 하나님께 기도함으로 우리가 원망하여 범죄한 이 죄로부터 우리를 용서 받게 하고 우리를 살게 해 달라고 모세에게 사정합니다. 이런 가운데 모세가 하나님께 기도했고 하나님께서 모세에게 말씀하셨습니다. 8절 말씀에 보면 "물린 불뱀의 모양을 가진 놋뱀을 만들어라. 그것을 장대 위에 매달아라. 그것을 보는 자는 살리라"고 말씀하셨습니다. 모세가 높은 장대를 만들고 그 장대 위에 받침대를 두어서 놋으로 만든 뱀을 그 위에 올려놓고 "이것을 보면 살리라"고 외쳤습니다. 그럴 때에 9절에 있는 말씀처럼 뱀에게 물린 자마다 놋뱀을 쳐다본즉 모두 살았습니다.

하나님께서는 왜 이런 방식으로 그들을 살려주셨을까요? 능력의 하나님께서 바로 그들을 치료하시고 살려 주실 수 있는데 굳이 구리로 뱀을 만들고 장대에 매달아서 이것을 보면 살 수 있도록 하셨을까요? 이것은 하나님께서 만나를 주신 목적과 동일합니다. 하나님께서 그들에게 만나를 주셨을 때에는 사람이 빵으로만 사는 것이 아니라 하나님의 말씀으로 사는 것임을 알기 원하셨습니다. 그러한 사실을 그들에게 훈련시키시고 그것을 깨우치시기를 원하셨습니다. 곧바로 치료의 역사를 베풀지 아니하신 것은 하나님의 말씀에 순종하는 것의 중요성을 깨닫게 하고자 함이었습니다.[14] 하나님의 말씀대로 모세가 만든 장대 위에 달린 놋뱀을 쳐다보면, 즉 그 말씀대로 하면 사는 것입니다. 이런 방식으로 죽어가는 사람들에게 하나님께서는 '피할 길' 곧 살 길을 주신 것입니다(고전 10:13 참고). 반면에 '지금 고통스럽게 죽어가고 있는데 무슨 놋뱀이냐? 그것을 쳐다보면 무슨 일이 일어나느냐? 놋뱀이 무엇을 해주냐?' 그러한 생각으로 하나님의 말씀이 불합리하다거나 아무런 도움이 안 된다고 생각하면서 상처를 붙들고 독을 빨아내면서 몸부림치는 사람들은 죽는 것입니다.

오늘 말씀은 '장대에 매달린 놋뱀을 쳐다보면 살리라'는 하나님 말씀을 듣고 그 말씀을 의지해서 쳐다보면 살게 되었다는 말씀입니다. 그러므로 '하나님 말씀으로 살아야 한다' 는 것을 깨우쳐 주시기 위해서 하나님께서는 놋뱀을 만들게 하시고 그것을 높이 들게 하여 바라보게 하신 것입니다. 그래서 하나님의 말씀을 듣고 신뢰하는 자는 산다고 하는 훈련과 교훈을 얻게 하신 것입니다. 놋뱀 자체에는 아무런 능력이 없습니다. 그냥 뱀을 구리로 만들어서 매달은 것뿐입니다.

놋뱀이 아닌 하나님의 말씀 그리고 예수님

올해가 기사(己巳)년 아닙니까? 띠로 하면 뱀의 띠고, 뱀의 해라고 하기

---

14) 김영철, 『그리스도의 그림자(1)』(서울: 웨스트민스터출판부, 1996), 24.

때문에 사람들이 뱀에 대해서 생각을 많이 합니다. 제가 사는 곳이 연산군 묘 근처인데 거기에 8백년 묵은 은행나무가 있습니다. 한 번은 산책하러 갔더니 은행나무 앞에서 제사를 하고 있었습니다. 8백년 된 은행나무 앞에서 현수막에다가 큰 뱀을 그려놓고 만사형통을 기원하는 제사를 드리고 있는 것을 보았습니다. 8백년 된 은행나무와 금색으로 그려진 뱀이 뭔가를 그들에게 줄 수 있다고 기원하는 것이죠. 사실 이집트에서부터 가나안과 메소포타미아와 수많은 세계 각국에서 뱀은 신령한 동물로 취급되어 왔습니다. 그 뱀이 무언가를 줄 수 있는 것처럼 사람들이 그 뱀에게 제사를 드려왔습니다.

이스라엘 백성들도 이 놋뱀을 통해서 사람들이 살아나는 기적이 일어나니까 이 놋뱀을 신으로 섬겼습니다. 열왕기하 18장 4절에 보면 히스기야 왕 때까지 이 놋뱀을 섬겼다는 말씀이 나와 있습니다. 이 놋뱀을 통해서 사람들이 치유 받았다고 “느후스단”(נחשתן) 곧 놋신으로 여기고 수 백년간 숭배를 했습니다. 그래서 히스기야 왕이 종교 개혁을 하면서 이 놋뱀을 다 부셔 버렸습니다. 놋뱀은 아무런 신령한 효과가 없습니다. 중요한 것은 하나님의 말씀이었습니다. ‘놋뱀을 쳐다보라. 그러면 살리라’ 는 하나님의 말씀대로 쳐다본즉 살아난 것입니다. 하나님의 말씀으로 사는 것이라는 교훈을 이스라엘 백성들에게 주신 것입니다.

오늘 말씀의 중요한 내용은 바로 이것입니다. 이스라엘 백성들에게 자꾸 외부 환경 때문에 불평하지 말고 하나님의 말씀을 의지해서 살아가라는 말씀을 주신 것입니다. 이런 교훈을 예수님께서는 자신에게 적용하여 하신 적이 이 있습니다. 요한복음 3장 14-17절 말씀을 보겠습니다.

> 모세가 광야에서 뱀을 든 것 같이 인자도 들려야 하리니 이는 그를 믿는 자마다 영생을 얻게 하려 하심이니라 하나님이 세상을 이처럼 사랑하사 독생자를 주셨으니 이는 그를 믿는 자마다 멸망하지 않고 영생을

> 얻게 하려 하심이라 하나님이 그 아들을 세상에 보내신 것은 세상을 심판하려 하심이 아니요 그로 말미암아 세상이 구원을 받게 하려 하심이라

예수님께서는 광야에서 모세가 놋뱀을 든 사건을 자신이 십자가에서 들리는 사건으로 적용하시면서 말씀하시고 있습니다(요 8:28; 12:32 참조). 놋뱀을 통해 살 수 있었던 사건 곧 말씀으로 산 사건은 이제 말씀이신 예수 그리스도를 통해서 살게 되리라는 것을 그림자로써 보여주는 일이었음을 말씀하십니다. 모세가 광야에서 뱀을 들 때 사람이 바라보고 살게 한 것 같이 예수님도 십자가에 매달릴 것인데 십자가에 매달린 그를 바라보고 믿는 자마다 영생을 얻게 된다는 말씀입니다. 광야에서 이스라엘 백성들에게 놋뱀을 쳐다본즉 살리라고 말씀하신 하나님께서 이제 예수 그리스도를 쳐다본즉 살리라고 말씀하시는 것입니다. 십자가에 못 박혀서 죄와 사망으로부터 너희를 구원하시려고 죽으신 예수 그리스도를 쳐다보면, 즉 믿고 그분을 주님으로 영접하면 너희가 살리라는 말씀입니다. 이런 하나님 말씀을 듣고 예수 그리스도를 믿을 때에 살게 되는 것입니다. 예수님께서는 지금 이렇게 말씀을 하시는 것입니다: "하나님께서 나를 보내셨고, 나를 믿는 자마다 다시 산다고 말씀하셨으니, 니고데모야! 네가 십자가에 못 박혀 죽어 들림 받는 나를 바라보면 살리라"라고 말씀을 하시는 것입니다.

영생과 부활의 삶

그러나 우리가 살고 있는 현재는 사람들이 예수님을 바라보고 믿어도 죽어 갑니다. 예수님이 재림하시기 전까지는 이 땅에서 예수를 믿어도 육신적인 죽음을 맞이하는 것은 사실입니다. 그러나 우리가 이 땅에서 예수님을 믿고 바라보는 즉시 우리는 본질적으로 영생합니다. 영원한 삶을 살게 되는 것입니다. 그 영원한 삶이라고 하는 것은 무엇입니까? 그것은

생명이신 하나님과 함께하는 삶입니다. 예수를 바라보고 믿은 즉 영생이신 하나님이 그와 함께하시는 것입니다. 비록 이 땅에서는 예수님이 다시 오시기 전에 육신으로는 죽는다 할지라도 본질적으로 우리는 영원하신 하나님의 나라에 들어와 살고 있는 자들입니다. 예수님의 부활처럼 다시 부활하는 생명의 씨가 있는 자들입니다(요 20:9, 17). 재림의 날 예수님과 같이 영광스런 부활의 몸을 입고 새롭게 된 하늘과 땅에서 삼위일체 하나님과 살게 되는 영생을 누릴 자들입니다. 예수님께서는 요한복음 11:25-26절에서 마르다에게 "나는 부활이요 생명이니 나를 믿는 자는 죽어도 살겠고 무릇 살아서 나를 믿는 자는 영원히 죽지 아니하리니 이것을 네가 믿느냐"고 말씀하셨습니다.

영생은 죽어야 얻는 것이 아니라 예수를 바라보고 예수를 믿는 그 즉시 예수의 영이 함께 하심으로써 영생을 얻는 것입니다. 죄와 죽음에서 부활하신 예수와 함께 다시 사는 것입니다. 독사에 물렸던 자들이 독으로부터 다시 사는 것처럼, 죄와 사망의 독으로부터 예수를 바라보는 즉시, 예수를 믿는 즉시 예수의 영이 그와 함께 하심으로 사는 것입니다. 영원히 사는 것입니다. 예수님이 다시 오실 때까지 영생의 몸으로, 온전한 부활을 기다리는 몸으로 사는 것입니다.

이러한 삶은 어떠한 삶입니까? 세상적 가치 기준 때문에 기뻐하고 즐거워하는 것이 아니라, 원망하고 사는 것이 아니라 하나님이 함께하시는 것 때문에 행복해 하고 기뻐하는 삶입니다. 우리가 예수를 믿으면서도 영생의 삶을 누리지 못하게 하는 어렵고 힘든 상황이 때로는 우리에게 주어집니다. 질병 때문에 이게 예수 믿는 것이냐? 몸이 힘들고, 예수 믿어도 별 것 없는 것 같기에 원망과 불평이 하나님을 향하여 이스라엘 백성들처럼 나오려고 할 때도 있습니다. 나의 진로 때문에, 나의 사업 때문에, 우리는 이스라엘 백성들과 같이 하나님을 향한 원망과 불평으로 나아갈 수 있는 상황이 있을 수 있습니다.

그러나 여러분! 우리가 처한 있는 그대로를 받아들이시면서 이 어렵고 힘든 상황은 밥과 돈으로 사는 것이 아니라 하나님의 말씀으로 사는 것을 나에게 깨우쳐 주시려고 허락하신 환경이라는 것을 기억해야 합니다. 하나님 말씀으로 사는 훈련을 우리에게 주시려고 하는 환경이요 질병이요 진로요 사업인 줄을 여러분이 기억하셔야 합니다. 사업과 질병과 진로와 자녀 교육 그 자체가 우리의 주요 관심사가 아니라 하나님이 우리와 함께 하신다는 것, 우리가 예수를 바라봄으로 하나님이 우리와 함께 하셔서 영생의 삶을 우리가 살고 있다는 것, 그것을 여러분의 중요한 가치로 간직하여야 합니다.

사랑하는 여러분! 오늘 말씀을 기억하시면서 밥으로, 빵으로, 돈으로 사는 것이 아니라 내가 하나님의 말씀으로 살고 있는가? 하나님이 함께 하심을 믿으며 살고 있는지 돌아보아야 하겠습니다. 하나님의 말씀으로 살지 않으면서도 힘들지 않다면 죽어 있는 것입니다. 하나님의 말씀으로 살지 않으면 가슴이 답답하고 힘들고 뭔가 불안하고 내 방식으로 사는 것 때문에 힘듦이 있어야 하는 것인데 오히려 내 방식으로 살다가 환경 때문에 불평이 나오고 불만이 생기고 합니까? 내 방식으로 사는 것에 익숙해져서 편안하다면 문제의식을 가져야 합니다. 말할 수 없는 힘듦이 올 때, 불평이 나올 때에 나를 왜 부르셨는지 하나님이 나를 왜 구원하셨는지, 하나님의 비전이 어디에 있는지 그것들을 생각함으로써 우리는 다시 하나님께 나아가야 합니다. 이렇게 우리가 말씀으로 살기 위해서는 말씀을 읽는 훈련과 말씀을 나누는 훈련을 해야 합니다. 하나님의 말씀으로 모든 어려움과 힘듦에 당당히 맞서면서 살아가는 여러분 되시기를 주님의 이름으로 부탁드립니다.

신명기 30장 1-10절 마음의 할례

(1) 내가 네게 진술한 모든 복과 저주가 네게 임하므로 네가 네 하나님 여호와로부터 쫓겨간 모든 나라 가운데서 이 일이 마음에서 기억이 나거든 (2) 너와 네 자손이 네 하나님 여호와께로 돌아와 내가 오늘 네게 명령한 것을 온전히 따라 마음을 다하고 뜻을 다하여 여호와의 말씀을 청종하면 (3) 네 하나님 여호와께서 마음을 돌이키시고 너를 긍휼히 여기사 포로에서 돌아오게 하시되 네 하나님 여호와께서 흩으신 그 모든 백성 중에서 너를 모으시리니 (4) 네 쫓겨간 자들이 하늘 가에 있을지라도 네 하나님 여호와께서 거기서 너를 모으실 것이며 거기서부터 너를 이끄실 것이라 (5) 네 하나님 여호와께서 너를 네 조상들이 차지한 땅으로 돌아오게 하사 네게 다시 그것을 차지하게 하실 것이며 여호와께서 또 네게 선을 행하사 너를 네 조상들보다 더 번성하게 하실 것이며 (6) 네 하나님 여호와께서 네 마음과 네 자손의 마음에 할례를 베푸사 너로 마음을 다하며 뜻을 다하여 네 하나님 여호와를 사랑하게 하사 너로 생명을 얻게 하실 것이며 (7) 네 하나님 여호와께서 네 적군과 너를 미워하고 핍박하던 자에게 이 모든 저주를 내리게 하시리니 (8) 너는 돌아와 다시 여호와의 말씀을 청종하고 내가 오늘 네게 명령하는 그 모든 명령을 행할 것이라 (9) 네가 네 하나님 여호와의 말씀을 청종하여 이 율법책에 기록된 그의 명령과 규례를 지키고 네 마음을 다하며 뜻을 다하여 여호와 네 하나님께 돌아오면 (10) 네 하나님 여호와께서 네 손으로 하는 모든 일과 네 몸의 소생과 네 가축의 새끼와 네 토지 소산을 많게 하시고 네게 복을 주시되 곧 여호와께서 네 조상들을 기뻐하신 것과 같이 너를 다시 기뻐하사 네게 복을 주시리라

[신명기 30장 1-10절]

성경에 나타난 하나님의 큰 그림

하나님께서는 우리에게 쉬운 말씀을 통해 교훈하기도 하시지만 때로는 우리에게 잘 이해하기 어려운 말씀을 주기도 하십니다. 그러나 우리가 어린 아이와 같이 늘 죽을 먹을 수는 없고 밥과 딱딱한 음식도 먹을 수 있어야 하는 것처럼 성장하기 위해서는 어려운 말씀들도 잘 먹어야 할 것입니다. 이렇게 자라가기 위해서는 성경 66권의 말씀들을 골고루 잘 아는 것이 필요합니다.

게다가 우리가 살아가는 현재의 세상은 단순하지 않고 복잡합니다. 이런 세상에서 성도로서 살아가려고 할 때에 하나님의 뜻을 분별하고 살기가 쉽지 않습니다. 이런 시기와 세상일지라도 우리가 성경을 통해 하나님의 말씀의 원리를 잘 안다면 하나님의 뜻을 순종하는 성숙한 백성으로 잘 살아갈 수 있을 줄로 믿습니다. 이런 점에서 성경 전체를 통해 나타나는 하나님의 뜻과 일하심을 보여주는 큰 그림을 아는 것은 성도의 일상에 큰 유익이 있습니다. 오늘 읽은 신명기 30장에 있는 말씀도 잘 들여다보면 하나님께서 세상의 역사를 이끌어 나가시는 큰 그림을 우리에게 보여주십니다. 일하심의 큰 그림을 보여주시기 위해서 하나님께서는 오래 전에 모세를 통해 이 말씀을 기록하시고 잘 보존하셔서 오늘 이와 같이 우리에게 주신 것입니다.

가나안 땅에서의 이스라엘의 미래

신명기 30장에 있는 이 말씀은 이스라엘 백성이 요단강을 건너 하나님이 주신 가나안 땅에 들어가려고 하는 시점에서 주신 말씀입니다. 저희로부터 따진다면 약 3천 년 전의 상황입니다. 하나님께서는 모세를 통해 이제 요단강을 건너면 가나안 땅에 들어갈 수 있는 이스라엘 백성들에게 무슨 말씀을 주셨을까요? 30장 1절은 “내가 네게 진술한 모든 복과 저주가 네게 임하므로 네가 네 하나님 여호와로부터 쫓겨 간 모든 나라 가운데서 이 일이 마음에서 기억이 나거든"하는 말씀으로 시작하고 있습니다. 이스라엘 백성이 가나안 땅에 들어가서 살게 될 때 때로는 복을 받지만 때로는 저주를 받는 일이 있을 것임을 말씀을 해주십니다.

이렇게 시작하는 말씀은 가나안 땅에서 이스라엘 백성들이 살게 될 때 일어날 일들에 대한 말씀으로 그들의 미래에 대한 것입니다. 요단강을 건너가 가나안 땅에서 살게 될 때에 어떠한 일들이 그들에게 일어날 것인가? 하나님의 말씀에 순종해서 복 받는 일들이 일어날 것이고 때로는 불순종하여 저주가 그들에게 있을 미래를 말씀합니다. 그런데 이 이스라엘 백성들의 미래가 그렇게 밝아 보이지 않습니다. 30장 1절은 이스라엘 백성들의 미래가 결국 저주로 끝날 것을 전제하고 있기 때문입니다. 1절은 "네가 네 하나님 여호와로부터 쫓겨 간 모든 나라 가운데서 이 일이 마음에서 기억이 나거든"으로 끝나고 있습니다. 아직 요단강을 건너서 가나안 땅에 들어가지도 않았는데 가나안 땅에서 결국에는 쫓겨나게 될 것을 말씀하고 있습니다. 이미 신명기 28장-29장에서도 하나님께서는 말씀을 순종하면 이스라엘이 복을 받고 그 땅에서 잘 살지만 그들이 불순종하면 저주를 받아서 가나안 땅에서 쫓겨나게 될 것을 말씀하셨습니다. 이러한 말씀을 하셨는데 30장에서는 결국 그들이 불순종하게 되어 하나님이 주신 땅에서 살지 못하고 쫓겨나게 될 것이라 말씀하시기에 이스라엘의 미래가 밝지 않습니다.

포로된 이스라엘과 하나님의 궁극적인 계획

2절 말씀은 가나안 땅에서 쫓겨난 이스라엘 백성이 무엇을 해야 하는 지를 말씀합니다. 하나님께 돌아오고 하나님께서 말씀하신 것을 온전한 마음으로 순종하라고 말씀합니다. 3절 말씀은 하나님께서 심판하셨던 그 마음을 돌이키시고 회개한 이스라엘을 긍휼히 여기사 포로에서 돌아오게 하실 것을 말씀합니다. 포로의 저주로 끝나버린 것이 아니라 쫓겨났던 땅으로 다시 돌아오게 하신다는 것입니다. 돌아온 이스라엘 백성들에게 선을 행하심으로 그들의 조상들보다 더 번성하게 하실 것을 말씀합니다.

그러나 하나님께서 돌아온 이스라엘 백성들에게 베푸실 선은 여기서 더 나아갑니다. 6절에서는 아주 획기적인 말씀을 하고 계시기 때문입니다. 이 획기적인 말씀이란 "네 하나님 여호와께서 네 마음과 네 자손의 마음에 할례를 베푸사 너로 마음을 다하며 뜻을 다하여 네 하나님 여호와를 사랑하게 하사 너로 생명을 얻게 하실 것이며" 라는 말씀입니다. 이스라엘 백성이 포로에서 돌아왔을 때에는 새로운 시대가 열릴 것이라는 것입니다. 그 새로운 시대란 하나님께서 직접 이스라엘 백성들의 마음에 할례를 행하시는 시대입니다. 이렇게 하셔서 이스라엘 백성이 마음을 다하고 뜻을 다해 하나님을 사랑하여 생명을 얻는 결과를 가져오게 하시겠다는 것입니다. 모세를 통해 이미 "마음을 다하고 뜻을 다하고 힘을 다하여 네 하나님 여호와를 사랑하라" 고 전에 말씀하셨지만(6:5) 그들이 할 수 없었던 이 일이 이제 가능해지는 시대가 온다는 것입니다. 하나님께서는 가나안 땅에 거주할 이스라엘 백성들의 미래가 밝지 않을 것을 말씀하셨지만 궁극적으로는 아주 밝은 미래를 약속하십니다. 하나님께서 모세를 통해 이스라엘 백성에게 보여주신 이 이스라엘의 밝은 미래는 '마음의 할례' 를 통해 표현되고 있습니다.

마음을 할례하시는 하나님의 비전

여러분! 할례라는 말 자체가 생소한 단어이고 오늘날 잘 사용하지 않는 단어이기 때문에 마음에 할례를 행한다는 말이 잘 와 닿지 않을 수 있습니다. 이렇게 낯선 말이지만 창세기 17장을 보면 할례가 무엇인지 우리가 잘 알 수 있습니다. 특별히 17:10에 보면 하나님께서는 아브라함에게 그에게 속한 모든 남자는 다 할례를 받으라고 말씀하십니다. 아브라함이 하나님을 믿고 말씀에 순종하는 삶을 살고 있을 때인 99세에 그를 부르시고 주신 명령입니다. 할례는 남자의 성기에 있는 표피를 베어서 하나님 백성이라는 표시를 하는 의식을 말합니다. 하나님과 관계하는 백성이라는 인증을 중요한 부분에 하는 것입니다.

그런데 이렇게 몸에다 표시하신 하나님께서는 이제 모세를 통해서 또 다른 데에다가 그런 표시를 하라고 말씀하십니다. 그 표시를 해야 하는 다른 데가 어디인지는 신명기 10:16을 보면 알 수 있습니다. 신명기 10:16-20절 말씀을 보겠습니다.

> 그러므로 너희는 마음에 할례를 행하고 다시는 목을 곧게 하지 말라 너희의 하나님 여호와는 신 가운데 신이시며 주 가운데 주시요 크고 능하시며 두려우신 하나님이시라 사람을 외모로 보지 아니하시며 뇌물을 받지 아니하시고 고아와 과부를 위하여 정의를 행하시며 나그네를 사랑하여 그에게 떡과 옷을 주시나니 너희는 나그네를 사랑하라 전에 너희도 애굽 땅에서 나그네 되었음이니라 네 하나님 여호와를 경외하여 그를 섬기며 그에게 의지하고 그의 이름으로 맹세하라

아브라함에게 명령하셨던 몸의 할례에서 더 나아가 하나님께서는 모세를 통하여 이스라엘 백성들에게 그들의 마음에 할례를 행하라고 명령하십니다.

몸의 할례라는 것은 원래 하나님께서 할례 받은 사람을 하나님의 백성이라고 인정하시는 표시입니다. 그 몸의 표시를 볼 때마다 할례 받은 사람은 자신이 하나님의 백성임을 확인합니다. 그런데 하나님께서 몸의 할례를 알고 있는 사람들에게 모세를 통해 다시 요구하고 있는 것이 무엇인가 하면 마음에 하나님의 백성이라는 표시를 내라는 것입니다. 마음에 표시를 내라는 말씀은 무엇입니까? 이것은 10:17절 이하의 내용과 관련되어 있는데 하나님의 백성으로 인정된 사람으로서 마음으로 하나님을 경외하고 나그네와 어려운 이웃들을 사랑하는 것과 관련이 되어 있습

니다. 하나님 백성답게 하나님과 이웃을 사랑하는 곧 율법의 명령을 순종하는 삶을 산다는 의미가 마음의 할례를 행한다는 의미입니다. 이렇게 마음의 할례를 원하셨던 하나님은 그들이 마음을 할례하면 복이 그들에게 임하고 그렇게 살지 않는다면 저주가 임한다고 말씀하셨습니다(27-28장).

그런데 30:1은 이스라엘 백성들의 미래가 결국은 마음에 할례를 행하지 못하는 곧 하나님의 말씀에 순종하며 살지 못하는 백성이 될 것이라는 모세의 예언이었습니다. 이제 30:6은 그들이 하지 못했지만 궁극적으로 하나님 자신이 직접 그들의 마음을 할례하시겠다는 말씀입니다. 이스라엘 자신이 마음에 할례를 하지 못하니까, 마음으로 하나님과 이웃을 사랑하지 못하니까, 하나님께서 순종할 수 있는 마음으로 바꾸시겠다는 것입니다. 이렇게 마음을 바꾸셔서 마음과 뜻을 다해 하나님을 사랑할 수 있는 사람이 되어 생명을 얻게 하시겠다는 말씀입니다. 이런 하나님의 계획과 비전은 사람의 의지로 되는 것이 아니라 하나님의 은혜로운 행하심으로 주어지는 것임을 알게 합니다.[15] 모세를 통해서 이스라엘 백성들에게 하나님이 먼 미래에 행하실 은혜와 복음을 그들에게 들려주신 것입니다.

하나님 비전의 구체적인 실행

30장 11절 말씀에서 모세는 이제 하나님의 명령은 이스라엘에게 어려운 것도 아니요 먼 것도 아니라고 말합니다. 30장 6절에서 하나님께서 행하실 마음의 할례 사건을 전제로 해서 11절 말씀을 주시는 것입니다. 그렇다면 하나님이 주신 이 명령과 율법이라는 것은 이제 지키기에 어려운 것이 아니고 지키기에는 너무 멀리 떨어져 있는 말씀이 아닙니다.

15) 패트릭 밀러, 『신명기』, 김회권 역 (서울: 한국장로교 출판사, 2011), 321.

30:12-14에 따르면 그 말씀은 쉽고 가까이 왔기 때문에 그 말씀을 지키기 위해서 하늘에 올라갈 필요나 그 말씀이 바다 건너편에 있어서 가져오려고 바다를 건너갈 필요가 없기 때문입니다. 오히려 그 말씀이 입과 마음에 매우 가까이 있기 때문에 행할 수 있다고 거듭 말씀하십니다. 하나님이 행하신 마음의 할례는 이제 하나님께서 그 할례 된 마음에 하나님의 말씀을 가까이 가져오시는 것으로 나아갑니다. 그 마음에 말씀을 심으시는 것입니다. 결국 하나님의 말씀을 행할 수밖에 없도록 말씀을 할례 된 사람의 마음에 아주 가까이 가져 오셔서 순종하여 생명을 얻을 수밖에 없는 사람이 되게 해 주시겠다는 것입니다.

이러한 복음의 말씀을 하나님께서 모세를 통해 약 3천 년 전에 이스라엘 백성들에게 하셨습니다. 그러면 이스라엘 백성들이 저주를 받아 땅에서 쫓겨났다가 다시 돌아오고 하나님께서 이스라엘 백성들의 마음을 할례하시는 새로운 시대를 열어 가신다고 할 때에 그것을 어떻게 행하시는가? 우리가 이런 질문을 갖게 됩니다. 여기에 대한 답변은 하나님께서 모세 이후의 선지자들을 통해 주신 말씀들을 보면 알 수 있습니다. 특별히 모세 이후로 약 800년 정도 지났을 때 예레미야와 에스겔 선지자들을 통해서 분명히 알게 하셨습니다. 예레미야 31:31-34; 32:39-40을 보겠습니다(24:7도 참조).

> 여호와의 말씀이니라 보라 날이 이르리니 내가 이스라엘 집과 유다 집에 새 언약을 세우리라... 곧 내가 나의 법을 그들의 속에 두며 그들의 마음에 기록하여 나는 그들의 하나님이 되고 그들은 내 백성이 될 것이라

> 내가 그들에게 한 마음과 한 길을 주어 자기들과 자기 후손의 복을 위하여 항상 나를 경외하게하고 내가 그들에게 복을 주기 위하여 그들을 떠나지 아니하리라 하는 영원한 언약을 그들에게 세우고 나를 경외함을 그들의 마음에 두어 나를 떠나지 않게 하고

이 말씀들을 보면 종말에 하나님께서 남은 이스라엘과 새로운 언약을 맺으시고 그들에게 말씀이 심겨진 새 마음을 주시겠다고 약속하십니다. 예레미야는 또한 이것의 성취가 정의와 공의를 실행하는 다윗의 의로운 한 자손과 관련이 있다고 선포합니다(렘 33:14-18). 우리는 또한 에스겔 36:25-28에서 비슷한 말씀을 볼 수 있습니다(11:19-20도 참조).

> 맑은 물을 너희에게 뿌려서 너희로 정결하게 하되 곧 너희 모든 더러운 것에서와 모든 우상 숭배에서 너희를 정결하게 할 것이며 또 새 영을 너희 속에 두고 새 마음을 너희에게 주되 너희 육신에서 굳은 마음을 제거하고 부드러운 마음을 줄 것이며 또 내 영을 너희 속에 두어 너희로 내 율례를 행하게 하리니 너희가 내 규례를 지켜 행할지라

에스겔은 이 말씀에서의 마음의 할례도 하나님의 종이며 이스라엘 백성의 왕과 목자인 다윗의 한 후손이 세우는 화평의 언약과 관련이 있음을 알게 합니다(겔 37:23-25). 결국 이 예언의 말씀들은 하나님께서 다윗의 후손을 통해 이스라엘 백성과 새로운 언약을 맺으시고 그들에게 그의 영을 부으시고 마음을 할례하셔서 하나님을 경외하는 사람들로 만드신다는 것입니다.

그럼 이 다윗의 후손이 누구인가? 그 분은 바로 우리 주 예수 그리스도이십니다. 다윗의 후손으로 오셔서 우리의 거짓되고 부패한 마음을 그의 십자가의 죽으심과 피를 통해서 깨끗이 씻으셨습니다. 뿐만 아니라 깨끗이 씻어진 그 마음에 그의 영이신 성령을 부으셔서 그리스도의 말씀을 생각나게 하시고 그의 말씀을 순종할 수밖에 없는 새로운 마음을 주신 분이 바로 예수 그리스도이십니다. 이런 의미로 바울사도께서 말씀하는 로마서 10:6-8의 말씀을 보겠습니다.

> 믿음으로 말미암는 의는 이같이 말하되 네 마음에 누가 하늘에 올라가

> 겠느냐 하지 말라 하니 올라가겠느냐 함은 그리스도를 모셔 내리려는 것이요 혹은 누가 무저갱에 내려가겠느냐 하지 말라 하니 내려가겠느냐 함은 그리스도를 죽은 자 가운데서 모셔 올리려는 것이라 그러면 무엇을 말하느냐 말씀이 네게 가까워 네 입에 있으며 네 마음에 있다 하였으니 곧 우리가 전파하는 믿음의 말씀이라

여러분! 이 말씀이 성경 어디에서 온 것입니까? 바로 우리가 읽었던 신명기 30장 11절에서 14절에 있는 말씀입니다. 미래에 하나님께서 이스라엘 백성의 마음에 할례를 행하셔서 "말씀"을 사람들의 입과 마음에 아주 가까이 가져 오시고 순종하게 하시겠다는 모세를 통해하신 예언의 말씀인데 사도 바울께서는 로마서 10:6-8에서 그 말씀을 인용하는 가운데 "그 말씀"을 누구에게 적용하고 있는가 하면 예수 그리스도에게 적용하고 있습니다. 우리가 하나님의 말씀을 지켜서 의로움을 얻기 위해 하늘로 올라갈 필요가 없다. 하늘에 올라가서 그 말씀을 지키겠다고 그 말씀을 다시 이 땅에 내려오게 할 필요가 없다. 왜냐하면 말씀이신 예수 그리스도께서 하늘에서 내려오셨기 때문이다. 이렇게 신명기 30장 11-14절에 있는 말씀을 그리스도에게 적용하고 있습니다. 모세는 신명기 30장 11절 이하에서 바다 밖으로 우리가 건너갈 필요 없다고 했는데 사도 바울께서는 로마서 10장 7절에서 이 말을 '무저갱 곧 죽는 자가 내려가는 지하의 장소에 내려갈 필요가 없다'로 바꾸셨습니다. 예수께서 이미 죽으셔서 내려 가셨기 때문에 죽음의 장소에 내려갈 필요가 없다고 말씀합니다.

하나님의 말씀을 지키는 것은 하늘에 올라갈 정도로 혹은 깊은 땅 속에 들어갈 정도로 어려운 것이 아니다. 하늘에 계셨던 말씀이신 예수께서 이미 내려 오셨고 죽으셔서 십자가를 지시고 땅 밑에까지 들어가셨기 때문이다. 예수께서 이렇게 하심으로 율법의 완성이 되셨기 때문이다(롬 10:4).[16] 그러므로 8절에 있는 말씀처럼 그분이 우리의 입과 마음에 매우

가까이 와있기 때문에 그분을 믿음으로 말미암아서 마음이 새롭게 되고 말씀을 순종할 수 있는 자가 되었다고 사도 바울은 모세의 예언을 예수 그리스도와 연결하고 있습니다. 로마서 8:3-4에서 이런 연결을 더 살펴볼 수 있습니다.

> 율법이 육신으로 말미암아 연약하여 할 수 없는 그것을 하나님은 하시나니 곧 죄로 말미암아 자기 아들을 죄 있는 육신의 모양으로 보내어 육신에 죄를 정하사 육신을 따르지 않고 그 영을 따라 행하는 우리에게 율법의 요구가 이루어지게 하려 하심이니라

하나님의 백성이 율법의 요구 즉 하나님의 말씀을 순종할 수 있는 그런 능력 있는 자들이 되었는데 예수 그리스도를 믿음으로 곧 예수의 영을 받음으로 하나님과 이웃을 사랑할 수 있는 능력자들이 되었다는 것입니다. 이렇게 사도 바울은 로마서에서 마음의 할례와 말씀에 대한 약속이 예수와 그의 영이신 성령을 통해서 성취되었다고 증거하고 있습니다. 이것이 모세를 통해 보여주시려고 하셨던 하나님의 큰 그림이었습니다.

새 마음을 가진 성도들과 옛 마음의 유혹

하나님께서는 요단강을 건너 아직 가나안 땅에 들어가지도 않은 출애굽의 백성들에게 가나안 땅에 들어가서 살면 그들이 하나님 앞에서 마음을 할례 한 백성으로서 살지 못할 것을 내다보셨습니다. 그들의 무능력과 그들의 실패할 수밖에 없는 삶을 미리 보시고 그것을 넘어서서 그들의 마음을 직접 할례 하심으로 하나님을 순종하는 새로운 시대를 열어 가시겠다는 복음의 말씀을 모세를 통해 3천 년 전에 주신 것입니다. 모세이후 천 오백년 정도가 지났을 때에 예수님 자신이 이 땅에 직접 오시고

---

16) J. G. McConville, *Deuteronomy* (Leicester: Apollos, 2002), 432.

죽으심으로 더럽혀지고 악하고 순종할 수 없는 사람의 마음을 그의 피로 씻으셔서 하나님께 순종할 수 있는 사람들이 되게 하셨습니다. 예수의 영을 부어주셔서 예수께서 하신 일들을 생각나게 하시고 그의 말씀을 순종할 수 있는 마음을 주셔서 순종하는 백성이 되게 하셨는데 지금 예배하는 우리가 그런 사람들입니다. 모세에게 주신 하나님의 계획과 은혜 속에서 우리가 예수를 믿게 되었고 하나님과 이웃을 사랑할 수 있는 능력자들이 되었습니다(엡 2:8).

그렇습니다. 우리가 바로 그런 사람들입니다. 하나님의 큰 계획 속에서 예수 믿고 예수의 영으로 새로운 마음을 가진 사람들입니다. 하나님께서는 잠언 4:23에서 "모든 지킬 만한 것 중에 더욱 네 마음을 지키라 생명의 근원이 이에서 남이니라"고 말씀하셨습니다. 이제 우리는 예수와 그의 영을 통해서 새롭게 되고 할례 된 마음을 지켜 나가야 합니다. 뿐만 아니라 마음이 할례 된 자로서 그에 합당한 순종의 삶을 요구받고 있습니다. 그런데도 우리가 예수 믿는 자로서 살다보면 우리 가운데 다른 마음이 생겨납니다. 옛 마음이 자꾸 우리를 유혹합니다. 옛 마음의 영향을 받아 두 마음을 품으면서 살지 않도록 우리가 주의해야 합니다(약 4:8). 성령에 온전히 지배되어서 성령의 뜻을 따름으로 주신 새 마음을 유지해야 합니다. 마음이 할례 된 자로서 하나님과 이웃을 사랑하는 순종의 사람으로서 살아가야 합니다. 이렇게 살아갈 수 있는 능력을 하나님께서는 구약의 이스라엘 백성들과는 달리 우리에게 부여해 주셨습니다. 이것이 바로 우리가 은혜의 시대에 살고 있다는 의미입니다.

진정한 이스라엘로서 하나님의 백성이 되는 것은 사도 바울께서 말씀하신 것처럼 몸에 할례를 받은 사람이 아니고 마음에 할례를 받은 사람입니다(롬 2:28-29). 교회를 다니고 예배를 드리는 것도 중요하지만 진정한 하나님 백성은 하나님과 이웃을 사랑할 줄 아는 사람입니다. 예수 믿는 우리에게는 그러한 사람이 될 수 있는 성령의 능력이 주어졌습니다.

성령 하나님께서는 우리가 옛 마음으로 돌아가 세상 염려와 걱정으로 달려가려고 할 때마다 우리에게 제동을 거시고 우리에게 감사와 평안과 믿음과 소망으로 나아오게 해 주십니다. 두 마음이 아닌 오직 새 마음으로 나아갈 수 있는 예수의 흔적을 우리에게 새기셨습니다. 예수의 십자가와 부활과 말씀의 흔적이 우리의 마음에 새겨져 있습니다(갈 6:17). 성도로서 그 예수의 흔적을 붙들고 하나님과 이웃을 사랑하는 능력자로 살아가시기를 주님의 이름으로 축원합니다.

성경신학적 구약 주해와 적용

역사서

단순한 구약설교라기 보다 구약 본문들에 대한
주해에 가깝습니다.

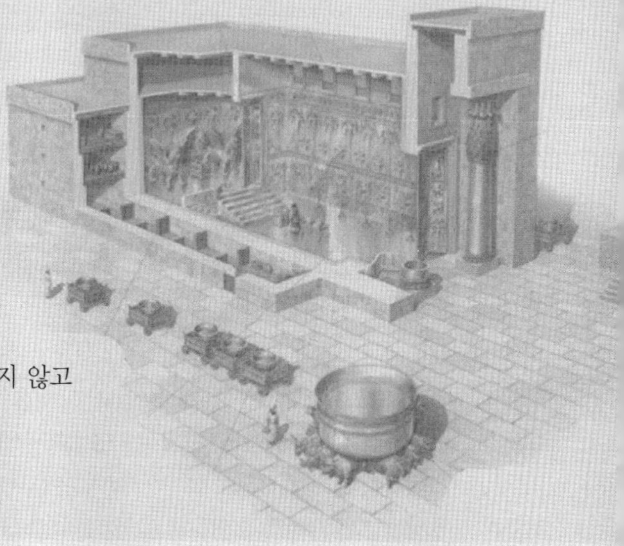

각 권의 설교와 주해는
선택된 해당 본문의 이해에만 그치지 않고
그 본문이 속한 책 전체를
이해할 수 있도록 진행되었습니다.
이러한 이해는
구약을 넘어서서
신약을 동시에 이해하는
유익을 줄 것입니다.

여호수아 14장 6-15절
하나님의 유업을 받는 삶

(6) 그 때에 유다 자손이 길갈에 있는 여호수아에게 나아오고 그니스 사람 여분네의 아들 갈렙이 여호수아에게 말하되 여호와께서 가데스 바네아에서 나와 당신에게 대하여 하나님의 사람 모세에게 이르신 일을 당신이 아시는 바라 (7) 내 나이 사십 세에 여호와의 종 모세가 가데스 바네아에서 나를 보내어 이 땅을 정탐하게 하였으므로 내가 성실한 마음으로 그에게 보고하였고 (8) 나와 함께 올라갔던 내 형제들은 백성의 간담을 녹게 하였으나 나는 내 하나님 여호와께 충성하였으므로 (9) 그 날에 모세가 맹세하여 이르되 네가 내 하나님 여호와께 충성하였은즉 네 발로 밟는 땅은 영원히 너와 네 자손의 기업이 되리라 하였나이다 (10) 이제 보소서 여호와께서 이 말씀을 모세에게 이르신 때로부터 이스라엘이 광야에서 방황한 이 사십오 년 동안을 여호와께서 말씀하신 대로 나를 생존하게 하셨나이다 오늘 내가 팔십오 세로되 (11) 모세가 나를 보내던 날과 같이 오늘도 내가 여전히 강건하니 내 힘이 그 때나 지금이나 같아서 싸움에나 출입에 감당할 수 있으니 (12) 그 날에 여호와께서 말씀하신 이 산지를 지금 내게 주소서 당신도 그 날에 들으셨거니와 그 곳에는 아낙 사람이 있고 그 성읍들은 크고 견고할지라도 여호와께서 나와 함께 하시면 내가 여호와께서 말씀하신 대로 그들을 쫓아내리이다 하니 (13) 여호수아가 여분네의 아들 갈렙을 위하여 축복하고 헤브론을 그에게 주어 기업을 삼게 하매 (14) 헤브론이 그니스 사람 여분네의 아들 갈렙의 기업이 되어 오늘까지 이르렀으니 이는 그가 이스라엘의 하나님 여호와를 온전히 좇았음이라 (15) 헤브론의 옛 이름은 기랏 아르바라 아르바는 아낙 사람 가운데에서 가장 큰 사람이었더라 그리고 그 땅에 전쟁이 그쳤더라 [여호수아 14장 6-15절]

가나안 땅에 대한 분배와 갈렙의 요구

여호수아서의 말씀은 24장까지 있습니다. 24장까지의 말씀은 대부분 하나님께서 주시기로 약속하신 가나안 땅에 대한 정복(1-12장)과 그 땅의 분배(13-21장)에 대한 것입니다. 특별히 오늘 읽은 본문 말씀은 요단강을 건너와 5년 이상을 지내면서 가나안 땅을 다 정복하지는 못했지만 지파별로 땅을 분배하는 것과 관련한 말씀입니다(1-5절).

땅의 분배에 있어서 요단 동편의 땅은 이미 므낫세 반 지파와 르우벤과 갓 지파들에게 분배되었습니다. 요단 서편의 땅 또한 레위 자손을 제외한 아홉 지파와 반 지파에게 제비를 뽑아 분배되었습니다(14:1-5). 오늘 말씀을 보면 이렇게 제비를 뽑아 땅을 분배하는 가운데 있는데 유다 지파의 갈렙이 분배의 책임자인 여호수아에게 나아왔습니다. 자신이 차지해야 하는 땅은 제비를 뽑아서 차지해야 할 땅이 아니라 하나님께서 자신에게 이미 약속하신 땅이 있으니 자신은 그 땅을 분배받겠다고 말합니다. 갈렙은 자신이 차지해야 하는 헤브론 땅은 제비를 뽑아서 다른 사람이 가져갈 수 있는 것이 아니라 하나님께서 45년 전에 이미 자신의 족속에게 주시기로 한 유업이기에 자신에게 주어야 한다는 말을 하려고 여호수아에게 나아온 것입니다(14:6-12).

그러면 갈렙의 말대로 45년 전에는 어떠한 일이 있었습니까? 이스라엘 백성들은 45년 전에 가데스 바네아라고 하는 곳에 있었습니다. 이스라엘 백성들이 가나안 땅에 곧 바로 들어오지 못하고 광야에서 40년간을 방황할 수밖에 없게 된 일이 일어난 장소가 바로 가네스 바네아였습니다. 민수기 13장-14장을 보면 하나님께서는 가데스 바네아에서 이스라엘 백성을 내륙을 통해서 약속의 땅인 가나안에 들어가게 하려고 하셨습니다. 그러나 이스라엘 백성들은 선뜻 들어가기를 원하지 않았고 정탐꾼을 보내어 자신들이 어느 길로 들어가야 하는지, 그 땅은 어떠한 땅인지 먼저 정탐을 하겠다고 하였습니다(신 1:22 참조). 하나님께서는 이들의 요청을 받아들이셔서 지파별로 12명을 뽑아 가나안 땅을 정탐하게 했습니다. 그 가운데 유다 지파 중에서 뽑힌 사람이 갈렙이었습니다. 에브라임 지파의 여호수아도 이 12명 가운데 있었습니다. 12명의 정탐꾼이 조사한 그 땅은 하나님께서 약속하신 땅인 만큼 젖과 꿀이 흐르는 비옥하고 정말 살기에 좋은 땅이었습니다. 그러나 갈렙과 여호수아를 제외한 대부분의 정탐꾼들에게 그 땅은 그림의 떡과 같이 자신들이 차지하기에는 쉽지 않은 땅으로 여겨졌습니다. 아낙 자손이라고 하는 거인과 같은 큰 힘 있는 용사들이 그 땅에 살고 있었을 뿐만 아니라 도시들은 여리고 성과 같이 정말 견고한 성읍들로 되어 있었기 때문입니다. 하나님께서 그 땅을 주시겠다고 약속을 하셔서 막상 들어가서 보니 좋기는 좋은데 땅들을 차지하려면 많은 피를 흘려야 되겠고, 수많은 피를 흘린다 할지라도 그 땅을 차지하는 것은 쉽지 않다는 결론을 12명 중에 10명이 내렸습니다. 그래서 그들은 돌아가서 그 땅은 결코 정복할 수 없는 땅이라고 보고했습니다. 그들은 하나님의 약속의 말씀을 거역하고 백성들을 선동하면서 그 땅은 함부로 들어갈 수 있는 땅이 아니라고 말한 것입니다.

하나님의 약속을 온전히 믿은 갈렙과 그의 유업

10명의 정탐꾼들이 부정적인 보고를 한 반면에 여러분이 아시는 것처럼 여호수아와 갈렙은 긍정적인 믿음의 보고를 하였습니다. 특히 갈렙은 오늘 말씀 14장 7절을 보면 성실한 마음으로 모세에게 보고하였다고 말하고 있습니다. 갈렙은 믿음과 충성의 마음으로 하나님께서 주시기로 약속하신 땅을 얻을 수 있다고 보고한 것입니다. 그러나 백성들은 이러한 보고 보다 열 명의 부정적인 보고를 받아들였고 여호수아와 갈렙을 돌로 치려고 하였습니다. 이렇게 이스라엘 백성들이 하나님께서 약속하신 것들을 의심을 하고 두려워하자 하나님께서는 약속하신 것을 그들이 누리지 못하게 하셨습니다. 그들은 40년간을 광야에서 방황해야 했으며 20세 이상의 나이로 출애굽한 자들은 죽고 그 땅에 들어가지 못한다는 하나님의 선고를 받았습니다. 반면에 하나님께서는 갈렙에게는 땅에 들어가고 자신이 밟았던 땅을 차지할 것이란 약속을 주셨습니다. 민수기 14장 23-24절을 보시기 바랍니다.

> [내 목소리를 청종하지 아니한 그 사람들은] 내가 그들의 조상들에게 맹세한 땅을 결단코 보지 못할 것이요 또 나를 멸시하는 사람은 한 사람도 그것을 보지 못하리라 그러나 내 종 갈렙은 그 마음이 그들과 달라서 나를 온전히 따랐은즉 그가 갔던 땅으로 내가 그를 인도하여 들이리니 그의 자손이 그 땅을 차지하리라

하나님께서 갈렙에게는 그가 정탐했던 헤브론을 그의 후손들에게 주시겠다는 약속을 45년 전에 하신 것입니다. 그 후 광야생활 38년 동안에 모세와 20세 이상의 나이로 출애굽한 사람들은 광야에서 죽었지만 여호수아와 갈렙은 살아남았습니다(10절, 신 2:14 참고). 20세 이하의 출애굽 세대들과 함께 요단 동쪽으로 들어와서 요단 동편의 지역을 약 1년간 정복했습니다. 요단강을 건넌 후에는 가나안 지역을 6년간 정복했습니다. 이제 이 땅을 분배하게 되었을 때 갈렙은 모세의 후계자인 여호수아에게 나아와 45년 전에 하나님께서 자신에게 약속하셨던 헤브론 땅을 자신의 족속에게 주어야 한다고 말하고 있는 것입니다.

이렇게 과거를 상기하는 과정에서 갈렙은 45년 전 하나님께서 그에게 헤브론 땅을 허락하실 때 민수기 14:24에서 자신에 대해 언급하셨던 구절을 반복합니다. 즉 "그가 나를 온전히 따랐은즉"(바예말레 아하라이, **וימלא אחרי**)이라는 구절입니다. 이 말씀은 오늘 본문에서는 그가 '하나님 여호와께 충성하였다' 는 말로 8절과 9절에서 두 번이나 반복됩니다. 이 말씀은 원문대로 하면 14절에서 그가 "하나님 여호와를 온전히 좇았다"(밀레 아하레 아도나이 엘로헤, **מלא אחרי יהוה אלהי**)는 말씀과

동일한 말씀입니다. 그러므로 세 번이나 반복하여 성경은 갈렙이 철저하게 하나님의 약속을 믿고 순종했음을 언급합니다(민 32:12; 신 1:36 참조). 이렇게 갈렙은 하나님의 선물로 주어진 헤브론 땅이 자신의 믿음의 순종으로 또한 주어졌음을 여호수아에게 상기시킵니다.

갈렙을 강건하게 하시고 유업을 차지하게 하신 하나님

갈렙은 이렇게 여호수아에게 과거를 상기시키면서 헤브론 땅이 자신의 땅임을 주장했을 뿐만 아니라 현재의 상황을 토대로 그의 주장을 계속합니다. 10-11절에서 갈렙은 "이제 보소서 여호와께서 이 말씀을 모세에게 이르신 때로부터 이스라엘이 광야에서 방황한 이 사십오 년 동안을 여호와께서 말씀하신 대로 나를 생존하게 하셨나이다. 오늘 내가 팔십오 세로되 모세가 나를 보내던 날과 같이 오늘도 내가 여전히 강건하니 내 힘이 그 때나 지금이나 같아서 싸움에나 출입에 감당할 수 있으니"라고 말합니다. 45년 전에 하나님께서는 여호수아와 갈렙 외에는 20세 이상의 사람들은 광야에서 죽고 약속의 땅에 들어 갈 수 없다고 말씀하셨습니다. 그때 갈렙의 나이가 40세였음에도 하나님의 말씀대로 갈렙은 살아남았습니다. 과거에 하나님께서 하셨던 말씀이 현재적으로 갈렙을 통해 성취되고 있는 것입니다. 이렇게 갈렙이 살아온 것은 하나님의 약속과 그 능력을 보여주는 삶이었습니다. 그가 45년 동안 생존하여 85세의 나이로 여전히 살아있기 때문입니다. 하나님의 말씀대로 그가 광야에서 생존한 데서 더 나아가 85세이지만 노인이 아니었습니다. 여전히 45년 전과 같이 강건하여 헤브론 땅에 들어가 능히 정복할 수 있는 힘이 있었습니다. 갈렙은 하나님이 자신에게 땅만 약속하신 것이 아니라 이제는 땅을 실제로 차지할 수 있도록 생명과 건강을 주셨다고 여호수아에게 말하고 있는 것입니다.

12절에서 그는 여호수아에게 이런 강건함을 가지고 하나님이 약속하신 산지에 나아가 아낙 사람을 쫓아내고 크고 견고한 성읍을 차지하겠다고 말합니다. 하나님의 함께 하심과 그 말씀을 믿고 나가서 싸우겠다는 것입니다. 과거에 약속하셨고 현재 그를 강건케 하신 하나님에 대한 믿음을 가지고 그는 미래를 내다보고 있습니다. 갈렙은 헤브론을 산지로 언급하고 있는데 헤브론 땅이 해발 1,000미터 이상의 높은 산지에 있기 때문입니다. 갈렙은 비록 그 성읍들이 높고 그 성읍들에 크고 힘 있는 아낙 사람들이 살고 있다고 할지라도 약속을 이루시는 하나님이 함께 하신다면 저들을 쫓아낼 수 있다는 믿음의 고백을 하고 있는 것입니다.

마침내 여호수아는 이런 갈렙의 요청을 받아들이고 축복하며 헤브론 땅을 그의 유업으로 분배하였습니다(13절). 사랑하는 여러분! 갈렙은 그 후 어떻게 되었을까요? 오늘 본문은 이 일의 결과에 대해서도 언급하고 있습니다. 14-15절은 갈렙이 여호수아로부터 헤브론을 분배받고 그 땅을 차지하였기에 그 땅에서 전쟁이 그쳤다고 말씀합니다(15:13-14 참고). 갈렙의 아버지 여분네가 창세기 15:19절의 '그니스' (קנזי) 족속과 동일한 족속이라면 갈렙은 이방인으로서 유다의 자손이 된 사람입니다(14:6, 14).[17] 이런 이방 출신의 갈렙이 헤브론 땅을 하나님에 대한 믿음의 순종으로 차지하게 되었고 유업으로 누리게 된 것입니다. 아낙 사람들이 원래 큰 사람들인데 그 중에서도 가장 큰 사람의 도시인 기럇 아브라 즉 헤브론 산지를 갈렙이 정복하였고 그 땅에서는 전쟁이 그쳤습니다.

약속에 신실하신 하나님과 약속을 누린 믿음의 사람들

갈렙이 헤브론 땅을 차지했는데 이 헤브론 땅은 정말 역사가 있는 도시

17) 6절의 "그니스 사람"을 단순히 사람 이름과 관련하여 "그나스의 아들"로 보면서 순수 유다지파의 자손으로 보는 경우에 대해서는 D. M. Howard Jr. *Joshua* (Nashville: Broadman, 2002), 327을 보라.

입니다. 이 땅은 일찍이 아브라함이 살았던 땅이기도 합니다. 약 430년 전에 갈대아 우르로부터 하나님께서는 아브라함을 가나안 땅으로 부르셨고 그 땅을 아브라함의 자손에게 400년 후에 주시기로 약속하셨습니다. 아브라함이 가나안 땅을 다 차지하지 못했지만 사라의 매장지로 헤브론에 속한 마므레 앞 막벨라 밭 굴을 구입하였습니다(창 23:19). 이 굴에 아브라함, 이삭, 리브가, 야곱, 라헬도 묻혔습니다. 그러므로 막벨라 밭 굴이 있는 이 헤브론 땅은 하나님께서 430년 전에 아브라함에게 이 땅의 주인이 아브라함의 자손이 될 것이라고 하는 약속의 보증으로 주셨던 땅이었습니다. 이제 이 땅에 갈렙은 들어오기 45년 전에 하나님으로부터 약속을 받고 들어오게 된 것입니다. 갈렙이 이 땅을 차지하게 된 것은 하나님께서 그에게 하신 약속의 성취 뿐 아니라 아브라함에게 하신 약속의 성취도 보여주는 것입니다. 하나님의 약속이 실현되는 증거가 된 것이 헤브론 땅인데 이 땅은 나중에 다윗이 전 이스라엘의 왕이 되기 전에 유다 지파만의 왕으로 7년 6개월 동안 통치했던 땅이기도 합니다.

아브라함은 어떻게 헤브론 땅을 소유하게 되었고, 갈렙은 어떻게 헤브론 땅의 새로운 주인이 되었고, 다윗은 어떻게 이 헤브론 땅에서 유다의 왕이 되었습니까? 그들의 공통점이 있다면 여호와를 온전히 좇았다는 것입니다. 하나님의 약속을 그냥 건성으로 받아들이지 않고 무게 있게 받아들였습니다. 하나님께서 이 땅을 그의 자손들에게 주리라 하셨을 때에 아브라함은 믿고 그 약속을 좇아 따라갔습니다. 결국 그는 헤브론 땅을 구입하게 되었습니다. 자신이 정탐한 땅을 주신다는 약속을 믿고 갈렙도 45년간을 살아왔고 유업으로 분배받은 헤브론 땅을 차지했습니다. 다윗 또한 그를 이스라엘의 왕이 되게 하며 한 곳을 정하여 이스라엘을 정착하게 하신다는 하나님의 약속을 믿고 살다가 헤브론과 예루살렘과 가나안의 땅들을 소유하게 되었습니다(삼하 5:6-12; 7:8-8:14 참고). 다른 것은 없습니다. 하나님 말씀에 대한 믿음과 하나님의 약속을 신뢰하고 따르는 것 외에는 없었습니다(합 2:3-4 참고).

가나안 땅은 단순한 땅이 아니었습니다. 하나님께서 약속하신 땅이었고 제 2의 에덴이 될 수 있는 땅이었습니다. 하나님께서는 이스라엘 백성들을 출애굽 시키시고 오래 전에 주시기로 약속하신 이 땅으로 인도하셨습니다. 이 땅에서 이스라엘 백성들을 제사장의 민족으로 삼아 천하 만민에게 복을 주는 하나님 나라를 이루시려고 하신 땅이었습니다. 이런 하나님의 비전속에서 주어지는 가나안 땅에 대한 하나님의 약속을 갈렙이 믿고 순종으로 나아갔을 때에 갈렙은 그 약속을 누리는 자가 되었습니다.[18]

이렇게 하나님의 약속은 다른 측면을 가지고 있습니다. 믿음과 순종이라는 측면을 가지고 있습니다. 하나님 약속은 선물로 주어지는 것이지만 그 약속을 누리는 것은 믿음의 순종에 달려있습니다. 고귀한 줄 알고 믿고 순종하며 손을 벌려 받으려고 하는 자에게 이루어지는 약속입니다. 하나님께서는 주신 약속의 선물을 갈렙과 같이 믿음으로 순종하여 누리라고 오늘날 교회의 성도들에게 말씀하십니다. 성경에는 이렇게 믿음과 누림의 삶을 산 사람들이 많이 있습니다. 곧바로 15:18-19에 보면 갈렙에게는 악사라는 딸이 있는데 결혼하여 네겝 땅으로 가면서 갈렙에게 복을 구합니다. 그녀가 구한 복은 샘물이 있는 땅을 구한 것입니다. 하나님께서 아브라함에게 약속하신 땅에 대한 믿음과 열정을 가졌기에 갈렙으로부터 받아서 누리게 되었습니다.[19] 이런 악사의 믿음은 사사기에서 다시 언급되고 있습니다. 땅에 대한 사명을 잃어버린 사사시대에 약속을 누린 사람으로 강조되고 있는 것입니다(삿 1:14-15). 민수기 27:1-11에는 슬로브핫의 딸들에 대한 말씀이 있습니다. 아버지 슬로브핫이 아들이 없이 죽자 딸들은 땅을 유업으로 받지 못하게 되었습니다. 이런 상황에서

18) R. S. Hess, *Joshua* (Leicester: IVP, 1996), 241-242.

19) R. S. Hess, *Joshua,* 245.

도 슬로브핫의 딸들은 포기하지 않고 모세에게 자신들의 아버지에게 분배되어야 할 땅을 요청합니다. 하나님께서는 슬로브핫의 딸들의 요청을 받아들이셨고 슬로브핫에게 분배된 땅을 그들에게 유업으로 받을 수 있게 하셨습니다.

우리에게 약속하신 땅과 이것을 누리는 삶

지금 우리 성도들에게 하나님께서 약속하신 땅은 무엇입니까? 예수님께서는 마태복음 5장 5절에서 "온유한 자는 복이 있나니 그들이 땅을 기업으로 받을 것임이요"라고 말씀하셨습니다. 여기서 예수님이 말씀하신 온유한 자가 갖게 되는 땅이 무엇입니까? 여러분이 차지해야 하는 하나님으로부터 약속 받은 땅은 무엇입니까? 하나님의 나라입니다. 심령이 가난한 자가 받는 천국 곧 하나님 나라입니다(5:1, 10). 하나님이 다스리시는 모든 영역입니다. 예수 믿는 하나님의 백성을 위해 예비하시고 새롭게 하실 새 하늘과 새 땅입니다(계 21:1, 5). 우리가 지금 살고 있는 부분을 포함한 모든 하나님의 통치 영역이 예수 안에서 우리에게 약속하신 땅입니다.

그 땅은 하나님의 가족들이 있는 땅이고, 하나님을 예배하며 하나님의 백성들과 함께 교제하는 땅이기도 합니다. 우리는 예수 안에서 약속하신 땅과 나라에 대한 믿음으로 순종하며 나아갈 때 그 나라와 땅을 누리게 될 것입니다(마 7:21). 예수님은 천국은 침노하는 자의 것이라고 하셨습니다(마 11:12; 눅 16:16). 예수 안에서 주시는 하나님 나라의 복은 적극적으로 구한 사람들의 몫입니다(마 9:20-22; 15:21-28 참조). 하나님의 나라는 예수 안에서 약속의 선물로 주어지는 것이지만 믿음의 순종을 통해서 받는 것이고 누리는 것입니다(히 4:1-11; 11장).

오늘 말씀은 이렇게 우리에게 하나님께서 약속하신 것에 대한 사모함과 열심을 요구합니다. 믿음과 순종을 요구하는 것입니다. 하나님이 이루시는 그 나라와 그 땅이 너무 좋다는 것을 성경과 성령은 말씀합니다. 사모할 만하고 고난 가운데서도 순종할 만한 영광스러운 나라입니다. 그러나 그것을 알면서도 우리는 현재의 삶 속에서 그것을 누리지 못하기도 합니다. 예수 안에서 하나님의 나라가 이미 우리 안에 이루어졌으니 평안과 기쁨을 누리고 살아야 되는데 누리지 못하게 하는 것들은 무엇입니까?

가나안의 성읍과 같은 거대하고 견고한 세상의 성읍들과 아낙 자손 같은 대적들이 있습니다. 이 견고한 성읍들과 거대한 대적들이 우리를 두려워하고 뒤로 물러가게 할 수 있습니다. 직장의 어려움과 결혼과 공부와 진로의 막막함, 자기만의 가치관과 관심이 우리를 하나님이 약속하신 땅에 들어가지 못하게 하며 그 나라를 누리지 못하게 하는 큰 대적으로 다가올 수 있습니다. 이러한 것들은 최소한 기본적으로 누려야 하는 하나님과 그의 백성들과의 교제나 하나님을 예배하는 기쁨과 즐거움의 특권마저도 우리에게서 빼앗아 가기도 합니다.

성도 여러분! 갈렙의 시대나 예수님의 시대나 하나님 나라에 대한 약속을 누리는 것은 온전히 하나님의 약속을 신뢰하고 순종하는 것 외에는 없습니다. 소망을 가지시고 어떠한 대적과 어려움들이 있다고 할지라도 믿음을 가지고 순종하면 그들을 쫓아낼 수 있습니다. 온전히 하나님 말씀을 따라 순종하고 나아가게 하는 성령이 우리 가운데에 계시니 그분을 의지함으로 약속하신 하나님 나라를 여기서도 누리고 살 수 있기를 기원합니다.

사사기 7장 1-8절
믿음과 구원을 주신 하나님

(1) 여룹바알이라 하는 기드온과 그를 따르는 모든 백성이 일찍이 일어나 하롯 샘 곁에 진을 쳤고 미디안의 진영은 그들의 북쪽이요 모레 산 앞 골짜기에 있었더라 (2) 여호와께서 기드온에게 이르시되 너를 따르는 백성이 너무 많은즉 내가 그들의 손에 미디안 사람을 넘겨 주지 아니하리니 이는 이스라엘이 나를 거슬러 스스로 자랑하기를 내 손이 나를 구원하였다 할까 함이니라 (3) 이제 너는 백성의 귀에 외쳐 이르기를 누구든지 두려워 떠는 자는 길르앗 산을 떠나 돌아가라 하라 하시니 이에 돌아간 백성이 이만 이천 명이요 남은 자가 만 명이었더라 (4) 여호와께서 또 기드온에게 이르시되 백성이 아직도 많으니 그들을 인도하여 물 가로 내려가라 거기서 내가 너를 위하여 그들을 시험하리라 내가 누구를 가리켜 네게 이르기를 이 사람이 너와 함께 가리라 하면 그는 너와 함께 갈 것이요 내가 누구를 가리켜 네게 이르기를 이 사람은 너와 함께 가지 말 것이니라 하면 그는 가지 말 것이니라 하신지라 (5) 이에 백성을 인도하여 물 가에 내려가매 여호와께서 기드온에게 이르시되 누구든지 개가 핥는 것 같이 혀로 물을 핥는 자들을 너는 따로 세우고 또 누구든지 무릎을 꿇고 마시는 자들도 그와 같이 하라 하시더니 (6) 손으로 움켜 입에 대고 핥는 자의 수는 삼백 명이요 그 외의 백성은 다 무릎을 꿇고 물을 마신지라 (7) 여호와께서 기드온에게 이르시되 내가 이 물을 핥아 먹은 삼백 명으로 너희를 구원하며 미디안을 네 손에 넘겨 주리니 남은 백성은 각각 자기의 처소로 돌아갈 것이니라 하시니 (8) 이에 백성이 양식과 나팔을 손에 든지라 기드온이 이스라엘 모든 백성을 각각 그의 장막으로 돌려보내고 그 삼백 명은 머물게 하니라 미디안 진영은 그 아래 골짜기 가운데에 있었더라 [사사기 7장 1-8절]

이스라엘과 기드온이 어렵게 살고 있는 이유

오늘 말씀에는 기드온이라고 하는 사람이 등장합니다. 기드온은 다윗과 솔로몬 같은 왕들이 있던 시대 이전에 살았던 사람입니다. 이스라엘에 왕이 없던 시대인데 이 시대는 많은 어려움이 민족적으로나 개인적으로 있었습니다. 기드온의 이야기가 시작되는 6장을 보면 기드온 시대의 사람들은 살 때가 없어서 동굴에서 살아야 했습니다. 먹을 것을 위해서는 동굴에서 나와 일하다가 당시에 자신들을 통치하고 있었던 미디안 사람들이 오면 다시 동굴에 숨어 지내야 했습니다. 기드온 자신도 밀을 타작할 때에 혹시 눈에 띌 것이 두려워 타작마당이 아닌 포도주 틀에서 해야 할 정도로 그가 사는 형편은 아주 어려웠습니다.

기드온이 하나님의 사람이고 기드온의 민족 또한 하나님의 민족인데 왜 이들은 이렇게 비참하고 힘든 삶을 살아야했을까요? 그 이유는 간단합니다. 6:8-10에서 하나님이 한 선지자를 통해 말씀하신 것처럼 그들이 출애굽과 땅을 주신하신 하나님을 저버렸기 때문입니다. 하나님 대신에 가나안 지역에 유행하던 신인 바알과 아세라를 섬겼기 때문입니다. 하나님의 백성이 바알 신을 숭배한 것입니다. 바알숭배는 당대에 인기가 있었고 유행하던 종교인데 바알이라고 하는 형상을 만들어 놓고 그 형상을 숭배하였습니다. 바알이 폭풍과 비의 신이기 때문에 바알이 폭풍과 비를 내려주어 풍족하기를 바라는 종교였습니다. 메마르고 건조한 땅에서 사는 그들에게 많은 비는 생존을 위해 절대적으로 필요한 것이었습니다. 이러한 필요 가운데 가나안 사람들뿐만 아니라 하나님 백성이라고 하는 이스라엘 사람들조차 바알 신을 섬긴 것입니다.

건기가 지나고 우기가 되면 비가 내릴 것을 간절히 바라는 기우제 같은 것들을 행했는데 비를 내리게 하기 위해서 그들에게 요구되는 것은 인간적 열심이었습니다. 비를 오게 하기 위해 온갖 종교적 열심을 내어야 하는데 그 행위 중에는 성적인 행동도 해야 했습니다. 바알 신전의 여사제와 관계하여 생산과 풍요를 기원하는 종교의식으로 바알 신을 숭배해야 했습니다. 하나님은 눈에 보이지 않는 신인 것에 비해 바알 신은 형상으로 그들의 눈에 보이기도 하고 인간적인 육체적 행위로 열심을 표현할 수도 있었기 때문에 가나안 사람들뿐만 아니라 이스라엘 사람들에게도 많은 인기가 있었습니다. 오늘 말씀에 등장하는 기드온의 아버지도 오브라라고 하는 동네에서 이 바알을 섬겼고 바알 신전을 만들어 제사장 노릇을 했습니다. 하나님께서는 이러한 이스라엘 백성들의 배도함에 대해서 그냥 잠자코 계시지 않았습니다. 그들을 징계하셨습니다. 미디안 사람들을 보내어 7년간 그들을 힘들게 하셨습니다. 그래서 그들은 동굴에서 살아야 했고 먹을 것도 제대로 먹지 못했습니다. 바알을 숭배하여 바알로부터 풍요를 누리게 된 것이 아니라 바알보다 크신 하나님으로부터 징계를 받고 힘든 삶을 살아야했던 것입니다.

기드온을 찾아오신 하나님

그러나 하나님께서는 징계와 심판보다 사랑과 자비를 더 베푸시기를 즐겨하시는 하나님이셨습니다. 이스라엘 백성들이 신음하고 힘들어 할 때에 그들을 찾아오셨습니다. 그들에게 구원자를 주시기 위해서입니다. 그 구원자가 바로 기드온이었습니다. 하나님께서는 기드온을 찾아오시고 그의 이름 대신에 "큰 용사여"라고 그를 부르셨습니다(6:12). "큰 용사여! 여호와께서 너와 함께 계시도다." 동굴에서 어렵게 살고 있는 기드온에게 이러한 하나님의 음성은 반가운 것이 아니라 몹시 귀에 거슬리는 말로 들렸습니다. '하나님이 우리와 함께 계신다고? 하나님이 우리와 함께 계신다면 우리가 이렇게 살 수 있는가?' 이렇게 기드온은 생각한 것입니다. 그래서 그는 '하나님께서 우리를 버리신 것이지 우리와 함께 계시는 것이 아닙니다. 우리의 조상들이 이집트에서 나올 때에, 이집트에 재앙을 내리셨던 그 능력의 하나님, 그 기적의 하나님은 우리와 함께 더 이상 계시지 않습니다.' 이렇게 그는 하나님의 사자에게 맞받아쳤습니다. 하나님께서 기드온을 "큰 용사여"라고 부르실 때 그가 가진 이런 인간적인 현실에 대한 분석을 염두에 두시고 말씀하셨는지도 모릅니다. 전후 문맥상 하나님께서 그를 정말 큰 용사로 보셨기보다는 그가 가진 현실에 대한 분석과 판단이 하나님께 맞받아칠 정도로 인간적인 면에서 확신이 큰 사람인 것을 의미할 수 있습니다.[20] 이런 면에서 그를 하나님께서는 "큰 용사여"라고 부르셨을 것입니다.

조금 전 말씀 드린 것처럼 기드온이나 이스라엘 사람들의 어려움은 하나님께서 그들을 버리셨기 때문이 아니라 그들이 하나님을 버렸기 때문입니다. 바알 신을 섬기며 살았기 때문에 그들이 바라던 대로 풍요를 누렸던 것이 아니라 오히려 하나님의 징계를 받아 더 궁핍하고 힘들게 살아야 했던 것입니다. 기드온은 자기 나름대로 이 현실을 분석해서 하나님께서 자신들을 버리셨다고 말을 했지만 그의 현실 분석은 올바른 것이 아니었습니다. 자신의 아비와 동네 사람들이 바알을 숭배하였기에 그들이 힘들게 살고 있음을 깨닫지 못했습니다. 이것은 그의 무지에서 나온 현실 분석이었고 하나님을 대항하는 행위였습니다.

이런 기드온의 현실 분석과 답변에 대해서 하나님께서는 그에게 '하나님이 너희들을 버리시고 또한 무능력하셔서 너희들이 이렇게 힘들게 살고 있구나. 그렇다면 너의 그 힘으로 이 어려움에 처한 이스라엘을 구원해 봐라. 내가 밀어줄 테니 나가서 미디안 사람들과 싸워서 승리하라.' 이렇게 하나님께서는 기드온에게 문제를 해결해 보라고 말씀을 하셨습니다(6:14). 이러한 말씀에 대해 기드온은 한 발 물러섰습니다. 자기 자신은 므낫세 지파 중에서 가장 작은 자이고, 자기 집에서도 보잘 것 없는 사람인데 자기 같은 사람이 무슨 큰일을 하겠냐고 발뺌을 합니다. 인

---

20) Daniel I. Block, *Judges, Ruth*, NAC Vol. 6A (Nashville: Broadman & Holman, 1999), 260.

간적으로는 강한 것처럼 보였지만 정작 하나님께서 '네 스스로 너의 집안과 너의 민족을 구원해 보라'고 말씀하셨을 때에는 한발 물러서는 모습을 우리는 볼 수 있습니다(6:15).

증거주의자 기드온

이제 하나님께서는 기드온에게 다시 말씀하십니다. '내가 반드시 너와 함께 하겠다. 지금의 고통과 어려움에서 너와 네 민족을 구원해 주겠다.' 이런 확신에 찬 하나님 사자의 말씀을 들었을 때에 기드온은 하나님께 어떤 증거를 요구했습니다. 지금 자신을 부르시고 자신의 가정과 민족을 구원하시려는 분이 하나님이라는 증거를 보여 달라는 것입니다. 하나님이시라면 자신이 제사를 드릴 것이니 제사를 받으심으로써 하나님이신 증거를 보여 달라고 요구합니다. 하나님께서는 그의 요구를 허락하시고 그로 하여금 제사를 드리게 하십니다. 기드온이 바위 위에 제단을 쌓고 고기와 무교병을 올려놓고 그 위에 국을 부음으로 제사를 드립니다. 그러자 그를 찾아오신 하나님의 사자가 지팡이를 들어 제단의 고기와 무교병에 대니 바위에서 불이 나와 모든 제물을 불살라 버립니다. 분명히 있을 수 없는 일이었습니다. 바위에서 불이 나오는 것이나 국에 젖어있는 고기들이 불타는 것 또한 쉬운 일은 아니었습니다. 분명 하나님이 아니고서는 할 수 없는 일을 기드온이 경험한 것입니다. 자신을 찾아오시고 자신을 통해서 민족을 구원하시겠다고 하신 분이 바로 하나님이심을 깨달은 것입니다.

이제 기드온은 자신이 하나님을 보았으므로 죽을 것이라는 두려움을 갖게 되었습니다. 그러나 하나님의 사자는 그가 죽지 않을 것을 말씀하시고 돌아가서 기드온의 아버지가 섬기고 있는 바알의 제단을 부수라는 사명을 주십니다. 바알제단 대신에 하나님을 위한 제단을 쌓고 수소를 잡아 하나님께 드리라고 말씀하십니다. 두려움이 많은 기드온은 이 명령을 밤에 수행했습니다. 그의 아버지가 섬기고 있는 바알 제단을 부수고 대신에 하나님께 제사를 드렸습니다. 이제 미디안과 아말렉 사람들이 쳐들어오자 여호와의 영이 임한 기드온은 온 지파에 사람을 보내어서 전쟁에 참가하도록 권면합니다. 그가 이렇게 했을 때에 지파들에서 3만 2천 명에 해당하는 사람들이 그를 따랐습니다. 한 사람이 3만 2천 명의 군대를 모은다는 것은 쉬운 일이 아니었습니다. 그는 이렇게 외교적인 능력도 있었고 사람을 얻는 능력도 있는 큰 능력의 사람이었습니다.

그러나 기드온은 곧바로 전쟁을 하려고 하지 않았습니다. 하나님께 다시 증거를 요구합니다. '정말 제가 이 전쟁에서 승리할 수 있겠습니까?' 6:36-40을 보면 기드온은 양털을 가지고 와서 하나님께 증거를 요구합니다. '하나님! 이 양털에만 이슬이 있게 하시고 이 양털 외에는 이슬이 없게 해 주십시오.' 하나님께서는 그 요구대로 하심으로 양털을 쥐어짜니 물이 나올 정도로 이슬이 양털에만 있게 하셨지만 다른 곳에는 이슬이 없게 하셨습니다. 그러나 이 기드온의 증거요구는 거기에서 끝나지 않았습니다. 하나님께 한 번 더 양털로 시험하는 증거를 요구했습니다. 이번에는 양털에만 이슬이 없게 하시고 다른 곳에는 이슬이 있게 해 달라는 것이었습니다. 하나님께서는 이 요구에도 응하셔서 양털에는 이슬이 없게 하시고 다른 모든 곳에는 이슬을 내리게 하셨습니다. 하나님께서는 이렇게 두 번씩이나 기드온의 증거 요구에 응하셔서 그를 통해 이스라엘을 구원하실 것을 입증해주셨습니다.

믿음과 구원을 주시는 하나님

이제 7:1-8절에 있는 말씀을 보면 기드온이 마침내 3만 2천의 군대를 이끌고 전쟁에 나가는 것을 볼 수 있습니다. 그런데 이번엔 하나님께서 진군하는 기드온과 3만 2천의 군대를 막으십니다. 3만 2천의 군대를 데리고 전쟁에 나가면 하나님이 이기게 하신 전쟁을 자신들의 힘으로 이긴 전쟁이라고 말할 수 있는 숫자라는 것입니다. 이런 위험성 때문에 하나님께서는 전쟁을 두려워하는 자들을 돌아가게 하셨습니다. 그래서 전쟁을 두려워하는 사람들 2만 2천명이 돌아갔습니다. 이제 1만 명이 남았는데 하나님께서는 아직도 많다고 말씀하시면서 조금 나아가면 물가가 있는데 그 물가에서 손으로 물을 퍼서 핥아먹는 사람이 있고, 무릎을 꿇고 물을 마시는 사람이 있을 텐데 손으로 물을 퍼서 핥아먹는 사람들을 선택하라고 말씀하십니다. 이렇게 해서 마지막으로 선택 받은 사람이 3백 명입니다. 이 3백 명은 물을 손으로 퍼서 핥아먹은 것 외에는 다른 특징이 없습니다. 하나님 보시기에 9천 7백 명은 여전히 많은 수이고 3백 명은 단지 적은 수였기 때문에 선택하신 것입니다.[21] 이 적은 수인 3백 명으로 승리한다면 하나님께서 승리하게 하신 줄을 그들이 알게 될 것이기에 하나님은 이제 기드온에게 3백 명을 데리고 전쟁하러 나가라 하십니다.

그러나 우리는 기드온이 어떤 인물인지 보아왔습니다. 그는 인간적으로 현실 분석이 뛰어난 증거위주의 사람입니다. 이스라엘을 구원하시기 위하여 자신을 부르시는 분이 정말 하나님이신지를 알기 위해 증거를 요구한 사람입니다. 자신이 과연 전쟁에서 이길 수 있는지도 확신하기 위하여 양털로 두 번이나 하나님을 시험한 사람입니다. 그런데 이런 기드온에게 하나님께서는 그가 모아 온 3만 2천 명의 군사 중에서 대부분을 돌려보내시고 남은 3백 명으로 많은 적군과 싸우라고 하십니다. 기드온에게 있어서 이것은 도저히 승산이 없는 전쟁입니다. '하나님이 아무리 대단하셔도 이 3백 명으로 어떻게 저 많은 적군과 싸워 이길 수 있단 말인가?' 기드온의 이런 현실 분석은 그를 두렵게 했고 전쟁에 대한 참여를 주저하게 만들었습니다.

이런 상황에서 7장 9절 이후에 있는 말씀을 보면 하나님께서 두려워

---

21) Daniel I. Block, *Judges, Ruth,* 276-277.

하고 있는 기드온에게 밤에 나타나십니다. 부하를 데리고 적진으로 들어가라고 말씀하십니다. 적진에 들어간 기드온과 그의 부하는 미디안 군사 두 명이 보초를 서면서 서로 하는 말을 듣게 됩니다. 그중에 한 적군이 옆 군사에게 어젯밤 꿈에 큰 보리떡 덩어리 하나가 미디안의 진영으로 굴러 들어와 모든 텐트들을 다 부셨다고 말합니다. 그러자 그 옆에 있는 군사는 그것은 하나님께서 기드온을 통해 미디안 군대를 다 멸망시킬 것을 보여주는 꿈이라고 말합니다. 이렇게 적군들의 꿈과 꿈의 해몽을 직접 듣고 나서야 기드온은 하나님께 경배하며 3백 명을 데리고 전쟁에 나아갑니다. 전쟁에서 그들이 한 일은 나팔을 부는 것이었습니다. 또한 항아리를 깨뜨리고 그 안에 숨겨 가지고 왔던 횃불을 높이 들고 하나님과 기드온의 칼을 외치는 것이었습니다. 7장 22절을 보면 3백 명이 나팔을 불 때에 여호와께서 미디안 군사들끼리 칼로 치게 하시므로 패하여 도망하였다고 말씀합니다. 그들은 간밤에 자다가 나팔이 불고 불이 번쩍번쩍거리니까 당황하여 서로 싸우고 도망치게 된 것입니다. 마침내 전쟁은 하나님께서 말씀하신대로 기드온과 3백 명의 승리로 끝났습니다. 하나님께서 이스라엘을 구원하셨고 7년간 그들을 어렵고 힘들게 살게 했던 미디안의 군사들을 물리치신 것입니다.

징계와 구원에 열정을 가지신 하나님

하나님께서 이 기드온의 이야기를 오늘날 성도들이 읽을 수 있도록 보존하시고 들려주시는 의도와 교훈은 무엇입니까? 먼저 하나님의 백성이 하나님을 잊어버리고 풍요의 신 바알을 따라 살아가려고 할 때에 하나님께서 그 백성들을 내버려 두지 않으신다는 것을 알 수 있습니다. 자기 백성에 대해 무관심하지 않으시고 징계를 내리셨습니다. 이방민족을 통해 7년간 어렵게 하시고 깨달을 수 있는 기회를 주셨습니다. 왜 그들이 어렵게 살아가야 되는지를 알 수 있는 기간들을 주셨습니다. 오늘날 우리도 예수 믿는 하나님의 백성임에도 불구하고 불신앙 가운데 살아간다면 어려움을 통해서 깨달을 수 있는 환경을 주시기도 하십니다. 하나님께서는 뒷짐 지시고 멀리서 바라보고 계시는 하나님이 아니라 그의 백성이 잘못된 길로 갈 때에 찾아 오셔서 혼내시고 징계하시는 하나님이십니다.

그러나 오늘 말씀은 무엇보다도 하나님께서 자기 백성에 대한 구원의 열심을 가지고 계신다는 것을 우리에게 가르쳐주십니다. 하나님의 백성이 잘못된 길을 걸어갈 때에 징계하시지만 궁극적으로 하나님은 사랑의 하나님이시며 징계를 넘어서서 사랑과 자비와 회복으로 그 백성들을 구원하시고 보호하시는 하나님이시라는 것을 말씀해 주십니다. 단순히 구원하시는 것이 아니라 구원에 열심을 가지신 하나님이십니다. 우리는 기드온의 이야기를 통해 그것을 발견할 수 있습니다. 기드온은 하나님에 대한 믿음의 관점에서 현실을 분석하지 못했습니다. 7년간의 어려운 상황이 자기 아버지와 이스라엘 백성들의 바알 신 숭배에서 비롯되었다는 것을 알지 못했습니다. 자신의 인간적 관점으로 하나님이 자신들을 버렸고 하나님의 기적은 더 이상 없다고 결론을 내렸던 사람입니다. 이런 기드온에게 하나님은 찾아 오셨고 그의 의심과 실제적인 증거요구에도 적극적으로 응하신 하나님이셨습니다. 그를 부르신 자신이 하나님이심과 전쟁에서의 승리에 대한 증거도 보여주셨습니다. 정작 전쟁의 과정에서도 하나님께서는 적군들이 서로 싸우게 하시고 도망치게 하셔서 승리케 하셨습니다.

기드온과 이스라엘이 어떻게 구원을 얻었고 승리했습니까? 하나님을 열심히 믿어서 얻은 구원입니까? 기드온과 용사 3백 명의 믿음과 용기에 의해서 얻어진 구원입니까? 겉으로 보면 사사기 본문 말씀은 믿음의 사람 기드온과 3백 명의 용사들의 행적을 말하는 것처럼 보입니다. 그러나 엄밀한 의미에서 오늘 말씀은 자기 백성의 구원에 열심을 가지신 하나님께서 믿음 없는 기드온과 3백 명의 용사들에게 믿음을 주셔서 구원하신 것을 말씀해주고 있습니다. 바알에 대한 신앙은 자기 열심에 의해 이루어집니다. 그러나 하나님에 대한 신앙은 내 열심과 내 헌신으로 얻을 수 있는 구원이 아닙니다. 하나님께서 은혜로 주시는 구원입니다. 하나님께서 열심을 내셔서 믿음 없는 자를 믿음이 있게 하시고 하나님의 구원의 전쟁에 참여케 하셔서 승리를 누리게 하시는 은혜의 종교입니다. 이것이 우리가 믿고 있는 기독교이며 예수를 믿는 종교의 본질입니다.

내가 무엇을 열심히 해서 좀 더 나은 삶을 얻는 것이 아닙니다. 그저 하나님이 주신 믿음을 가지고 순종할 뿐입니다. 믿고 순종할 때에 나의 구원과 모든 환경의 변화를 일으키시는 것은 오직 하나님이십니다. 여기에 바알 신앙과 하나님에 대한 신앙의 차이점이 있는 것입니다. 바알 신앙은 네가 좀 더 일찍 일어나고, 네가 좀 더 노력하고, 네가 허리를 졸라매야 네가 좀 더 나은 삶을 살 수 있다고 믿는 것입니다. 그러니까 좀 더 열심히 일하고, 허리띠를 졸라매고 더 노력하고 더 공부해서 열매를 얻는 것이 바알 신앙의 본질입니다. 그러나 예수 그리스도를 믿는 신앙은 하나님의 열심을 믿는 것이요 주신 믿음대로 순종하는 신앙입니다. 하나님의 구원에 대한 열정은 예수 그리스도에게서 절정에 이릅니다. 하나님이 얼마나 구원의 열심이 많으신지 믿음 없는 인간을 위해 하나님 자신이 이 땅에 뛰어 들어오셨습니다. 하나님 자신이 아들 예수를 보내시고 십자가를 지게 하심으로 우리의 모든 죄로 인하여 오는 어려움과 궁핍함과 비천함속에서 우리를 구원해 내셨습니다. 그의 백성들이 해야 하는 일은 성령을 통해서 주신 예수에 대한 믿음을 부여받고 구원을 이루신 예수를 믿고 순종하는 것입니다. 어떤 면에서 예수 믿고 살아가는 것은 그래서 어렵지 않습니다. 어떤 행위의 열심을 요구하는 것도 아닙니다. 그저 하나님께서 이루신 그 구원을 믿게 하는 믿음을 받아들이고 이루신 구원을 누리면서 사는 것이 기독교입니다.

사랑하는 여러분! 하나님께서 여러분에게 무엇을 요구하십니까? 기드온에게 기대하시듯 단지 순종을 요구하십니다. 하나님께서 주신 믿음을 소중히 간직하고 그 믿음 가운데 순종함으로 이미 이루신 구원을 그저 누리는 삶이 요구될 뿐입니다. 그 순종할 수 있는 힘도 성령을 통해서 우리에게 주십니다. 믿음으로 성령을 받은 자들이 하나님의 뜻에 순종할 수 있는 능력도 부여받고 있습니다. 성령을 의지함으로 우리는 순종하고 하나님의 백성에게 주신 놀라운 복을 누릴 수 있습니다. 하나님께서 우리의 어려움을 그냥 바라만 보고 계시고 있는 것이 아니라 우리의 삶 속에 역동적으로 관여하시는 것을 믿으십시오. 연약한 우리들에게도 믿음을 주시는 하나님을 만나시길 바랍니다. 구원의 열심을 내셔서 오늘도 예수 안에서 우리를 통하여 우리의 가족과 이웃과 동네 사람들과 민족을 구원해 나가시는 하나님의 역사에 순종하시길 바랍니다.

룻기 4장 1-12절
하나님의 복의 통로

(1) 보아스가 성문으로 올라가서 거기 앉아 있더니 마침 보아스가 말하던 기업 무를 자가 지나가는지라 보아스가 그에게 이르되 아무개여 이리로 와서 앉으라 하니 그가 와서 앉으매 (2) 보아스가 그 성읍 장로 열 명을 청하여 이르되 당신들은 여기 앉으라 하니 그들이 앉으매 (3) 보아스가 그 기업 무를 자에게 이르되 모압 지방에서 돌아온 나오미가 우리 형제 엘리멜렉의 소유지를 팔려 하므로 (4) 내가 여기 앉은 이들과 내 백성의 장로들 앞에서 그것을 사라고 네게 말하여 알게 하려 하였노라 만일 네가 무르려면 무르려니와 만일 네가 무르지 아니하려거든 내게 고하여 알게 하라 네 다음은 나요 그 외에는 무를 자가 없느니라 하니 그가 이르되 내가 무르리라 하는지라 (5) 보아스가 이르되 네가 나오미의 손에서 그 밭을 사는 날에 곧 죽은 자의 아내 모압 여인 룻에게서 사서 그 죽은 자의 기업을 그의 이름으로 세워야 할지니라 하니 (6) 그 기업 무를 자가 이르되 나는 내 기업에 손해가 있을까 하여 나를 위하여 무르지 못하노니 내가 무를 것을 네가 무르라 나는 무르지 못하겠노라 하는지라 (7) 옛적 이스라엘 중에는 모든 것을 무르거나 교환하는 일을 확정하기 위하여 사람이 그의 신을 벗어 그의 이웃에게 주더니 이것이 이스라엘 중에 증명하는 전례가 된지라 (8) 이에 그 기업 무를 자가 보아스에게 이르되 네가 너를 위하여 사라 하고 그의 신을 벗는지라 (9) 보아스가 장로들과 모든 백성에게 이르되 내가 엘리멜렉과 기룐과 말론에게 있던 모든 것을 나오미의 손에서 산 일에 너희가 오늘 증인이 되었고 (10) 또 말론의 아내 모압 여인 룻을 사서 나의 아내로 맞이하고 그 죽은 자의 기업을 그의 이름으로 세워 그의 이름이 그의 형제 중과 그 곳 성문에서 끊어지지 아니하게 함에 너희가 오늘 증인이 되었느니라 하니 (11) 성문에 있는 모든 백성과 장로들이 이르

> 되 우리가 증인이 되나니 여호와께서 네 집에 들어가는 여인으로 이스라엘의 집을 세운 라헬과 레아 두 사람과 같게 하시고 네가 에브랏에서 유력하고 베들레헴에서 유명하게 하시기를 원하며 (12) 여호와께서 이 젊은 여자로 말미암아 네게 상속자를 주사 네 집이 다말이 유다에게 낳아준 베레스의 집과 같게 하시기를 원하노라 하니라 [룻기 4장 1-12절]

룻기의 관심

오늘 저희가 룻기에 있는 말씀을 읽었습니다. 전체가 4장으로 된 룻기의 내용을 잘 알고 계시리라 믿습니다. 여러분께서 알고 계시는 것처럼 룻기에는 두 여인의 이야기가 나옵니다. 대부분 나오미와 그녀의 며느리 룻이라고 하는 두 여인에 대한 말씀입니다. 두 여인이 남편들과 사별하여 과부가 되었다는 말씀으로 시작해서 결국은 며느리 룻이 재혼하고 아들을 낳아 노년에 나오미가 자손을 보고 가정을 다시 이루게 되었다는 내용입니다. 어떻게 보면 우리가 살고 있는 인생에 있을 수 있는 평범하면서도 결말이 좋은 이야기일 수 있습니다.

그러나 룻기의 말씀을 좀 더 자세히 살펴보면 룻기가 우리의 평범한 인생사 같은 이야기에서 더 나아간 것을 알 수 있습니다. 그것은 룻이 남편 보아스와 결혼하여서 오벳을 낳았는데 룻기의 마지막인 4:17-22은 이 오벳의 족보를 언급함으로써 그 특별함을 드러내고 있기 때문입니다. 그 특별함이란 오벳이 유다의 아들인 베레스의 후손이며 다윗의 할아버지임을 보여주고 있다는데 있습니다. 사실 룻기는 사사시대를 배경으로 하고 있습니다. 이 시대는 사람들이 자기의 보기에 좋은 대로 신앙생활을 하여 혼란스럽고 참 어려운 시대였습니다. 이런 시대를 사는 두 여인의 드라마틱한 이야기를 하고 있는 것 같지만 사실 이 이야기는 이 두 여인이 어떻게 다윗의 왕조와 관련되게 되었는지를 말하고 있습니다. 룻기의 목적이 바로 여기에 있습니다. '다윗 왕의 할아버지가 어떻게 태어나게 되었는가?' 하는 것입니다. 다윗의 할아버지의 부모들이 어떻게 만나게 되었고 어떻게 결혼해서 다윗의 할아버지를 낳게 되었는가? 결국 이 룻기 말씀은 대부분 두 여인에 대한 이야기를 다루고 있지만 목표는 다윗 왕을 언급하고자 하는데 있습니다. 다윗 왕이 유다의 후손으로서 어떻게 이 땅에 나오게 되었는지를 말하는 데에 주된 관심을 두고 있습니다.

이렇게 룻기가 다윗 왕에게 관심을 두고 있다는 것은 무슨 의미를 가집니까? 다윗은 단순한 왕이 아니고 유다의 자손이며 아브라함의 자손입니다. 더 나아가 다윗은 마태복음 1:1에 보면 예수님의 조상입니다. 예수님은 다윗의 후손으로 오셔서 아브라함에게 약속하셨던 하나님의 복을 가져오신 분입니다. 아브라함을 복의 사람으로 만드시고 아브라함을 통해서 만민에게 복을 가져다주시고자 했던 하나님의 복과 비전을 최종적으로 이루신 분이 바로 예수님이십니다. 예수님께서 죄와 죽음 가운데에 살던 인류를 위해 십자가에서 죽으심으로써 죄와 죽음의 문제들을 해결하며 복을 받게 하셨습니다. 여기서 복이라고 하는 것은 하나님과 관계하며 하나님 안에서 형통한 삶을 살 수 있는 길을 열어주셨다는 것입니다. 예수님이 이런 분이신데 혈통적으로는 다윗 왕의 후손으로서 이 땅에 오신 것입니다(롬 1:3). 이렇게 다윗 왕은 성경 전체에서 하나님의 구원 계획과 관련된 중요한 왕입니다.

룻기는 이런 다윗 왕의 할아버지가 어떻게 태어나게 되었으며 다윗 왕이 어떻게 존재하게 되었는지를 말씀하고 있다는 점에서 기구한 두 여인이 결국 행복한 가정을 꾸리게 되었다는 평범한 이야기가 아닌 것입니다. 룻기는 오히려 이들이 다윗의 조상되는 과정을 보여줌으로써 하나님께서 아브라함과 유다의 후손들을 통해 만민에게 복을 주시려는 계획이 어떻게 이루어지고 있는지를 보여주는 말씀입니다. 이런 관점에서 룻기의 말씀을 전하고자 합니다. 어떻게 룻이라는 여인이 다윗의 족보에 기록되는 조상이 되었으며 만민을 위한 하나님의 계획에 참여하는 복된 여인이 되었는가 하는 점입니다.

환난 가운데 찾아오시고 돌보시는 하나님

룻기 1장에 보면 나오미라 하는 여인이 남편과 두 아들과 함께 유다 땅 베들레헴을 떠나게 됩니다. 그들이 하나님이 주신 땅과 살던 고향을 떠나게 된 시대는 사사시대로 모든 것이 혼란한 시대였습니다. 하나님을 배도하는 시기였기 때문에 하나님의 심판이 그 땅에 자주 있었습니다. 그래서인지 나오미가 살던 땅도 흉년이 들었고 더 이상 그 땅에서 살 수가 없었습니다. 그래서 가족 모두가 베들레헴을 떠나 이웃하고 있는 모압이라는 나라로 이주를 했습니다. 이주해서 살고 있는데 그만 남편 엘리멜렉이 죽고 말았습니다. 과부가 된 나오미는 두 아들을 모압 여인들과 결혼하게 했습니다. 아들 기룐은 오르바라고 하는 여인과 말론은 룻이라는 여인과 결혼을 하였습니다(4:10 참고). 아들들과 자부들과 함께 10년 정도를 살았는데 이번에는 이 두 아들들마저 남편을 따라 죽고 말았습니다. 나오미는 결국 함께 고향을 떠나온 남편과 아들들 모두와 사별한 것입니다. 이들을 모두 잃어버린 이 여인에게는 어떤 소망도 없이 오직 공허와 괴로움만 남게 되었습니다(1:12, 21). 나오미 뿐 아니라 남편들을 잃어버린 모압 며느리들 역시 내일에 대한 막막함으로 힘든 시절을 보내게 되었습니다.

그때 어떤 소식이 유다 땅으로부터 나오미에게 들려왔습니다. 1장 6절의 말씀을 보십시오.

> 그 여인이 모압 지방에서 여호와께서 자기 백성을 돌보시사 그들에게 양식을 주셨다 함을 듣고 이에 두 며느리와 함께 일어나 모압 지방에서 돌아오려 하여

고통 가운데 있던 나오미가 하나님께서 자기 백성들을 돌보셨고 곧 "찾아오셨고"(파카드, פקד) 그 백성들에게 먹을 양식을 주셨다는 소식을 접하게 된 것입니다. 나오미는 이 소식을 듣자 고향으로 돌아가기로 결정하고 두 며느리들과 함께 베들레헴을 향해 길을 나서게 됩니다. 한참을 가던 나오미는 두 자부들을 보면서 무슨 생각을 한 듯합니다. 자신은 살던 고향으로 돌아가지만 이 자부들은 낯선 곳에서 청산과부로 살아야 하는데 공연히 데리고 온 것은 아닌가하는 생각을 한 것입니다.

그런 생각 가운데 나오미는 이 두 자부들에게 고향으로 돌아가라고 말합니다. 죽은 아들들과 자신에게도 참 잘했는데 이제는 자부들이 자신들의 길을 찾아가는 것이 좋겠다고 말한 것입니다. 그러나 자부들은 가려고 하지 않았습니다. 끝까지 시어머니와 함께 하려고 합니다. 그래도 나오미는 두 자부들을 설득합니다. 자신에게는 아무런 소망이 없으니 그들이 살 길을 찾아 가기를 거듭하여 말합니다. 이런 시어머니의 확고한 의지를 읽은 며느리 오르바는 인사하고 마침내 자신의 고향으로 돌아갑니다. 그러나 며느리 룻은 끝까지 나오미를 따르며 자신의 신앙을 고백합니다. 비참한 현실 속에서도 시어머니가 섬기는 하나님이 자신의 하나님이며, 시어머니가 돌아가 만나려하는 하나님의 백성들이 자신의 백성임을 고백합니다(1:16). 이런 믿음 가운데 룻은 고향의 좋은 소식을 듣고 돌아가는 나오미와 함께 끝까지 가겠다고 말합니다.

나오미는 이 룻을 데리고 고향에 돌아옵니다. 마침 그 고향 땅에 돌아왔을 때에는 추수의 계절이었습니다. 흉년 때문에 고향 땅을 떠났는데 돌아올 때는 보리를 추수하여 먹을 것이 풍성한 계절이었습니다. 1장 22절의 말씀을 보면 나오미가 모압 지방에서 룻과 함께 베들레헴에 돌아왔는데 보리 추수 시작할 때에 도착했음을 알 수 있습니다. 보리추수 때에 도착한 것은 고향 땅을 떠났다가 아무 것도 없이 돌아온 두 여인들에게는 생존의 기회를 주는 것이었습니다. 추수한 밭에서 이삭이라도 주워서 생존할 수 있는 기회를 얻을 수 있기 때문입니다. 이렇게 그들에게 추수할 수 있는 풍성한 시기에 돌아오게 하신 것은 처음부터 좋은 소식을 듣게 하신 하나님 이셨습니다.

이후에도 이런 하나님의 역사는 계속되었습니다. 룻이 시어머니 나오미를 공경하기 위해서 보리 이삭을 주울 때 우연히 나오미의 친척의 밭에서 보리 이삭을 줍게 되었기 때문입니다.룻기 2장 3절에 있는 말씀을 읽어보겠습니다.

> 룻이 가서 베는 자를 따라 밭에서 이삭을 줍는데 우연히 엘리멜렉의 친족 보아스에게 속한 밭에 이르렀더라

룻이 시아버지의 친척이 되는 보아스라고 하는 사람의 밭에서 "우연히" 보리 이삭을 줍게 되었지만 사실 이 세상살이에 우연이란 없습니다. 하나님께서 '필연적 우연' 을 통해서 룻에게 보아스 밭에서 보리 이삭을 줍게 하고 하나님을 경외하는 보아스를 통해서 큰 호의를 받게 하신 것입니다. 그래서 룻은 보아스의 종들이 일부러 떨어뜨린 이삭도 줍고 식사도 대접 받고, 더운데 물도 마시면서 아주 편하게 많은 이삭들을 주었고 그것을 통해서 나오미를 공경하게 되었습니다.

서로를 돌보는 사랑

이렇게 이삭을 주우면서 룻이 경험한 모든 이야기를 들은 나오미는 3장 1절에서 이런 말을 합니다.

> 내 딸아 내가 너를 위하여 안식할 곳을 구하여 너를 복되게 하여야 하지 않겠느냐

믿음을 가지고 자신의 고향을 떠나 이방 땅 베들레헴으로 자신을 따라온

룻에게 시어머니로서 뭔가 안식할 곳을 마련하여 며느리를 복되게 해야 되겠다는 생각에서 나오미는 자신의 며느리를 '유업을 무를 수 있는 친족'인 보아스와 결혼 시키려고 합니다. 이 며느리가 다시 결혼하여 살아가고 끊어졌던 자신의 남편의 집안도 계속 이어지를 바라는 마음으로 보아스에게 시집을 보내려 합니다. 이렇게 하여 찾아온 룻을 하나님을 경외하는 보아스는 맞아들이고 룻으로부터 그녀가 집안의 대를 이어 가기를 원하며 시어머니의 팔 수 밖에 없는 땅도 다시 회복하기를 원한다는 말을 듣게 됩니다. 사실 사사시대와 같은 농경시대에 땅을 확보하는 것은 생명과 같이 중요한 일이며 더 더욱 대를 이어갈 자손을 가지는 것은 미래에 대한 소망과 관련이 있습니다. 이런 시대와 상황에서 룻은 시어머니 나오미의 땅을 유업으로 다시 회복하길 원하고 집안을 이어갈 자손을 얻기 위해 보아스에게 결혼을 요청하게 된 것입니다. 보아스는 하나님을 경외하며 시어머니를 잘 공경하는 룻의 이런 간청을 받아들여서 나오미의 땅을 회복하며 그 땅을 룻의 남편의 이름으로 물려주려고 합니다.

그러나 4장에 있는 말씀에서 보는 것처럼 보아스 보다 더 가까운 나오미의 친척이 있음으로 인해서 보아스는 그 친척에게 우선권을 주게 됩니다. 그러므로 그 친척이 만약 유업을 무를 의사가 있어서 유업을 무르겠다고 하면 나오미와 룻이 원했던 것처럼 되지 않고 다른 방향으로 흘러가게 될 것입니다. 누가 유업 무를 자가 될 것인가? 보아스는 먼저 자기보다 가까운 나오미의 친척을 불러다 놓고 장로들 앞에서 그에게 친척 나오미가 팔려는 땅을 대신사서 물러줘야 한다고 말합니다. 그러자 나오미의 가장 가까운 친척은 그 제안을 받아들여서 자신이 그렇게 하겠다고 말합니다. 이런 대답에 대해 보아스는 나오미의 땅 뿐만 아니라 나오미의 며느리 모압 여인 룻과 결혼도 해서 그녀의 자식에게 그 땅을 유업으로 물려줘야 된다고 덧붙입니다. 단순히 나오미의 땅을 대신 사주었다가 그녀가 죽으면 땅을 자신이 소유하게 되는 것이 아니라 그녀의 며느리와 결혼해서 땅을 그 자식에게 물려줘야 한다는 것입니다. 이러한 조건을 알게 되자 유업을 무르려고 했던 나오미의 가장 가까운 친척은 자신의 재산에 손해가 있을까 하여 그렇게는 못하겠다고 말합니다. 그리고 자신의 의무를 보아스에게 넘깁니다. 친족 공동체로서 친척 과부의 땅을 가까운 친척으로서 물려주는 것은 할 수 있겠지만 며느리 룻과 결혼해서 낳은 자식에게 땅을 물려주기까지 해야 하는 책임은 수행하지 않겠다고 말한 것입니다. 그러자 보아스는 이런 손해를 감수해야 하는 친족의 의무에 대해서 자신이 하겠다고 말합니다. 이렇게 보아스는 유업 무를 자가 됨으로써 룻과 결혼하여 나오미의 집안을 다시 살아나게 하려는 사랑을 베풀게 됩니다.

하나님의 인애와 사람들의 인애

이렇게 보아스가 룻과 결혼을 해서 어떠한 일이 일어났습니까? 4장 13절은 다음과 같이 말씀하고 있습니다.

> 이에 보아스가 룻을 맞이하여 아내로 삼고 그에게 들어갔더니 여호와께서 그에게 임신하게 하시므로 그가 아들을 낳은지라

룻이 보아스와 결혼했다고 해서 아들을 낳으리라는 보장은 없습니다. 그러므로 하나님께서 룻에게 잉태케 하시고 그녀로 아들을 낳게 하신 것은 하나님의 역사입니다. 하나님의 역사로 그녀는 오벳이라는 아들을 낳았는데 그는 엘리멜렉과 말론의 대를 잇는 아들이기도 하지만(4:5, 10, 14) 무엇보다도 다윗의 할아버지요 이새의 아버지입니다(4:17-22).[22] 이렇게

22) R. L. Hubbard Jr., *The Book of Ruth* (Grand Rapids: Eerdmans, 1988), 62-63을 보라.

하여 보아스와 룻은 아브라함과 유다와 다윗의 후손을 통해 인류에게 복을 주시려는 하나님의 구원의 일에 참여하는 사람들이 된 것입니다.

룻기의 저자는 이들이 이렇게 하나님의 구원의 복에 참여하게 된 것은 하나님의 일하심에서 비롯된 것임을 1장 6절과 4장 13절에서 하나님의 이름에 대한 두 번의 직접적인 언급을 통해서 보여줍니다. 이미 말씀드린 것처럼 룻기 1장 6절에서 하나님은 남편과 사별하고 결혼한 아들들마저 잃어야 했던 여인 나오미와 그녀의 젊은 며느리 룻에게 좋은 소식을 듣게 하심으로써 역사하셨습니다. 나오미의 고향 베들레헴 땅에 하나님께서 직접 "찾아오시고" 양식을 주셨습니다. 더 나아가 이런 좋은 소식을 나오미에게 듣게 하시고 돌아올 수 있게 하셨습니다. 뿐만 아니라 룻기의 마지막 부분에 해당하는 4장 13절은 하나님을 보아스와 결혼한 룻에게 임신하게 하시고 아들을 낳게 하신 분으로 서술하고 있습니다. 이와 같이 룻기의 처음과 마지막에 이루어진 하나님의 적극적인 역사는 죽음과 공허로 채워졌던 두 여인의 삶을 생명과 풍성의 여인들로 바꾸어 놓았습니다(4:14). 이렇게 룻기는 어려운 상황에 있는 하나님의 백성들을 잊지 않고 돌보신 하나님의 신실한 사랑 곧 인애(헤세드, חסד)에 대한 이야기입니다. 더 나아가 룻과 보아스를 다윗의 조상이 되게 하심으로 아브라함을 통해 만민에게 복을 주고자 하신 하나님의 비전과 사랑을 보여주시는 말씀입니다.

룻기는 이런 하나님의 인애와 비전을 보여주면서도 한편으로는 나오미와 룻과 보아스가 어떻게 해서 하나님의 사랑과 복을 경험하게 되었는지를 잘 보여줍니다. 그것은 바로 하나님의 사랑을 닮은 이들의 희생적 사랑 때문이었습니다. 이미 본 것처럼 믿음의 여인 나오미는 공허함 가운데에서도 며느리들을 생각했습니다. 며느리들이 나름대로 청상과부로 살기보다 하나님의 선하신 사랑 가운데에서 축복 받기를 원하고 그들이 자기 길을 가기를 원했습니다(1:8-9). 며느리들을 생각하는 이 시어머니의 사랑은 거기에서 끝나지 않았습니다. 하나님을 믿음으로 끝까지 따라오고 자신을 부양한 룻을 복되게 살기를 바람으로 보아스와 결혼하게 한 것입니다. 이런 시어머니의 사랑과 함께 룻기는 며느리 룻의 사랑도 보여줍니다. 룻은 믿음의 사람으로 시어머니를 따라 고향까지 동행하며 보리 이삭을 주워 시어머니를 공경했습니다. 남편의 가문을 이으려는 생각으로 유업을 무를 수 있는 친족인 보아스와 결혼하여 아들을 낳고 노년의 시어머니를 봉양하려고 하였습니다. 마지막으로 보아스 또한 하나님을 경외하는 사람으로서 모압에서 온 이방 여인 룻이 자기 밭에서 보리 이삭을 줍고 있을 때 호의를 베풀고 손해를 감수하면서까지 룻과 결혼하여 나오미의 집안을 일으켜 세우는 사랑을 베풀었습니다.

룻과 나오미와 보아스를 생명과 풍성함과 복의 사람들로 만드신 분은 근본적으로 하나님이시지만 하나님께서는 이 세 사람의 헌신적인 사랑 곧 인애(헤세드, חסד)를 통해서 복을 주시고 인류 구원의 비전을 이루어 가신 것입니다(1:8; 2:11-12, 20; 3:10).[23] 하나님의 사랑을 체험하고 하나님의 사랑을 실천하는 사람들을 통해서 하나님은 이 세상의 구원과 복을 이루어 가십니다. 오늘 룻기의 말씀은 이것들을 우리에게 가르쳐 주십니다.

사랑으로 하나님의 복을 전하는 자들

사랑하는 여러분, 우리들은 아브라함을 통해 만민에게 복 주시려는 하나님의 비전 가운데서 복된 하나님의 백성들이 되었습니다. 그 하나님의 비전 가운데 아브라함과 다윗의 후손으로 오신 우리 주 예수님의 사랑을 통해서 하나님의 자녀들이 되었습니다(마 1:1). 이제 하나님께서는 아브라함에게 주시고 예수 안에서 성취된 그 놀라운 비전이 우리들을 통해서도 계속 이루어지길 원하십니다. 만민에게 하나님의 복을 계속해서 나누

---

23) R. L. Hubbard Jr., *The Book of Ruth* (Grand Rapids: Eerdmans, 1988), 68-74를 보라.

어주는 하나님의 자녀들이 되기를 원하십니다. 물론 사람들이 복과 구원을 받는 것은 전적으로 하나님의 역사입니다. 그렇다고 해서 우리에게 아무런 할 일이 없는 것은 아닙니다. 우리에게도 할 일을 주셨습니다.

어떻게 우리가 이 하나님의 비전과 그 성취에 참여할 수 있습니까? 그것은 나오미와 룻과 보아스가 보여준 사랑을 실천함으로써 참여할 수 있습니다. 예수님의 사랑을 알고 그 사랑을 닮아 가는 이 땅에서의 삶을 통해서 우리는 하늘 하나님의 구원의 역사에 참여할 수 있습니다(마 6:10). 하나님을 모르는 자들의 필요를 채움을 통해서, 이기적인 시대에서 조금이라도 위험과 손해를 감수하려는 사랑을 통해서 우리는 하나님의 구원의 역사에 참여할 수 있습니다. 하나님께서 여러분 가운데 성령으로 역사하셔서 사랑의 열매를 맺게 하시고 사람들을 구원하는 통로가 되게 하시길 기원합니다.

사무엘상 2장 27-36절
하나님을 존중하는 부모와 자녀

(27) 하나님의 사람이 엘리에게 와서 그에게 이르되 여호와의 말씀에
너희 조상의 집이 애굽에서 바로의 집에 속하였을 때에 내가 그들에게
나타나지 아니하였느냐 (28) 이스라엘 모든 지파 중에서 내가 그를 택
하여 내 제사장으로 삼아 그가 내 제단에 올라 분향하며 내 앞에서 에
봇을 입게 하지 아니하였느냐 이스라엘 자손이 드리는 모든 화제를 내
가 네 조상의 집에 주지 아니하였느냐 (29) 너희는 어찌하여 내가 내
처소에서 명령한 내 제물과 예물을 밟으며 네 아들들을 나보다 더 중히
여겨 내 백성 이스라엘이 드리는 가장 좋은 것으로 너희들을 살지게 하
느냐 (30) 그러므로 이스라엘의 하나님 나 여호와가 말하노라 내가 전
에 네 집과 네 조상의 집이 내 앞에 영원히 행하리라 하였으나 이제 나
여호와가 말하노니 결단코 그렇게 하지 아니하리라 나를 존중히 여기는
자를 내가 존중히 여기고 나를 멸시하는 자를 내가 경멸하리라 (31) 보
라 내가 네 팔과 네 조상의 집 팔을 끊어 네 집에 노인이 하나도 없게
하는 날이 이를지라 (32) 이스라엘에게 모든 복을 내리는 중에 너는 내
처소의 환난을 볼 것이요 네 집에 영원토록 노인이 없을 것이며 (33)
내 제단에서 내가 끊어 버리지 아니할 네 사람이 네 눈을 쇠잔하게 하
고 네 마음을 슬프게 할 것이요 네 집에서 출산되는 모든 자가 젊어서
죽으리라 (34) 네 두 아들 홉니와 비느하스가 한 날에 죽으리니 그 둘
이 당할 그 일이 네게 표징이 되리라 (35) 내가 나를 위하여 충실한 제
사장을 일으키리니 그 사람은 내 마음, 내 뜻대로 행할 것이라 내가 그
를 위하여 견고한 집을 세우리니 그가 나의 기름 부음을 받은 자 앞에
서 영구히 행하리라 (36) 그리고 네 집에 남은 사람이 각기 와서 은 한
조각과 떡 한 덩이를 위하여 그에게 엎드려 이르되 청하노니 내게 제사
장의 직분 하나를 맡겨 내게 떡 조각을 먹게 하소서 하리라 하셨다 하
니라

[사무엘상 2장 27-36절]

엘리 집안에 대한 하나님의 책망

오늘 말씀에 보면 엘리라는 사람이 등장하고 있습니다. 엘리는 이스라엘에 왕정이 시작되기 전인 사사 시대에 사사로 활동했던 사람입니다. 이스라엘의 마지막 사사는 사무엘인데 그 사무엘 직전에 활동한 사사가 엘리입니다. 그는 실로에 있는 하나님의 성소에서 제사장으로서 하나님을 섬기기도 하였습니다. 이런 엘리에게 하나님께서 하나님의 사람을 보내셨습니다. 27절에 등장하는 하나님의 사람은 구약성경에서 선지자를 의미합니다. 엘리에게 온 선지자는 하나님께서 엘리의 조상들이 이집트에 살 때부터 그의 집안을 선택하였다고 말합니다. 지금까지 그의 집안을 제사장의 집안으로 삼아서 하나님의 제단에서 섬기게 했고 제단에 드려진 제물들을 그 집 사람들에게 주었다고 전합니다. 29절에서는 이렇게 하나님의 선택과 은혜를 받은 엘리의 집안이 하나님께 바쳐진 제물과 예물들을 무시하고 엘리의 아들들을 하나님 보다 더 중하게 여겨 이스라엘 백성들이 드린 가장 좋은 것들을 탈취해 왔다고 정죄합니다.

하나님께서는 조상 때부터 엘리 집안을 지금까지 보호해 주시고 인도해 주셨지만 그의 집안은 오히려 하나님을 멸시하고 하나님의 것을 탈취했다고 책망하신 것입니다. 30절에서 하나님은 이전에는 엘리의 집안이 영원히 제사장 역할을 하게 하겠다고 약속하셨지만 이제는 더 이상 그렇게 하지 않으시겠다고 말씀하십니다. 하나님은 자신을 존중히 여기는 자를 존중히 여기시고 자신을 멸시하는 자는 경멸하시는 분이기 때문입니다. 더 나아가 엘리의 집안에 노인이 없고 출산되는 아이들조차도 젊어서 죽게 하겠다고 말씀하십니다. 먼저 그의 두 아들 홉니와 비느하스가 한 날에 죽게 하심으로써 이 예언에 대한 증표를 삼겠다고 하십니다. 이후로 하나님은 다른 충실한 제사장을 일으키실 것이고 엘리 집안의 남은 사람들은 그에게 구걸하게 될 것을 말씀하십니다.

하나님의 책망을 받은 이유: 엘리의 두 아들들과 엘리의 태도

엘리의 아들들이 어떠한 일들을 했으며 엘리 또한 그 아들들에 대해 어떻게 했기에 하나님께서 이와 같은 책망과 저주의 말씀을 엘리의 집안에 하시는 것일까요? 엘리의 아들들이 어떠한 생활을 했는지를 보여주고 있는 말씀은 2장 12절 이후에 나와 있습니다. 엘리의 아들들의 이름은 홉니와 비느하스입니다. 그러나 사무엘서의 저자는 이 아들들의 이름들을 언급하기를 별로 좋아하지 않습니다. 2장과 3장 내내 엘리의 아들들이라고 말하다 4장에 가서야 홉니와 비느하스라고 한 번 언급할 정도로(4:4) 엘리의 아들들에 대해서 부정적인 태도를 보여주고 있습니다. 그것은 2장 12절에서 언급하고 있는 것처럼 엘리의 아들들이 행실이 나빠서 여호와를 알지 못했기 때문입니다. 아버지 엘리가 제사장이고 그의 아들들은 가까이에서 아버지의 일을 돕는 제사장들이 되었지만 정작 하나님을 알지는 못하는 자들이었습니다.

하나님을 만난 적도 없고 하나님의 말씀을 들은 적도 없고 하나님을 섬긴다고 하면서도 하나님과 인격적인 만남이 없는 그러한 자들이었습니다. 하나님을 알지 못하는 엘리의 아들들이 하나님을 예배하는 일을 위해 봉사할 때면 오직 하나님께만 드려지는 특별한 부위를 탈취하여 먹었습니다. 당시에는 고기 중에서 가장 좋은 부분이 지방이 많은 부분이었는데 이 부분들은 오직 하나님께 제사로써 드려져야 했지만 엘리의 두 아들들이 제사 중에 그것을 가로채어 먹었습니다. 제사가 끝나지도 않았는데 하나님께 드려져야할 고기들을 도중에 갈고리로 함부로 가져다가 두 아들들이 먹었습니다. 두 아들들은 하나님을 알지 못했을 뿐만 아니라 하나님을 섬기는 생활 속에서 내가 먼저이고 하나님이 그 다음이라는 자세를 가지고 신앙생활을 하였습니다. 내가 먼저이니 하나님께 드려지는 고기도 내가 먼저 먹고, 그 다음에 하나님께 드려야 한다고 생각한 것입니다.

두 아들들의 나쁜 행실은 여기에서 끝나지 않았습니다. 2장 22절 이하의 말씀을 보면 그들의 아버지 엘리가 98세로 매우 늙었을 때에는 성소에서 일하는 여인들과 동침하는 관계를 가졌습니다. 거룩하신 하나님의 성소에서 거룩한 삶을 살아야 하는 이 두 아들이 하나님을 섬기는 여인들과 관계하는 나쁜 행동을 하였습니다. 그들의 아버지 엘리가 마침내 이러한 아들들의 행동에 대한 소식을 듣게 되었습니다. 자기 주변의 이스라엘 백성들이 아들들에 대해 수군거리는 것을 듣게 된 것입니다.

오늘 본문 2장 24절의 말씀을 보면 엘리는 두 아들을 향해서 "내 아들들아! 그리하지 말라" 고 교훈하고 있습니다. "사람과의 관계에서 잘못하면 하나님께서 용서도 해주시고 심판도 하시지만 사람이 하나님께 죄를 범하면 어떻게 해결을 받겠느냐" 고 하면서 자신의 아들들에게 그러한 일을 해서는 안 된다고 야단을 칩니다. 그러나 그 아들들은 그 아비의 말을 듣지 않았다고 25절은 말씀하고 있습니다. 엘리의 아들들의 행실이 이렇게 하나님 앞에서 아주 악했습니다. 그러나 아버지 엘리는 그 아들들에 대해서 엄격한 교육을 실시하지 않았습니다. "내 아들들아, 그리하지 말라. 그렇게 하면 안 된다" 하는 정도였습니다.

그래서 하나님께서는 하나님의 사람을 보내어 엘리의 가정을 심판하시겠다고 말씀하신 것입니다. 엘리가 아들들에 대해 엄격한 아버지로서의 자세를 보이지 않은 것에 대해 못마땅해 하신 하나님께서는 3장에서는 어린 사무엘에게 나타나셔서 이에 대해 다시 말씀하셨습니다. 3장 13절에 있는 말씀을 보면 하나님께서는 사무엘에게 이렇게 말씀하셨습니다. "내가 그의 집을 영원토록 심판하겠다고 그에게 말한 것은 그가 아는 죄악 때문이니 이는 그가 자기의 아들들이 저주를 자청하되 금하지 아니하였음이니라". 엘리는 자신의 아들들이 하나님 앞에 악하다는 것을 듣고 알았습니다. 그러나 그는 단순히 아들들에게 "그렇게 하면 안 된다" 라고 말할 뿐 이었습니다. 아버지로서 아주 엄격하고 호되게 그런 행동을 아들들이 다시는 하지 않도록 조치를 취하지 않았다고 하나님께서 지적하신 것입니다.

하나님께서는 이러한 엘리의 아들들에 대한 교육에 대해서 29절에서 분명히 말씀합니다. “너는 아들들을 나보다 더 중히 여겼다”. 너는 아들들을 네가 섬기는 하나님 보다 더 우선순위에 두었다. 하나님보다 아들들을 더 챙기고, 아들들을 더 중하게 여겨서 그 아들들이 네가 섬기는 하나님 앞에서 죄를 범하여도 가볍게 넘어갔다고 하십니다. 30절에서 하나님께서는 엘리에게 “나를 존중히 여기는 자를 내가 존중히 여기고 나를 멸시하는 자를 내가 경멸하리라”고 말씀하십니다. 엘리의 아들들에 대한 교육방식이 그의 가정과 그의 제사장 집안의 미래를 결정했습니다. 하나님께서는 더 이상 그 집안과 가정을 하나님을 섬기는 제사장의 집안으로 쓰지 않으시겠다는 말씀이었습니다. 뿐만 아니라 그 아들들을 죽이시고 가족들이 젊어서 죽기에 노인은 없는 집안으로 만드시겠다고 말씀하셨습니다.

하나님께서 세우신 견고한 가정: 한나와 그의 아들 사무엘

엘리와 그의 가정이 이러한 하나님의 심판의 말씀을 받은 데에는 하나님을 두려워하지 않고 존중히 여기지 않은데 이유가 있습니다. 그러나 엘리와 그의 두 아들들과는 반대로 하나님을 존중히 여기는 사람이나 그의 가정은 어떻게 될까요? 이런 면에서 엘리와 그의 아들들과 대조되는 인물들이 사무엘상 1장과 2장에 등장하고 있습니다. 이들은 바로 한나와 그의 아들 사무엘입니다. 사무엘의 어머니 한나는 아이를 낳을 수 없는 여인이었습니다. 조선시대와 같이 당시에도 아이를 낳을 수 없는 여인은 여러 면에서 힘든 생활을 했습니다. 그러나 이 한나는 한탄만 하면서 살았던 여인은 아닙니다. 사무엘상 1장에 있는 말씀을 보면 한나는 하나님께 자신의 낮아짐과 비참함을 가지고 하나님께 호소하며 기도했습니다.

하나님을 찾았습니다. 그리고 하나님께 서원했습니다. "하나님! 제게 아들을 주신다면 그 아들을 하나님께 평생 구별되어 섬기는 자로 드리겠습니다". 이렇게 한나가 기도했을 때에 하나님께서 그녀의 태를 여시고 아들을 주셨는데 그 아들이 바로 사무엘입니다. 한나는 그의 아들의 이름을 사무엘(שְׁמוּאֵל)로 지었습니다. 사무엘이라는 히브리어 자음들의 소리음(שָׁאַל)이 의미하는 것처럼 '하나님께 구해서 얻은 아들' 이라고 부른 것입니다(1:20 참조).[24] 사무엘을 하나님께 기도하여 얻었기에 한나는 하나님께 서원한대로 하나님의 성소에서 일하도록 그를 드렸습니다. 젖을 떼자마자 엘리가 제사장으로 일하는 실로의 하나님의 성소에 데리고 와서 평생 하나님을 섬기는 나실인으로 살게 했습니다.

사무엘상 2장 11절을 보면 아버지 "엘가나는 라마의 자기 집으로 돌아가고 그의 아이 사무엘은 제사장 엘리 앞에서 여호와를 섬겼다"라고 말씀합니다. 또 2장 17절은 여호와의 제사를 멸시하는 "엘리의 아들들의 죄가 여호와 앞에 심히 크다"고 말씀한 다음에 곧바로 18절에서 "사무엘은 어렸을 때에 세마포 에봇을 입고 여호와 앞에서 섬겼다"라고 대조하고 있습니다. 21절도 보면 "여호와께서 한나를 돌보시사 그로 하여금 임신하여 세 아들과 두 딸을 낳게 하셨고" 아이 사무엘은 여호와 앞에서 자라났다고 말씀합니다. 마지막으로 26절의 말씀을 보십시오. "아이 사무엘이 점점 자라매 여호와와 사람들에게 은총을 더욱 받더라" 라는 말씀이 반복되고 있습니다.

사무엘서에서 엘리와 엘리의 두 아들은 한나와 그녀의 아들 사무엘과 대조되면서 언급되고 있는 것입니다. 엘리와 엘리의 두 아들들은 하나님을 멸시함으로써 미래가 없는 가정이 되었지만 한나와 사무엘은 하나님을 존중히 여기는 가정으로서 미래가 있습니다. 2장 35절 말씀을 보면

---

24) D. G. Firth, *1 & 2 Samuel* (Nottingham: IVP, 2009), 58.

“내가 나를 위하여 충실한 제사장을 일으키리니 그 사람은 내 마음, 내 뜻대로 행할 것이라 내가 그를 위하여 견고한 집을 세우리니 그가 나의 기름 부음을 받은 자 앞에서 영구히 행하리라”고 말씀하고 있습니다. 이 35절의 궁극적 주인공은 메시아이지만 사무엘도 이에 해당됩니다. 사무엘은 미래에 하나님의 마음과 하나님의 뜻대로 행하는 충실한 제사장이 됩니다. 그리고 그의 집을 하나님께서는 견고케 하십니다. 이렇게 사무엘의 집안이 하나님이 세우시는 견고한 가정이 된 것은 그와 한나가 하나님을 존중히 여긴 데에 있습니다. 한나는 하나님께 구하여 아들을 얻었고, 서원한대로 하나님께 그녀의 소중한 아들을 드렸습니다. 그 아들은 하나님 앞에서 자라났고 하나님을 섬겼습니다. 그리고 하나님과 사람들에게 은총을 받았습니다(2:26). 3장에서 사무엘은 하나님의 말씀이 없던 시대에 하나님의 말씀을 직접 듣는 선지자가 됩니다.

하나님께서는 자신을 존중히 여기는 한나의 집안을 일으켜 세우시고, 아이를 낳을 수 없는 그녀에게 사무엘 외에 세 아들과 두 딸을 허락하셨습니다. 그녀의 아들 사무엘은 하나님을 섬기는 충실한 첫 세대의 제사장이 되었고 그의 가정은 견고해졌습니다. 하나님의 말씀대로 “나를 존중히 여기는 자를 내가 존중히 여기고 나를 멸시하는 자를 내가 경멸하리라”는 2장 30절의 말씀이 이루어지고 있는 것입니다. 이런 하나님을 경험한 사무엘 어머니 한나는 아들을 하나님께 바치면서 2장 6-7절에 이러한 기도와 찬양을 하나님께 드렸습니다.

> 여호와는 죽이기도 하시고 살리기도 하시며 스올에 내리게도 하시고 거기에서 올리기도 하시는도다 여호와는 가난하게도 하시고 부하게도 하시며 낮추기도 하시고 높이기도 하시는도다

이러한 하나님을 한나는 직접 경험하고 찬양과 기도로 고백한 것입니다. 하나님께서는 한나의 고백처럼 생사화복을 주관하시는 분이십니다. 그에

게 죽이심과 살리심이 있습니다. 하나님께 가난함과 부요함의 권세가 있습니다. 하나님의 손에 사람을 낮추기도 하고 높이기도 하시는 권세가 있습니다. 그렇다면 우리는 그러한 권세를 가지신 하나님을 존중히 여김으로써 부하게 되기도 하며 미래가 있는 그 가정이 될 수도 있습니다. 그러나 이러한 권세를 가지신 하나님을 경멸함으로써 비참하고도 미래가 없는 가정이 될 수도 있습니다.

오늘 말씀에서 중요한 것은 무엇입니까? 가정의 미래와 행복이 가정의 자녀를 교육하는 부모와 관련되어 있음을 보여준다는 것입니다. 부모가 자녀에게 하나님을 존중히 여기는 교육을 바로하면 자녀와 가정을 살 수 있다는 말씀을 하십니다.

하나님을 존중히 여기는 부모의 자녀교육

사랑하는 성도 여러분! 모든 성도들의 가정이 하나님을 존중하는 자녀교육을 통해 미래가 있고 풍성해지며, 하나님이 세우심으로 견고한 가정이 되기를 주님의 이름으로 축원합니다. 혹 우리가 엘리와 같은 자녀교육을 하고 있지는 않은지 살펴보십시다. 자신의 자녀들을 하나님 보다 더 중히 여기는 그러한 자녀 교육 말입니다. 이 시대에 예수 믿는 우리 그리스도인들은 하나님의 선택을 입었습니다. 하나님께서 은총 가운데 예수 안에서 우리 가정을 지키시고 세워 가십니다. 이런 가운데 우리 가정에 태어난 오늘날 우리의 자녀들은 옛날과는 달리 하나 혹은 둘입니다. 얼마나 귀한 자녀들 입니까? 이 시대 부모들은 이런 자녀들이 해달라는 대로 다 해주려는 부모들입니다. 정말 한계가 있어서 안 되면 할 수 없지만 내가 할 수 있는 한 모든 것들을 내 아들과 딸들에게 다 주려는 환경 가운데에 살아가고 있습니다. 아이가 원하기 전에 미리 앞서서 다 해주는 그런 부모가 될 수 있습니다. 하나님께 구속된 그러한 부모가 아니라 자식에게 구속된 부모가 될 수 있습니다. 자식의 성공과 자식의 높아짐을 위해서라면 하나님보다 그런 것을 중히 여겨서 교육할 수 있습니다. 자녀를 위한 교육이 하나님을 소중히 여기는 그런 교육으로 연결되지 못하고 하나님보다 더 그 자녀를 중히 여기는 그런 부모의 교육으로 나아갈 수 있습니다.

이 시대의 이런 유혹 속에서 우리 그리스도인 부모들은 견고하게 서야합니다. 잠언에 보면 이런 말씀들이 있습니다(잠 12:24; 22:6; 23:14).

> 매를 아끼는 자는 그의 자식을 미워함이라 자식을 사랑하는 자는 근실히 징계하느니라. 마땅히 행할 길을 아이에게 가르치라. 그리하면 늙어도 그것을 떠나지 아니하리라 네가 그를 채찍으로 때리면 그 영혼을 스올에서 구원하리라

이러한 잠언의 말씀들이 우리에게 가르쳐 주는 것처럼 우리는 아이의 행복과 성공을 위해서라도 하나님보다 자녀를 더 소중히 여기는 교육을 해서는 안 됩니다. 이를 악 물고 분명히 서서 하나님이냐, 자식이냐 할 때에 하나님을 선택해야 합니다. 그것이 자식이 사는 길이며, 우리 가정이 사는 길입니다. 한나의 기도는 우리에게 여호와께서 가난하게도 하시고, 부하게도 하시고, 낮추기도 하시고, 높이시기도 하시는 분임을 가르쳤습니다. 부모와 자녀가 노력하여 되는 것이 아니라 하나님께서 하시는 것입니다. 오늘도 여러분이 예배하는 그 하나님이 여러분의 자녀의 장래를 좌지우지 합니다. 여러분이 소중히 여기는 가정의 행복을 좌지우지하는 권세를 가지고 있습니다. 그러므로 하나님을 존중히 여겨야 합니다.

하나님을 존중히 여기는 자녀 교육이란 구체적으로 무엇일까요? 그것은 하나님을 인격적으로 만나게 하고 인격적으로 만난 그 하나님을 예배하는 일입니다. 부모가 마땅히 해하는 하나님을 존중히 여기는 교육이란 하나님을 만나게 하는 교육입니다. 매일 성경을 읽게 하고 하나님을 찾게 하는 것입니다. 공부하면서 놀면서 일상의 생활 속에서 밥 먹듯이 하

나님을 찾을 줄 아는 자녀로, 하나님의 말씀을 들을 줄 아는 자녀로 교육해야 합니다. 그리고 하나님께 마땅히 예배할 줄 아는 자녀로 훈련해야 합니다. 자녀에게 주어진 칠 일 중에서 하루는 공식적으로 하나님께 예배하게 하는 교육을 해야 합니다.

예배의 중요성뿐만 아니라 우리의 자녀가 교회의 공동체 속에서 울고 웃고, 그 공동체의 분위기를 깨달으며 성장해 갈 수 있는 아이로 교육시켜야 합니다. 교회 공동체에서 건전한 신앙을 배우고 또래끼리 교제하며 예수를 믿는 하나님의 자녀로 양육해야 합니다. 교회 공동체에서 울고 웃지 않은 자녀는 쉽게 교회 공동체를 버립니다. 거기에 내 눈물의 기도와 교인을 향한 사랑이 묻어있지 않기 때문에 자기에게 중요한 것을 찾아서 교회를 떠나는 것입니다. 자기에게 더 중요한 것을 찾아서 예배에 나오지 않는 것입니다. 자녀의 신앙생활의 미래는 오늘 그들 부모의 손에 달려있습니다.

교회 안에서 성장하고 교육받고 울고 웃고 기도하며 자라지 않은 자녀, 예배를 중요시 하지 않는 자녀는 커서도, 결혼해서도 교회에 깊은 애정을 가질 수 없습니다. 지금부터 우리의 자녀들이 눈물과 기도로, 헌금과 헌신으로 교회를 섬기도록 교육을 해야 합니다. 그렇게 하려면 부모가 믿음 안에서 확신을 가져야 합니다. 주일날 하루, 자녀가 공부하지 못해도 하나님께서 자녀에게 지혜를 주시며 진로를 열어 주실 것에 대한 확신입니다. 주일날도 머리 싸매고 공부하는 자들보다 더 나은 진로를 하나님께서 자녀들에게 열어 주실 것이라는 믿음이 없다면 부모는 타협하게 됩니다. 자신의 자녀를 하나님보다 더 중요하게 여기는 교육으로 나아갈 수밖에 없습니다. 예수 안에서 내 자녀를 하나님께 맡길 수 있는 믿음의 자신감을 가지시길 기원합니다. 자녀를 하나님께 맡기고 신앙적으로 교육하십시오. 하나님께서 교회를 통해 교육하고 훌륭한 인격과 행복한 미래로 만들어 가실 줄 믿고 맡기십시오.

사무엘하 12장 1-15절
징계와 긍휼의 하나님

(1) 여호와께서 나단을 다윗에게 보내시니 그가 다윗에게 가서 그에게
이르되 한 성읍에 두 사람이 있는데 한 사람은 부하고 한 사람은 가난
하니 (2) 그 부한 사람은 양과 소가 심히 많으나 (3) 가난한 사람은 아
무것도 없고 자기가 사서 기르는 작은 암양 새끼 한 마리뿐이라 그 암
양 새끼는 그와 그의 자식과 함께 자라며 그가 먹는 것을 먹으며 그의
잔으로 마시며 그의 품에 누우므로 그에게는 딸처럼 되었거늘 (4) 어떤
행인이 그 부자에게 오매 부자가 자기에게 온 행인을 위하여 자기의 양
과 소를 아껴 잡지 아니하고 가난한 사람의 양 새끼를 빼앗아다가 자기
에게 온 사람을 위하여 잡았나이다 하니 (5) 다윗이 그 사람으로 말미
암아 노하여 나단에게 이르되 여호와의 살아 계심을 두고 맹세하노니
이 일을 행한 그 사람은 마땅히 죽을 자라 (6) 그가 불쌍히 여기지 아
니하고 이런 일을 행하였으니 그 양 새끼를 네 배나 갚아 주어야 하리
라 한지라 (7) 나단이 다윗에게 이르되 당신이 그 사람이라 이스라엘의
하나님 여호와께서 이와 같이 이르시기를 내가 너를 이스라엘 왕으로
기름 붓기 위하여 너를 사울의 손에서 구원하고 (8) 네 주인의 집을 네
게 주고 네 주인의 아내들을 네 품에 두고 이스라엘과 유다 족속을 네
게 맡겼느니라 만일 그것이 부족하였을 것 같으면 내가 네게 이것 저것
을 더 주었으리라 (9) 그러한데 어찌하여 네가 여호와의 말씀을 업신여
기고 나 보기에 악을 행하였느냐 네가 칼로 헷 사람 우리아를 치되 암
몬 자손의 칼로 죽이고 그의 아내를 빼앗아 네 아내로 삼았도다 (10)
이제 네가 나를 업신여기고 헷 사람 우리아의 아내를 빼앗아 네 아내로
삼았은즉 칼이 네 집에서 영원토록 떠나지 아니하리라 하셨고 (11) 여
호와께서 또 이와 같이 이르시기를 보라 내가 너와 네 집에 재앙을 일
으키고 내가 네 눈앞에서 네 아내를 빼앗아 네 이웃들에게 주리니 그

사람들이 네 아내들과 더불어 백주에 동침하리라 (12) 너는 은밀히 행
하였으나 나는 온 이스라엘 앞에서 백주에 이 일을 행하리라 하셨나이
다 하니 (13) 다윗이 나단에게 이르되 내가 여호와께 죄를 범하였노라
하매 나단이 다윗에게 말하되 여호와께서도 당신의 죄를 사하셨나니 당
신이 죽지 아니하려니와 (14) 이 일로 말미암아 여호와의 원수가 크게
비방할 거리를 얻게 하였으니 당신이 낳은 아이가 반드시 죽으리이다
하고 (15) 나단이 자기 집으로 돌아가니라 우리아의 아내가 다윗에게
낳은 아이를 여호와께서 치시매 심히 앓는지라 [사무엘하 12장 1-15절]

이스라엘 왕 다윗의 죄

오늘 말씀은 다윗과 관련된 말씀입니다. 다윗은 아버지 이새의 여덟 번째 아들로서 막내이며 들에서 아버지의 양들을 치던 목동이었습니다. 이 다윗은 하나님의 은혜를 입어 양을 치다가 사울에 이어서 이스라엘의 왕이 된 사람입니다. 다윗은 마음으로 하나님을 사랑하는 사람이었고 하나님이 보시기에도 올바른 사람이었습니다. 이스라엘이 블레셋의 골리앗에게 조롱을 당할 때에는 골리앗에 물맷돌을 가지고 나아가서 그를 죽이고 이스라엘에 승리를 가져온 인물이 다윗이었습니다. 수년 간 사울의 시기로 쫓겨 다닐 때에도 다윗은 이스라엘의 남부 지방에서 대적들에게 괴롭힘 당하는 이스라엘 백성들을 구원함으로써 실제적인 왕의 역할을 하였습니다. 결국 다윗은 그를 붙드신 하나님의 은혜 가운데에서 이스라엘의 두 번째 왕이 되었습니다.

그런데 이게 웬 일입니까? 이런 다윗이 오늘 말씀에 보면 엄청난 죄를 하나님 앞에 저지른 것을 볼 수 있습니다. 살인죄와 간음죄입니다. 왕의 권력을 이용해서 우리아의 아내 밧세바와 성적인 관계를 갖고 임신까지 하자 이러한 사실을 은폐하기 위해서 밧세바의 남편 우리아를 이용하려고 했습니다. 우리아가 자신의 뜻대로 움직이지 않자 그를 고의적으로

전쟁터의 맨 앞에 있게 해서 죽게 하는 살인죄를 저질렀습니다. 이렇게 하여 밧세바와의 관계에서 아들이 태어나기까지 1년 동안이나 살인죄와 간음죄를 은폐를 할 수 있었습니다. 그러나 하나님께서는 이러한 다윗의 악에 대해서 가만히 계시지 않으셨습니다. 오늘 본문 말씀에도 있는 것처럼 그의 선지자 나단을 보내셔서 다윗의 죄를 조목조목 말하게 하셨습니다. 하나님께서 줄 수 있는 모든 것들을 주셨는데 뭐가 부족해서 남의 아내의 남편을 죽이고 남의 아내를 빼앗았느냐고 다윗을 책망하십니다.

죄를 징계하시는 하나님

이렇게 하나님께서 다윗을 책망하시면서 다른 사람을 살해했기에 앞으로 다윗의 집안에 칼이 떠나지 않을 것이라는 심판을 내리십니다. 다윗의 간음죄 때문에 그의 아내들은 다른 사람들이 취할 것이고 밧세바와의 관계에서 낳은 아이는 죽을 것이라고 말씀하십니다. 이와 같이 하나님께서는 다윗의 죄를 묵인하지 않으시고 철저히 징벌하셨습니다. 하나님의 은혜를 입은 다윗이라 할지라도 그가 하나님을 업신여기고 살인과 간음죄를 지었을 때 그것에 해당하는 철저한 벌들을 다윗에게 내리셨습니다.

사무엘하 12장 이후를 읽어보면 이러한 하나님의 징벌들이 다윗의 집안에서 성취되고 있는 것을 볼 수 있습니다. 먼저 밧세바와의 관계에서 낳은 아이가 죽게 됩니다(12:18).

다음으로 다윗의 아들들이 서로 죽이고 죽는 일들이 끊임없이 일어납니다(삼하 13:29). 열왕기상 2장을 보면 솔로몬도 그의 형 아도니야를 죽입니다(왕상 2:13-25). 다윗의 후궁들이 반란을 일으킨 다윗의 아들 압살롬에게 취하여지는 부끄러운 일이 일어나기도 합니다(삼하 16:22). 하나님께서는 그가 사랑하는 사람이라 할지라도 죄를 지으면 반드시 징계하시는 분이십니다.

회개에 긍휼을 베푸시는 하나님

이러한 하나님의 책망과 징계 가운데에서도 사무엘하 12장 13절이 언급하는 것처럼 다윗은 곧바로 자복하고 회개합니다. 다윗의 회개가 여기서는 간단하게 나와 있지만 시편 51편은 그의 철저한 회개를 보여줍니다. 눈물로 침상을 적시면서 하나님 앞에 상한 심령이 되어 통회하고 회개합니다. 하나님께서는 이러한 다윗에게 사죄의 은총을 베풀어 주십니다. 그의 죄를 용서하시고 죽어 마땅하지만 그를 죽이지 아니하십니다. 더 나아가 회개한 다윗에게 밧세바와의 관계에서 새로운 아이를 주십니다. 그 아이가 바로 솔로몬인데 12장 25절을 보면 하나님께서 직접 솔로몬에게 "여디디야"(ידידיה)라는 이름을 지어주셨습니다. "여호와의 사랑을 입은 자"라는 뜻의 이 이름은 하나님께서 다윗과의 관계를 회복하셨음을 보여줍니다.

다윗의 죄를 철저히 징계하시는 하나님이시지만 그가 진정으로 회개할 때는 긍휼히 여기셔서 용서하시고 관계 또한 회복하시는 분이심을 알 수 있습니다. 죄에 대한 징계만 아니라 회개에 대한 긍휼 또한 하나님의 성품이십니다. 죄는 미워하시지만 회개한 자에게 긍휼과 사죄의 은총을 베푸시는 하나님이십니다. 다윗은 이런 하나님을 체험하고 믿었습니다. 그러하였기에 그는 밧세바와의 관계에서 난 아이를 하나님께서 죽이신다고 하셨을 때에도 7일 동안 땅에 엎드려 아이를 살려달라고 기도한 것 입니다. 하나님께서는 징계하시겠다는 결단대로 그 아이를 데려가기는 하셨지만 다윗이 정확히 알고 있는 것처럼 심판 중에도 하나님께서는 다윗에게 긍휼을 베푸시는 하나님이십니다.

징계 후 죽은 아이 대신에 솔로몬을 주신 하나님은 더 나아가 전쟁에서 승리하게도 하셨습니다. 다윗이 밧세바와 범죄 할 때에는 암몬의 나라와 랍바에서 전쟁하고 있었던 상황이었습니다(11:1). 이런 상황에서 전쟁은 아무런 진전이 없었지만 이제 하나님께서는 다윗을 긍휼히 여기시며 그의 회개를 받아들이시고 암몬과의 전쟁에서 승리할 수 있도록 긍휼을 베푸셨음을 12장 26절 이하는 보여줍니다.[25] 왕으로서 다윗이 가진 문제를 해결해 주신 것입니다. 이러한 분이 다윗이 섬겼던 하나님이시며 우리의 하나님이시기도 하십니다.

사랑하는 여러분! 다윗이 얼마나 축복 받은 사람인지를 사무엘하 7장에 보면 알 수 있습니다. 다윗은 왕이 되기까지도 하나님의 은혜를 받은 사람이지만 왕이 된 후에는 하나님으로부터 자신의 왕국이 영원할 것에 대한 약속을 받은 왕이기도 합니다. 하나님께서는 그의 왕국을 영원한 왕국으로 만들 것이며 더 나아가 그의 왕국을 통해 천하 만민이 복을 받게 하겠다고 말씀하셨습니다. 이 약속을 우리는 '다윗 왕조 언약' 이라고 부릅니다. 다윗이 하나님으로부터 이러한 복을 받았지만 그가 죄악에 넘어졌을 때는 그를 철저히 징계하시기도 하신 하나님이십니다. 그 징계 가운데에서도 약속하신 것을 따라서 그를 긍휼히 여기시고 솔로몬을 주신 하나님이십니다. 결국은 이 솔로몬의 후손 가운데 천한 만민을 위하여 예수 그리스도를 주신 하나님이심을 오늘 본문은 보여줍니다.

사랑하는 여러분! 예수 그리스도의 족보가 소개되는 마태복음 1장에서 솔로몬의 어머니가 어떻게 소개되고 있는지 아십니까? 우리야의 아내 밧세바라고 소개되어 있습니다. 예수님의 조상 가운데에 있는 다윗은 자기의 본처가 아니라 우리야의 아내 밧세바를 취해서 솔로몬을 낳았다고 마태복음 1장은 기록하고 있습니다. 이것이 인간이며 이러한 가운데에 일하시는 분이 하나님이신 것을 마태복음 1장은 우리에게 보여줍니다. 인간은 연약합니다. 인간은 넘어집니다. 그러나 하나님께서는 자신이 약속하신 것을 신실히 끝까지 지켜 가십니다. 그것이 우리야의 아내 밧세바에게서 솔로몬을 낳았다고 기록하는 마태의 의도입니다. 인간의 족보

---

25) D. G. Firth, *1 & 2 Samuel* (Nottingham: IVP, 2009), 430.

는 너저분하고 지저분합니다. 그러함에도 하나님께서 신실하셔서 인류 구원의 역사를 이루셨다는 것입니다. 이것이 하나님의 긍휼이며 이것이 하나님의 은혜라고 마태복음 1장은 우리에게 말하고 있습니다. 이런 문맥에서 사무엘하 12장은 다윗이 우리야의 아내를 취해서 살인과 간음죄를 지음으로 하나님께서 심판하시지만 긍휼도 베푸셔서 솔로몬을 주셨다는 말씀을 전하고 있습니다.

깨어 기도하는 하나님의 자녀들

오늘 말씀을 읽으면서 우리들이 생각할 수 있는 것이 있습니다. 무엇입니까? 우리는 다윗과 같이 은혜 받은 사람들이라는 점입니다. 사실 다윗보다도 더 많은 은혜와 복을 받은 사람들입니다. 예수 안에서 새로운 약속을 받고 하나님의 아들과 딸들이 되었기 때문입니다. 하나님 나라의 시민이 되었고 하나님의 새로운 이스라엘 백성들이 되었기 때문입니다. 하나님으로부터 우리가 받은 복이 다윗보다 못한 것이 무엇입니까? 이렇게 비교할 수 없는 은혜와 복을 받았습니다. 이전에 범죄 한 다윗처럼 우리는 죄인이었고 비천한 자였습니다. 그러나 하나님께서 아들 예수 그리스도 안에서 우리에게 은혜를 기꺼이 베푸셨고 복을 주셨습니다. 죄를 용서 받게 하셨고 저주와 죽음에서 구원받게 하셨습니다. 영광스러운 하나님의 자녀들이 되게 하셨습니다. 우리는 정말 큰 은혜와 복을 받은 자들입니다.

그렇다면 우리는 이제 어떻게 살아야 하겠습니까? 하나님 나라의 왕과 제사장적 권세를 부여 받은 하나님의 자녀들로서 어떻게 살아야 합니까? 범죄의 길로 달려갔던 다윗 왕처럼 하나님이 주신 그 권세를 가지고 자신의 사욕을 채우는 길로 가서는 안 됩니다. 예수를 통해 육신의 정욕에서 구원과 자유를 얻었으니 다시 육체의 욕심을 이루는 길로 가서는 안 됩니다(갈 5:13). 하나님의 영광스러운 자녀들로서 넘어지는 유혹의 길에 있지 않도록 주께서 말씀하신 것이 있습니다. 무엇입니까? "시험에 들지 않도록 깨어 기도하라"는 말씀입니다(마 26:41; 엡 6:18).

최소한 우리가 은혜 받은 하나님의 자녀들로서 죄악의 길을 가지 않으려면 주께서 말씀하신 것처럼 늘 깨어 자신을 돌아보고 기도하는 삶을 살아야 합니다. 그러한 삶은 혼자 있을 때에도 하나님을 업신여기지 않고 하나님의 말씀을 잊지 않는 것입니다. 다윗은 혼자 있을 때에 하나님을 업신여겼고 하나님의 말씀을 무시했습니다. 그래서 그는 넘어졌습니다. 우리는 혼자 있을 때가 많이 있습니다. 그때에도 하나님을 업신여기지 말아야 하며 하나님 앞에 서야 합니다. 여러분! 요셉을 기억하십시오. 요셉은 '하나님 앞에서' 살아감으로써 보디발의 아내의 유혹을 물리칠 수 있었습니다(창 39:9). 코람 데오(Coram Deo)의 신앙으로 하나님이 지켜보시는 앞에서 살아가며 하나님 말씀을 존중해야 합니다. 이것이 죄악의 길로 가지 않게 하시려는 하나님의 방법입니다. 깨어 기도하는 삶은 예배자의 삶을 의미합니다. 그것은 또한 하나님의 백성들과 함께 하는 삶을 의미합니다. 적어도 일상에서 예배하는 삶을 살며 하나님의 백성들과 정기적으로 교제할 때에는 유혹의 길로 달려가지 않을 줄 믿습니다. 예수 믿고 하나님을 예배하며 성도들과 교제하는 자들에게는 성령께서 함께 하시기 때문입니다. 함께하시는 성령을 존중하고 성령을 따라 우리가 행할 때 우리는 죄의 유혹을 이기고 날마다 승리할 수 있을 줄 믿습니다.

죄악에 걸려 넘어졌을 때에는

사랑하는 여러분! 혹 우리가 은혜 받은 자로 살면서도 넘어질 때가 있습니다. 의도치 않게 넘어지고 실패했을 때에는 어떻게 해야 합니까? 하나님이 주시는 징계를 잘 받아야 합니다. "죄악에 대한 징계 없이 해결되게 해주십시오! 회개하오니 아무것도 잃지 않고 잘 정리되게 해주십시오!" 이렇게 기도하지 마시고 우리가 마땅히 하나님의 징계를 받아야 하는 죄를 지었다면 징계를 받을 준비를 해야 합니다. 남을 죽이고 남의 아내와 간음했으면 그에 해당하는 하나님의 징계를 받을 자세가 되어 있어야 합니다. 자신은 남을 속여 손해를 끼쳐놓고 자신은 아무것도 잃지 않기를 바라는 것은 정당한 자세가 아닙니다. 하나님의 징계와 손해가 두렵다면 그러한 죄를 짓지 않아야 했을 것입니다. 하나님의 사랑과 은혜는 죄악도 무조건 덮어버리는 것을 의미하지 않습니다.

하나님은 사랑하는 자녀들이 죄악을 행하면 징계하시는 분입니다. 어떤 교인이 잘못된 길로 가고 있는데도 아무런 징계를 받지 않는 것은 그가 하나님의 친 자녀가 아닌 증거라고 히브리서는 말씀합니다(히 12:8). 그렇습니다! 죄악을 행해도 아무런 징계를 받지 않는 자녀는 버림받은 자입니다. 하나님의 자녀라면 그가 죄 가운데에 있을 때에 하나님은 징계하셔서 거룩함으로 돌아오게 하십니다. 그러므로 유혹으로 넘어졌을 때에는 징계를 잘 받을 뿐만 아니라 하나님의 긍휼을 기대하면서 진정한 회개로 나아와야 합니다. 그렇게 할 때에 하나님께서는 우리의 죄악으로 일어난 모든 문제들을 해결해 주십니다. 우리가 먼저 하나님과의 관계를 올바로 하려고 할 때에 용서와 관계 회복과 문제 해결의 길로 나가게 하십니다. 오늘 본문의 말씀을 통해서 하나님의 은혜를 받은 자로서 어떻게 살고 있는지 자신을 돌아보시기 바랍니다. 그리고 이 죄악의 음란한 세대에서 은혜 받은 자답게 성령을 따라 늘 깨어 기도하며, 성도들과 교제하는 예배자의 삶을 살아가십시다.

열왕기상 11장 1-13절
경고하시는 인애의 하나님

(1) 솔로몬 왕이 바로의 딸 외에 이방의 많은 여인을 사랑하였으니 곧
모압과 암몬과 에돔과 시돈과 헷 여인이라 (2) 여호와께서 일찍이 이
여러 백성에 대하여 이스라엘 자손에게 말씀하시기를 너희는 그들과 서
로 통혼하지 말며 그들도 너희와 서로 통혼하게 하지 말라 그들이 반드
시 너희의 마음을 돌려 그들의 신들을 따르게 하리라 하셨으나 솔로몬
이 그들을 사랑하였더라 (3) 왕은 후궁이 칠백 명이요 첩이 삼백 명이
라 그의 여인들이 왕의 마음을 돌아서게 하였더라 (4) 솔로몬의 나이가
많을 때에 그의 여인들이 그의 마음을 돌려 다른 신들을 따르게 하였으
므로 왕의 마음이 그의 아버지 다윗의 마음과 같지 아니하여 그의 하나
님 여호와 앞에 온전하지 못하였으니 (5) 이는 시돈 사람의 여신 아스
다롯을 따르고 암몬 사람의 가증한 밀곰을 따름이라 (6) 솔로몬이 여호
와의 눈앞에서 악을 행하여 그의 아버지 다윗이 여호와를 온전히 따름
같이 따르지 아니하고 (7) 모압의 가증한 그모스를 위하여 예루살렘 앞
산에 산당을 지었고 또 암몬 자손의 가증한 몰록을 위하여 그와 같이
하였으며 (8) 그가 또 그의 이방 여인들을 위하여 다 그와 같이 한지라
그들이 자기의 신들에게 분향하며 제사하였더라 (9) 솔로몬이 마음을
돌려 이스라엘의 하나님 여호와를 떠나므로 여호와께서 그에게 진노하
시니라 여호와께서 일찍이 두 번이나 그에게 나타나시고 (10) 이 일에
대하여 명령하사 다른 신을 따르지 말라 하셨으나 그가 여호와의 명령
을 지키지 않았으므로 (11) 여호와께서 솔로몬에게 말씀하시되 네게 이
러한 일이 있었고 또 네가 내 언약과 내가 네게 명령한 법도를 지키지
아니하였으니 내가 반드시 이 나라를 네게서 빼앗아 네 신하에게 주리
라 (12) 그러나 네 아버지 다윗을 위하여 네 세대에는 이 일을 행하지
아니하고 네 아들의 손에서 빼앗으려니와 (13) 오직 내가 이 나라를 다

빼앗지 아니하고 내 종 다윗과 내가 택한 예루살렘을 위하여 한 지파를 네 아들에게 주리라 하셨더라 [열왕기상 11장 1-13절]

솔로몬에 대한 하나님의 경고들

축구 경기에 옐로 카드가 있습니다. 선수가 경기 규칙을 심각하게 위반하거나 다른 선수에게 위협이 되는 플레이를 했을 경우 심판이 주는 강력한 경고입니다. 즉시 레드 카드를 주어 퇴장시키는 경우도 있지만 일반적으로 심판은 파울을 심하게 범한 선수에게 옐로 카드로 경고를 줍니다. 그 선수가 또다시 옐로 카드 받을 파울을 범하면 심판은 퇴장하게 합니다. 더 이상 그 경기에서 뛸 수 없게 만드는 것입니다. 우리가 살아가고 있는 인생살이에도 옐로 카드와 같은 경고가 있습니다. 그 경고는 우리 인생살이를 감찰하시는 하나님께로부터 옵니다.

오늘 말씀은 솔로몬 왕에 대한 말씀인데 이 솔로몬 왕은 여러분이 다 아는 것처럼 지혜의 왕으로 알려졌습니다. 뿐만 아니라 솔로몬은 이스라엘 백성들이 이집트에서 나온 이후로 480년 만에 화려하게 하나님의 성전을 건축한 왕이기도 합니다(왕상 6:1). 그러나 오늘 읽은 열왕기상 11장에의 말씀을 보면 뛰어난 지혜와 건축가로서의 솔로몬에 대한 모습은 전혀 없습니다. 오히려 그가 많은 이방의 여인들을 사랑했고 그 여인들 때문에 결국은 하나님을 떠나 배반했다고 말씀합니다.

위대한 왕 솔로몬이 어떻게 하나님을 저버리는 왕이 되었을까요? 그의 넘어짐은 하루아침에 갑자기 이루어진 일이 아니라고 열왕기 본문은 말씀합니다. 솔로몬이 넘어지기 전에 하나님께서는 그에게 이미 여러 번 경고하셨기 때문입니다. 그에게 옐로 카드를 내미신 것입니다. 11장 9절과 10절 말씀을 보십시오.

> 솔로몬이 마음을 돌려 이스라엘의 하나님 여호와를 떠나므로 여호와께서 그에게 진노하시니라. 여호와께서 일찍이 두 번이나 그에게 나타나시고 이 일에 대하여 명령하사 다른 신을 따르지 말라 하셨으나 그가 여호와의 명령을 지키지 않았으므로

하나님께서는 전에 솔로몬에게 옐로 카드를 두 번이나 주셨습니다. 두 번이나 그에게 나타나셔서 다른 신을 따르지 말라고 하셨으나 솔로몬은 끝내 여호와의 명령을 지키지 않았습니다. 하나님께서는 이렇게 솔로몬에게 직접적으로 경고하셨을 뿐 아니라 오래 전 모세를 통해서도 이런 일에 대해 이미 경고를 하셨습니다. 11장 2절 말씀을 보십시오.

> 여호와께서 일찍이 이 여러 백성에 대하여 이스라엘 자손에게 말씀하시기를 너희는 그들과 서로 통혼하지 말며 그들도 너희와 서로 통혼하게 하지 말라. 그들이 반드시 너희 마음을 돌려 그들의 신들을 따르게 하리라 하셨으나 솔로몬이 그들을 사랑하였더라.

하나님께서는 일찍이 출애굽 때부터 이방인과의 통혼에 대해 모세를 통해 이스라엘을 경고하셨습니다. 이것은 결국 솔로몬에게도 경고하신 것입니다. 약 500년 전 신명기 7장 1-4절에서 모세는 출애굽하여 가나안 땅에 들어가려는 이스라엘 백성들에게 하나님이 쫓아내려고 하는 이방 사람들과의 결혼을 금지시켰습니다. 이방여인들을 사랑하여 결혼하게 되면 그 여인들을 통해 그들의 우상을 섬기게 될 것을 경고하셨습니다. 오래 전에 주신 하나님의 경고의 말씀이지만 약속의 땅에서 살고 있는 솔로몬도 여전히 순종해야 하는 하나님의 경고였습니다.

솔로몬을 향한 하나님의 이와 같은 경고는 그의 아버지 다윗이 죽기 직전에 행한 유언을 통해서도 간접적으로 이루어졌습니다. 열왕기상 2장 2-4절을 보면 다윗은 "솔로몬아! 우리 왕조가 잘 되려면 네가 하나님을

잘 섬기고 오직 순종하는 왕으로 살아야 한다" 라고 유언하였습니다. 이렇게 하나님께서는 약 500년 전 모세를 통해 그리고 솔로몬이 사랑하는 아버지 다윗을 통해서도 솔로몬에게 순종에 대해 경고하셨습니다.

솔로몬에 대한 하나님의 직접적인 경고에 대해 11장 9절은 두 번 하셨다고 했는데 그 두 번은 언제를 말합니까? 그 첫 번째는 3장에 나타난 것처럼 기브온 산당에서 솔로몬이 하나님의 지혜를 구할 때에 꿈에 나타나셔서 지혜에 대한 약속과 함께 경고하신 것을 말합니다(3:14). 거기에서 하나님은 지혜와 부와 장수를 주시면서 그에게 오직 하나님 말씀을 순종함으로 통치해야 한다고 하셨습니다. 두 번째 경고는 솔로몬의 성전 봉헌 후에 하나님께서 기드온 산당에서와 같은 방식으로 꿈에 나타나셔서 솔로몬의 기도에 대한 응답 가운데 주신 것입니다. 9장 3-9절에서 하나님은 솔로몬 성전을 구별하시지만 하나님의 계명에 순종하고 다른 신을 섬기지 말 것을 강력하게 경고하셨습니다.

6장 11-13절은 두 번의 경고 외에 직접적인 하나님의 경고가 한 번 더 있었음을 알려줍니다. 이것은 솔로몬이 성전 외부를 완성하고 내부 공사에 들어가려는 전환점에서 솔로몬에게 주신 경고였습니다. 하나님의 말씀을 잘 지켜 행하면 다윗 왕조가 잘 되고 하나님께서 이스라엘 가운데 거하시고 버리지 않으신다는 말씀이었습니다. 이 말씀이 가장 축하할 만한 성전 건축 중에 주셨다는 것과 이스라엘을 버릴 수 있다는 내용을 가진 점에서 단순한 교훈이 아닌 하나님의 경고였습니다. 이 경고는 구체적으로 모세를 통해서 말씀하신 왕에 대한 규례와 계명을 포함하는 것이었습니다(신 17:14-20). 곧 이스라엘의 왕으로서 금과 왕비와 병마들을 많이 가지지 말고 하나님의 말씀을 늘 묵상하라는 말씀이었습니다.

열왕기를 읽어보면 솔로몬 이외에 어느 왕에게도 하나님께서 직접 나타나셔서 경고하신 경우는 없습니다. 오직 솔로몬에게만 하나님께서 직접 경고하셨습니다. 이것은 하나님께서 특별히 솔로몬을 사랑하셨기 때문입니다. 솔로몬은 솔로몬이라는 이름 외에 다른 이름도 가지고 있었습니다. "여디디야" 인데 '여호와의 사랑을 입은 자' 라는 의미입니다. 밧세바와 다윗의 간음과 살인을 통해서 태어난 아이는 죽이셨지만 그 후에 태어난 이 솔로몬에게는 사랑을 베푸셨습니다. 그를 사랑하기에 하나님께서는 여러 번 나타나셔서 솔로몬의 넘어짐에 대해서 경고의 말씀을 주셨던 것입니다. 그러나 솔로몬은 그런 하나님의 경고의 말씀을 잘 받아들이지 않았습니다. 그리고 오늘 11장의 말씀처럼 그는 결국 넘어졌습니다. 수많은 왕비들 곧 천 명에 이르는 아내들을 사랑하여 노년에 솔로몬은 아주 마음을 돌이켜 하나님을 떠나고 배반했습니다.

하나님 보다 자신의 지혜를 더 사랑한 솔로몬

오늘 말씀은 솔로몬이 노년에 잠깐 실수해서 하나님을 배반했다는 말씀을 하고 있는 것이 아닙니다. 오히려 하나님께서 노년이 되기 전인 통치 초기부터 계속하여 직접적으로 경고를 하셨는데도 불구하고 솔로몬이 그 경고를 심각하게 받아들이지 않음으로써 넘어졌다는 말씀을 하시는 것입니다. 더 나아가 솔로몬 왕 이야기를 통해서 이스라엘 백성 전체에 대한 이야기도 하시는 것입니다. 솔로몬과 같이 직접적인 것은 아니었지만 하나님께서는 그의 선지자들을 통해서 수 없이 이스라엘과 유다에게 경고를 주었음에도 불구하고 그들이 이 경고를 무시하다가 멸망했다는 것을 말씀하십니다. 그들이 현재 젖과 꿀이 흐르는 가나안 땅에서 왜 살지 못하고 있는 지를 말씀하십니다.

솔로몬은 왜 하나님의 경고를 무시했을까요? 한편으로 솔로몬은 하나님을 사랑한 왕이었습니다. 열왕기상 3장 3절은 '솔로몬이 여호와를 사랑했다' 고 기록되어 있습니다. 그러나 솔로몬에게는 하나님과 함께 사랑한 것이 또 있었습니다. 그것은 자기 자신의 지혜였습니다. 자기 스스로 안전을 확보하고 자신의 왕권을 더 굳건하게 할 수 있는 인간적 지혜를 사랑했습니다. 하나님을 사랑할 뿐 아니라 자기의 왕권을 확고히 해 보려는 인간적인 노력과 지혜도 사랑했기에 하나님께서는 이것에 대해 경고하셨습니다. 한 사람이 두 주인을 섬기지 못하는 것처럼 하나님과 자기 지혜를 겸하여 사랑할 수 없기 때문입니다(마 6:24). 솔로몬의 인간적 지혜에 대해 하나님은 경고하셨지만 솔로몬은 이것을 무시하고 자신의 안전을 확보하기 위해 왕위계승 서열에서 앞선 형 아도니야를 제거했습니다(2:25).[26] 자신의 즉위에 반대한 적들을 다 숙청하고 내부적인 왕권을 확고하게 했습니다(2:26-46). 그러나 솔로몬은 자기의 왕국 밖에 있는 외부적인 세력에 대해서도 불안을 가졌습니다. 당시의 강대국 이집트로부터 자신의 왕국을 보호하기 위해 이집트의 공주와 결혼하였습니다(3:1). 이집트뿐만 아니라 주변에 있는 모압과 암몬, 시돈과 작은 나라들의 공주들과도 결혼을 했습니다(11:1). 이런 방식의 국제적인 결혼을 통해 외부적으로 자신의 왕권을 강화하려는 솔로몬의 인간적 지혜는 하나님에 의해서 경고를 받았지만 솔로몬은 자신의 인간적 지혜를 포기하지 않았습니다.

어떤 면에서 솔로몬은 핸디캡이 있는 사람이기도 했습니다. 그는 아버지 다윗 왕의 후계자가 되는 서열에 있어서 형 아도니아에게 밀리는 왕자였습니다. 왕위 계승 서열에서 밀렸던 그가 왕권을 확고하기 위해서는 정적들을 죽여야 했을 것입니다. 그는 성전을 건축할 뿐 아니라 수많은 건축 사업을 벌이기도 했습니다. 뭔가를 돋보이고 싶었던 것입니다. 이런 솔로몬의 모습들이 결국은 하나님의 경고들을 무시하게 했습니다. 솔로몬이 인간적 지혜 사랑이라는 시한폭탄을 품에 안고 지낼 때 하나님께서는 그 시한폭탄이 폭발할 것을 알리시고 경고하셨지만 그는 이것을 무시한 것입니다. 그래서 그는 하나님의 경고를 무시하다가 결국 하나님

---

26) 강정주, 『열왕기 어떻게 읽을 것인가』(용인: 킹덤북스, 2013), 71.

을 져버린 왕이 된 것입니다. 결과적으로 솔로몬은 새로운 정적들에게 환난을 당하고 이스라엘 나라의 분열을 가져오게 했습니다(11:11-40). 물론 이런 심판 가운데서도 하나님께서는 다윗과의 언약 때문에 솔로몬에게 자비와 긍휼을 베푸셨습니다. 그의 시대에는 나라를 빼앗지 않으시며(11:12, 34) 나라를 빼앗아도 한 지파는 남겨주셨고(11:13, 32, 36) 북 이스라엘로 인해 다윗의 자손을 영원히 괴롭게 하지는 않으셨습니다(11:39). 공의로 징계하시지만 다윗에게 하신 약속은 꼭 지키시는 하나님이십니다.

세상과 예수 믿는 성도들에게도 경고하시는 하나님

사랑하는 여러분! 하나님께서는 솔로몬을 사랑하셨고 그의 넘어짐을 원하지 않으셨기에 그에게 경고하셨습니다. 하나님께서는 이 세상의 사람들을 사랑하시고 멸망하기를 원하지 않으십니다(요 3:16). 그래서 이 세상 사람들에게도 그리스도인들을 통해 경고하십니다. 어떠한 경고를 하십니까? 한 번 죽는 것은 사람에게 정한 것이요 그 후에는 심판이 있다고 경고하십니다(히 9:27). 죽은 후에는 더 이상 하나님의 은혜를 받을 기회가 없다는 것입니다. 철저히 하나님의 은혜로부터 배제된 끔찍한 세상에서 살 것을 말씀합니다. 우리는 이 땅에서도 하나님 없는 세상이 어떠한지를 알고 있습니다. 사단의 지배아래 일어나는 세상의 악과 불의와 살인은 하나님 없는 지옥을 부분적으로 보여줍니다. 하나님께서는 이 세상에 있는 인류를 사랑하시기에 하나님 없는 끔찍한 세상에서 영원히 살지 않도록 경고하시는 것입니다. 우리 교회와 그리스도인들을 통해서 말씀으로 경고하십니다.

하나님께서는 세상을 경고하실 뿐만 아니라 교회의 성도들도 타락하여 구원에서 멀어지지 않도록 경고하십니다. 예수를 믿는 성도들을 솔로몬보다 더 사랑하시고 넘어짐을 원하지 않으시기에 잘못된 것을 사랑하면 경고하십니다. 고린도전서 10장에는 고린도교회 성도들을 경고하시는 말씀이 있습니다. 고린도 교회 성도들에게 바울 사도는 "선 줄로 생각하는 자는 넘어질까 조심하라"고 경고하십니다(10:12). 갈라디아 교회의 성도들에게는 '육체의 일 곧 음행과 분쟁과 분열과 투기와 술 취함과 방탕함'에 대해 경고하십니다(5:19-21). 교인이면서도 이런 일을 행하는 자들은 하나님의 나라를 유업으로 받지 못할 것이라고 경고하신 것입니다. 이런 경고들은 전혀 믿음이 없던 사람들에게 하신 것이 아닙니다. 성령을 받고 신앙생활 했던 고린도 교회와 갈라디아 교회 성도들에게 하신 말씀입니다. 하나님의 경계와 경고를 무시하면 결국 하나님 나라를 유업으로 받지 못한다는 말씀을 하신 것입니다.

히브리서에도 이런 경고의 말씀이 있습니다. "하나님의 선한 말씀과 내세의 능력을 맛보고도 타락한 자들은 다시 새롭게 하여 회개하게 할 수 없나니 이는 그들이 하나님의 아들을 다시 십자가에 못 박아 드러내 놓고 욕되게 함이라. 땅이 ~ 만일 가시와 엉겅퀴를 내면 버림을 당하고 저주함에 가까워 그 마지막은 불사름이 되리라"(6:5-8). 이 말씀은 히브리서를 들었던 성도들 곧 이미 선한 말씀과 내세의 능력을 맛본 자들에게 하신 경고입니다. 예수 믿어 하나님 나라의 능력을 경험하고, 복음의 진수를 맛보아, 이렇게 사는 것이 좋구나 하는 것을 알면서도 타락한 자들에게는 저주가 있으며 하나님의 심판이 있다는 것을 분명히 선언하고 있습니다. 하나님께서는 이렇게 성령과 말씀을 통해 직접 세상 사람들과 성도들을 경고하실 뿐만 아니라 다윗을 통해 솔로몬을 경고하신 것처럼 믿음의 사람들과 교회를 통해 세상 사람들과 신자들에게 경고하십니다.

그러므로 우리는 때때로 교회 안에서 성령의 말씀과 믿음의 사람들을 통해 우리가 넘어질 수 있는 연약한 부분들에 대해 하나님의 경고를 듣게 됩니다. 사랑하는 여러분! 하나님께서 여러분에게 혹 경고하시는 것이 있습니까? 여러 환경과 말씀과 교인들과의 교제 가운데 혹 하나님께서 여러분에게 찔림을 주시는 것들이 있습니다. 혹 하나님과 사람들에게 너무 인색하거나 이기적으로 살지 말라고 경고하십니까? 너무 하나님 말씀에 무관심하다고 하십니까? 교회에 대해 너무 비협조적이라고 말씀하시지는 않습니까? 너무 바빠서 기도와 예배 생활을 하지 않고 자신의 관심과 즐거움으로만 달려간다고 하시지는 않습니까? 저는 목회자로서 개인적으로 더 많이 기도하라는 경고를 받기도 합니다. 또한 입만 살아서 다른 사람들에게 이렇게 살아라! 저렇게 살아라! 설교하지 말고 네가 성경대로 잘 살아야 한다는 경고를 듣기도 합니다. 사회적 불의와 지역의 빈곤과 힘듦에 대하여 신음만 하고 있어서는 안 된다는 말씀들을 듣기도 합니다.

하나님께서는 여러분들을 사랑하시기 때문에 예배 드리는 이 시간에도 경고의 말씀을 주실 수 있습니다. 혹 내가 하나님의 비전에는 아무런 상관도 없이 나 중심적으로 살아가고 있다면, 하나님이 그것에 대해 경고하실 수 있습니다. 하나님의 비전에 계속적으로 무관심하게 살다 보면 자기 길로 가게 되며 솔로몬과 같이 넘어질 것을 아시기에 경고하십니다. 하나님께서 여러분에게 어떤 경고를 하시든 그 경고의 말씀에 우리가 귀 기울여야 한다는 것이 오늘 솔로몬과 관련하여 주시는 말씀의 요지입니다.

신실하신 하나님의 경고를 잘 듣고 돌이키는 지혜

우리가 하나님의 경고에 귀를 기울이며 돌이켜야 한다면 그 돌이킬 수 있는 좋은 방법은 무엇일까요? 솔로몬은 실패했지만 우리는 하나님의 경고를 듣고 넘어지지 않을 수 있는 지름길이 있을까요? 그것은 먼저 우리가 우리 안에서 하나님의 경고를 못 듣게 하는 장애물들을 제거하는데 있습니다. 솔로몬에게 있었던 장애물은 자기 지혜였습니다. 자기 확신과 똑똑함이었습니다. 솔로몬은 정적들에 대한 숙청과 정치적인 결혼을 통해서 자신의 안전을 확보할 수 있다는 자기 확신과 인간적 지혜로 교만하여 하나님의 경고에 무감각하였습니다. 하나님 대신 자신이 확신하고 있는 것들을 내려놓을 때에 우리는 하나님의 경고를 들을 수 있습니다. 여러분들도 경험하셨을 것입니다. 때로 우리가 무엇을 찾고 있는데 다른 무언가에 계속 집중하고 있으면 바로 옆에 있는데도 그 옆에 있는 것을 발견하지 못하는 것 말입니다. 하나님이 아닌 다른 것에 집중하고 있으면 우리는 하나님의 경고를 들을 수 없습니다. 내가 신뢰하고 집착하고 있는 것들을 내려놓아야 합니다.

요한계시록에서 언급되는 라오디게아 교회의 교인들을 아시지요? 그들은 차지도 덥지도 않아서 너무 미지근한 신앙 때문에 주님께서 그들을 내쳐버리겠다고 경고하셨던 교인들이었습니다. 그 교인들이 상투적으로 하는 말들이 있었습니다. 나는 부자다. 천국은 내 것이다. 그러나 예수님께서는 그들을 향해서 너희가 얼마나 헐벗은 자들인지를 모르느냐, 제발 안약사서 바르고 너희 눈들로 너희의 부끄러움들을 좀 보라고 경고하셨습니다. 그러나 그들은 자기중심적 신앙으로 예수님의 경고의 말씀을 들을 수 없었습니다. 구원은 은혜로 받는 것이지 거룩한 헌신과 행위로 받는 것이 아닙니다. 내가 아무리 힘쓴다고 구원 받는 것이 아닙니다. 맞습니다. 그러나 그것은 50%만 맞습니다. 그 하나님의 구원의 은혜는 구원 받은 자의 거룩한 헌신과 행위로 연결되게 하는 은혜입니다. 내가 어떻게 신앙생활을 하든, 일단 내가 교회를 다니고 예수를 믿게 되었으니 하나님께서 나를 끝까지 책임지신다고 생각할 수도 있습니다.

이렇게 막연하고 무책임하게 성도의 견인과 예정에 대한 교리를 믿는 것은 안일함이며 거짓된 것이니 속지 말아야 합니다. 하나님께서는 이미 사랑하셔서 부르시고 경고하시지만, 또한 끝까지 포기하지 않으시고 기다리시지만 끝까지 돌이키지 않는다면 그는 하나님 나라를 유업으로 받을 수 없습니다. 하나님께서는 교회와 하나님 백성의 구원에 대한 약속은 신실하게 계속하여 진행하시고 완성하시지만 끝까지 돌이키지 않는 자는 결국 쫓겨나 사탄에게 속하는 것입니다(고전 5:5). 우리는 신앙생활을 하면서 하나님 앞에 잘 살고 있는가에 대한 문제의식을 갖지 않고 그대로 살아간다면 하나님이 주시는 경고의 음성을 잘 들을 수 없습니다. 늘 자신의 신앙을 돌아보고 하나님의 경고의 소리를 듣기 위해서도 자신의 생각과 자신의 계획들을 내려놓아야 합니다.

다음으로 우리는 자신을 하나님의 경고의 말씀을 들을 수 있는 환경에 노출해야 합니다. 하나님의 경고를 들을 수 있는 환경이 뭡니까? 예배의 환경입니다. 예배를 통해서 우리는 하나님의 들려주시는 말씀을 들을 수 있습니다. 성령의 음성을 들을 수 있습니다. 성도의 교제를 통해서, 큐티의 교제든, 식사의 교제든, 교제 가운데 교인을 통해 말씀하는 하나님의 경고를 인식할 수 있습니다. 하나님께서는 꼭 솔로몬과 같이 우리에게 직접 말씀하시는 것은 아닙니다. 다윗과 선지자들을 통해 말씀하셨던 것처럼 하나님께서는 목회자를 통해서도 말씀해 주십니다. 내가 듣기 싫은 말씀이라 할지라도 목회자와 교우들을 통해 말씀하시고 경고하십니다. 그들의 삶과 말로써 경고하십니다. 이렇게 하나님의 경고들을 들을 수 있는 환경으로 자신을 나아가게 해야 합니다. 자기중심으로 살면서 하나님의 경고를 들을 수 있는 환경에도 자기를 두지 않으면 그는 망하는 자기의 길로 계속 가는 것입니다.

마지막으로 우리는 경고를 무시했을 때에 다가오는 결과를 인식해야 합니다. 하나님의 경고를 무시하면 어떻게 되는 것입니까? 경고를 무시했을 때도 오늘 말씀처럼 하나님은 포기하지 않으시고 돌아올 기회를 주시면서 기다리십니다. 하나님께서 징계하실 때 우리의 유익과 사랑하심 때문 인줄 알고 참고 잘 복종해야 합니다(히 12:3-11). 솔로몬과 이스라엘이 배교하여 하나님께서 심판하셨지만 하나님께서는 신실하게 사랑하시고 인류 구원의 약속을 포기하지 않으셨습니다. 다윗 언약의 성취로 예수님을 보내시고 구원을 신실하게 완성해 가십니다(마 1:1-16; 21:1-11;

22:41-46). 그러나 이런 하나님의 경고를 끝까지 무시하면 구원 받을 수 없습니다(히 12:14-29). 돌이키지 않으면 구원 받을 수 없기 때문에 하나님께서 옐로 카드를 주시는 것입니다. 하나님으로부터 옐로 카드를 받을 때 고민할 수 있는 자라면 소망이 있는 사람입니다. 이렇게 살면 안 되는데! 새해에는 이렇게 살아야 되는데! 하나님께서 나에게 이런 말씀으로 경고하시는구나! 이 부분을 고치고 돌이켜야 되겠다! 이렇게 인식할 수 있다는 것은 그가 하나님의 백성이며 구원 받은 사람이라는 증거입니다. 하나님의 경고에 대해 갈등하고 부담을 느낄 수 있다면 그 안에 생명이 있다는 증거입니다. 그런데 하나님의 경고에 대해 아무런 감각도, 문제의식도 없이 계속하여 예전과 똑같이 살아간다면 그는 하나님께서 버린 사람입니다.

사랑하는 여러분, 하나님께서는 사랑하시는 자에게 경고하십니다. 멸망하지 않고 다 회개하기를 이르기를 원하시는 사랑의 하나님이기에 옐로 카드를 드십니다(벧후 3:9). 하나님이 사랑해서 오래 참으시고 경고하시는 것입니다. 이런 경고의 목소리가 여러분의 마음에, 신앙 양심에 들려올 때에는 고민하십시오. 갈등하십시오. 힘들어 하십시오. 그리고 그렇게 힘들어지고 고민될 때에는 성령의 도움을 구하십시오. 변화되기 원한다고 기도하십시오. 돌이키기 원한다고 간구하십시오. 돌아보면서 버리라고 말씀하신 것들을 버리십시오. 열심을 내라 하시면 열심을 내십시오. 이렇게 돌이키는 자들과 교회들을 하나님께서 기뻐하시고 예수를 닮은 하나님 나라의 아름다운 백성들로 창조해 가실 줄 믿습니다.

열왕기하 6장 8-23절
눈을 열어 보게 하소서

(8) 그 때에 아람 왕이 이스라엘과 더불어 싸우며 그의 신복들과 의논하여 이르기를 우리가 아무데 아무데 진을 치리라 하였더니 (9) 하나님의 사람이 이스라엘 왕에게 보내 이르되 왕은 삼가 아무 곳으로 지나가지 마소서 아람 사람이 그 곳으로 나오나이다 하는지라 (10) 이스라엘 왕이 하나님의 사람이 자기에게 말하여 경계한 곳으로 사람을 보내 방비하기가 한두 번이 아닌지라 (11) 이러므로 아람 왕의 마음이 불안하여 그 신복들을 불러 이르되 우리 중에 누가 이스라엘 왕과 내통하는 것을 내게 말하지 아니하느냐 하니 (12) 그 신복 중의 한 사람이 이르되 우리 주 왕이여 아니로소이다 오직 이스라엘 선지자 엘리사가 왕이 침실에서 하신 말씀을 이스라엘의 왕에게 고하나이다 하는지라 (13) 왕이 이르되 너희는 가서 엘리사가 어디 있나 보라 내가 사람을 보내어 그를 잡으리라 왕에게 아뢰어 이르되 보라 그가 도단에 있도다 하나이다 (14) 왕이 이에 말과 병거와 많은 군사를 보내매 그들이 밤에 가서 그 성읍을 에워쌌더라 (15) 하나님의 사람의 사환이 일찍이 일어나서 나가보니 군사와 말과 병거가 성읍을 에워쌌는지라 그의 사환이 엘리사에게 말하되 아아, 내 주여 우리가 어찌하리이까 하니 (16) 대답하되 두려워하지 말라 우리와 함께 한 자가 그들과 함께 한 자보다 많으니라 하고 (17) 기도하여 이르되 여호와여 원하건대 그의 눈을 열어서 보게 하옵소서 하니 여호와께서 그 청년의 눈을 여시매 그가 보니 불말과 불병거가 산에 가득하여 엘리사를 둘렀더라 (18) 아람 사람이 엘리사에게 내려오매 엘리사가 여호와께 기도하여 이르되 원하건대 저 무리의 눈을 어둡게 하옵소서 하매 엘리사의 말대로 그들의 눈을 어둡게 하신지라 (19) 엘리사가 그들에게 이르되 이는 그 길이 아니요 이는 그 성읍도 아니니 나를 따라 오라 내가 너희를 인도하여 너희가 찾는 사람에게로

> 나아가리라 하고 그들을 인도하여 사마리아에 이르니라 (20) 사마리아
> 에 들어갈 때에 엘리사가 이르되 여호와여 이 무리의 눈을 열어서 보게
> 하옵소서 하니 여호와께서 그들의 눈을 여시매 그들이 보니 자기들이
> 사마리아 가운데에 있더라 (21) 이스라엘 왕이 그들을 보고 엘리사에게
> 이르되 내 아버지여 내가 치리이까 내가 치리이까 하니 (22) 대답하되
> 치지 마소서 칼과 활로 사로잡은 자인들 어찌 치리이까 떡과 물을 그들
> 앞에 두어 먹고 마시게 하고 그들의 주인에게로 돌려보내소서 하는지라
> (23) 왕이 위하여 음식을 많이 베풀고 그들이 먹고 마시매 놓아보내니
> 그들이 그들의 주인에게로 돌아가니라 이로부터 아람 군사의 부대가 다
> 시는 이스라엘 땅에 들어오지 못하니라 [열왕기하 6장 8-23절]

이스라엘을 도우신 하나님

오늘 말씀에 나오는 엘리사 선지자는 예수님이 오시기 전 약 800년 전에 북이스라엘에서 활동했던 선지자입니다. 엘리사 선지자가 활동했던 시대의 북이스라엘 왕은 실명이 오늘 말씀에는 언급되고 있지 않지만 조금 앞장으로 가서 열왕기하 3장을 보면 그가 여호람(요람)이고 아합 왕의 두 번째 아들임을 알 수 있습니다(3:1; 8:16 참고). 열왕기 저자가 이 왕의 실명을 언급하지 않는 것은 그의 통치가 그렇게 만족스럽지 못하고 하나님 보시기에 악한 왕이기 때문입니다(3:2-3). 그래서 실명 없이 그냥 "이스라엘 왕"으로 언급하고 있는 것들을 우리는 9절 이하 본문에서 볼 수 있습니다.

이 악한 왕 여호람을 마지막으로 이제 아합의 왕조는 끝이 나고 이후에는 예후의 왕조가 새롭게 시작이 됩니다. 이러한 아합 왕조의 말기 시대에 열왕기하 6장 8절 이하를 보면 아람 왕이 이스라엘 왕을 죽이려하고 또 게릴라 전법으로 이스라엘을 괴롭게 하기도 했습니다. 아람은 지금의 나라로 말하면 내전이 있는 시리아를 의미합니다. 북이스라엘의 북

쪽으로 좀 더 올라가면 다마스카스를 수도로 하고 있는 나라가 아람입니다. 이 아람나라의 왕이 이스라엘 왕을 죽이거나 싸우려고 자신의 군사들을 중요한 지역에 배치하는 시도를 여러 번 하였습니다. 그러나 그때마다 엘리사 선지자가 이스라엘 왕에게 아람군대가 잠복해있는 장소들을 알려줌으로써 그 작전들은 성공할 수 없었습니다. 비록 이스라엘 왕이 악할지라도 하나님께서는 엘리사 선지자를 통해 미리 위험을 알려주어 돕게 하신 것입니다.

비밀 작전으로 공격하려고 했지만 번번이 실패한 아람 왕은 자신의 신하들 중에 스파이가 있다고 생각하고 자기 신하들을 의심하게 되었습니다. 그러나 그의 신하들 중 한 사람이 말합니다. 우리 중에 스파이가 있어서가 아니라 북이스라엘에는 엘리사라는 선지자가 있어서 얼마나 신통한지 왕이 침실에서 하는 말까지도 알기 때문에 왕의 전술이 실패했다고 보고합니다. 이러한 가운데 아람 왕이 자신의 군사들을 북이스라엘에 파견합니다. 도단이라고 하는 곳에 머무르고 있는 엘리사를 잡아오도록 군대를 보낸 것입니다. 밤에 그들은 엘리사를 잡으려고 그 성읍을 에워쌌습니다.

그러한 가운데 엘리사를 섬기는 젊은 종이 아침에 일찍 일어나 보니 주변의 상황이 예전과 다른 것을 인식하게 되었습니다. 아람의 군사들이 온 성읍을 둘러싼 것을 알게 된 것입니다. 이 종이 엘리사 선지자에게 가서 큰일 났다고 말합니다. 엘리사 선지자를 잡으려고 아람 군사들이 온 성읍을 포위했다고 말합니다. 이렇게 두려움에 떨고 있는 종에게 엘리사선지자가 대답합니다. 16절 말씀을 보면 "두려워하지 말라. 우리와 함께 한 자가 그들과 함께한 자보다 많으니라". 이렇게 말한 후에 엘리사 선지자는 그 종을 위해 기도합니다. "여호와여 원하건 데 그의 눈을 열어서 보게 하옵소서"(6:17). 엘리사의 기도를 들으신 여호와께서 그 종의 눈을 여셨습니다. 그 종에게 아람의 군대도 있지만 엘리사 주변 산에는 '하나님의 불말과 불병거'가 가득하여 엘리사를 보호하고 있음을 보게 하셨습니다. 하나님의 불말과 불병거는 엘리야 선지자에게도 나타난 것인데(2:11) 하나님의 군대를 의미하며 하나님의 함께 하심과 보호를 보여줍니다. 하나님께서 엘리사의 종에게 하나님의 보호와 함께 하심을 보게 하신 것입니다.

우리의 눈을 열어주시는 하나님

이런 후에 오늘 말씀은 엘리사가 또 기도하는 것을 보여줍니다. "하나님, 나를 잡으러 온 저 시리아 군사들의 눈이 어둡게 해주십시오."(6:18) 그래서 그들의 눈이 어두워지고 엘리사의 말을 들을 수밖에 없게 됩니다. 엘리사가 그들에게 말합니다. "당신들이 잡으려고 하는 자는 여기에 있지 않고 다른 데에 있으니 나를 따라오시오." 이렇게 하여 그들을 사마리아로 인도합니다. 사마리아는 북이스라엘의 수도입니다. 그러므로 이 시리아 군대는 적인 이스라엘의 가장 깊숙한 곳에 들어온 것입니다. 엘리사가 다시 기도합니다. "하나님, 저들의 눈을 열어서 보게 하여 주옵소서." 그들의 눈이 밝아져 보게 되었습니다. 그들이 온 곳은 엘리사를 잡으러 온 도단이 아니라 이스라엘의 수도인 사마리아였고 그들은 이미 적의 포로가 되었음을 알게 되었습니다. 이스라엘 왕은 그 포로들을 죽이려고 했지만 엘리사는 그냥 빵과 물을 주어 먹게 하고 돌아가게 합니다. 이후로 시리아의 군대는 엘리사 때문에 다시는 이스라엘 땅에 쳐들어오지 못했다는 말씀으로 오늘 말씀은 마치고 있습니다.

오늘 말씀을 보면 능력 있는 엘리사와 대조되고 있는 두 사람이 있습니다. 이스라엘 왕과 엘리사 선지자의 젊은 종입니다. 이스라엘 왕은 왕이지만 이방 나라의 위협 앞에서 무엇 하나 손 쓸 수 없는 무기력한 왕입니다. 엘리사의 종은 현실만을 보면서 두려워하는 청년입니다. 반면에 엘리사는 하나님의 능력으로 아람과의 전쟁에서 이스라엘을 구하고 두려워하는 종에게는 보호하시는 하나님의 임재를 보게 한 선지자입니다. 이런 인물들의 대조를 통해서 오늘 말씀은 하나님만이 하나님 백성의 삶을 보호하시고 주관하신다는 것을 가르쳐 주십니다. 사람이 때로 현실을 쳐다보고 두려워할 때에도 하나님은 함께 하시며 보호하신다는 것을 말씀합니다. 우리 눈을 열어 이것을 보게 하시는 하나님을 드러냅니다. 망해가는 아합 왕조의 악함에도 불구하고 하나님께서 그들의 도움이 되셨고 함께 하셨음을 보게 하십니다.

사실 열왕기서의 말씀은 이미 망해서 바벨론에 포로로 끌려가 있는 하나님 백성들을 향하고 있습니다.[27] 이방의 땅에 포로로 끌려왔기에 하나님을 예배할 수 없고 오직 노동만 해야 하는 어려운 처지에 있는 백성들에게 들려진 말씀이 열왕기서이고 오늘의 말씀입니다. 그들에게 있어서 오늘 말씀은 무엇을 의미하겠습니까? 현실은 어렵고 힘들어도 포로로 끌려온 백성들에게 하나님께서 함께 하시고 도와주심을 알게 하십니다. 그들의 하나님이 그들을 끌고 온 이방의 왕과 백성들보다 강하고 크시다는 것을 알게 하시고 눈을 열어 보게 하십니다. "두려워하지 말라. 우리와 함께 한 자가 그들과 함께 한 자보다 많으니라"라고 하나님께서 포로기 백성들에게 말씀하십니다.

여기 예수 믿는 우리 성도들도 어떤 현실에 있든지 하나님께서 함께 하시며 강하신 능력으로 도와주신다는 것을 눈을 열어 보게 되시기를 주님의 이름으로 축원합니다. 여러분은 롯과 아브라함의 이야기를 아실 것입니다. 롯과 아브라함이 너무 재산이 많아서 종들끼리 서로 재산 싸움을 하니까 아브라함이 롯에게 어디든 원하는 곳으로 가라고 말을 합니다(창 13:1-9). 롯이 소돔과 고모라 땅을 바라봅니다. 물이 넉넉하여 롯이 보기에 여호와의 동산과 같고 애굽의 땅과 같이 기름진 땅으로 보였습니

27) 강정주, 『열왕기 어떻게 읽을 것인가』(용인: 킹덤북스, 2013), 19, 35-57.

다. 그래서 롯은 그 땅으로 이주했습니다. 소돔과 고모라는 부패하여 하나님께서 멸망시키려고 하시는 땅이었습니다. 그러나 롯은 이것을 알지 못하고 겉으로 드러난 것만 바라보고 멸망의 땅으로 이주했습니다. 반면에 하나님께서는 아브라함에게 동서남북에 있는 약속의 땅을 바라보게 하셨습니다(창 13:14-17). 아브라함의 눈을 열어 셀 수 없는 그의 자손들이 받게 될 땅을 바라보게 하신 것입니다.

믿음으로 하나님 나라를 보는 눈

우리 예수님께서도 눈의 중요성을 말씀하시면서 눈이 좋아야 한다고 말씀하신 적이 있는데 마태복음 6장 22-23절에 보면 이런 말씀이 있습니다.

> 눈은 몸의 등불이니 그러므로 네 눈이 성하면 온 몸이 밝을 것이요 눈이 나쁘면 온 몸이 어두울 것이니 그러므로 네게 있는 빛이 어두우면 그 어둠이 얼마나 더하겠느냐?

눈이 좋아야 한다는 말씀은 돈에 대한 말씀을 하시면서 그 사이에 하신 말씀입니다. 그러니까 단순히 눈이 좋아야 한다는 말씀을 하신 것이 아니라 네 눈을 어디에 두어야 하느냐? 돈과 먹고 마시고 입고 교육하는 문제에만 집중하지 말고 하나님과 그의 나라에 마음을 두고 주목해야 한다는 말씀을 하셨습니다. 마음이 갈리거나 나누이지 말고 하나님과 돈을 동시에 섬길 수 없으니 네 눈이 집중하여 바라봐야 하는 것은 돈 보다도 하나님이요 하나님의 세상이라고 하신 것입니다. 예수님께서는 우리가 인생살이의 어려움 가운데서도 올바로 눈을 떠서 좋은 시력으로 하나님 나라의 실재를 경험하여 보고 완성될 그 나라를 사모하여 살기를 원하신 것입니다.

에베소서 1장 18-19절을 보면 사도 바울께서도 이런 말씀을 하십니다.

> 너희 마음의 눈을 밝히사 그의 부르심의 소망이 무엇이며 성도 안에서 그 기업의 영광의 풍성함이 무엇이며 그의 힘의 위력으로 역사하심을 따라 믿는 우리에게 베푸신 능력의 지극히 크심이 어떠한 것을 너희로 알게 하시기를 구하노라

사도 바울은 에베소 교회 성도들의 마음의 눈을 밝혀달라고 하나님께 간구합니다. 마음의 눈이 밝아져서 에베소 교회 성도들을 부르신 하나님의 소망이 무엇인지, 하나님이 주시고자 하는 그 영광의 유산이 무엇인지, 에베소 성도들에게 베푸신 그 능력이 얼마나 큰지를 볼 수 있는 눈이 되도록 눈을 열어달라고 기도한 것입니다. 성도 여러분! 하나님께서는 여러분에게 주신 소망과 하늘의 유업과 능력을 여러분이 알기를 원하십니다.

특별히 하나님께서 우리 성도들의 눈을 열어 보게 하시는 것은 교회에 대한 비전입니다. 주 예수의 교회가 얼마나 아름다운지, 함께 예배하는 우리가 얼마나 소중한 하나님의 가족들인지를 눈을 떠서 볼 수 있기를 원하십니다. 교회를 통해 이 세상을 아름다운 하나님의 나라로 변화시키시는 하나님의 비전과 역사를 보기 원하십니다. 단순히 우리에게 이것을 보게만 하시는 것이 아니라 하나님의 함께 하심과 도우심과 그 능력도 맛보기를 원하십니다. 여러분에게 이런 은혜가 있어 하나님의 비전을 밝히 보고 그 비전이 이루어지는 하나님의 역사에 적극 참여하며 살아가기를 기원합니다.

믿음의 눈을 가리는 것들

사랑하는 성도 여러분! 하나님께서는 이런 것들을 보기를 원하시지만 이런 하나님의 비전과 역사를 보지 못하게 하는 방해물들이 있습니다. 무엇이 우리로 하나님이 보기 원하는 것을 보지 못하게 합니까? 우리가 직면하고 있는 우리의 현실들과 겉모습들입니다. 2007년에 워싱턴포스트

지가 이런 실험을 했다고 합니다. 세계적인 바이올리니스트 조슈아 벨을 허름한 청바지를 입혀서 야구 모자를 쓰게 하고 350만 달러짜리 수제로 만든 스트라디바리우스라는 악기를 가지고 연주를 하게 했다고 합니다. 모금을 하기 위해서 거리에서 연주를 하게 했는데 모금액은 32달러였다고 합니다. 뛰어난 세계적 바이올리니스트가 엄청난 악기를 가지고 연주했지만 겨우 32달러를 모금했다는 사실은 이 시대가 얼마나 겉모습에 취해 있는가를 잘 보여줍니다.[28)]

여러분이 다 아시는 것처럼 이 시대는 명품을 선호하는 시대 아닙니까? 정말 짝퉁이라도 명품을 걸치고 싶은 시대의 사람들은 겉모습을 보려고 합니다. 사람의 배경과 그 사람이 가진 어떠한 학벌과 권력, 경제적 현실만을 보려고 하는 성향이 있습니다. 혹 우리도 신앙생활을 하면서 우리에게 피부로 와 닿는 피상적인 현실만을 보면서 그것이 전부인 것처럼 여기고 살지는 않습니까? 민수기에 보면 돈에 눈이 먼 선지자 발람과 그의 나귀에 대한 말씀이 있습니다(민 22장). 발람은 선지자임에도 불구하고 하나님 말씀보다는 돈에 눈이 멀어 모압 왕 발락의 초청에 응합니다. 발람이 하나님의 백성을 저주하려고 나아갈 때에 하나님의 천사가 길에서 칼로 그를 죽이려고 합니다. 그때 발람이 타고 가는 나귀는 하나님의 천사가 발람을 죽이려고 하는 것을 보지만 발람 선지자는 보지 못합니다. 돈에 눈이 멀어서 하나님이 자신을 죽이려고 한다는 것을 못 본 것입니다. 그래서 자기의 말을 안 듣는 다고 애꿎은 나귀를 두드려 패고 죽이려고 했던 사람이 발람 선지자입니다. 우리가 하나님을 믿으면서도 돈 문제만 바라보기 쉽습니다.

때로는 자기만의 관심, 경험, 노하우, 성도들과의 교제에 대한 무관심과 영적인 게으름들 때문에 하나님이 보기를 원하시는 것들을 보지 못할

28) 이 주형, 『평생 갈 내 사람을 남겨라』(서울: 비즈니스북스, 2011), 110.

때가 많습니다. 사랑하는 여러분! 이런 것들을 제거하고 하나님이 보기를 원하시는 것들을 볼 수 있어야겠습니다. 우리가 어떻게 하나님께서 보기를 원하시는 것들을 볼 수 있을까요? 사물을 보고 분별하는 식견을 안목이라고 하는데 우리가 어떻게 하나님이 원하시는 영적인 안목을 가질 수 있을까요? 사람들을 많이 사귀고 세상을 많이 공부하고 경험하면 영적인 안목을 가질 수 있을까요? 물론 이런 것들도 도움은 되지만 올바로 현실을 바라보는 데에는 한계가 있습니다.

믿음의 안경

저도 노안이 와서 안경을 갈아야 하는 나이가 되었습니다. 2년에 한 번씩은 가는 것 같습니다. 안경을 갈 때마다 새로운 안경을 끼면 정말 잘 보게 되고 책을 읽거나 여러 일들을 할 때 덜 피곤합니다. 영적인 안목을 갖는다는 것은 영적인 안경을 쓰는 것인데 우리가 어떻게 하나님이 보게 하시는 것들을 볼 수 있는 안경을 쓸 수 있을까요? 우리는 누가복음에서 예수님의 죽으심 때문에 절망하면서 엠마오로 돌아가던 두 제자의 이야기를 기억하고 있습니다(눅 24:13-35). 예수님이 십자가에서 죽으시기 전에 부활을 말씀하셨음에도 불구하고 예수님의 죽음에 절망하면서 집으로 돌아가던 그들과 예수님께서 동행하셨습니다. 그 예수님을 알아보지 못한 그들에게 예수님께서는 구약에 기록된 자신의 오심과 죽으심과 부활에 대해 설명해 주시고 그들의 집 식탁에서 빵을 떼시며 기도하셨습니다. 그때에 비로소 그들의 눈이 밝아져 예수님을 인식하게 되었다는 사실을 우리는 누가복음에서 알 수 있습니다. 이 말씀은 우리가 어떻게 영적인 믿음의 안경을 가질 수 있는지 가르쳐줍니다. 바로 말씀의 안경입니다. 기도의 안경입니다. 또 성도와 함께 떡을 떼며 교제하는 안경입니다. 말씀과 함께 역사하시는 성령의 인도를 받는 안경입니다. 이런 안경들을 우리가 가지게 될 때에 우리는 하나님이 원하시는 것들을 보게 됩니다. 정말 너무 힘들어 절망할 수밖에 없는 상황에서도 하나님의 능력과 도우심이 있다는 것을 보게 되는 것입니다.

취업과 진학에 대한 진로를 놓고도 우리는 영적인 안경을 써야 합니다. 성적과 실력에 기초하여 정말 하고 싶은 공부와 하나님 영광을 위해 갈 수 있는 학교를 지원을 해야 합니다.

어떤 직장을 구해야 할지, 지금 일하는 직장을 계속 다녀야 할지, 그만 두어야 하는 지에 대한 현실에서 하나님이 보게 하시는 영적인 안목이 필요합니다. 우리는 이런 중요한 현실들에서 기도하면서 말씀을 참고해야 합니다. 자녀를 위해서도 세상적인 눈이 아닌 하나님의 안목으로 볼 수 있어야 합니다. 불신의 가족들을 볼 때에도 단순히 혈육의 눈으로 바라보지 않아야 합니다. 믿음의 눈으로 그들의 믿음이 없는 모습들을 보면서 하나님을 만날 수 있도록 기도하면서 잘 돌봐야 합니다.

사랑하는 여러분! 평생 함께할 배우자를 선택하는 일은 더욱 신중한 안목이 필요합니다. 올바른 선택으로 배우자와 함께 평생을 행복하게 살 수도 있지만 잘못된 안목과 선택으로 평생을 어려움과 비참함으로 살아갈 수 있습니다. 매일 하루하루가 천국이든지 매일 하루하루가 지옥이 될 수도 있는 것이 결혼 생활일 수 있습니다. 그러므로 결혼 적령기에 있는 청년들은 하나님이 주시는 안목으로 좋은 배우자를 선택하여 아름답고 행복한 가정을 이룰 수 있기를 기도해야 합니다. 가진 외모와 세상적인 배경 혹은 내가 선호하는 것보다도 하나님께서 보기를 원하시는 것들을 기준으로 배우자를 보고 선택하는 안목을 주시도록 기도해야 합니다. 교회의 진로와 교회의 일꾼들을 세울 때에도 믿음의 눈을 떠서 영적인 안목으로 교회의 진로를 결정하며 일꾼을 세우도록 기도하면서 나가야겠습니다.

역대상 17장 1-14절
다윗과 하나님 나라

(1) 다윗이 그의 궁전에 거주할 때에 다윗이 선지자 나단에게 이르되
나는 백향목 궁에 거주하거늘 여호와의 언약궤는 휘장 아래에 있도다
(2) 나단이 다윗에게 아뢰되 하나님이 왕과 함께 계시니 마음에 있는
바를 모두 행하소서 (3) 그 밤에 하나님의 말씀이 나단에게 임하여 이
르시되 (4) 가서 내 종 다윗에게 말하기를 여호와의 말씀이 너는 내가
거할 집을 건축하지 말라 (5) 내가 이스라엘을 애굽에서 올라오게 한
날부터 오늘까지 집에 있지 아니하고 오직 이 장막과 저 장막에 있으며
이 성막과 저 성막에 있었나니 (6) 이스라엘 무리와 더불어 가는 모든
곳에서 내가 내 백성을 먹이라고 명령한 이스라엘 어느 사사에게 내가
말하기를 너희가 어찌하여 내 백향목 집을 건축하지 아니하였느냐고 말
하였느냐 하고 (7) 또한 내 종 다윗에게 이처럼 말하라 만군의 여호와
께서 이처럼 말씀하시기를 내가 너를 목장 곧 양 떼를 따라다니던 데에
서 데려다가 내 백성 이스라엘의 주권자로 삼고 (8) 네가 어디로 가든
지 내가 너와 함께 있어 네 모든 대적을 네 앞에서 멸하였은즉 세상에
서 존귀한 자들의 이름 같은 이름을 네게 만들어 주리라 (9) 내가 또 내
백성 이스라엘을 위하여 한 곳을 정하여 그들을 심고 그들이 그 곳에
거주하면서 다시는 옮겨가지 아니하게 하며 악한 사람들에게 전과 같이
그들을 해치지 못하게 하여 (10) 전에 내가 사사에게 명령하여 내 백성
이스라엘을 다스리던 때와 같지 아니하게 하고 또 네 모든 대적으로 네
게 복종하게 하리라 또 네게 이르노니 여호와가 너를 위하여 한 왕조를
세울지라 (11) 네 생명의 연한이 차서 네가 조상들에게로 돌아가면 내
가 네 뒤에 네 씨 곧 네 아들 중 하나를 세우고 그 나라를 견고하게 하
리니 (12) 그는 나를 위하여 집을 건축할 것이요 나는 그의 왕위를 영
원히 견고하게 하리라 (13) 나는 그의 아버지가 되고 그는 나의 아들이

> 되리니 나의 인자를 그에게서 빼앗지 아니하기를 내가 네 전에 있던 자에게서 빼앗음과 같이 하지 아니할 것이며 (14) 내가 영원히 그를 내 집과 내 나라에 세우리니 그의 왕위가 영원히 견고하리라 하셨다 하라
> [역대상 17장 1-14절]

다윗과 하나님의 집 건축

오늘 말씀에는 다윗이 등장하고 있습니다. 다윗은 이스라엘의 왕이지만 쉽게 왕이 되지는 못했습니다. 전 왕인 사울 왕이 시기하고 질투해서 쫓겨 다니는 생활을 십여 년 동안 했습니다. 그런 어려움을 이기고 그는 마침내 이스라엘의 왕이 되었습니다. 그가 도망 다니는 어려운 시절을 지내고 이스라엘의 왕이 된 것은 하나님의 은혜 때문이라고 다윗은 믿었고 고백했습니다. 그래서 다윗은 하나님의 임재를 상징하는 하나님의 언약궤를 예루살렘에 있는 자신의 성 안에 안치하고 그 성에서 하나님을 예배하며 섬겼습니다.

오늘 본문 역대상 17장 1절을 보면 이런 다윗이 하루는 천막 안에 있는 하나님의 언약궤를 생각했습니다. 자신은 백향목 나무로 만들어진 고급스러운 궁궐에 살고 있는데 정작 자신에게 은혜를 베푸시고 왕이 되게 하신 하나님의 궤는 천막에 있다는 사실 때문에 안타까움을 가졌습니다. 다윗은 하나님의 언약궤를 위해서 자신의 집과 같은 큰 집 곧 성전을 지어야겠다고 생각했습니다. 그래서 선지자인 나단을 만나 자신이 하나님의 집을 짓도록 해달라고 말했습니다. 선지자 나단은 다윗 왕이 하고자 하는 하나님 집의 건축을 흔쾌히 허락을 했습니다.

그러나 하나님은 다윗과 나단의 생각과는 다르셨습니다. 하나님께서는 나단 선지자를 다윗에게 보내 하나님 집을 건축하지 말라고 하셨습니다. 하나님께서는 원래부터 천막에 계셨고 천막으로 이동하던 시기에도

어느 누구에게 정착할 집을 지어 달라고 말씀한 적이 없다고 하셨습니다 (17:5-6). 그리고 다윗이 양 치던 목동의 신분으로 온갖 어려움을 겪었지만 그의 대적들을 다 패하게 하고 그를 이스라엘의 왕으로 삼은 하나님이라고 말씀하셨습니다. 다윗의 왕국을 영원한 왕국으로 만들고 그의 아들들을 하나님의 아들로 삼겠다고 하셨습니다. 마지막으로 하나님께서는 다윗이 성전을 짓지는 못하지만 그의 아들 중에 한 아들이 성전을 짓게 될 것이라는 약속도 하셨습니다.

다윗이 인간적인 생각으로 하나님을 위해서 집을 지으려고 계획했지만 하나님께서는 그 계획을 받아들이지 아니하시고 오히려 하나님께서 다윗의 집을 지어주겠다고 말씀하신 것입니다. "너의 집을 안정되고, 안전하게, 그리고 영원히 존재할 수 있는 집으로 내가 지어주겠다"고 약속하신 것입니다. 이러한 약속의 말씀에 대해서 다윗은 역대상 17장 16절 이하에서 하나님께 감사하며 말씀하신 대로 이루어지길 기도합니다. 역대상 17장 27절 마지막 절에서는 "이제 주께서 종의 왕조에 복을 주사 주 앞에 영원히 두시기를 기뻐하시나이다. 여호와여 주께서 복을 주셨사오니 이 복을 영원히 누리리이다"라고 찬양합니다.

다윗 언약과 사람을 위한 하나님 나라

하나님께서 다윗에게 약속하신 것은 다윗 한 개인을 향한 약속은 아니었습니다. 다윗 왕조의 영원함과 복이 한 왕의 번영과 그의 왕조만을 위한 말씀으로 주어진 것이 아니라는 말씀입니다. 사실 다윗에게 하신 이 약속과 복의 말씀은 역대상 17장에만 있는 것이 아니라 사무엘하 7장에도 있습니다. 역대상 17장에 있는 말씀은 사무엘하 7장에 있는 말씀을 토대로 하고 있습니다. 사무엘하 7장에서 다윗은 하나님께서 자신에게 주신 복과 약속이 자신의 왕국과 왕조만을 위한 것이 아니었음을 깨닫고 고백하고 있습니다. 사무엘하 7장 19절에서 우리는 이것을 알 수 있습니다.

주 여호와여 주께서 이것을 오히려 적게 여기시고 또 종의 집에 있을 먼 장래의 일까지도 말씀하셨나이다. 주 여호와여 이것이 사람의 법이니이다.

다윗은 하나님께서 자신에게 주신 약속은 먼 미래에 일어날 약속인데 “사람의 법”(תּוֹרַת הָאָדָם)과 관련된 것이라고 말하고 있습니다. 먼 미래와 영원히 관련되며 '사람을 위한 교훈'으로 이해한 것입니다. 단순히 자신의 왕국만을 위한 약속이 아니라 이 세상의 모든 사람을 위한 약속과 복에 관한 교훈으로 이해하고 고백한 것입니다.[29]

하나님께서 다윗에게 주신 약속은 본질적으로 모든 사람을 위한 약속의 말씀이었습니다. 다윗은 그것을 인지했고 하나님께 이에 합당한 감사와 찬양을 드렸습니다. 사실 역대상 17:8 말씀에서도 하나님께서는 ‘다윗의 이름을 세상에서 존귀한 자들의 이름 같은 이름을 만들어주겠다’ 고 약속하셨습니다. 하나님께서 누군가의 이름을 존귀케 곧 창대하게 해 주신다는 것은 어디선가 많이들은 말씀입니다. 바로 창세기 12장 2절에서 하나님께서는 아브라함의 이름을 창대하게 하시겠다고 약속하셨습니다. 아브라함의 이름을 창대케 하듯이 다윗 의 이름을 창대케 하시겠다는 동일한 약속의 말씀입니다. 아브라함의 약속이 아브라함만을 창대케 하는 것으로 끝나는 것이 아니라 아브라함의 씨가 복의 근원이 되어서 천하의 모든 민족이 복을 받는 것이 아브라함 언약의 중요한 내용이었습니다. 한 개인을 넘어서 모든 천하 만민이 복을 얻게 되어 그의 이름이 존귀하게 되는 것이므로 이 약속은 단순히 아브라함 개인에게 주신 복이 아니

29) W.C. Kaiser Jr., *The Messiah in the Old Testament* (Grand Rapids: Zondervan, 1995), 79-81. 이 부분은 역대기상 17:17에서는 ‘존귀한 사람으로 간주하셨다’ 혹은 ‘미래 세대를 보여주셨다’ (כתור וראיתני האדם המעלה)로 번역될 수 있는 구절로 대체되었다. 번역이 어려운 이 두 구절에 대한 자세한 설명을 위해서는 S. Japhet, *I & II Chronicles* (London: SCM, 1993), 339를 참조하라.

라 모든 사람을 향한 약속이요 복이었습니다.

아브라함에게 주셨던 그 약속이 지금 다윗 시대에 어떻게 구체화되고 있는지를 오늘 역대상 17장에 있는 말씀과 사무엘하 7장에 있는 말씀은 보여주고 있습니다. 다윗의 이름이 창대케 되고 다윗의 왕국이 복을 받아서 결국 사람들이 복을 얻게 되는 약속을 지금 하나님께서 구체적으로 주시고 있습니다. 수 백 년이 지나도 하나님은 신실하셔서 아브라함에게 하셨던 그 약속을 구체화 하여 실현시키고 있습니다. 다윗과 그의 왕국을 축복하시고 다윗의 후손들을 통해서 모든 세상 사람들을 축복하시고자 하시는 약속을 다윗에게 지금 주시고 있기 때문입니다. 이런 의미에서 다윗은 하나님께 감사했고, 자신의 왕국을 통해 온 세상 사람들이 축복을 누리는 하나님의 계획이 이루어지기를 간구했습니다. 현재적으로도 하나님의 축복을 누리는 삶을 살게 해달라고 하나님 앞에 기도한 것입니다.

역대기 말씀의 기능

그러면 여기에서 우리가 생각해 볼 것이 있습니다. 하나님께서는 다윗에게 주신 복과 약속을 사무엘하서 7장에서 이미 기록을 하셨는데 왜 역대상 17장에서 다시 기록하게 하셨는가 하는 것입니다. 사실 사무엘하 7장에서의 약속은 이스라엘 백성들이 멸망하기 전에 주신 약속의 말씀이었습니다. 그러나 오늘 역대상 17장에 있는 약속은 동일한 내용이지만 다윗의 왕국이 멸망한 다음에 기록된 말씀입니다.

이스라엘 백성이 멸망하기 전에 주셨던 사무엘하 7장의 다윗 왕조를 향한 축복의 말씀은 기대와 소망을 줍니다. 멸망하지 않았기에 다윗 왕조가 계속 앞으로도 축복 받을 것에 대한 믿음과 확신을 가질 수 있습니다. 그러나 역대상 17장에서 주어진 이 말씀은 상당히 믿기 어려운 현실 가운데서 다시 언급되는 약속입니다. 왜냐하면 다윗의 왕조가 이미 멸망해 버렸기 때문입니다. 하나님께서 사무엘하 7장에서 약속하셨던 영원한 다윗 왕조에 대한 약속은 현실적으로 끝이 났습니다. 다윗 왕조는 시드기야 왕을 끝으로 주전 586년에 바벨론에 의해 멸망해 버렸기 때문입니다.

역대상 17장에 있는 이 말씀은 멸망한 다윗 왕조의 백성들과 후손들이 포로에서 돌아와 듣게 된 말씀입니다. 포로에서 귀환했지만 다윗의 왕조는 다시 세워지지 않았습니다. 돌아왔지만 여전히 페르시아 민족이 자신들을 통치하고 있습니다. 그렇다면 역대상 17장에 있는 이 말씀은 포로에서 돌아온 백성들의 현실과는 너무나 동떨어진 약속의 말씀입니다. 기억을 다시 되살리고 싶지도 않은 허황된 약속처럼 들리는 말씀입니다. 역대기 말씀은 포로에서 이스라엘 백성들이 돌아온 후 약 100년이 지난 주전 430년 정도의 시기에 들려진 하나님의 말씀이기 때문입니다. 현실적으로는 이 말씀을 그들에게 다시 하셔야 할 이유가 없습니다. 오히려 이 말씀은 그들을 시험 들게 하는 말씀입니다. 현실과 약속의 괴리가 너무 크기 때문입니다. 하나님의 약속이 실현성을 가지려면 포로에서 돌아온 후 100년이 지나기 전에 이미 하나님께서 다윗의 왕국을 다시 재건하시고 다윗의 후손들을 통해서 독립된 다윗의 왕국을 이루셔야 했습니다. 그러나 하나님은 그렇게 하지 않으셨습니다. 지금도 다윗의 후손은 세워지지 않았고 다윗의 왕국은 존재하고 있지 않습니다.

그러면 포로에서 돌아왔지만 100년 동안이나 다윗 왕국의 재건을 경험하지 못한 이 백성들에게 이 약속의 말씀은 현실적으로 무엇을 의도하고 있는 말씀입니까? 우리는 하나님께서 무엇을 의도하시는지 비슷한 내용을 가진 역대상 17장 14절의 말씀과 사무엘하 7장 16절에 있는 말씀을 비교해 보면 알 수 있습니다. 먼저 사무엘하 7장 16절의 다윗에 대한 약속은 "네 집(ביתך)과 네 나라(ממלכתך)가 내 앞에서 영원히 보전되고 네 왕위(כסאך)가 영원히 견고하리라" 라고 되어 있는데 역대상 17장 14절에는 "내가 영원히 그를 내 집(ביתי)과 내 나라(מלכתי)에 세우리니 그의 왕위(כסאו)가 영원히 견고하리라" 라고 되어 있습니다. 약

170년이 지난 이후에 하나님의 약속의 말씀이 약간 달라지고 있습니다. 사무엘하 7장 16절과 역대상 17장 14절의 말씀에서 뭐가 달라졌는지 아시겠습니까? 하나님께서는 사무엘하 7장 16절에서는 2인칭으로 "네 집과 네 나라"라고 말씀하셨습니다. 곧 "다윗의 집과 다윗의 나라"가 영원할 것이라 말씀하셨습니다. 그런데 역대상 17장 14절에는 다윗의 집과 다윗의 나라가 아닙니다. 여기에서는 1인칭으로 "내 집과 내 나라" 곧 "하나님의 집과 하나님의 나라"가 영원할 것이라고 다르게 언급하셨습니다.

이런 차이는 결국 무엇을 의미합니까? 다윗의 집과 다윗의 나라가 하나님의 집과 하나님의 나라로 간주되고 있음을 보여주고 있습니다(대상 28:5; 29:23; 대하 13:8 참고). 하나님께서 약속하신 것은 단순한 개인적 다윗의 왕국과 나라의 영원성이 아닙니다. 하나님께서는 다윗의 왕국을 자신의 왕국으로, 자신의 나라로 바꾸셨습니다. 하나님께서 세상을 구원하시는 역사 가운데 주어진 다윗 언약의 본질을 드러내시고 있는 것입니다. 아브라함에게 하신 언약이 어떻게 다윗에게 주신 언약을 통해 구체화 되는지를 드러내시고 있습니다. 하나님께서는 아브라함과 그의 후손인 다윗의 집을 축복하셔서 천하 만민에게 복을 주시는 하나님의 나라를 세우시려고 하시는 것입니다. 이것이 본래 하나님께서 가지셨던 계획이며 축복의 내용이었던 것입니다. 아브라함과 다윗과 그 후손의 왕국을 통해서 세상에 하나님의 나라를 회복하시고 만민에게 복을 주시려고 하신 것입니다.

다윗의 후손을 하나님 나라의 왕으로 임명하시는 것이 본질적인 다윗 언약의 주요 내용이기도 한 것입니다. 여기서 하나님 나라에 세워지는 다윗의 후손은 유다 민족만을 위한 정치적인 왕을 의미하지 않습니다. 창세기 3:15이후로 하나님께서 약속하신 메시아로서의 왕을 의미합니다. 마태는 마태복음 1장 1절에서 그분이 다윗과 아브라함의 후손인 예수님이라고 말하고 있습니다. 예수님께서는 이 땅에서 공적인 사역을 시작하실 때 "때가 찼고 하나님의 나라가 가까이 왔다"(막 1:15)고 말씀하셨습니다. 다윗에게 약속하셨던 바로 그 하나님 나라를 예수께서 회복하시고 있음을 선포하시는 것입니다. 아브라함과 다윗의 후손으로서 이 땅에 진정한 하나님의 나라를 세우시고 천하 만민에게 복을 가져다주실 분, 그 분이 바로 예수님이시라는 것을 보여주셨습니다. 오늘 역대상 17장이나 사무엘하 7장에서 말하고 있는 다윗을 향한 축복과 복은 바로 예수 그리스도를 통해서 천하의 모든 만민이 얻게 될 복을 미리 말씀하신 하나님의 약속이요 축복의 말씀입니다.

사실 다윗은 하나님께 성전을 자신이 짓겠다고 했지만 거절당했습니다. 하나님께서 거절하신 이유는 다윗을 통해 역대상 22장 8절에서 언급되는데 다윗이 전쟁을 통해 손에 너무 많은 피를 흘렸기 때문입니다. 다윗은 사울 왕으로부터 살아남기 위해 도망 다녀야 했고 그런 가운데서 많은 사람들과 싸우기도 하고 많은 피를 흘려야 했습니다. 하나님께서는 이런 그의 피 묻은 손을 통해서 하나님의 나라와 성전이 건축되기를 원하지 않으셨습니다. 역대상 22장 9절이 보여주는 것처럼 오히려 샬롬(שָׁלוֹם) 곧 평안의 의미를 이름에 가지고 있는 솔로몬(שְׁלֹמֹה)을 통해 성전을 짓게 하셨습니다. 하나님께서는 솔로몬에게 평안의 복을 약속하셨고 그는 하나님의 집을 짓는 자가 되었습니다. 솔로몬은 다윗 언약이 궁극적으로 말하는 천하 만민에게 하나님 나라의 복을 가져오는 그 왕은 아니었지만 그 왕을 보여주는 모형이었습니다. 그를 통해 이스라엘 백성뿐 아니라 이방의 백성들에게 평화(שָׁלוֹם)의 복을 주셨기 때문입니다(왕상 4:24). 이처럼 다윗에게 주신 약속은 다윗의 왕조만 관계되는 것이 아니라 종말의 모든 사람을 위한 언약입니다(삼하 7:19). 솔로몬 이후로 이 땅에 진정한 평화를 가져 오시는 왕이신 예수 그리스도께서 하나님의 성전을 짓고 계십니다. 십자가를 통해서 하나님의 백성들을 모으시고 성령 하나님이 거하시는 새로운 성전을 짓고 계십니다(요 2:19; 엡 2:20-22). 그 성전이 바로 예수의 교회를 이룬 성도들입니다. 건물이 아닌 예수를 믿는 사람들로 이루어진 성전입니다. 다윗언약이 이렇게 예수 안에서 이루어졌습니다. 다윗이 깨달았던 하나님의 복을 예수 그리스도 안에서 이제 우리가 누리고 있습니다.

다윗 언약에 대한 성도의 반응

역대상 17장과 사무엘하 7장에서 다윗에게 주신 하나님의 약속은 예수 그리스도 안에서 우리를 하나님 성전으로 삼으시려는 복과 구원의 약속으로 주신 것입니다. 이것은 하나님께서 일찍이 아담과 아브라함에게 알리셨던 일이었고 다윗에게도 구체적으로 약속하신 일이었습니다. 이러한 약속을 받았을 때에 다윗은 하나님께 감사하며 하나님의 뜻이 이루어지기를 소망하고 복을 누리게 해달라고 간구했습니다. 우리 또한 다윗언약을 통해 이러한 복을 주신 하나님께 동일한 반응을 해야 되겠습니다. 예수님을 통해 우리를 성전 삼으신 하나님께 감사해야 되겠습니다. 뿐만 아니라 예수 안에서 이 모든 세상을 성전으로 변화시키시는 하나님의 뜻이 이루어지기를 간구해야겠습니다. 예수 그리스도께서 다시 오실 때 이 땅이 온전한 하나님의 나라가 되겠지만 지금 여기 우리의 현실 속에서도 그 나라의 복을 누리며 살아야겠습니다.

사실 역대상 17장의 이러한 약속의 말씀은 다윗의 왕국이 재건되지는 않았지만 다윗 언약을 상기하면서 소망 가운데에 살라고 주신 것입니다. 사무엘서 7장과는 달리 역대상 17장에서 일곱 번이나 반복하여 강조되는 "영원히"는 이런 하나님의 의도를 잘 보여줍니다(대상 17:12, 14, 22-24, 27). 여전히 페르시아 민족의 지배 아래에 있기에 현실적으로는 하나님의 약속이 멀리 있는 것처럼 보일 때에도 하나님께서는 약속하신 다윗의 후손을 통해 영원한 하나님 나라를 회복하실 것을 반복적으로 말씀하셨습니다.

성도 여러분! 하나님의 백성으로 살아갈 때에 하나님을 위해서 우리가 무슨 대단한 일들을 할 수 있겠습니까? 우리가 무엇을 계획하고 무엇을 한다고 하지만 실제적으로는 하나님께서 먼저 우리를 챙겨 주십니다. 다윗이 하나님의 집을 짓겠다고 하지만 하나님께서 먼저 다윗을 챙기시고 다윗의 왕조를 축복하시고 그 왕조를 통해서 온 세상이 복을 얻게 하시려고 약속하신 것처럼 말입니다. 이것이 하나님께서 일하시는 방법입니다. 다윗을 양치기에서 왕으로 세워주셨듯이 하나님께서는 오늘도 우리를 비천한 데에서 하나님의 백성으로 세워주시고 안전과 승리를 우리에게 가져다주실 것입니다. 비록 현실은 하나님의 약속에서 멀리 있는 것 같은 상황에 있다 할지라도 하나님의 약속을 끝까지 붙잡고 소망하면서 믿음 가운데에 살아갈 수 있기를 주님의 이름으로 부탁합니다.

역대하 25장 5-16절
돕기도 패하게도 하시는 하나님

(5) 아마샤가 유다 사람들을 모으고 그 여러 족속을 따라 천부장들과 백부장들을 세우되 유다와 베냐민을 함께 그리하고 이십 세 이상으로 계수하여 창과 방패를 잡고 능히 전장에 나갈 만한 자 삼십만 명을 얻고 (6) 또 은 백 달란트로 이스라엘 나라에서 큰 용사 십만 명을 고용하였더니 (7) 어떤 하나님의 사람이 아마샤에게 나아와서 이르되 왕이여 이스라엘 군대를 왕과 함께 가게 하지 마옵소서 여호와께서는 이스라엘 곧 온 에브라임 자손과 함께 하지 아니하시나니 (8) 왕이 만일 가시거든 힘써 싸우소서 하나님이 왕을 적군 앞에 엎드러지게 하시리이다 하나님은 능히 돕기도 하시고 능히 패하게도 하시나이다 하니 (9) 아마샤가 하나님의 사람에게 이르되 내가 백 달란트를 이스라엘 군대에게 주었으니 어찌할까 하나님의 사람이 말하되 여호와께서 능히 이보다 많은 것을 왕에게 주실 수 있나이다 하니라 (10) 아마샤가 이에 에브라임에서 자기에게 온 군대를 나누어 그들의 고향으로 돌아가게 하였더니 그 무리가 유다 사람에게 심히 노하여 분연히 고향으로 돌아갔더라 (11) 아마샤가 담력을 내어 그의 백성을 거느리고 소금 골짜기에 이르러 세일 자손 만 명을 죽이고 (12) 유다 자손이 또 만 명을 사로잡아 가지고 바위 꼭대기에 올라가서 거기서 밀쳐 내려뜨려서 그들의 온 몸이 부서지게 하였더라 (13) 아마샤가 자기와 함께 전장에 나가지 못하게 하고 돌려보낸 군사들이 사마리아에서부터 벧호론까지 유다 성읍들을 약탈하고 사람 삼천 명을 죽이고 물건을 많이 노략하였더라 (14) 아마샤가 에돔 사람들을 죽이고 돌아올 때에 세일 자손의 신들을 가져와서 자기의 신으로 세우고 그것들 앞에 경배하며 분향한지라 (15) 그러므로 여호와께서 아마샤에게 진노하사 한 선지자를 그에게 보내시니 그가 이르되 저 백성의 신들이 그들의 백성을 왕의 손에서 능히 구원하지

> 못하였거늘 왕은 어찌하여 그 신들에게 구하나이까 하며 (16) 선지자가 아직 그에게 말할 때에 왕이 그에게 이르되 우리가 너를 왕의 모사로 삼았느냐 그치라 어찌하여 맞으려 하느냐 하니 선지자가 그치며 이르되 왕이 이 일을 행하고 나의 경고를 듣지 아니하니 하나님이 왕을 멸하시기로 작정하신 줄 아노라 하였더라 [역대하 25장 5-16절]

유다 왕 아마샤

오늘 말씀은 하나님의 백성인 유다 나라의 아마샤라는 왕과 관련된 말씀입니다. 여러분께서 조선왕조의 숙종이라는 이름은 어느 정도 들어서 알 수도 있겠지만 오늘 말씀에 나오는 이 아마샤 왕은 아실수 있는지 궁금하기도 합니다. 유다왕조의 왕들에 대한 역사를 다루고 있는 역대기 말씀은 단순히 아마샤가 무엇을 했는지를 보여주는 역사서는 아닙니다. 오히려 하나님께서 이 왕의 시대에 무엇을 하셨는지를 보여주는 말씀입니다. 하나님께서 이 아마샤 왕의 시대에 무엇을 행하셨고 또 이것을 통해 포로 후기에 있는 하나님의 백성들에게 무슨 메시지를 전하려고 하신 것입니다. 더 나아가 오늘날 교회 성도들에게도 어떤 교훈을 주시려는 말씀입니다.

이것들을 알기 위해 우리는 먼저 아마샤가 유다에서 어떤 왕인지를 생각해 보는 것이 필요합니다. 아마샤는 아버지가 요아스입니다. 요아스는 일곱 살 어린 나이에 왕이 되었는데 그의 아버지가 북 이스라엘의 왕 예후에 의해 살해되었기 때문입니다. 여왕이 되려는 할머니 아달랴는 요아스의 모든 왕족들을 살해하였는데 요아스는 그런 가운데 대제사장인 고모부와 고모에 의해서 6년간 성전에서 보호를 받다가 일곱 살에 왕이 된 것입니다. 이 요아스가 바로 아마샤의 아버지입니다. 이런 아버지가 반역한 자들에 의해 죽임을 당하자 아마샤가 25세에 유다의 왕이 되었습니다. 그리고 29년간 통치하다가 54세에 죽었습니다. 사실 아마샤는 유다 왕조 345년 전체 기간에 있어서 중간시기인 주전 796년에서 767년까지 통치한 왕입니다. 이 아마샤는 여러분이 잘 아시는 히스기야 왕의 고조할아버지이기도 합니다.

아마샤에 대한 하나님의 평가와 권면

아마샤와 관련한 역사적인 사항을 말씀드렸지만 아마샤에 대해 역대기가 말씀하려는 바는 역대하 25장 2절에 잘 나와 있습니다:

> 아마샤가 여호와께서 보시기에 정직하게 행하기는 하였으나 온전한 마음으로 행하지 아니하였더라.

이 구절은 아마샤라고 하는 왕이 하나님과의 관계에서 어떠한 왕인지를 말씀합니다. 그가 54살까지 살았든지, 그의 아버지가 암살되었든지, 29년간 통치했든지, 그의 어머니가 누구이었든지 간에 그는 하나님 앞에서 어떻게 산 왕인가를 중요하게 말씀합니다. 아마샤는 여호와께서 보시기에 정직하고 올바르게 행하기는 하였으나 온전한 마음으로 행하지는 않은 왕입니다. 하나님과의 관계에서 올바르게 행하기는 했습니다. 그러나 온전한 마음으로 하나님을 사랑하거나 철저히 나님을 섬기지는 않았다는 평가를 받고 있습니다.

쉽게 말씀드린다면 그는 하나님 앞에 어중간한 믿음의 사람이었습니다. 아마샤는 25세에 왕이 되었을 때에 25장 3절에 있는 것처럼 그의 아버지 요아스를 반역하여 죽인 사람들을 처형하였습니다. 그러나 당시 고대 근동의 관습을 따라 3대까지 반란자의 자손들을 죽이지는 않았습니다. 25장 4절에 있는 말씀처럼 신명기 24장 16절을 순종하여 아마샤는 반역자들의 자손들에게는 손을 대지 아니했습니다. 신명기 24장 16절은 다음과 같이 말씀합니다:

아버지는 그 자식들로 말미암아 죽임을 당하지 않을 것이요 자식들은 그 아버지로 말미암아 죽임을 당하지 않을 것이니 각 사람은 자기 죄로 말미암아 죽임을 당할 것이니라.

죄 있는 사람만 벌을 받아야 한다는 모세의 율법인데 아마샤는 이 율법의 말씀을 지킨 왕이었습니다. 그러나 아마샤에 대한 말씀은 열왕기에도 있는데 아먀사가 온전한 마음으로 행하지 못한 부분을 말씀합니다. 그것은 바로 예루살렘 성전이 아닌 산당에서의 제사를 방치하고 제거하지 않았다는 측면에서 온전한 믿음으로 하나님을 섬기지 못한 왕이었습니다. 어떤 면에서는 하나님의 말씀을 지키는 것 같았는데 다른 면에서는 하나님의 말씀을 지키지 않았다는 것이 아마샤에 대한 하나님의 평가입니다.

아마샤의 연약한 면이 또 하나 있습니다. 그것은 오늘 본문에도 있는 것처럼 그가 사람을 의지했다는 것입니다. 특별히 많은 군대를 의지했습니다. 아마샤가 많은 군대를 의지한 이유는 속국이었던 세일 사람들 곧 에서의 후손들로 이루어진 에돔 나라를 다시 지배하기를 원했기 때문입니다. 사실 에돔 사람들은 다윗에 의해서 정복되었고 그 후로 아마샤의 증조할아버지인 여호람 시대에 이르기까지 유다가 통치하여 조공을 받았습니다. 이런 에돔 나라가 여호람 왕 통치 중에 독립을 선언하고 아마샤 때까지 50년간 조공을 바치지 않았습니다. 이런 상황이 못마땅한 아마샤는 에돔을 다시 되찾기로 결심하고 많은 군대를 모았습니다. 오늘 말씀 25장 5절을 보면 자신의 유다 지파와 베냐민 지파를 합쳐서 군대 30만 명을 모았다고 기록하고 있습니다. 그런데 여기에서 끝난 것이 아니었습니다. 30만 명 가지고는 에돔을 정복할 자신이 없었습니다. 그래서 그는 북쪽 이스라엘에 은 100달란트를 보내면서 군대 10만 명을 용병으로 보내줄 것을 요청했습니다. 군대 10만 명에 대해 은 100달란트라는 것은 지금의 가치로 수 백 억에 해당하는 돈으로 계약금이었을 것입니다.[30] 이 계약금을 미리 주고 용병 10만 명을 요청하여 오게 했습니다. 이제 아마샤는 40만 명의 군대를 가지고 에돔을 정복하러 나섰습니다. 그때 하나님께서 하나님의 사람을 아마샤에게 보내셨습니다. 하나님께서 에돔과 전쟁하러 가는 아마샤와 함께 하시지 않는다고 말씀하셨습니다. 이 전쟁에 하나님이 함께 하지 않는다는 말씀은 전쟁에서 패할 수 있다는 것을 의미합니다. 하나님께서 함께하시지 않는 전쟁에서 어느 누구도 승리를 장담할 사람은 없습니다. 이 하나님의 사람은 8절에서 계속하여 중요한 말씀을 전합니다.

하나님은 능히 돕기도 하시고 능히 패하게도 하시나이다.

전쟁의 승패는 하나님께 달려있다는 것입니다. 하나님이 도우시고 함께 하시면 승리하는 것이고, 하나님이 함께 하지 않으시고 돕지 아니하시면 패하게 된다는 말씀을 선지자를 통해 하신 것입니다. 하나님의 도움이 아닌 하나님이 함께 하시지도 않는 이스라엘 군대의 도움을 의지한다면 하나님께서 아마샤의 군대와도 함께 하시지 않고 돕지도 않아서 패하게 하신 다는 것입니다. 이스라엘 자손은 황금 송아지를 섬기는 자들로 타락했습니다. 이들도 하나님의 백성이지만 황금 송아지를 섬긴 느밧의 아들 여로보암의 죄를 반복하며 하나님을 떠났습니다. 하나님께서는 그들과 함께 하지 아니하셨습니다(25:7). 많은 선지자들을 통해 이스라엘에게 돌아오라고 외치셨지만 그들은 돌아오지 않았기 때문입니다. 이런 우상숭배자들의 도움을 얻어 전쟁을 하는 것이 하나님께서 유다와 함께 할 수 없는 이유가 된 것입니다. 특별히 이스라엘 군대 10만 명을 용병으로 채용한다는 것은 아마샤 곧 유다 왕조에 위험을 가져오는 일이기도 했습

30) 용병에 대한 실제적인 보수는 약탈품으로 지급되었을 것이다. 존 월튼, 빅터 매튜스, 마크 샤발라스, 『IVP 성경배경주석: 구약』, 정옥배 외역 (서울: 한국 IVP, 2001), 636-637.

니다. 나중에 아마샤가 하나님 말씀에 순종하여 10만 명의 이스라엘 군대를 돌려보냈을 때에 어떤 일이 일어났습니까? 13절을 보면 그들이 그들의 고향 땅으로 돌아가면서 분노하여 벧호론의 유다 성읍을 약탈하고 사람 삼천 명을 죽이며 물건을 많이 노략하였다고 기록하고 있습니다. 이런 위험한 군대였습니다. 이런 군대를 유다 가까이에 끌어들인 것은 위험천만한 일이었습니다. 그래서 하나님께서는 선지자를 보내어 그렇게 하지 말라고 경고도 하신 것입니다. 이런 일에서도 보는 것처럼 아마샤 왕은 한편으로는 하나님을 섬기고 다른 한편으로는 산당을 허용하거나 군대를 의지하는 어중간한 믿음의 왕이었습니다.

이런 아마샤가 하나님의 경고를 들었을 때 하나의 질문을 선지자에게 했습니다. 25장 9절을 참조하면 "이미 큰 돈, 은 100달란트를 이스라엘에 보냈는데 어떻게 엄청난 손해를 보면서까지 용병들을 돌려보낼 수 있습니까?"라고 질문한 것입니다. 아마샤에게는 돈이 문제였던 것입니다. 그때 선지자가 말씀합니다.

> 여호와께서 능히 이보다 많은 것을 왕에게 주실 수 있나이다.

돈에 미련을 가진 아마샤에게 수백 억 보다 더 많은 것을 하나님께서 주실 수 있다고 말씀하신 것입니다. 어중간한 믿음의 왕 아마샤는 이 말씀을 믿고 받아들였습니다. 그래서 이스라엘 군대를 돌려보내고 자신의 군대 30만 명만 데리고 전쟁에 나아갔습니다. 11절 말씀을 보면 그는 담력을 얻고 나아가서 사해 바다 근처 소금 골짜기에서 에돔 사람들 만 명을 죽이고 전쟁에서 승리했습니다.

잔인하고 교만한 왕 아마샤

어중간한 믿음의 왕 아마샤는 잔인한 사람이기도 했습니다. 에돔 사람 만 명을 죽이고 또 포로로 잡기도 했는데 그 포로들을 바위 꼭대기로 데려가서 다 떨어뜨려서 죽이기도 하였습니다. 이렇게 하여 아마샤는 전쟁에서 승리했습니다. 이스라엘 군대 10만 명을 불러들였기에 그들에 의해 자신의 유다 백성들 3,000명이 죽고 많은 물건들을 빼앗기는 상처도 있었지만 아마샤는 선지자의 충고를 받아들이고 유다의 군사들만으로 나아가 전쟁에서 승리했기에 많은 이익을 얻기도 했습니다. 하나님께서는 어중간한 믿음에 있는 사람이라 할지라도 결정적인 순간에 하나님의 말씀을 받아들이고 순종하면 그를 도우시고 그에게 승리를 안겨 주신다는 것을 포로에서 귀환한 이스라엘 백성들에게 하시는 것입니다.

한편 오늘 말씀에서 14절을 보면 전쟁에서 승리한 아마샤가 큰 실수를 하고 있습니다. 어떤 실수입니까? 돌아올 때에 세일 자손의 신들을 가져와서 자기의 신으로 세우고 그 신들 앞에서 경배하며 분향했다고 말씀하고 있습니다. 세일 자손들의 지역을 정복했는데, 그 정복당한 사람들의 신을 자기 신으로 삼았다는 것입니다. 하나님을 믿는 왕이고 하나님의 덕분으로 승리한 왕이 오히려 정복당한 민족의 신을 자기의 신으로 가져와서 경배했습니다. 아마샤가 이렇게 한 것에는 여러 가지 이유가 있었을 것입니다. 에돔 지역은 무역로의 교차지점에 있었습니다. 사해 바다 밑은 왕의 대로라고 하는 큰 고속도로가 있는데 바로 에돔 지역을 통과하게 되어 있었습니다. 지금도 이스라엘을 횡단을 하려고 하면 그 왕의 대로를 지나 북쪽으로 이동하기도 합니다. 당시에도 그 대로를 통해서 많은 사람들이 무역을 했고 에돔 지역을 통과했습니다. 그 길을 통해 향유를 가지고 이집트로 내려가기도 하고 이집트에서 유럽으로 향유가 수출되기도 했습니다. 이런 중계 무역을 통해서 에돔 지역은 많은 부를 축적했습니다. 뿐만 아니라 에돔 지역 밑으로 내려가면 홍해 바다로 나아갈 수 있는 엘랏이라고 하는 항구도 있었습니다. 아마샤가 에돔을 정복했을 때 그는 이러한 부를 누리게 한 신에게 매력을 느낀 것 같습니다. 이 에돔의 신을 가져오면 부를 누릴 수 있다고 생각한 듯합니다.

15절 말씀을 보면 하나님께서는 한 선지자를 또 보내어 그를 책망하십니다. 에돔의 신이 에돔의 백성들을 아마샤에게서 능히 구해내지 못했거늘 왜 그 패배한 신에게 복을 구하냐고 말한 것입니다. 전쟁에서 자기 백성을 구하지도 못한 그 신이 무슨 능력이 있다고 가져와서 그 신에게 도움을 구하고 그 신을 믿습니까? 라고 아마샤 왕을 질책한 것입니다. 비슷한 질책을 에돔과의 전쟁 전에 들었을 때에 아마샤는 하나님의 말씀을 받아들였습니다. 그러나 지금은 이미 전쟁에서 승리했고 많은 것을 얻었습니다. 그래서 그는 교만했습니다. 16절 말씀을 보면 그는 선지자의 말이 다 끝나기도 전에 말을 가로막고 위협을 했습니다. 그래서 말을 중단한 선지자는 하나님께서 경고를 듣지 않은 왕을 멸하실 것이라고 선포했습니다.

이렇게 하나님의 말씀을 듣지 않는 아마샤의 교만은 여기에서 끝나지 않았습니다. 아마샤의 이야기가 25장 17절에서 28절까지 계속되고 있는데 아마샤가 이번에는 북 이스라엘에게 선전포고를 한 것입니다. 무엇을 믿고 그랬을까요? 아마도 에돔 신을 믿고 한 일인데 결국 하나님께서 이 일을 통해 아마샤를 심판하셨습니다. 20절 말씀을 보면 “이는 하나님께로 말미암은 것이라 그들이 에돔 신들에게 구하였으므로 그 대적의 손에 넘기려 하심이더라” 라고 말씀합니다. 아마샤는 에돔 사람과 싸울 때에는 하나님을 믿고 전쟁을 했지만 이번에는 에돔 신을 믿으면서 이스라엘 사람들에게 전쟁을 선포합니다. 군사 10만 명을 빌려줄 정도로 여유 있는 북이스라엘에게 전쟁을 선포한 것입니다. 아마샤 당시의 북이스라엘의 왕은 요아스였습니다. 요아스의 왕은 아마샤가 에돔에서 승리한 후 교만해졌다고 말하면서 자기 자리로 돌아가라고 경고했습니다. 그러나 아마샤는 요아스의 말을 듣지 않았습니다. 결국 두 왕은 벧세메스에서 싸웠습니다. 전쟁의 결과는 하나님의 의도대로 되었습니다. 하나님께서는 북이스라엘을 통해 에돔의 신들을 숭배하는 아마샤를 북이스라엘의 손에 넘기셨습니다. 아마샤는 포로가 되었고 에돔에서 그가 취했던 모든 재물들도 요아스 왕에게 빼앗겼습니다. 북이스라엘 왕은 예루살렘까지 쳐들어와서 성벽의 일부분을 다 허물어 버렸습니다. 아마샤는 포로가 되어 수치를 받고 살다가 예루살렘에 돌아왔습니다. 그가 돌아왔지만 반역이 일어나 다시 라기스로 도망을 가야했고 그 곳에서 암살을 당하여 죽었습니다(25:27). 오늘 말씀을 정리 해보면 하나님께서는 아마샤가 하나님을 구할 때에 그를 도우셨고 전쟁에서 승리하게 하신 것을 알 수 있습니다. 비록 40만 명이 아닌 30만 명을 가지고도 전쟁에서 승리하게 하신 것입니다. 그러나 그가 하나님을 저버리고 에돔의 신을 구할 때에는 북이스라엘에 의해 철저히 패배하여 부끄러움을 받고 암살을 당하는 왕이 되게 하셨다는 말씀입니다.

하나님만을 바라보며 자신을 돌아보는 믿음

오늘 말씀이 우리들에게 주는 교훈은 복잡하지 않고 간단합니다. 아마샤의 경우도 그렇고 우리의 안전과 성공과 실패의 모든 것들이 하나님께 달려 있다는 말씀입니다. 그것을 우리 성도들이 알기를 하나님께서 원하십니다. 그러나 이것을 믿고 받아들이는 것은 쉽지 않습니다. 은 100달란트에 미련을 가진 아마샤에게 하나님의 방식을 따르면 그 이상을 주실 수 있다고 말씀하신 것처럼 우리에게 많은 돈과 인간적인 방식을 포기하고 대신 하나님을 믿고 따르라고 하시면 그렇게 할 수 있겠습니까? 우리가 기대한 것 이상의 것을 능히 주실 수 있는 하나님을 과연 의지할 수 있겠습니까?

오늘 말씀은 아마샤를 통해 하나님께서 우리에게 어중간한 믿음이 아니라 온전한 믿음을 요구하신다는 것을 교훈하고 있습니다. 세상과 하나님을 향해 나누어진 두 마음이 아니라 오직 하나님만이 나를 도우실 수 있는 분임을 믿는 한 마음을 원하십니다. 산당이나 군대나 에돔의 우상도 아닌 오직 하나님을 향한 절대적인 믿음을 원하십니다. 돈과 명예, 권력, 자기 가족이나 자기 사람을 믿지 않고 오직 하나님만을 의지하는 것이 하나님의 도움을 받을 수 있는 복된 삶이라고 말씀하십니다. 비록 손해 본다 할지라도 그 이상을 주실 수 있는 하나님을 신뢰하면서 나아가는 믿음입니다. 이런 온전한 믿음을 가지신 분은 우리 주 예수 그리스도입니다. 믿음의 선구자이시며 완성자이신 예수님을 바라보고 우리에게 그러한 믿음을 주시도록 기도해야 합니다(히 12:2). 온전한 믿음은 하나님이 주시는 선물입니다.

오늘 말씀이 주는 또 하나의 교훈은 일이 잘 되어갈 때에도 영적 긴장감을 유지해야 한다는 것입니다. 섰다고 생각할 때에 넘어질까 조심해야 합니다(고전 10:12). 세상에서 너무 잘 나가기 때문에 하나님을 찾고 기도해야 할 이유가 없는 분은 없습니까? 살아가는 일이 잘 되기 때문에 하나님과의 관계에서 긴장감 없이 안일하게 살 수 있습니다. 하나님을 찾지 않고 세상과 자신의 성공에 취해서 사는 것입니다. 하나님 대신 자신의 현실적 성공을 계속 유지해 줄 수 있을 것 같은 에돔의 신 곧 부의 신을 의지하여 사는 것입니다. 하나님의 말씀의 권면을 받아들이지 않고 자기가 원하는 길로 계속 나아가는 것입니다. 이렇게 섰다고 생각하는 자들은 아마샤처럼 넘어지게 될 것입니다. 자기가 스스로 잘나간다고 생각하는 그리스도인, 그래서 하나님을 찾고 절실히 예배할 이유가 없는 사람, 그냥 시간이 되면 나와서 예배하는 사람, 하나님 말씀을 귀담아 듣지 않는 이런 사람들은 하나님과 관계에서 영적 긴장감이 없는 교만한 사람들입니다. 하나님께서는 이런 사람들에게 넘어지기 일보직전이라고 말씀합니다. 돌아오라고 경고하십니다. 그들이 믿고 있는 것들은 이미 실패하고 소망이 없는 것들이니 붙잡지 말라고 하십니다. 승리는 하나님께 있다고 말씀하십니다. 하나님을 의지하는 영적 긴장감을 회복해야 합니다. 이런 영적 긴장감의 회복과 유지는 성경 묵상을 통해 일어납니다.

기도와 예배를 통한 하나님과 하나님의 백성들과 교제를 통해 이루어집니다. 하나님과의 관계를 이렇게 올바로 유지하며 사는 사람이 복된 사람입니다. 교만하여 넘어지지 않는 사람입니다. 온전한 믿음과 영적 긴장감으로 하나님이 늘 도우시는 성도들 되시기를 주님의 이름으로 축원합니다.

에스라 9장 1-15절
그리스도인의 긴장감

(1)이 일 후에 방백들이 내게 나아와 이르되 이스라엘 백성과 제사장들과 레위 사람들이 이 땅 백성들에게서 떠나지 아니하고 가나안 사람들과 헷 사람들과 브리스 사람들과 여부스 사람들과 암몬 사람들과 모압 사람들과 애굽 사람들과 아모리 사람들의 가증한 일을 행하여 (2) 그들의 딸을 맞이하여 아내와 며느리로 삼아 거룩한 자손이 그 지방 사람들과 서로 섞이게 하는데 방백들과 고관들이 이 죄에 더욱 으뜸이 되었다 하는지라 (3) 내가 이 일을 듣고 속옷과 겉옷을 찢고 머리털과 수염을 뜯으며 기가 막혀 앉으니 (4) 이에 이스라엘의 하나님의 말씀으로 말미암아 떠는 자가 사로잡혔던 이 사람들의 죄 때문에 다 내게로 모여오더라 내가 저녁 제사 드릴 때까지 기가 막혀 앉았더니 (5) 저녁 제사를 드릴 때에 내가 근심 중에 일어나서 속옷과 겉옷을 찢은 채 무릎을 꿇고 나의 하나님 여호와를 향하여 손을 들고 (6) 말하기를 나의 하나님이여 내가 부끄럽고 낯이 뜨거워서 감히 나의 하나님을 향하여 얼굴을 들지 못하오니 이는 우리 죄악이 많아 정수리에 넘치고 우리 허물이 커서 하늘에 미침이니이다 (7) 우리 조상들의 때로부터 오늘까지 우리의 죄가 심하매 우리의 죄악으로 말미암아 우리와 우리 왕들과 우리 제사장들을 여러 나라 왕들의 손에 넘기사 칼에 죽으며 사로잡히며 노략을 당하며 얼굴을 부끄럽게 하심이 오늘날과 같으니이다 (8) 이제 우리 하나님 여호와께서 우리에게 잠시 동안 은혜를 베푸사 얼마를 남겨 두어 피하게 하신 우리를 그 거룩한 처소에 박힌 못과 같게 하시고 우리 하나님이 우리 눈을 밝히사 우리가 종노릇 하는 중에서 조금 소생하게 하셨나이다 (9) 우리가 비록 노예가 되었사오나 우리 하나님이 우리를 그 종살이하는 중에 버려 두지 아니하시고 바사 왕들 앞에서 우리가 불쌍히 여김을 입고 소생하여 우리 하나님의 성전을 세우게 하시며 그 무너

진 것을 수리하게 하시며 유다와 예루살렘에서 우리에게 울타리를 주셨나이다 (10) 우리 하나님이여 이렇게 하신 후에도 우리가 주의 계명을 저버렸사오니 이제 무슨 말씀을 하오리이까 (11) 전에 주께서 주의 종 선지자들에게 명령하여 이르시되 너희가 가서 얻으려 하는 땅은 더러운 땅이니 이는 이방 백성들이 더럽고 가증한 일을 행하여 이 끝에서 저 끝까지 그 더러움으로 채웠음이라 (12) 그런즉 너희 여자들을 그들의 아들들에게 주지 말고 그들의 딸들을 너희 아들들을 위하여 데려오지 말며 그들을 위하여 평화와 행복을 영원히 구하지 말라 그리하면 너희가 왕성하여 그 땅의 아름다운 것을 먹으며 그 땅을 자손에게 물려 주어 영원한 유산으로 물려 주게 되리라 하셨나이다 (13) 우리의 악한 행실과 큰 죄로 말미암아 이 모든 일을 당하였사오나 우리 하나님이 우리 죄악보다 형벌을 가볍게 하시고 이만큼 백성을 남겨 주셨사오니 (14) 우리가 어찌 다시 주의 계명을 거역하고 이 가증한 백성들과 통혼하오리이까 그리하면 주께서 어찌 우리를 멸하시고 남아 피할 자가 없도록 진노하시지 아니하시리이까 (15) 이스라엘의 하나님 여호와여 주는 의로우시니 우리가 남아 피한 것이 오늘날과 같사옵거늘 도리어 주께 범죄하였사오니 이로 말미암아 주 앞에 한 사람도 감히 서지 못하겠나이다 하니라 [에스라 9장 1-15절]

회개하는 에스라

오늘 말씀에 나오는 에스라는 대제사장입니다. 그는 모세 시대에 모세의 형이며 대제사장이었던 아론의 16대손입니다. 에스라는 하나님께 제사하는 일을 주관하는 대제사장일 뿐만 아니라 서기관이기도 합니다. 서기관은 하나님의 말씀을 기록하고 보전하여 후대에 전달하는 일과 그 말씀을 가르치는 일을 합니다. 에스라가 대제사장일 뿐만 아니라 이런 서기관이었습니다. 포로기가 끝나고 이스라엘 백성은 페르시아에서 세 번에 걸쳐서 돌아오게 되었는데 이 에스라는 두 번째 귀환 때에 지도자이기도 했습니다. 두 번째 귀환은 주전 458년에 있었습니다. 첫 번째 포로 귀환 때에는 약 5만 명 정도에 해당하는 사람들이 귀환을 했는데 에스라가 귀환할 때에는 약 2천 명 정도가 귀환했습니다. 에스라는 이 2천 명의 귀환자들을 이끌고 4개월 걸려서 예루살렘에 돌아왔습니다.

이 에스라가 오늘 말씀을 보면 예루살렘 성전 앞에서 무릎을 꿇고 손을 들고 하나님을 향하여 통곡하면서 기도하고 있습니다. 가까이 가서 보니 그의 옷을 찢어버렸습니다. 그의 머리털과 긴 수염도 쥐어뜯고 있습니다. 마치 모노드라마의 배우가 자기의 머리와 수염과 옷을 쥐어뜯으면서 연기하고 있는 모습처럼 에스라가 예루살렘 성전 앞에서 한숨을 푹푹 쉬고 울면서 하나님 앞에 뭔가 회개하는 기도를 드리고 있습니다. 9장 4절과 10장 1절을 보면 이러한 에스라의 모습을 보고 남녀노소 할 것 없이 포로에서 돌아온 이스라엘 백성들도 에스라와 함께 통곡하고 울고 있습니다. 무슨 일이 일어난 것일까요? 에스라가 무슨 죄를 지었기에 이렇게 비통하게 울면서 회개하고 있는 것일까요? 그가 다윗 왕처럼 살인죄를 지은 것일까요? 혹은 간음죄를 지은 것일까요? 어떤 엄청난 죄를 지었기에 대성통곡하며 수많은 사람들 앞에서 회개하는 기도를 하고 있을까요?

오늘 본문의 6절 말씀부터 가만히 들여다보면 에스라가 "우리 죄악", "우리 허물"이라는 말들을 하고 있는 것을 볼 수 있습니다. 에스라뿐 아니라 백성들이 함께 큰 죄를 범한 듯합니다. 뭔가 부끄럽고 낯 뜨거운 죄여서 하나님을 향해 얼굴을 들 수도 없는 죄라고 말합니다. 13절 말씀에서도 에스라는 "우리의 악한 행실과 큰 죄"를 언급하고 있습니다. 대체 에스라를 포함해서 함께 있는 백성들은 무슨 큰 죄를 지은 것일까요? 무슨 죄를 지었는지 알려고 살펴보니 14절 말씀에서 에스라가 이렇게 기도하는 것을 보게 됩니다:

> 우리가 어찌 다시 주의 계명을 거역하고 이 가증한 백성들과 통혼하오리이까

가증한 백성들이란 하나님을 예배하지 않고 우상을 숭배하는 백성들인데 그 땅에 남아있었던 백성들과 이방의 백성들을 의미합니다. 일찍이 이스라엘과 유다의 백성들은 주전 722년과 586년에 대부분 메소포타미아 지역으로 잡혀갔습니다. 많은 사람들이 사로잡혀갔지만 잡혀가지 않은 소수의 백성들이 남아 있었고 일부는 이주해온 이방사람들과 섞이기도 했습니다(왕하 17:24; 25:12). 이런 가운데 에스라는 돌아온 백성들이 그 땅에 남아있어 이방 사람들과 섞인 백성들의 딸들을 데려다가 결혼했다는 죄를 언급하고 있습니다. 9장 1-2절 말씀을 보면 이러한 일에 행정과 신앙의 지도자들이 앞장을 섰습니다. 고관들과 제사장들과 레위 사람들이 이 땅의 백성들과 섞여 사돈 관계를 맺는 일에 앞장을 선 것입니다. 이들을 본받아 돌아온 일반 백성들도 이방의 여인들과 결혼을 했습니다. 이러한 죄 때문에 에스라가 통곡하며 하나님 앞에 회개하고 있는 것입니다.

10장 18절 이하에는 이방 여인들을 데려다가 아내로 삼은 정치인들과 제사장들에 대한 이름이 쭉 나와 있습니다. 전부는 아니고 대표적인 이름들이지만 하나님을 모르는 여인들과 결혼한 사람들의 이름들입니다. 이 리스트 가운데 아무리 살펴봐도 에스라의 이름은 없습니다. 에스라는 이런 죄에 참여하지 않은 것입니다. 그러면 자기가 지은 죄도 아닌데 에스라는 왜 '우리의 죄악'이라고 말하고 있는 것입니까? 자기가 비록 짓지는 않았지만 포로에서 돌아온 이스라엘 백성들의 리더로서 그들이 지은 죄를 자신의 죄로 동일시하고 있는 것입니다. 자신의 동족이 지은 죄를 자신이 지은 죄로 동일시하면서, "하나님, 우리의 죄를 어떻게 해야 합니까? 너무 부끄러워 눈을 들 수가 없습니다"라고 기도하는 것입니다. 포로귀환 공동체의 죄를 자기의 죄로 탓하며 하나님 앞에 회개하고

있습니다.

이방 여인들과의 결혼을 금하신 하나님

이방 여인들과 결혼한 것이 뭐 그렇게 심각한 죄입니까? 더구나 자신이 행한 죄도 아닌데 에스라는 옷을 찢고 머리를 쥐어뜯고 수염을 뽑으면서 하나님 앞에 울며불며 대성통곡합니까? 그렇게 할 만큼 그 죄가 그렇게 심각한 것입니까? 결혼할 수도 있는 것 아닙니까? 그러나 에스라에게는 하나님께 울고불고 간절하게 회개할 수밖에 없는 심각한 문제였습니다. 이방여인과 결혼하지 않는 것은 일찍이 모세 시대로부터 주어진 하나님의 엄중한 명령이었기 때문입니다. 특별히 가나안 땅을 선물로 주시면서 이 땅에서 잘 살려면 이방 여인들과는 결혼하면 안 된다고 말씀하셨습니다. 신명기 7장 1-4절의 말씀을 보겠습니다.

> 네 하나님 여호와께서 너를 인도하사 네가 가서 차지할 땅으로 들이시고 네 앞에서 여러 민족 헷 족속과 기르가스 족속과 아모리 족속과 가나안 족속과 브리스 족속과 히위 족속과 여부스 족속 곧 너보다 많고 힘이 센 일곱 족속을 쫓아내실 때에 네 하나님 여호와께서 그들을 네게 넘겨 네게 치게 하시리니 그 때에 너는 그들을 진멸할 것이라 그들과 어떤 언약도 하지 말 것이요 그들을 불쌍히 여기지도 말 것이며 또 그들과 혼인하지도 말지니 네 딸을 그들의 아들에게 주지 말 것이요 그들의 딸도 네 며느리로 삼지 말 것은 그가 네 아들을 유혹하여 그가 여호와를 떠나고 다른 신들을 섬기게 하므로 여호와께서 너희에게 진노하사 갑자기 너희를 멸하실 것임이니라

하나님께서 출애굽 한 이스라엘 백성에게 가나안 땅을 선물로 주시겠다고 약속하시면서 하신 말씀입니다. 그 땅에서 잘 살려면 그 땅의 이방 여인들과 결혼하지 말라. 이방 여인들과 결혼하지 않는 것 자체가 중요

한 것이 아니라 이방 여인들 때문에 하나님을 저버리게 되고 이방 신들을 믿게 되니 결혼하지 말라고 명령하셨습니다. 만약에 명령을 어기고 이방 여인들과 결혼해서 하나님을 저버리면 하나님이 주신 땅에서 살 수 없고 쫓겨나게 될 것이라고 모세를 통해 말씀하셨습니다. 이렇게 명령하셨음에도 이스라엘 자손들은 그 명령을 지키지 않았습니다. 그래서 멸망하여 하나님이 주신 약속의 땅에서 살지 못하고 앗수르와 바벨론 지역으로 쫓겨난 것입니다. 이방 여인들과 결혼하는 것은 단순한 문제가 아니었습니다. 그것은 이스라엘 백성이 하나님의 선물을 누리고 사느냐, 살지 못하느냐를 결정짓는 중요한 일이었습니다. 하나님 백성의 생사가 달린 명령이었기 때문에 에스라에게는 중요한 것이었습니다.

잠시 동안 은혜와 조금의 소생

에스라는 쫓겨났던 약속의 땅에 다시 돌아오면서 무슨 생각을 했겠습니까? 우리 조상들이 이방 여인들과 결혼해서 나라가 망했고 포로지에서 비참하게 살았는데 이렇게 돌아올 수 있게 된 것은 하나님의 은혜라고 생각했을 것입니다. 우리를 남기시고 돌아오게 하셔서 예루살렘 성전을 재건하게 하신 것은 하나님의 은혜임을 깨달은 것입니다. 그런 깨달음이 9장 8절에 나타나고 있습니다.

> 이제 우리 하나님 여호와께서 우리에게 잠시 동안 은혜를 베푸사 얼마를 남겨 두어 피하게 하신 우리를 그 거룩한 처소에 박힌 못과 같게 하시고 우리 하나님이 우리 눈을 밝히사 우리가 종노릇 하는 중에서 조금 소생하게 하셨나이다

이스라엘 백성이 포로 가운데 있다가 돌아온 것은 하나님의 은혜입니다. 다 심판할 수 있는데 남겨 주셨습니다. 은혜를 베풀어 주셨습니다. 그런

데 중요한 것은 그 은혜에 관련된 부사가 있습니다. 은혜가 "잠시 동안"의 은혜입니다. 그 다음에 소생하게 된 것도 "조금" 소생하게 되었습니다. 여기서 "잠시 동안(מעט־רגע)"과 "조금(מעט)"이 중요한 부분입니다. 매 맞고 돌아오기는 했는데 아직 완전한 회복이 일어나지 않은 것입니다. 온전한 은혜와 온전한 소생이 아닙니다. 아직 매를 계속 맞고 있는 중이입니다. 하나님의 은혜로 남겨진 자가 되어서 돌아오기는 했는데 아직 페르시아 제국의 이방 왕이 우리를 다스리고 있지 않은가? 우리는 여전히 그 왕의 노예가 아닌가? 여전히 우리는 하나님의 언약적 저주 아래에서 매를 맞고 있는 백성들인데 이런 상황에서 다시 죄를 지었다는 것이 에스라의 인식입니다. 하나님의 징계가 아직 끝나지도 않았는데 은혜받고 돌아온 자들이 그들을 포로가게 했던 죄인 이방 여인들과 결혼하는 죄를 다시 지었다는 것입니다. 그래서 9장 14절을 보면 에스라는 '남아 있는 자신들마저 하나님께서 끝장내 버리시지는 않을까' 하는 위기의식을 갖습니다. 에스라는 이런 위기의식을 가지면서 하나님 앞에 통곡하며 기도하고 있던 것입니다.

거룩한 백성의 정체성 회복

이제 돌아온 이스라엘 백성은 여기에서 끝나버리는 것일까요? 아니면 여전히 그들에게 소망이 있는 것일까요? 10장 2절에 보면 아직도 소망이 있다고 이스라엘 백성들이 주변에서 에스라에게 말합니다. 특별히 엘람 자손 중 여히엘의 아들 스가냐가 에스라에게 말합니다. "우리가 우리 하나님께 범죄하여 이 땅 이방 여자를 맞이하여 아내로 삼았으나 이스라엘에게 아직도 소망이 있나니"라고 말합니다. 10장 3절에서 스가냐는 계속하여 말합니다. "내 주의 교훈을 따르며 우리 하나님의 명령을 떨며 준행하는 자의 가르침을 따라 이 모든 아내와 그들의 소생을 다 내보내기로 우리 하나님과 언약을 세우고 율법대로 행할 것"이기에 소망이 있다고 말합니다. 결혼하기 위해 데려왔던 이방 여인들과 그들과 사이에서 태어났던 자녀들을 내보내어 거룩한 자손으로서의 정체성을 다시 회복하면 소망이 있다고 말한 것입니다. 과연 돌아온 백성들은 스가냐의 말대로 행할 수 있을까요?

우리는 먼저 포로에서 돌아온 사람들이 왜 이방 사람들과 쉽게 사돈 관계를 맺으며 그들의 딸들을 데려오게 되었는지를 생각하게 됩니다. 이스라엘이 포로가 되어 떠난 가나안 땅에 남아있게 된 이방 사람들은 기득권자들입니다. 이스라엘 사람들이 다 쫓겨나 그 땅을 떠났을 때 그 땅을 대신 접수한 사람들입니다. 이 이방 사람들은 이스라엘이 포로에서 돌아올 때까지도 그 땅의 주인 노릇을 했습니다. 돌아온 자들이 힘들지 않게 살려면 어떻게 해야 합니까? 그들과의 결혼을 통해서 그들의 기득권을 공유하는 것입니다. 이런 이유에서 이방 여인들과의 결혼이 쉽게 이루어진 것입니다. 정치인들과 종교적 지도자들이 앞서서 결혼 관계를 이방 사람들과 가졌습니다.

그러므로 문제를 해결하려면 어떻게 해야 됩니까? 그 기득권을 포기해야 하고 갈라서야 하는 것입니다. 하나님을 의지해서 살겠다고 결혼관계를 정리하여 보여 주어야 합니다. 우리는 솔로몬 왕을 기억하고 있습니다. 솔로몬 왕은 인간적으로 지혜로운 사람입니다. 그가 왕이 되었을 때 국제 관계에서 첫 번째로 한 일이 무엇입니까? 강대국 이집트와의 좋은 관계를 통해 자기 왕국의 안전과 평화를 유지하는 것입니다. 그렇게 하려면 어떻게 해야 합니까? 이집트 왕의 바로의 딸과 결혼하는 것이었습니다. 그 딸을 데려오는 것입니다. 그렇게 자신의 왕국에 대한 안전을 꾀하려는 의도에서 솔로몬 왕은 이집트 왕의 사위가 되었습니다. 그런데 여러분 그 솔로몬 왕이 어떻게 되었습니까? 자신의 안전을 위해 결혼했던 바로의 딸이 자신을 철저히 하나님으로부터 멀어지게 하는 사람이 되게 했습니다. 솔로몬 왕은 철저히 하나님을 배반했고 우상을 숭배하는 노년을 보냈습니다. 이와 같은 동일한 일이 에스라가 돌아왔을 때도 일어난 것입니다. 그래서 에스라와 일부 지도자들은 극단적인 이혼의 처방을 하는 것입니다. 헤어짐으로써 하나님 백성의 거룩한 정체성을 회복하라고 말씀하는 것입니다.

사랑하는 여러분! 오늘 이 말씀이 예수 믿는 성도들에게 어떻게 적용될 수 있습니까? 적용에는 연속성이 있고 불연속성도 있습니다. 적용할 수 없는 부분이 있고 적용할 수 있는 부분이 있습니다. 무엇을 적용할 수 없습니까? 믿지 않는 사람과 결혼했다고 갈라서는 것이

지금도 실행해야 하는 부분입니까? 이것은 적용할 수 없는 부분입니다. 고린도전서 7장 12절에서 17절까지의 말씀을 보겠습니다.

> 그 나머지 사람들에게 내가 말하노니 이는 주의 명령이 아니라 만일 어떤 형제에게 믿지 아니하는 아내가 있어 남편과 함께 살기를 좋아하거든 그를 버리지 말며 어떤 여자에게 믿지 아니하는 남편이 있어 아내와 함께 살기를 좋아하거든 그 남편을 버리지 말라 믿지 아니하는 남편이 아내로 말미암아 거룩하게 되고 믿지 아니하는 아내가 남편으로 말미암아 거룩하게 되나니 그렇지 아니하면 너희 자녀도 깨끗하지 못하니라 그러나 이제 거룩하니라 혹 믿지 아니하는 자가 갈리거든 갈리게 하라 형제나 자매나 이런 일에 구애될 것이 없느니라 그러나 하나님은 화평 중에서 너희를 부르셨느니라 아내 된 자여 네가 남편을 구원할는지 어찌 알 수 있으며 남편 된 자여 네가 네 아내를 구원할는지 어찌 알 수 있으리요 오직 주께서 각 사람에게 나눠 주신 대로 하나님이 각 사람을 부르신 그대로 행하라 내가 모든 교회에서 이와 같이 명하노라

에스라 시대에는 믿지 않는 자와의 결혼이 인정되지 않았습니다. 그러나 신약시대의 사도 바울은 고린도교회 성도들에게 믿지 않는 자들과 결혼했다고 헤어지라고 말하고 있지 않습니다. 남편이든 아내와 자식들이든 믿지 않는 자들의 구원을 위해서 그냥 살라고 말씀합니다. 고린도전서 7

장 15절에서 '그러나 하나님은 화평 중에서 너희를 부르셨느니라' 라는 말씀은 가정의 화평을 위해서 무조건 살라는 말씀은 아닙니다. 하나님과의 화평의 관계를 전제로 하여 결혼을 허락하셨다는 말씀입니다. 여기에서 '화평' 이란 남편과 믿지 않는 아내와의 화평을 말하는 게 아니라 하나님과의 화평한 관계를 의미합니다. 믿지 않는 남편과 아내라도 같이 살기를 원하면 살라는 말씀입니다. 그리고 그들의 구원을 위해서 평생 힘쓰며 기도하며 살아야 합니다. 그런데 믿지 않는 아내와 남편이 하나님과의 관계를 막아서면 헤어져야 한다는 말씀입니다. 교회 간다고 술 먹고 폭력을 행사하면 헤어질 수 있다는 것입니다. 한 번 결혼했으니 이혼은 절대 안 된다는 것은 기독교적 가르침은 아닙니다. 혹 믿지 아니하는 자가 갈리거든 갈리게 해야 합니다. 이혼이 허용되는 경우가 있습니다. 하나님과의 관계를 유지할 수 없을 때에는 이혼도 할 수 있다는 것입니다. 신앙을 포기하면서까지 결혼 관계를 유지하지는 말라는 것입니다. 절대적인 것은 결혼관계가 아니라 하나님과의 관계입니다. 결혼도 하나님과의 관계 속에서 존재한다는 것입니다.

그러면 에스라 시대에 에스라는 왜 이미 결혼한 이방인 여인들과 갈라서게 한 것입니까?

그 시대의 특수성 때문에 그렇습니다. 하나님께서는 일찍이 이방 여인들과 결혼해서 하나님을 저버린 이스라엘 백성들을 심판하셨고 포로가 되게 하셨습니다. 그런 가운데서도 남기신 백성들을 포로에서 돌아오게 하셨습니다. 그러나 남겨져 귀환한 사람들마저 하나님을 저버리고 세상과 섞여 살려고 했습니다. 하나님께서는 남겨진 이 백성들을 통해 천하 만민을 구원하려고 하시는데 이들은 혼합결혼을 통해서 노아시대처럼 세상에 다시 섞여버리려고 합니다(창 6:1-2). 이런 특수한 위기 상황 속에서 하나님께서는 에스라를 통해 극단적인 처방을 하신 것입니다. 그 시대에만 적용되는 처방입니다. 하나님의 구원 계획 속에서 거룩한 백성들을 보존하기 위해서 갈라서게 한 처방입니다. 그러므로 일반화 되어서 지금 우리 성도들에게 적용할 수는 없습니다.

그러면 에스라 시대에 주어진 특수한 처방이니까 지금 성도들에게는 더 이상 적용할 것이 없는가? 갈라서는 문제에 있어서는 적용이 안 되지만 절대적으로 적용해야 되는 것이 있습니다. 하나님의 백성은 거룩해야 한다는 것입니다. 구별되어야 한다는 것입니다. 갈라서고 갈라서지 않는 것이 중요한 것이 아니라 예수 믿는 하나님 백성은 거룩해야 한다는 것입니다. 하나님께서는 창세기 3장 15절의 약속 이후로 사람이 사탄과 원수가 되고 하나님과는 친구가 되게 하려는 계획 가운데 일해 오셨습니다. 이런 하나님의 큰 일 가운데 오신 예수님을 통해서 우리는 사탄과는 원수가 되어 헤어졌고 하나님께는 친구와 자녀로 함께 살게 되었습니다. 하나님 자녀의 거룩은 하나님과의 관계를 유지해가는 것을 의미합니다. 하나님을 아버지로 모시고 그 자녀답게 사는 것이 거룩입니다. 거룩하지 못한 것은 원수인 세상에 섞여서 세상의 친구가 되고 다시 하나님의 원수가 되는 것을 의미합니다(약 4:4). 예수님의 피를 통해서 하나님과 원수였던 자들을 하나님의 친구와 자녀로 만들어 놓았더니 다시 하나님과 원수가 되고 세상과 벗이 된다면 그것은 거룩하지 못한 것입니다.

거룩함을 방해하는 세상적 욕심

하나님의 자녀로 거룩하게 살지 못하게 하는 것은 무엇입니까? 오늘 본문이 말씀하는 것처럼 세상 기득권입니다. 세상에서 좀 더 편하게 살고 싶은 욕심입니다. 어떻게 하든 이미 세상에서 돈과 권력을 가진 자들의 친구가 되어 그들이 가진 세상적인 것들을 공유하고 싶은 것입니다. 그것들을 공유해서 세상적으로 어렵지 않게 살고 싶은 것입니다. 솔로몬과 에스라 시대의 백성들처럼 이 시대의 그리스도인들에게도 세상과 벗이 되어 세상의 것들을 공유해서 편히 살고 싶은 유혹이 있습니다. 하나님은 없이 세속적으로 남부럽지 않게 살 수 있게 해줄 수 있는 사람들이 이 시대의 이방여인들입니다. 하나님을 떠나서 이런 이방 여인들과 결혼하고 세상에 대한 욕심을 추구하면 하나님과의 관계가 멀어질 뿐만 아니라 사람과의 관계들 속에서도 파괴가 일어납니다. 인간관계를 통해서 이 세상의 기득권을 유지하려고 하다가 배신을 당하고 죽음에 이를 수도 있습니다. 그 일이 잘 되어서 밥 세 끼 잘 먹고 남은 생애 좀 편안하게 살 수 있을지 모릅니다. 그러나 하나님과 원수가 되어서 창조와 구원의 하나님이 주시는 예수 안에서의 풍성한 삶을 영원히 잃어버리게 됩니다.

사랑하는 여러분! 하나님은 구별된 백성을 원하십니다. 물에 술 탄 듯, 술에 물 탄 듯 미지근한지, 차갑지도 덥지도 않은 미지근한 신앙과 삶을 좋아하지 않으십니다. 하나님과 세상이라는 두 주인을 섬기는 마음을 안 좋아하십니다. 노아시대처럼 하나님의 아들들이 사람의 딸들과 섞여서 살면 하나님의 심판이 있습니다. 거룩한 신앙 곧 오직 하나님만을 힘으로 삼고 살아가는 것에 소망이 있습니다. 하나님께서는 거룩한 옷을 입고 즐거이 헌신하는 백성들에게 복을 주십니다(시 110:3). 어제처럼 오늘과 혹 내일도 우리들에게 세상의 이방 여인들이 찾아올 수 있습니다. 우리의 진로와 결혼과 모든 생활 속에 이방 여인들이 슬쩍 다가옵니다. "나하고 내가 가진 이 돈과 이 안락함과 이 기득권을 공유하면서 편하게 살자. 주일 예배? 하나님과의 관계? 좀 접어도 돼. 나하고 살고 누리자. 얼마나 꿀맛 같은지 몰라. 정~말 좋아" 라고 유혹할 수 있습니다(잠 7:16-21; 9:17). 이런 유혹에 속지 말아야 합니다. 개가 그 토하였던 것에 돌아가는 것처럼 세상에 다시 돌아가면 안 됩니다(잠 26:11; 벧후 2:22). 하나님과의 소중한 관계를 소홀히 하지 마십시오. 분명히 구별된 마음과 삶을 원하시는 하나님 앞에서 살아야 합니다. 이런 거룩한 생활을 통해 하나님께서 공급하시는 복된 삶을 누리시길 축원합니다.

느헤미야 2장 11-20절
전환점에 서서

(11) 내가 예루살렘에 이르러 머무른 지 사흘 만에 (12) 내 하나님께서 예루살렘을 위해 무엇을 할 것인지 내 마음에 주신 것을 내가 아무에게도 말하지 아니하고 밤에 일어나 몇몇 사람과 함께 나갈새 내가 탄 짐승 외에는 다른 짐승이 없더라 (13) 그 밤에 골짜기 문으로 나가서 용정으로 분문에 이르는 동안에 보니 예루살렘 성벽이 다 무너졌고 성문은 불탔더라 (14) 앞으로 나아가 샘문과 왕의 못에 이르러서는 탄 짐승이 지나갈 곳이 없는지라 (15) 그 밤에 시내를 따라 올라가서 성벽을 살펴본 후에 돌아서 골짜기 문으로 들어와 돌아왔으나 (16) 방백들은 내가 어디 갔었으며 무엇을 하였는지 알지 못하였고 나도 그 일을 유다 사람들에게나 제사장들에게나 귀족들에게나 방백들에게나 그 외에 일하는 자들에게 알리지 아니하다가 (17) 후에 그들에게 이르기를 우리가 당한 곤경은 너희도 보고 있는 바라 예루살렘이 황폐하고 성문이 불탔으니 자, 예루살렘 성을 건축하여 다시 수치를 당하지 말자 하고 (18) 또 그들에게 하나님의 선한 손이 나를 도우신 일과 왕이 내게 이른 말씀을 전하였더니 그들의 말이 일어나 건축하자 하고 모두 힘을 내어 이 선한 일을 하려 하매 (19) 호론 사람 산발랏과 종이었던 암몬 사람 도비야와 아라비아 사람 게셈이 이 말을 듣고 우리를 업신여기고 우리를 비웃어 이르되 너희가 하는 일이 무엇이냐 너희가 왕을 배반하고자 하느냐 하기로 (20) 내가 그들에게 대답하여 이르되 하늘의 하나님이 우리를 형통하게 하시리니 그의 종들인 우리가 일어나 건축하려니와 오직 너희에게는 예루살렘에서 아무 기업도 없고 권리도 없고 기억되는 바도 없다 하였느니라

[느헤미야 2장 11-20절]

느헤미야와 예루살렘 성벽

오늘 말씀 가운데에 나오는 느헤미야는 예수님께서 이 땅에 오시기 전 약 440년 전에 살았던 사람입니다. 2장 11절을 보면 그가 예루살렘에 도착했다고 말씀합니다. 어디에서 출발하여 예루살렘에 도착을 한 것일까요? 페르시아의 아닥사스다 왕의 궁궐에 있다가 예루살렘에 도착한 것입니다. 예루살렘에 도착해서 3일을 쉬고 하나님께서 자기에게 주신 사명을 행하기 위해 느헤미야는 조용히 그의 측근들과 함께 밤에 예루살렘 성 주변을 돌아봅니다.짐승을 타고 골짜기 문에서 분문에 이르고 샘문과 왕의 못은 걸어서 지나 다시 골짜기 문으로 돌아옵니다. 그러나 아무에게도 자신이 밤에 예루살렘 성 주위를 돌아보았다는 얘기를 하지 않았습니다.

17절 말씀을 보면 얼마 후에 느헤미야는 포로에서 돌아온 유다 제사장들과 귀족들과 방백들에게 연설을 합니다. "여러분! 우리가 어려운 가운데 있는 것을 여러분도 알고 있을 줄 압니다. 우리가 거주하고 있는 이 예루살렘 성이 황폐하고 성문은 불탔습니다. 우리가 예루살렘 성을 건축해서 우리의 이 수치를 벗어나야 합니다. 하나님의 선한 손이 나를 도우셨고 페르시아 왕도 예루살렘 성 건축을 돕겠다고 했습니다." 이런 느헤미야의 연설을 들은 유다의 백성들은 "그렇게 합시다. 일어나 같이 예루살렘 성벽을 쌓읍시다." 라고 동의하였습니다.

이런 가운데 2장 19절 말씀을 보면 호론 사람[31] 곧 사마리아 총독 산발랏과 그의 종이었지만 암몬 사람의 총독이 된 도비야, 또한 아라비아 지역에 있는 게셈이 느헤미야의 말을 전해 듣고 비웃었습니다. 뿐만 아니라 예루살렘 성벽을 다시 건축하는 것은 페르시아 왕을 배반하는 행위

---

31) "호론 사람"에서 호론은 사마리아의 '윗 혹은 아래 벧호론'으로 불려지는 "벧호론"을 의미할 수 있다(수 16:3, 5).

라고 위협했습니다. 그러나 느헤미야는 조롱하는 그들에게 하늘의 하나님께서 우리를 형통케 하실 것이고 너희와 상관없이 우리가 예루살렘 성벽 건축을 마칠 것이라고 대응합니다. 이러한 말씀이 느헤미야서 2장 11절에서 20절까지의 주된 내용입니다. 느헤미야가 페르시아의 궁정에서 예루살렘에 도착하여 예루살렘 성 주변을 살펴보고 파괴된 예루살렘 성벽을 다시 건축하려고 한 것입니다.

예루살렘은 주전 586년에 바벨론의 느부갓네살 왕에 의해서 불탔고 성전과 함께 파괴되었습니다. 그러나 하나님께서는 포로로 잡혀갔던 백성들을 페르시아에서 주전 538년부터 돌아오게 하셨습니다. 예레미야 선지자를 통해 약속하신 대로 70년 만인 주전 515년에는 예루살렘 성전을 다시 건축하게 하셨습니다(렘 29:10). 이렇게 유다 백성이 포로에서 돌아오기 시작한 지 100년이 지나고 있을 때에 느헤미야는 페르시아의 궁궐에서 살고 있었습니다. 그는 포로로 잡혀온 유대인 후손으로 페르시아에서 태어나고 자란 듯합니다.

이런 느헤미야는 조국과 예루살렘에 대한 관심이 있었습니다. 예루살렘에 있는 하나님의 성전은 중건되었지만 예루살렘 성벽이 오랫동안 재건되지 않아 여러 가지 어려움들이 있다는 것을 들었습니다. 이전에 예루살렘 성벽을 다시 세우려는 시도는 여러 번 있었습니다. 특별히 느헤미야 시대의 왕인 아닥사스다 왕의 시대에도 예루살렘 성벽 건축을 위한 시도들이 있었습니다. 이러한 시도들은 에스라서 4장 17절 이하에 언급되고 있습니다. 그러나 그때마다 성벽 재건에 대한 시도들은 실패했습니다. 오늘 말씀에 나오는 사마리아의 총독 산발랏이나 암몬의 총독 도비야 같은 사람들이 예루살렘 성벽 재건에 대해 방해를 해왔기 때문입니다. 그들은 아닥사스다 왕에게 사신을 보내어서 돌아온 유대인들이 성벽을 쌓아서 왕에게 반란을 일으키려고 한다는 거짓 소문을 내었고 그때마다 아닥사스다 왕은 군대를 보내 성문을 불사르고 성벽을 다시 파괴하게 했습니다.

기도하고 조사하고 설득하는 느헤미야

느헤미야는 최근에 예루살렘을 다녀온 동생 하나니로부터 예루살렘의 비참한 상황에 대한 소식을 듣기도 했습니다(1:2-3). 성벽을 재건해야 백성들이 다시 안전함을 얻을 수 있고 하나님께서 약속하신 온전한 회복도 이루어지는 것인데 성벽이 파괴되었다는 소식에 비통함을 가졌습니다. 이런 비통함 가운데 느헤미야는 하나님 앞에 금식하며 기도했습니다. 이스라엘의 죄를 자복하며 언약하신 대로 회복시켜 달라고 기도했습니다. 아닥사스다 왕의 술 관원인 자신을 형통하게 하사 왕에게 호의를 입게 해달라고 기도했습니다. 하나님께서는 이러한 느헤미야의 기도를 들으셨습니다. 약 4개월 후에 느헤미야는 평소와 같이 왕에게 술을 따랐습니다. 그때에 느헤미야의 얼굴은 예전과 같지 않았고 얼굴에는 근심이 가득했습니다. 아닥사스다 왕도 이것을 인식하고 느헤미야에게 왜 얼굴에 근심이 가득하냐고 물었습니다. 마음에 무슨 문제가 있냐고 물었습니다. 그때 느헤미야는 두려워하며 왕에게 조상들의 묘들이 있는 예루살렘 성이 황폐하고 성문이 불에 타서 괴롭다고 말했습니다. 그러자 어찌된 일인지 왕은 느헤미야에게 무엇을 원하느냐고 다시 묻습니다. 그 순간에 느헤미야는 하나님께 기도하고 왕에게 자신을 유다 땅에 보내어 예루살렘 성을 건축하게 해달라고 간청합니다. 느헤미야는 왕의 신하로서 하기 어려운 말을 하였습니다.

사실 최근에 아닥사스다 왕은 예루살렘 성벽 건축을 불법으로 여기고 칙령을 내려 성문을 불태우고 성벽을 파괴시켰기 때문입니다(스 4:7-23). 그런 가운데 자신의 최측근인 느헤미야가 자신의 칙령에 반하는 성벽건축을 말한 것은 무척 위험한 것이었습니다. 그러나 아닥사스다 왕은 느헤미야가 예루살렘 성벽 건축을 위하여 가는 것을 허락하였습니다. 더 나아가 느헤미야가 예루살렘 성전의 문과 성벽과 자기 집 건축을 위한 목재와 이를 허락하는 왕의 조서를 요청한 것도 들어주었습니다. 하나님께서 느헤미야의 기도를 들으시고 선하신 손으로 그를 도우신 것입니다(2:8). 이렇게 해서 느헤미야가 예루살렘에 도착한 것입니다. 도착한 후에 예루살렘 성벽을 둘러보고 포로에서 돌아온 지도자들과 백성들에게 성벽을 건축하자고 말했습니다. 성벽이 없어서 많은 어려움과 수치를 당했는데 재건하자고 했습니다. 하나님께서 도우셔서 페르시아의 아닥사스다 왕도 이 일을 허락했다고 독려했습니다. 돌아온 백성들이 여기에 호응을 했습니다. 산발랏과 도비야 같은 사람들이 조롱하고 위협했지만 느헤미야는 하나님께서 포로에서 돌아온 자들을 통해 성벽을 건축하게 하실 것이라고 말하며 물러서지 않았습니다.

예루살렘 성벽 건축을 위한 하나님의 일하심

예루살렘 성전은 100년 전에 이미 재건되었지만 아직 성벽이 재건되지 않은 가운데 하나님께서 성벽 재건을 위해 어떻게 일하시는지를 보여주는 말씀이 오늘 본문의 말씀입니다. 어떻게 일하시고 계십니까? 오늘 말씀 2장 12절을 보면 "내 하나님께서 예루살렘을 위해 무엇을 할 것인지 내 마음에 주신 것을 내가 아무에게도 말하지 아니하고"의 말씀을 볼 수 있습니다. 하나님께서는 먼저 느헤미야를 선택하셨습니다. 하나님의 도성 예루살렘 성벽을 건축하는 일에 있어서 느헤미야를 선택하시고 그의 마음에 비전을 주셨습니다. 느헤미야를 부르시고 사명을 주신 것입니다. 그가 예루살렘 성벽에 대한 소식에 관심을 기울이게 하시고 예루살렘 성벽 재건이 실패한 소식도 듣게 하셨습니다. 이런 소식 가운데 그로 하여금 울며 금식함으로 기도하게 하셨습니다. 전에 이스라엘 백성들이 범한 죄를 회개하게 하셨습니다. 예루살렘 성전 재건뿐 아니라 예루살렘 성벽의 재건을 통해 하나님의 회복에 대한 언약을 성취해 주실 것을 간구하게 하셨습니다. 그가 이렇게 기도한 후 4개월 만에 하나님께서는 그의 기도에 응답하셔서 왕의 호의를 입게 하셨습니다. 그가 예루살렘 성벽을 재건하는 것 때문에 고민하며 기도할 때 하나님께서는 아닥사스다 왕으로 하여금 느헤미야의 얼굴색이 안 좋은 것을 보게 하셨습니다. 그 왕이 자신이 내린 결정을 번복해서 예루살렘 성벽을 재건할 수 있도록 허락하고 군대와 목재로 지원하게 하셨습니다.

2장 8절 마지막 말씀에 보면 느헤미야는 이렇게 고백하고 있습니다. "내 하나님의 선한 손이 나를 도우심으로 왕이 허락하고". 사실 처음부터 하나님께서는 느헤미야를 부르셨을 뿐만 아니라 예루살렘 성벽 재건의 사명을 마음에 주셨습니다(2:12). 기도하고 금식하게 하셨을 뿐 아니라 아닥사스다 왕의 최측근이 되게 하셨습니다. 또한 그 왕이 예루살렘 성벽 재건을 허락할 수 있도록 역사하셨습니다. 이렇게 하여 느헤미야는 예루살렘에 도착하게 된 것입니다. 포로로 잡혀간 백성들을 느헤미야와 함께 세 번째로 돌아오게 하셨습니다. 이렇게 하나님의 선하신 손의 도우심을 얻어 예루살렘에 도착했을 때 느헤미야는 자신의 사명을 함부로 남발하지 않았습니다. 성벽 재건의 사명을 가지고 신중함으로 예루살렘 성 주위를 돌아보았습니다. 불탄 성문과 파괴되어진 성벽들을 돌아보고 애타는 마음으로 돌아온 유대 사람들인 제사장과 귀족들과 방백들과 평민들을 만났습니다. 그들에게 2장 18절에 있는 말씀처럼 하나님의 선한 손의 역사와 아닥사스다 왕이 예루살렘 성벽 재건을 허락했다는 말을 전했습니다. 언제까지 예루살렘의 황폐함으로 수치와 불안 가운데서 살아가겠냐고 도전을 했습니다. 속히 성벽을 함께 재건하자고 백성들에게 말했습니다. 이러한 느헤미야의 말에 백성들도 적극적으로 성벽 재건에 참여하겠다는 말을 우리는 18절에서 들을 수 있습니다.

물론 모든 일들이 다 순조롭게 되지는 않았습니다. 사마리아의 총독 산발랏과 암몬의 총독 도비야가 코웃음을 치면서 조롱했습니다. 때로는 예루살렘 성벽 재건을 아닥사스다 왕에 대한 반역의 행위로 왜곡했습니다. 그러나 느헤미야는 그러한 방해에 불안해하지 않았고 하늘의 하나님을 언급했습니다. 20절 말씀을 보면 "하늘의 하나님"이 우리를 형통케 하실 것이니 우리가 성벽을 건축할 것이라고 담대히 말합니다. 이런 믿음 가운데 느헤미야와 백성들은 예루살렘 성벽을 52일 만에 건축하게 됩니다.

52일 만에 예루살렘 성벽을 건축하는 과정에서 하나님께서는 어떻게 그 일들을 행하셨는가? 그것이 오늘 말씀의 중요한 교훈입니다. 어떻게 일하셨습니까? 무엇보다 하나님께서 느헤미야를 부르셨고 느헤미야로 하여금 기도하게 하셨고 금식하게 하셨고 그를 아닥사스다 왕의 측근이 되게 하셨습니다. 하나님께서 아닥사스다 왕으로 하여금 예루살렘 성벽 건축을 허락하게 하셨고 느헤미야가 자신의 사명을 쉽게 보지 않고 조용히 철저하게 준비하며 진행하게 하셨습니다. 때론 백성들을 설득하며 방해 속에서도 능력의 하나님, 곧 사명을 주시고 도와주신 하나님의 선한 손길을 믿으면서 나아가게 하셨습니다. 이렇게 역사하심으로써 느헤미야로 하여금 예루살렘 성벽을 재건하게 하셨습니다.

사랑하는 여러분, 그리스도의 교회는 예수님의 오심으로 회복된 하나님 나라에 속하기 시작하여 예수님의 재림으로 완성될 하나님 나라를 기다리는 전환점에서 존재하고 있습니다. 하나님께서는 이 전환점에서 그리스도의 교회를 통해 하나님 나라를 적극적으로 세워가기를 원하십니다. 하나님께서 교회를 통해 어떻게 그 나라를 세워나가십니까? 오늘 말씀은 하나님께서 예수 믿는 자들을 부르시고 교회를 이루어 하나님 나라 건설의 사명을 주시고 환경과 돕는 자들을 통해 일하신다는 것을 보여주십니다. 많은 방해와 비웃음이 있겠지만 부르시고 사명을 주실 뿐 아니라 도우시는 하나님을 믿음으로 세워 가심을 말씀합니다. 믿는 자들을 통해 지역의 상황을 둘러보며 철저히 준비하고 온 교회에 협조를 당부하며 설득해 나가는 과정들을 통해서 하나님께서 세워나가심을 우리에게 말씀해 주십니다. 하나님의 부르심과 사명주심과 그 사명 받은 자들로 철저히 준비하게 하심과 돕는 자들을 세우심을 통해 이루어 가십니다. 이렇게 오늘의 교회를 통해 일하시는 하나님을 바라보며 하나님의 행하시는 일에 적극 순종하는 여러분 모두가 되기를 주님이름으로 부탁드립니다.

에스더 4장 1-17절
헌신할 기회

(1) 모르드개가 이 모든 일을 알고 자기의 옷을 찢고 굵은 베 옷을 입고 재를 뒤집어쓰고 성중에 나가서 대성 통곡하며 (2) 대궐 문 앞까지 이르렀으니 굵은 베 옷을 입은 자는 대궐 문에 들어가지 못함이라 (3) 왕의 명령과 조서가 각 지방에 이르매 유다인이 크게 애통하여 금식하며 울며 부르짖고 굵은 베 옷을 입고 재에 누운 자가 무수하더라 (4) 에스더의 시녀와 내시가 나아와 전하니 왕후가 매우 근심하여 입을 의복을 모르드개에게 보내어 그 굵은 베 옷을 벗기고자 하나 모르드개가 받지 아니하는지라 (5) 에스더가 왕의 어명으로 자기에게 가까이 있는 내시 하닥을 불러 명령하여 모르드개에게 가서 이것이 무슨 일이며 무엇 때문인가 알아보라 하매 (6) 하닥이 대궐 문 앞 성 중 광장에 있는 모르드개에게 이르니 (7) 모르드개가 자기가 당한 모든 일과 하만이 유다인을 멸하려고 왕의 금고에 바치기로 한 은의 정확한 액수를 하닥에게 말하고 (8) 또 유다인을 진멸하라고 수산 궁에서 내린 조서 초본을 하닥에게 주어 에스더에게 보여 알게 하고 또 그에게 부탁하여 왕에게 나아가서 그 앞에서 자기 민족을 위하여 간절히 구하라 하니 (9) 하닥이 돌아와 모르드개의 말을 에스더에게 알리매 (10) 에스더가 하닥에게 이르되 너는 모르드개에게 전하기를 (11) 왕의 신하들과 왕의 각 지방 백성이 다 알거니와 남녀를 막론하고 부름을 받지 아니하고 안뜰에 들어가서 왕에게 나가면 오직 죽이는 법이요 왕이 그 자에게 금 규를 내밀어야 살 것이라 이제 내가 부름을 입어 왕에게 나가지 못한 지가 이미 삼십 일이라 하라 하니라 (12) 그가 에스더의 말을 모르드개에게 전하매 (13) 모르드개가 그를 시켜 에스더에게 회답하되 너는 왕궁에 있으니 모든 유다인 중에 홀로 목숨을 건지리라 생각하지 말라 (14) 이 때에 네가 만일 잠잠하여 말이 없으면 유다인은 다른 데로 말미암아 놓

> 임과 구원을 얻으려니와 너와 네 아버지 집은 멸망하리라 네가 왕후의 자리를 얻은 것이 이 때를 위함이 아닌지 누가 알겠느냐 하니 (15) 에스더가 모르드개에게 회답하여 이르되 (16) 당신은 가서 수산에 있는 유다인을 다 모으고 나를 위하여 금식하되 밤낮 삼 일을 먹지도 말고 마시지도 마소서 나도 나의 시녀와 더불어 이렇게 금식한 후에 규례를 어기고 왕에게 나아가리니 죽으면 죽으리이다 하니라 (17) 모르드개가 가서 에스더가 명령한 대로 다 행하니라 [에스더 4장 1-17절]

위기에 처한 유대인들

오늘 에스더서 본문의 말씀을 보면 뭔가 심각한 문제가 있다는 것을 알 수 있습니다. 모르드개라고 하는 에스더의 삼촌이 페르시아의 수산궁 정문에서 옷을 찢고 머리를 풀어헤치고 금식하며 울고 있기 때문입니다. 페르시아의 왕비인 에스더는 그의 삼촌이 왜 이렇게 하는지 궁금하여 하인을 보내 물어봅니다. 삼촌 모르드개는 에스더에게 페르시아의 제 2인자인 하만이라고 하는 사람이 유대인을 전부 죽이려고 하기 때문에 자신이 이와 같이 옷을 찢고 금식하며 울부짖고 있다고 대답합니다. 더 나아가 에스더가 페르시아의 왕비일지라도 또한 유대인이니 유대인을 위하여 당시의 페르시아 왕인 남편 아하수에로에게 나아가 유대인들을 살려달라고 요구하도록 에스더에게 부탁합니다.

페르시아에 있는 모든 유대인들은 왜 죽게 되었을까요? 사실 유대인들은 하나님의 백성들로서 하나님을 섬기면서 이스라엘 땅에서 살았습니다. 그러나 우상을 숭배함으로 하나님을 배반하여 심판을 받고 바벨론 땅에 끌려와 살게 되었습니다. 바벨론이 멸망한 후에는 그 지역에 페르시아가 들어서서 여전히 그들을 통치하였습니다. 에스더 당시에 페르시아를 다스리는 왕은 "아하수에로"인데 그리스의 역사가 헤로도투스는 그리스식으로 "크세르크세스"라고 하는 이름으로 그를 부르고 있습니다.

헤로도투스(Herodotos)는 『역사(*Historiai*)』라는 책에서 이 에스더의 남편 아하수에로가 그리스를 침공하여 전쟁하는 사건을 상세히 기술하고도 있습니다. 이와 같이 에스더의 남편 된 페르시아의 왕 아하수에로는 유명한 왕이었습니다. 이 아하수에로가 자신 밑에서 페르시아를 통치하는 2인자로 세운 사람이 하만입니다. 하만은 아각 가문의 사람으로서 대대로 이스라엘의 대적인 아말렉 족속의 후예이기도 합니다(3:1; 삼상 15장 참조). 아말렉 족속은 출애굽 한 이스라엘의 광야 시절부터 이스라엘의 대적이었습니다. 르비딤 광야에서 이동할 때 후미의 약한 자들을 공격했던 족속이 아말렉 족속이었고 하나님께서는 이후로 아말렉 족속과의 영원한 전쟁을 선포하셨습니다(출 17:8-16; 신 25:17-19).

하만이 이러한 족속의 후손이어서인지 모르드개는 하만이 왕궁 문을 출입할 때마다 꿇어 절하라는 페르시아 왕의 명령을 따르지 않았습니다. 3장 2절과 5절을 보면 하만의 행차에 뻣뻣이 서있어서 하만을 화나게 하는 모르드개를 볼 수 있습니다. 그는 왕의 신하들에게 자신이 유다인임을 선언하면서 하만에게 무릎을 꿇지도 않았고 절하지도 않았습니다(3:4). 왕의 명령을 거역하면서도 그가 살 수 있었던 것은 2:19-23과 6:3에서 언급하고 있는 것처럼 왕을 암살하려는 음모를 알려준 자이기 때문일 수 있습니다. 어찌하였든 모르드개는 하만에게 무릎을 꿇지 않았습니다. 단순한 개인적 감정에 의해서가 아니라 하나님 백성의 대적으로서 싸워야할 족속과 그 우두머리이기에 그 앞에 무릎을 꿇지 않고 절하지도 않았다는 것입니다. 유일하게 자신에게 무릎을 꿇거나 절하지 않는 모르드개에게 분노한 하만은 그가 유대인이라는 사실을 알게 되었습니다. 그래서 하만은 모르드개뿐 아니라 전 유대민족을 죽이려고 하였습니다. 아하수에로 왕에게 만 달란트라고 하는 엄청난 금액을 바치고 그 대가로 유대인들의 생명을 마음대로 할 수 있는 권한을 부여 받았습니다. 제비를 뽑아 12월 달인 아달월 13일에 페르시아에 속한 모든 유대인들, 곧

이란 땅뿐만 아니라 페르시아의 통치 범위가 미치는 모든 지역에 살고 있는 유대인들을 다 죽이라는 왕의 칙령을 발표하였습니다. 하만이 12월 13일에 모든 유대인들을 전국적으로 죽이도록 왕의 이름을 빌어서 명령을 내린 것입니다.

왕에게 나아가는 에스더와 유대인의 구원

이러한 상황 가운데서 모르드개는 성문에서 옷을 찢으며 울부짖고 있었던 것입니다. 자기의 조카이자 아하수에로의 왕비인 에스더가 사람을 보내어서 이유를 묻자 상황을 알려주며 왕에게 나아가 하나님의 백성인 유대인들을 구원하는 말을 하라고 요청한 것입니다. 이런 요청을 받은 에스더는 삼촌 모르드개에게 다시 전갈을 보냅니다. 4장 11절에 있는 것처럼 "모르드개 삼촌의 말대로 하고 싶지만 페르시아의 왕 아하수에로에게는 함부로 아무나 나아갈 수 없습니다. 왕이 먼저 나오라고 하기 전에는 나갈 수 없는 것이 페르시아의 법입니다. 만약 왕이 허락하지도 않았는데 나온다면 그는 그 자리에서 죽게 됩니다. 왕이 왕권을 상징하는 금지휘봉을 내밀지 않는다면 죽을 수밖에 없는 위험한 일입니다. 특별히 왕은 한 달 동안이나 나를 초대하지 않았고 나를 보려고 하지 않았기에 더욱 위험한 일입니다." 이렇게 다시 답장을 보낸 것입니다.

. 이에 대한 모르드개의 반응이 4장 13-14절에 있습니다. "유대인이어도 왕궁에 있으니 목숨을 보존할 것이라 생각하지 말라. 네가 내 말을 듣지 않고 너의 목숨 때문에 침묵해 버린다면 하나님께서는 유대백성들을 다른 사람을 통해서라도 구원하실 것이다. 그러나 너는 멸망하고 구원 받지 못하리라. 네가 아하수에로 왕의 왕후가 된 것은 단순히 너의 개인적인 영광이 아니라 하나님의 백성들을 구원하기 위해서 왕비 되었을 수도 있다. 네가 이 일을 위해서 왕비가 되었는지 어떻게 알겠느냐" 하면서 에스더의 결단을 촉구하는 전갈을 다시 보냅니다.

이런 회신에 에스더는 결단을 하고 다시 전갈을 모르드개에게 보냅니다. 에스더의 결단을 보여주는 4장 16절의 내용은 무엇입니까? "왕이 거하는 수산에 있는 모든 유대인들에게 3일 동안 금식하며 나를 위해 기도하도록 부탁해주십시오. 나도 내 시녀와 함께 3일간 금식하고 기도한 후에 왕에게 나아가겠습니다. 혹 왕이 규례를 어기고 자기 마음대로 나왔다고 나를 죽이면 죽겠습니다." 하는 전갈을 삼촌 모르드개에게 전한 것입니다.

이후로 5장에 보면 에스더는 죽으면 죽으리라 하는 각오로 왕에게 나아갑니다. 아하수에로 왕은 자신의 명령을 따르지 않은 왕후 와스디를 폐위하고 수년 간그리스와 전쟁할 만큼 난폭하고 거친 왕이었습니다. 이런 왕임에도 불구하고 웬일인지 5장에 보면 왕이 에스더가 나아올 때 에스더를 매우 사랑스러운 여인으로 보았고, 또 금 지휘봉을 내밀어서 규례를 어기고 나아온 에스더가 죽지 않도록 했습니다. 그리고 에스더가 원하는 대로 에스더가 준비한 잔치에 하만과 함께 참여했습니다. 그 자리에서 에스더는 하만이 죽이려고 하는 자신의 민족을 살려달라고 왕에게 호소하였습니다. 왕은 다른 명령을 내려서 하만이 죽이려 하던 그날에 유대인들 스스로가 자신들을 보호할 수 있도록 하였습니다. 이렇게 유대인들은 구원을 얻었고 하만은 모르드개를 죽이려고 자기 집 뒤뜰에 세워놓았던 장대에 자신이 매달려 죽었습니다.

뿐만 아니라 에스더서 6장을 보면 잠이 오지 않던 아하수에로 왕은 궁중일기를 낭독하게 하였는데 그 궁중일기에는 모르드개가 자신을 암살하려고 하던 암살범들을 찾아내어서 죽이고 자신을 구했다는 내용이 있었습니다. 모르드개가 이런 일을 했음에도 그에게 아무런 상을 주지 않았음을 알게 된 왕은 모르드개를 높여 명예를 얻게 하기를 원했습니다. 이런 일을 두 번째 통치자 하만을 통해서 시행하게 하였습니다. 모르드개를 죽이려고 했던 하만이 오히려 그를 높이고 자신은 수치스럽게 되었다는 말씀도 6장에 있습니다.

하나님이 안 계신 것처럼 보이는 세상에서도 역사하시는 하나님

사랑하는 여러분, 이 에스더의 말씀은 예수님께서 이 땅에 오시기 전인 주전 480년 전에 살았던 하나님의 백성들과 관련한 말씀입니다. 바벨론에 의해 이방 나라에 끌려갔다가 일부는 돌아오고 일부는 남아 있지만 여전히 모두가 페르시아의 통치 아래 어렵게 살고 있던 시대의 하나님의 백성들에게 주어진 말씀입니다. 이 에스더서의 말씀이 포로에 끌려가서 지금 살고 있거나 돌아온 하나님의 백성들에게 무엇을 말씀하고 있을까요? 에스더와 모르드개가 유대인들을 구원한 이 말씀을 통해 말씀을 읽는 당시의 백성들에게 무엇을 전하고 있을까요?

먼저 에스더서에는 다른 성경과는 다른 특징이 있음을 알아야겠습니다. 여호와나 하나님의 이름에 대한 언급이 없다는 점입니다. 에스더서에는 아가서나 시편에서 나타나는 '여호와'라는 이름의 축약어라고 할 수 있는 '야' (יָהּ)라는 말도 언급되지 않습니다(아 8:6; 시 106:1). 어떻게 하나님의 이름조차 언급되지 않는 성경이 있을 수 있을까요? 그러나 에스더서에는 하나님의 이름이 한 마디도 언급되지 않습니다. 오직 에스더와 모르드개, 페르시아왕과 하만과 같은 인간들의 삶만을 이야기 하고 있습니다. 이런 점에서 일부 사람들은 에스더서가 하나님의 말씀인가에 의구심을 가지기도 했지만 하나님께서는 에스더서를 하나님 말씀으로 지금까지 보존하시고 존중하게 하셨습니다.

그러면 하나님 말씀인 에스더서에서 왜 하나님의 이름조차 언급되지 않은 것일까요? 이것은 페르시아 지역에 살고 있는 하나님의 백성들의 현실인식을 간접적으로 대변하고 있습니다. 여전히 페르시아의 통치아래 있는 유대 백성들이 피상적으로 볼 때는 인간만 있고 하나님은 일하시지 않는다고 생각할 수 있습니다. 그들은 마음대로 하나님을 예배할 수도 없었습니다. 하만과 같이 돈으로 왕의 권력을 사는 자에 의해 하루아침에 몰살당할 수도 있는 상황이었습니다. 어떻게 보면 하나님이 존재한다고 할 수 없는, 하나님의 이름을 찾아보기 힘든 상황 속에서 살고 있던 자들이 에스더 시대에 하나님의 백성들이었습니다. 이렇게 느낄 수 있는 사람들에게 에스더서의 이야기는 하나님께서 그들의 어려운 상황 속에도 여전히 살아계시며 배후에서 여전히 세상 역사를 주관하시고 있다는 것을 말씀합니다. 하나님께서 그들의 삶을 주장하시고 있다는 것을 보여주십니다. 그러면 하나님의 살아계심과 일하심이 에스더서에서 어떻게 드러나고 있습니까? 믿음의 사람들의 헌신을 통해 드러나고 있습니다.

하나님이 아닌 사람이 모든 것을 다하는 것처럼 보이는 세상 가운데에서 모르드개는 하나님의 백성으로서의 신앙의 정절을 지킨 사람이었습니다. 왕에게 아부하고 돈으로 권력을 사며 하나님의 백성을 대적하는 하만에게 무릎을 꿇지 않고 절하지 않았습니다. 모두가 다 그 권력에 절한다고 할지라도 그는 절하지 않았고 하나님 백성으로서의 정절을 굽히지 않았습니다. 그러함으로 그는 자신만의 위기가 아닌 모든 하나님 백성들의 위기를 초래하기도 하였습니다. 하만이 자기에게 무릎 꿇지 않고 절하지 않았다고 해서 모르드개만 죽이려고 했던 것이 아니라 그가 속한 유대 민족을 다 죽이려고 했기 때문입니다.

이러한 위기와 죽음의 순간에 모르드개의 믿음은 이미 언급한 4장 14절의 말에서 분명히 드러나고 있습니다. "에스더야, 네가 왕에게 나아가서 우리 민족을 구해라. 혹 네가 두렵거나 혼자 살아남고자 왕에게 나아가지 않는다면 하나님께서는 다른 방법으로 하나님의 백성을 구원하실 것이다." 모르드개는 하나님께서 어떻게 하든지 하나님 백성을 구원하실 것에 대한 믿음이 있었습니다. "하나님께서 너를 왕비로 세운 것은 하나님의 백성을 구하기 위한 하나님의 섭리 일수 있는데 네가 그것을 하지 않는다면, 네가 하나님과 민족을 위해 헌신하는 기회로 삼지 않는다면 하나님께서는 다른 사람을 통해서라도 하나님의 백성을 구원하실 것이다." 이것이 모르드개의 신앙이었습니다.

이러한 삼촌의 신앙에 따라 에스더는 자신을 페르시아 왕의 왕비가 되게 하신 하나님의 뜻이라면 왕에게 나아가기로 결단했던 것입니다. 금식 기도하며 죽으면 죽으리라는 순교자의 정신으로 자신을 드린 것입니다. 이와 같이 에스더의 헌신은 있어도 하나님께서 무엇을 하셨는지는 직접적으로 언급되지 않습니다. 그러나 이후에 모든 일이 되어가는 것을 볼 때에 우리는 하나님의 역사를 인식할 수 있습니다. 왕에게 나아간 에스더가 왕이 보기에 사랑스럽게 여겨져 살아남고, 잔치를 벌여서 하만의 음모를 드러내고 유대인을 구할 수 있는 기회를 갖게 된 것은 우연이 아닙니다. 또 모르드개가 과거에 왕을 위해서 행한 중요한 일이 잠이 오지 않는 날 밤에 왕에게 다시 기억되고 자신들을 죽이려고 했던 하만이 부끄러움을 당하게 된 것은 하나님의 역사입니다. 유대인을 죽이려고 제비를 뽑아 얻은 12월 13일에 유대인을 죽이려던 자들이 오히려 죽는 반전의 역사는 누가 행한 일입니까? 에스더서에는 하나님의 이름이 한 번도 언급되지 않음에도 불구하고 반전의 역사를 통해 하나님의 일하심이 선명히 드러나고 있습니다. 하나님이 일하시지 않는 것처럼 보이는 어려운 상황 가운데서 살아가는 포로 후기의 하나님 백성들에게 하나님께서 여전히 그들을 위해 역사하고 계심을 가르쳐 주십니다.

세속적 세상에서 믿음과 헌신의 중요성

성도 여러분, 어쩌면 우리가 살고 있는 이 시대가 페르시아에 살면서 하나님의 백성들이 경험했던 동일한 종류의 시대일 수 있습니다. 불의한 권력과 불의한 돈과 악한 쾌락이 지배하고 있는 시대일 수 있습니다. 우리가 믿는 예수 그리스도와 살아계신 하나님의 역사를 정말 느끼고 체험하기가 쉽지 않은 시대일 수 있습니다. 정말 하나님이 살아계시는가? 하나님께서 지금도 역사하시는가? 구약 시대와 초대 교회 시대에 나타났던 하나님의 기적과 역사가 내가 살고 있는 이 시대에는 나타나지 않는 것일까? 과연 하나님께서 우리가 살아가는 이 현대 문명 속에서도 역사하시는가?인간의 과학과 인간의 힘과 지혜만 있는 것처럼 보이는 이 시대에 우리가 예배하는 하나님은 어디에 계시는가? 이렇게 여러 의문과 질문들을 갖게 할 수 있는 시대에서 우리는 살고 있습니다.

이러한 시대 속에서 하나님께서는 우리에게 신앙의 정절을 찾고 계신지 모릅니다. 하나님의 역사에 대한 굳건한 믿음을 찾고 계실지 모릅니다. 헌신의 기회를 따라서 헌신하는 자들을 찾고 계시는지 모릅니다. 불의한 권력과 불의한 돈과 불의한 현실에 무릎 꿇지 않고 절하지 않는 그리스도인을 찾고 계시는지 모릅니다. 세상적인 가치관과 성공을 위한 세속적인 원리에 무릎 꿇거나 절하지 않는 그리스도인을 찾고 계실 수 있습니다. 누구나 다 세상을 따라 성공하고 행복하게 살려고 하는 이 시대 속에서도 하나님께서 나의 행복과 나의 성공이며, 하나님의 말씀이 내가 살아가는 원리라고 고백하는 자들을 찾고 계실 수 있습니다.

이 시대는 교회를 다니는 사람이라고 할지라도 하나님의 것을 도적질하며 하나님을 예배함에 대해 별로 마음에 두지 않고 무책임하게 살아가는 신앙인들이 많습니다. 자신의 편리를 따라 대형화된 교회를 향해 이동하고 어려운 교회의 현실에 눈을 돌리며 그리스도인으로서의 윤리적인 삶을 살지 않는 사람들이 많습니다. 교회 다니는 사람도 이렇게 살아가는 시대 속에서는 하나님의 역사와 살아계심에 대한 의문이 사라지지 않을 수 있습니다. 저 사람이 저렇게 하고도 예수를 믿는다고 하는데 과연 예수와 하나님이 살아 계시면 저런 사람을 어떻게 가만히 내버려 두실 수 있을까 하는 생각이 드는 시대입니다. 삼대에 걸쳐 세습을 해도 여전히 떵떵거리며 굶주린 북한의 주민들을 통치하고 있는 저 북한의 정권을 보면서도 과연 하나님이 살아계시고 하나님의 정의가 살아있는 것일까 하는 의문을 갖게하는 시대입니다. 동성애를 옹호하는 신앙인들과 성직자들을 볼 때에, 탐욕적인 자본주의를 통해 어려운 이웃들을 더 압박하고 사치를 누리는 자본주의의 폐해를 볼 때에도 과연 하나님이 살아 계실까, 이 땅에 내가 믿는 하나님이 역사하시는 것일까 하는 의문이 드는 시대에 하나님께서는 에스더서로 말씀을 하십니다.

오늘도 하나님께서는 신앙의 정절을 지키며, 예수 믿는 자들을 구원하신다는 확신을 가지고 사는 자들에게 살아 역사하신다고 말씀하십니다. 자신이 가진 건강, 돈, 교육, 직장, 사업, 가정을 하나님께서 주신 것으로 믿고 교회와 하나님의 나라를 위해 헌신하는 자들을 통해 하나님 백성들을 구원으로 인도하신다고 말씀하십니다.

내가 이만큼 살아온 것도 하나님의 은혜임을 알고 하나님의 교회와 하나님의 나라를 위해 순교자의 정신으로 헌신할 때 에스더 시대와 같은 하나님의 역사를 경험하게 하실 줄 믿습니다. 하나님이 역사하지 않는 것이 아니라 하나님이 역사하실 수 있는 믿음과 헌신의 사람들이 없는 것이 문제일 수 있습니다. 우리 성도들이 하나님의 역사를 경험할 수 있는 믿음과 헌신으로 나아갈 수 있기를 주님의 이름으로 부탁합니다.

욥기 42장 1-9절
고난에서 사명으로 인도하신 하나님

(1) 욥이 여호와께 대답하여 이르되 (2) 주께서는 못 하실 일이 없사오
며 무슨 계획이든지 못 이루실 것이 없는 줄 아오니 (3) 무지한 말로 이
치를 가리는 자가 누구니이까 나는 깨닫지도 못한 일을 말하였고 스스
로 알 수도 없고 헤아리기도 어려운 일을 말하였나이다 (4) 내가 말하
겠사오니 주는 들으시고 내가 주께 묻겠사오니 주여 내게 알게 하옵소
서 (5) 내가 주께 대하여 귀로 듣기만 하였사오나 이제는 눈으로 주를
뵈옵나이다 (6) 그러므로 내가 스스로 거두어들이고 티끌과 재 가운데
에서 회개하나이다 (7) 여호와께서 욥에게 이 말씀을 하신 후에 여호와
께서 데만 사람 엘리바스에게 이르시되 내가 너와 네 두 친구에게 노하
나니 이는 너희가 나를 가리켜 말한 것이 내 종 욥의 말 같이 옳지 못
함이니라 (8) 그런즉 너희는 수소 일곱과 숫양 일곱을 가지고 내 종 욥
에게 가서 너희를 위하여 번제를 드리라 내 종 욥이 너희를 위하여 기
도할 것인즉 내가 그를 기쁘게 받으리니 너희가 우매한 만큼 너희에게
갚지 아니하리라 이는 너희가 나를 가리켜 말한 것이 내 종 욥의 말 같
이 옳지 못함이라 (9) 이에 데만 사람 엘리바스와 수아 사람 빌닷과 나
아마 사람 소발이 가서 여호와께서 자기들에게 명령하신 대로 행하니라
여호와께서 욥을 기쁘게 받으셨더라 [욥기 42장 1-9절]

의인 욥의 고난과 욥의 반응들

욥이라는 사람은 하나님을 믿고 잘나가는 사람이었습니다. 욥기서 1장 1절에서 5절의 말씀을 보면 그가 얼마나 잘나가는 사람이었는지를 잘 설명해 주고 있습니다. 그는 완전한 사람이었고 정직한 사람이었으며, 하나

님을 두려워할 줄 알았고 악에서 떠난 자이기도 했습니다. 그래서 욥은 그의 이런 삶에 걸맞게 하나님의 축복을 받기도 했습니다. 아들 일곱과 딸 셋을 가지는 자식의 축복을 받았습니다. 일곱이라는 숫자 자체가 충만을 의미하는 수인데 거기에 셋을 더해서 완전함에 가까운 수의 자식을 가지는 복을 받았습니다. 이 뿐만이 아닙니다. 1장 3절에 보면 그는 양 칠 천과 낙타 삼천 마리 외에도 다른 많은 가축을 가진 부요한 사람이었습니다. 이렇게 그는 동방에서 정말 훌륭하고 대단히 잘나가는 사람이었습니다. 욥은 자신의 잘나감이 하나님을 잘 믿는 데에 있다고 생각했는지 모르겠습니다. 그의 이런 생각은 자신뿐 아니라 자식들을 관리하는 데에서도 엿볼 수 있습니다. 그의 자식들이 생일 파티를 한다고 혹시 하나님께 경거망동했을까봐 그 자식들을 위해서 하나하나 속죄의 번제를 드릴만큼 욥의 신앙은 완전함에 가까웠습니다. 이런 그의 완전성에 가까운 신앙 때문에 이에 어울리는 축복을 그가 누리는 것처럼 보였습니다.
이런 가운데 욥기의 말씀은 땅에서 잘 믿고 잘 사는 욥에 대한 이야기에서 갑자기 하늘에서 일어나는 일로 나아갑니다. 하늘의 하나님께서 천사들과 계실 때 사탄이 땅을 여기 저기 다니다 나아옵니다. 하나님께서 땅을 보고 온 사탄에게 땅에서 하나님을 경외하며 잘사는 욥을 자랑하시니 사탄은 말합니다. "욥이 아무런 이유 없이 하나님을 잘 섬기는 것이 아니라 하나님께서 그에게 물질의 복을 주시니 하나님을 잘 섬기는 것입니다. 욥이 가진 소유물을 다 빼앗으신다면 욥이 하나님을 잘 섬기지 않을 것입니다." 이러한 사탄의 도전적인 말에 대해 하나님께서는 정말 그러한지를 테스트하기 위해 욥이 가진 모든 것을 사탄의 처분에 맡기셨습니다. 하늘에서 일어난 이런 결정이 땅에서의 욥의 삶을 변화시켰습니다. 욥은 하루아침에 자신의 모든 소유를 잃어버리게 되었습니다. 자신의 가지고 있던 재산이라는 울타리가 무너진 것입니다. 여기에서 끝난 것이 아니라 자신이 그렇게 소중하게 낳아서 길렀던 자식들도 다 죽었습니다.

자식의 울타리가 무너진 것입니다. 자신이 사랑했던 아내마저도 자신을 욕합니다. 남아있는 자신의 몸마저도 병들었습니다. 이제 정말 남아있는 것이라고는 오직 믿음 하나였습니다. 그 믿음 하나로 버티고는 있지만 3장 이후를 가보면 그마저도 쉽게 감당할 수 있는 것은 아니었습니다. 욥은 하나님을 향하여 자신의 생일을 저주하며 자신의 정의로움을 주장하고 이렇게 행하신 하나님이 불의하다고 불평합니다. 더 나아가 하나님을 고소하고 맞짱 토론을 요구합니다. 그가 완벽하게 붙들었던 믿음의 울타리도 한 순간에 무너지는 것처럼 보입니다.

이 뿐만이 아니었습니다. 그가 사랑했던 친구들인 엘리바스와 빌닷과 소발은 욥을 향해 손가락질 하며 말합니다. "네 재산과 가정과 몸의 울타리가 무너진 것은 네가 하나님 앞에 큰 죄를 지었기 때문이다. 그러니 네 죄를 회개하고 돌이키라. 그러면 회복될 것이다." 이러한 정죄의 말들이 친구들로부터 들려왔습니다.

사랑하는 친구들로부터 들어야 하는 견디기 힘든 또 하나의 고통이었습니다. 가까이에서 이해해줄 줄 알았던 친구들의 울타리마저 부서지는 아픔이었습니다. 이렇게 모든 삶의 울타리가 무너지는 가운데 욥이 붙들고 계속하는 것이 있다면 그것은 하나님께 부르짖고 하나님의 답변을 직접 받으려는 것이었습니다. 그의 이 억울함에 대해서 하나님께 항변하는 것밖에 없었습니다. 하나님, 나의 의로움을 아시죠? 내가 하나님께 범죄 하지 않은 것들을 아시죠? 어찌된 일입니까? 제게 있어야 하는 모든 삶의 울타리가 왜 다 무너졌습니까? 어떻게 된 것입니까? 저보다 더 악하게 사는 자들이 버젓이 더 잘살고 있는데 하나님을 잘 믿으며 살아왔던 제가 왜 오늘 이 모양, 이 꼴로 있어야 하는 것입니까? 이렇게 하나님을 향해 항변하면서 하나님께서 살아 계시다면 자신을 만나달라고, 자신에게 말씀해 달라고 외쳤습니다.

하나님의 나타나심과 욥의 고백

이러한 가운데 욥기 38장을 보면 하나님께서 모든 것들을 쓸어버릴 것 같은 폭풍 가운데 욥에게 나타나셨습니다. 욥에게 나타나신 하나님은 그에게 세상을 보여주셨습니다. 하나님께서 사람 없는 땅에 비를 내리시는 것을 보여주셨습니다. 깊은 산골짜기에 사는 염소와 사슴들이 새끼를 낳고 먹이며 잘살아가는 모습을 욥에게 보여주셨습니다. 39장까지 하나님께서 계속하여 보여주신 세상의 여러 모습들을 보고난 욥은 오늘 읽은 42장 1절에서 3절까지의 고백을 하고 있습니다. "하나님께서는 못하시는 일이 없으신 분이십니다. 사람 없는 곳에 비를 내리시고 아무도 돌보지 않아도 짐승이 자기 새끼를 낳아 기를 수 있도록 섭리하시는 하나님이십니다. 이렇게 자연까지 돌보시는 하나님께서 비참한 가운데에 있는 저 또한 기억하시고 돌보시는 하나님이신 줄 믿습니다. 아무것도 보이지 않는 것 같지만 그 속에서도 여전히 일하시고 계시는 하나님의 이치와 섭리를 알지 못하고 어리석은 말들로 하나님의 불의와 무관심을 제가 공격했습니다. 알지 못하고 하나님께 항변했던 저 자신이 너무나 부끄럽습니다."라고 고백합니다.

그러나 욥의 고백은 여기에서 끝나지 않습니다. 4절에서 6절에서도 계속되고 있기 때문입니다. 이 고백은 40장 10절 이하에서 하나님이 보여주신 것에 대한 것입니다. 이 부분에서 하나님께서는 자연 세계가 아닌 하나님께서 만드신 최고의 피조물들을 보여주셨습니다. 땅과 바다에서 가장 지혜롭고 뛰어난 대표적인 피조물들을 보여 주셨는데 바로 "베헤못"과 "리워야단"이라는 피조물들이었습니다.

이 피조물들이 얼마나 뛰어나고 아름다운지를 욥과 비교하시면서 말씀하시기도 하셨습니다. 40장 15절에서 "이제 소 같이 풀을 먹는 베헤못을 볼지어다. 내가 너를 지은 것 같이 그것도 지었느니라."라고 말씀하셨습니다. 이후에도 "베헤못과 리워야단을 내가 육상과 해상에 만든 가장 뛰어난 피조물들로 네가 알고 있지? 내가 너도 그렇게 지었다."라고 말씀하십니다. 40장 10절부터 12절까지는 욥의 사명에 대해 말씀도 하십니다. "너는 위엄과 존귀로 단장하며 영광과 영화를 입을지니라. 너의 넘치는 노를 비우고 교만한 자를 발견하여 모두 낮추되 모든 교만한 자를 발견하여 낮아지게 하며 악인을 그들의 처소에서 짓밟을지니라." 욥은 이 창조 세계에서 순응하면서 살아야 하는 존재가 아니라 베헤못과 리워야단처럼 하나님께서 만드신 세상에서 가장 뛰어난 인간으로서 본래 하나님께서 주신 사명, 곧 창조 세계를 다스리시는 하나님의 동역자로서 처음 창조된 아담이 가졌던 세상을 정복하고 다스리는 사명을 회복해야 한다는 것입니다. 하나님을 대적해서 일어나고 있는 수많은 무질서와 악에 대해서 책임 있는 존재가 될 것을 요구하신 것입니다. 이런 욥의 정체성과 사명을 깨우쳐 주신 말씀이 40장과 41장에 있는 욥에 대한 하나님의 답변이셨습니다.

이런 하나님의 답변에 대해서 욥은 42장 4절에서 6절에 고백을 하고 있는 것입니다. "내가 말하겠사오니 주는 들으시고 내가 주께 묻겠사오니 주여 내게 알게 하옵소서. 내가 주께 대하여 귀로 듣기만 하였사오나 이제는 눈으로 주를 뵈옵나이다." 욥이 무슨 고백을 하고 있습니까? 하나님께서 자신을 베헤못과 리워야단처럼 뛰어난 존재로 창조하셨다는 것, 하나님의 세상을 정복하고 다스리는 존재로 세우셨다는 것을 깨닫고 하는 고백입니다. 먼저 자신은 하나님께서 말씀하시는 것을 무조건 듣기만 하는 존재가 아니라 하나님께 말씀드리고 하나님께서도 말씀하시는, 하나님과 커뮤니케이션 하는 존재라는 것을 알게 되었다는 고백입니다.

5절에서 욥은 이러한 자신을 뭐라고 표현합니까? 자신이 하나님에 대해 귀로 듣기만 하던 존재였는데 이제는 하나님을 눈으로 뵙는 존재가 되었다고 고백합니다. 하나님을 눈으로 보는 존재, 그것은 하나님과 대화하고 교제하는 존재라는 것을 의미합니다. 이와 같이 욥은 고난을 통해 자신의 정체성에 대해서 새롭게 이해합니다. 6절도 보면 "그러므로 내가 스스로 거두어들이고 티끌과 재 가운데에서 회개하나이다." 욥이 뭔가를 회개하고 있는 것 같은 번역입니다. 그러나 이러한 번역은 욥기 전체를 잘 소화한 번역은 아닙니다. 욥이 자신이 어떤 존재인가를 깨달은 상태에서 하는 고백이기 때문입니다. 문맥에 따른 번역으로 바꾼다면 이런 말씀입니다. "그러므로 저의 정체성이 어떤 것인지 깨달았으므로 저의 정체성에 대한 잘못된 생각을 거두어들입니다. 곧 제 자신을 티끌과 재로 여겼던 인식에서 돌이킵니다." 자신에 대한 정체성에 대해 새롭게 인식하고 돌이키는 것입니다. "회개하나이다"로 번역된 "나함"(נחם)이라는 동사는 그 의미로 죄를 회개한다고 하기 보다는 잘못된 자기인식에서 "돌이키다" 혹은 "후회하다"라는 의미의 회개입니다(삼상 15:11; 창 6:6 참조). 자신을 단지 재와 티끌로 보았던 인식에서 돌이켜 이제는 하나님과 대화하는 존재로서 하나님의 창조 세계의 통치에 적극 참여해야 하는 자임을 깨닫게 되었다는 고백입니다.

사랑하는 여러분, 욥은 30장 19절에서는 자신이 고난 가운데에 있을 때에 자신을 이렇게 고백했습니다. "하나님이 나를 진흙 가운데 던지셨고 나를 티끌과 재 같게 하셨구나.' 욥은 고난 가운데에서 자신을 하나의 티끌이나 재와 같은 존재로 생각했습니다. 그러나 고난을 겪고 하나님과 대화하는 지금은 이런 생각을 철회하게 된 것입니다. 티끌과 재는 창세기 18장 27절에서도 아브라함이 인생을 정의하는데 사용하는 어휘들입니다. "아브라함이 대답하여 이르되 나는 티끌이나 재와 같사오나 감히 주께 아뢰나이다." 아브라함이 자신을 뭐라고 정의하고 있습니까? 자신을 티끌이나 재와 같이 여겼습니다. 이와 같이 욥도 자신을 티끌과 재로 여긴 것입니다.

그러나 욥은 40장의 하나님 말씀을 통해 자신이 베헤못과 리워야단처럼 하나님의 창조세계에서 가장 뛰어나고 지혜로운 자로 창조되었음을 인식하게 되었습니다. 우주 통치에 있어서 하나의 동역자로 존귀하게 세워졌음을 알게 되었습니다. 두 번째로 욥이 하고 있는 고백의 내용은 바로 이것입니다. "하나님, 제가 비록 고난 가운데에서 무지한 말을 많이 하기는 했지만 이 고난 속에서도 저에게 깨닫게 하신 것이 있습니다. 하나님께서 이 세상을 주권적으로 선하게 다스리신다는 것과 여전히 저를 존귀한 대화의 상대로 인정하시고, 하나님이 만드신 세상을 다스리고 정복하게 하신다는 것을 알게 하셨습니다. 하나님께서 직접적으로 욥의 고난에 대한 답변을 하시지는 않았지만 궁극적으로 이런 인식의 변화가 욥의 고난을 허용하신 하나님의 섭리입니다. 하나님께서는 아무런 까닭 없이 욥에게 고난을 주신 것이 아닙니다.

하나님 앞에서 새롭게 자신을 인식한 욥의 사명

욥은 자기 나름대로 완전주의에 가깝고 관습적인 인과응보의 신앙 가운데 있었습니다. 자신이 하나님께 잘하면 하나님께서도 자신에게 복을 주신다는 신앙 가운데 있었습니다. 그 자체로는 문제가 없고 칭찬 받을 만한 것이었습니다. 그러나 여기에 머무르려는 욥의 신앙의 울타리를 하나님께서는 하나씩 무너뜨리셨습니다. 하나님을 잘 믿어서 얻었다고 생각하는 그의 재산의 울타리를 거두셨습니다. 그의 가정의 울타리를 부수셨습니다. 그의 건강과 그가 마지막으로 붙들고 있는 신앙의 울타리도 하나님께서는 무너지게 하셨습니다. 이제 욥에게 남은 것은 아무 것도 없었습니다. 오직 하나님과 대면하여 왜 이렇게 하셨는지 질문하는 것밖에는 없었습니다.

이런 가운데 하나님께서는 욥에게 이 세상과 우주를 똑바로 보게 하셨습니다. 누군가 사람에 의하여 움직여지는 세상이 아니라 하나님의 주권적인 계획과 섭리에 의해서 이 세상이 움직여져 가고 있음을 보게 하셨습니다. 더 나아가 인과응보의 신앙의 틀 안에 갇혀 있는 것이 아니라 하나님이 다스리는 세상을 향해 눈을 뜨고 그 세상에 책임 있는 자로서 하나님과 함께 대화하며 하나님의 통치에 참여해야 하는 책임 있는 존재라는 사실에 눈을 돌리게 하셨습니다.

그리고 하나님께서는 이런 가운데서 욥에게 첫 번째 사명을 주셨습니다. 그 첫 번째 사명이 42장 7절에 언급됩니다. 이것은 그에게 잘못된 말을 하여 그의 가슴을 후벼 팠던 그의 친구들을 위해 속죄의 제사를 드리는 것이었습니다. 중보자인 제사장적 사명입니다. 친구들의 죄를 위해 하나님 앞에 대속의 제사를 드리는 것입니다. 이후에 하나님께서는 42장 9절에 언급된 것처럼 욥을 기쁘게 받으셨습니다. 욥을 통해 친구들의 죄를 용서하신 것입니다.

욥의 중보자로서의 사명은 여기에서 끝나지 않습니다. 42장 10절 이하는 "욥이 그의 친구들을 위하여 기도할 때 여호와께서 욥의 곤경을 돌아보시고 욥에게 이전 모든 소유보다 갑절이나 더 주셨다. 그래서 그의 모든 형제와 자매와 이전에 알던 이들이 다 와서 그의 앞에서 그와 함께 음식을 먹고 여호와께서 그에게 내리신 모든 재앙에 관하여 그를 위하여 슬퍼하며 위로하고 각각 케쉬타 하나씩과 금 하나씩을 주었더라." 욥이 새로운 중보자적인 사명을 수행하며 기도할 때, 하나님께서 그를 기뻐하셨고, 허무셨던 그의 울타리를 하나씩 회복시켜 주셨다는 말씀이 욥기의 마지막 부분의 말씀입니다.

하나님이신 예수님의 고난과 우리의 사명

사랑하는 여러분, 헤르만 헤세의 글인 "데미안"에 이런 말이 있습니다. "태어나려는 자는 하나의 세계를 깨뜨려야 한다." 사람은 잘 깨어지지 않기에 하나님께서 친히 자신의 울타리를 깨뜨리시고 이 땅에 오셨습니다. 하나님이심의 울타리를 깨뜨리시고 사람이 되셨습니다. 사람으로서 생존의 울타리를 깨뜨리시고 십자가의 죽음을 죽으셨습니다. 고난을 당하셨습니다. 사람이 되시고 십자가를 지시는 고난을 통해 우리와 하나님과의 관계를 회복시키셨습니다. 하나님께서 원래 사람을 만드셨을 때처럼, 우리에게 이 세상 통치자와 제사장으로서의 사명을 회복시키셨습니다. 욥이 고난을 통해 하나님과 새로운 관계를 가졌던 것처럼 우리는 예수님의 고난을 통해서 우리가 누구인지를 새롭게 인식하게 되었습니다. 죽어 사라지는 티끌과 재가 아니라 하나님 앞에서 존귀한 존재임을 알게 되었습니다. 하나님께서 창조하시고 다스리시는 이 세상에서 하나님의 통치의 동역자임을 알게 하신 것입니다. 데미안의 말처럼 우리는 뭔가를 깨뜨려야 새로 태어나게 되는데 이미 우리 안에 깨져야 할 것을 예수님께서 깨셨습니다. 우리의 죄와 죽음의 울타리 안에 갇혀 살던 우리를 과감히 그분의 고난을 통해서 깨뜨리시고 나오게 하셨습니다. 하나님의 새로운 원래의 세상, 예수께서 회복하신 그 존귀한 나라에서 새롭게 태어나게 하셨습니다. 하나님과 함께 커뮤니케이션 하면서 하나님의 통치에 참여하여 왕 노릇하는 우리들로 만드셨습니다. 이런 존귀한 삶을 살라고 주님께서 우리를 위해 고난 받으신 것입니다.

성도 여러분, 이제 우리가 어떻게 살아야 합니까? 하나님이 세우신 제사장과 왕들로 존귀하게 살아야 합니다. 그런데 우리는 어느덧 예수를 믿으면서도 또 다른 울타리에 갇히려고 합니다. 내가 쳐놓은 신앙의 틀과 경계 안에 자꾸 갇히려고 합니다. 가정과 교회와 자신을 위해 나름대로 쳐놓은 신앙의 울타리 안에서 욥처럼 만족하며 살려고 합니다. 그러나 하나님께서 전혀 의도하지 않는 신앙의 틀이요 울타리일 수 있습니다. 관습적이며 형식적이고 개인주의적이고 소비주의적인 신앙의 틀을 주님께서 뭐라 말씀하시겠습니까? 예수께서 이미 무너뜨리신 틀과 울타리를 다시 세우지 않아야 합니다. 개신교는 종교개혁의 정신으로 세워졌습니다. 종교개혁의 정신은 성경대로 계속 개혁되어지는 것입니다. 하나님의 뜻에 맞게 계속 새로워지고 바뀌어져 가는 것입니다. 계속 자기가 세운 틀을 깨뜨리고 주님이 원하시는 삶으로 나가는 것이 바로 개혁주의입니다.

예수께서 받으신 고난을 통해 새롭게 된 여러분은 하나님과 대화하며 이 세상을 통치하시는 하나님께 동역하며 살고 계십니까? 아니면 여러분의 관심사를 따라 현재의 신앙에 만족하면서 살아가고 계십니까? 혹 여러분 자신이 만든 신앙의 테두리 안에서 헤어 나오지 못하고 그것을 계속 유지하며 살려고 한다면 하나님께서 욥에게 하신 것처럼 직접 그 울타리를 제거하실지 모릅니다. 우리가 원하든, 원하지 않든지 간에 우리는 우리의 삶을 우리가 원하는 울타리 안에서 마냥 살 수는 없습니다. 사단의 세력이나 대적들을 통해서 아니면 하나님께서 직접 그 울타리를 거두어 버리실 수도 있고 뜻하지 않았던 고난이 우리 가운데에 찾아올 수도 있습니다. 이럴 때에 우리는 명심해야겠습니다. 하나님께서 우리를 까닭 없이 괴롭히시는 분이 아니라는 사실을 기억해야겠습니다. 하나님은 선하신 분이십니다. 고난을 통해 하나님과 대화하는 존귀한 위치로 회복시키기 위해서 어려움을 주신다는 사실을 잊지 마시기 바랍니다. 고난이 올 때에 우리는 "하나님 왜 이렇습니까?"가 아니라 "하나님 어디로 가야합니까? 하나님 어떻게 해야 합니까? 무엇을 위한 것입니까?" 라는 질문을 해야 합니다. 욥이 아무 것도 보이지 않는 상황에서 하나님을 향해 외쳤던 것처럼 우리가 하나님 앞에 서서 나아갈 때 하나님께서 예배 중이나 일상의 생활을 통해서, 성령과 말씀을 통해서 답변하실 것입니다. 어떻게 해야 하는지 말씀해 주실 줄 믿습니다.

사랑하는 여러분, 혼자서 신앙생활 하는 것은 어떤 면에서 쉽습니다. 내가 세워놓은 경계와 울타리 속에서 신앙생활 하는 것은 쉽습니다. 똑똑한 친구가 책상에서 혼자 열심히 공부하는 것보다 더 쉬운 것이 어디에 있겠습니까? 그러나 세상은 혼자 열심히 한다고 해서 성공하는 것이 아니잖습니까? 다른 사람과 함께 잘 살아가는 것이 필요합니다. 우리의 신앙생활도 그렇습니다. 나 혼자 열심히 기도하고, 나 혼자 예배하고, 나 혼자 주일 지키고, 나 혼자 헌금하는 신앙생활은 쉽습니다. 쉬운 울타리입니다. 그러나 남을 생각하고 남과 함께 시간을 보내고 남에게 물질을 투자하고 남을 고려하고 남을 사랑하고 남을 용서하는 것은 아주 어려운 부분입니다. 하나님께서는 이런 어려운 부분을 우리가 감당하도록 예수 안에서 우리를 구원하시고 회복시키셨습니다. 하나님께 묻고 질문하면서 하나님께 기도하면서 나만의 울타리를 부셔버리고 타인과 함께 하는, 그리고 이 지역과 함께 하는, 아니 이 나라와 북한과 세상을 향해 책임 있는 신앙인으로서의 삶을 살아가라고 예수 안에서 구원하셨습니다. 하나님께서는 우리에게 우리의 울타리, 이웃의 울타리, 교회의 울타리, 이 지역의 울타리를 넘어서 나아가라고 말씀하십니다. 하나님께서 창조하신 모든 세상에서 책임 있는 존재로 살아갈 것을 원하십니다. 이러한 그리스도인의 삶을 살아갑시다.

시편 62편 1-12절 잠잠히 하나님만 바라라

[다윗의 시, 인도자를 따라 여두둔의 법칙에 따라 부르는 노래] (1) 나의 영혼이 잠잠히 하나님만 바람이여 나의 구원이 그에게서 나오는도다 (2) 오직 그만이 나의 반석이시요 나의 구원이시요 나의 요새이시니 내가 크게 흔들리지 아니하리로다 (3) 넘어지는 담과 흔들리는 울타리 같이 사람을 죽이려고 너희가 일제히 공격하기를 언제까지 하려느냐 (4) 그들이 그를 그의 높은 자리에서 떨어뜨리기만 꾀하고 거짓을 즐겨 하니 입으로는 축복이요 속으로는 저주로다 (셀라) (5) 나의 영혼아 잠잠히 하나님만 바라라 무릇 나의 소망이 그로부터 나오는도다 (6) 오직 그만이 나의 반석이시요 나의 구원이시요 나의 요새이시니 내가 흔들리지 아니하리로다 (7) 나의 구원과 영광이 하나님께 있음이여 내 힘의 반석과 피난처도 하나님께 있도다 (8) 백성들아 시시로 그를 의지하고 그의 앞에 마음을 토하라 하나님은 우리의 피난처시로다 (셀라) (9) 아, 슬프도다 사람은 입김이며 인생도 속임수이니 저울에 달면 그들은 입김보다 가벼우리로다 (10) 포악을 의지하지 말며 탈취한 것으로 허망하여지지 말며 재물이 늘어도 거기에 마음을 두지 말지어다 (11) 하나님이 한두 번 하신 말씀을 내가 들었나니 권능은 하나님께 속하였다 하셨도다 (12) 주여 인자함은 주께 속하오니 주께서 각 사람이 행한 대로 갚으심이니이다

[시편 62편 1-12절]

어려운 상황을 고백하고 있는 다윗

오늘 하나님의 말씀은 다윗의 시편을 통한 말씀입니다. 다윗은 오늘 시편을 통해서 자신이 어떤 상황 가운데에 있는지를 고백하고 있습니다.

62편 2절의 마지막 부분을 보면 "내가 크게 흔들리지 아니하리로다." 하는 말씀을 하고 있고, 또 6절 말씀의 마지막 부분에도 "내가 흔들리지 아니하리로다."라고 말합니다. 흔들릴 수밖에 없는 상황 가운데에 그가 직면하고 있음을 표현하고 있습니다. 3절 말씀에서는 "넘어지는 담과 흔들리는 울타리" 라는 표현을 통해 자신이 어쩌면 넘어지는 담과 같고 흔들리고 있는 울타리와 같은 상황에 있음을 말합니다.

그래서 두렵고 긴장이 되고 패닉 상태에 가까이 가고 있는 힘든 상황을 다윗은 보여주고 있습니다. 이런 어려운 상황은 3절 마지막 부분에 있는 말씀처럼 자신을 죽이려고 일제히 자신을 공격하는 자들 때문에 일어나고 있습니다. 4절 말씀은 이들이 다윗을 높은 자리에서, 곧 왕의 자리에서 떨어뜨리려고 꾀하는 자들이라고 말씀합니다. 이들의 특징은 거짓을 즐긴다는 것입니다. 입으로는 축복을 말하지만 속으로는 저주하는 자들입니다. 이들에게 다윗이 공격받고 있으며 왕의 자리가 위협을 받고 있습니다. 입술로 하는 말과 마음속에 품고 있는 것이 서로 다름으로써 무엇이 진짜인지 참 구분하기 어려운 상황 가운데에 다윗은 있습니다. 왕의 자리와 생명이 위협받고 있기에 자신의 영혼이 흔들릴 수밖에 없는 불안한 상황 가운데 있음을 다윗은 시편을 통해서 표현하고 있습니다.

험난한 세월을 살았던 다윗

사실 다윗에게 있어서 지금까지 살아온 자신의 생애는 늘 불안하고 힘든 날들이었습니다. 사무엘 선지자에 의해서 왕으로 기름부음을 받은 이후부터 다윗은 피곤하고 힘든 인생을 살아야했습니다. 당시에 이스라엘 왕이던 사울이 자신을 시기하였기에 수년 넘게 도망 다녀야했습니다. 자신을 도왔다는 것 때문에 하나님을 섬기는 제사장들과 가족들이 죽임을 당하기도 했습니다. 더 이상 이스라엘에서 살 수가 없어서 이웃 나라로 망명을 하였고 거기에서도 미친 체하며 지내야했던 사람이 다윗이었습니다. 시글락이라고 하는 장소에서는 자기의 처자식을 다 빼앗기고 생명도 위험한 가운데 있었습니다. 그것으로 끝나지 않았습니다. 노년에 그는 그의 아들 압살롬과 신하들의 반역에 의해 예루살렘에서 쫓겨나며 요단강을 건너 피난해야했습니다. 어쩌면 오늘 62편의 시편 말씀이 예루살렘에서 쫓겨나 공격을 당하고 살해의 위협 가운데 있는 다윗의 현실을 반영할 수 있습니다. 그의 아들 압살롬과 위선적인 신복들의 반역에 의해 도망하고 있는 상황일 수도 있습니다.

믿음으로 하나님을 바라보는 다윗

이런 어려운 상황에서 다윗은 하나님을 향해 자신의 심정을 고백합니다. 1절에서는 자신의 구원이 되시는 하나님만 잠잠히 바라본다고 말합니다. 5절 말씀에서도 자신의 소망이 되시는 하나님만 잠잠히 바란다고 고백합니다. 다윗의 결단과 믿음의 자세를 잘 보여주고 있습니다. 어느 누구도 믿을 수 없는 두려움의 상황에서 다윗이 가진 믿음의 결단은 오직 그의 구원과 소망이 되시는 하나님만 바라는 것입니다. 이런 믿음의 고백을 두 번 반복하고 있습니다. 오직 하나님만 잠잠히 바란다는 것은 무엇입니까? 이것이 무엇을 의미하는지 이해하게 하는 구절은 8절 말씀입니다. 다윗과 함께 도피하고 있는 백성들 이거나 함께 하지 않은 백성들을 향해 하고 있는 말이 8절의 말씀입니다. "백성들아 시시로 그를 의지하고 그의 앞에 마음을 토하라. 하나님은 우리의 피난처시로다." 다윗의 이 시편 속에서 오직 하나님만을 바란다고 하는 것 곧 '그의 영혼이 잠잠히 오직 하나님께 있다는 것' (**אך לאלהים דומי נפשי**)은 하나님을 피난처로 의지하고 그 앞에 '마음을 토하는 것'(**שפך לבב**)을 의미합니다. 이 어려운 현실적 상황에서 내가 개인적으로, 주관적으로 어떻게 해야 하지? 어떤 수를 써야하지? 누구를 찾아가야 하지? 이렇게 먼저 생각하지 않고, 그러한 생각을 잠시 멈추고 직면한 상황을 하나님께 먼저 기도하여 아뢰는 것입니다. 하나님께서 구원과 소망과 피난처 되심을 믿고 그에게만 오픈하는 것입니다. 하나님, 제가 이런 상황 가운데에 있습니다. 지금 저의 가정이 이러합니다. 저의 교회에 이런 어려움이 있습니다. 먼저 하나님께 오픈하고 하나님께 기도하는 것을 다윗은 잠잠히 하나님만 바라는 것으로 고백하고 있습니다.

다윗과 같이 어려운 가운데 하나님께 마음을 토한 사람들을 우리는 성경에서 더 발견할 수 있습니다. 다윗을 왕으로 기름 부었던 선지자 사무엘의 어머니 한나입니다. 한나는 아이를 낳을 수 없어서 브닌나에게 구박을 받으며 비참하게 살아야했습니다. 이 한나가 괴롭고

힘들 때 한 행동은 하나님께 '마음을 토하는 것'(שָׁפַךְ נֶפֶשׁ)이었습니다. 사무엘상 1장 15절을 보면 한나는 아이를 낳지 못하여 받는 서러움과 억울함을 하나님께 오픈하였습니다. 마치 술에 취해 중얼거리는 사람처럼 소리도 제대로 내지 못하고 입술만 움직이면서 하나님 앞에 자신의 상황을 토하고 잠잠히 하나님을 바라보았습니다.

우리는 또한 열왕기에서 히스기야 왕을 기억합니다. 앗시리아 군대가 쳐들어와 온 나라를 삼키려하는 위급한 상황에서 히스기야는 하나님의 성전에 나아가 하나님께 호소합니다. 하나님께 그 문제를 오픈하고 토하는 것을 볼 수 있습니다(왕하 19:14-19). 이렇게 잠잠히 하나님만 바란다는 것은 자신의 문제를 하나님께 오픈하고 하나님께 기도한다는 것을 의미합니다. "나는 사랑하나 그들은 도리어 나를 대적하니 나는 기도할 뿐이라." 라는 시편 109편 4절 말씀처럼 자신이 사랑하는 자들이 대적할 때도 기도하는 것입니다.

다윗이 지금 반란군에 의해서 쫓겨 도피하고는 있지만 사실 우습게 볼 수 있는 왕은 아니었습니다. 사무엘하 23장을 보면 다윗에게는 용맹한 300명의 용사들이 있었습니다. 다윗을 위해서라면 목숨을 내놓고라도 싸울 수 있는 용사들이었습니다. 더 나아가 다윗에게는 반란군들에게 반

격할 수 있는 충분한 군사도 있었습니다. 무엇보다도 다윗 자신이 블레셋의 골리앗을 죽인 용사였고 사울에게 수십 년간 쫓겨 다니면서도 살아남은 전략가였습니다. 현재의 어려움을 자신이 가지고 있는 이 모든 것들로 대처할 수도 있는 왕이 하나님만을 잠잠히 바란다고 고백한 것입니다. 먼저 하나님께 알려 드리고 오직 하나님께 기도한 것입니다.

사람이 아닌 하나님을 신뢰한 다윗

가장 어려울 때에 하고 있는 다윗의 이러한 고백의 근거는 무엇입니까? 왜 다윗은 반격할 수 있는 군사로 전략을 짜지 않고 먼저 하나님께 잠잠히 바라고 있습니까? 그 이유가 오늘 말씀에도 나와 있습니다. 그 이유는 반격할 능력을 가지고 있는 사람과 하나님에 대한 인식에 근거하고 있습니다. 9절 말씀을 보십시오. "아, 슬프도다. 사람은 오직 입김이며 인생도 속임수이니 저울에 달면 그들은 입김보다 가벼우리로다." 다윗은 반란군의 진압을 위해 활용할 수 있는 군대와 사람을 입김에 비유하고 있습니다. 사람이란 추운 겨울에 입에서 뿜어져 나오는 입김에 불과하다는 것입니다.

지금은 의지할 수 있을지 모르지만 사람은 결국 거짓과 속임수로 채워져 있다는 것입니다. 내가 의지하는 사람도 저울에 달면 입김보다도 더 가볍다는 것입니다. 이렇게 다윗은 인생에 대해 정의하고 있습니다. 위급한 상황 가운데에서 사람은 자신의 문제를 결정적으로 해결할 수 있는 자가 아니라고 고백한 것입니다. 인생뿐만 아니라 10절을 보면 다윗은 "포악을 의지하지 말며 탈취한 것으로 허망하여지지 말며 재물이 늘어도 거기에 마음을 두지 말지어다."라고 말합니다. 이미 말씀드린 것처럼 다윗은 군사력과 돈을 의지해서 문제를 해결하려고 할 수도 있었습니다. 그러나 다윗은 군사력과 돈의 본질을 잘 알고 있었습니다. 위급한 상황 가운데에서 그가 의지해야 하는 것은 사람뿐 아니라 권력과 돈도 아님을 고백하고 있습니다. 이러한 것들이 해결의 수단이 될 것 같지만 결코 될 수 없음을 고백하고 있습니다.

그러면 다윗이 하나님을 잠잠히 바라는 것은 무엇에 근거하고 있습니까? 11과 12절 말씀을 보십시오. "하나님이 한두 번 하신 말씀을 내가 들었나니 권능은 하나님께 속하였다 하셨도다. 주여 인자함은 주께 속하오니 주께서 각 사람이 행한 대로 갚으심이니이다." 다윗이 위급한 상황에서 잠잠히 하나님께 바라며 마음을 토할 수 있는 근거는 해결의 능력이 하나님께 있다는 말씀에 근거하고 있습니다. 하나님께서 문제 해결의 키를 가지고 계신다는 말씀입니다. 이런 능력의 하나님은 12절의 말씀처럼 인애하신(חסד) 분입니다. 결코 어려운 가운데 있는 믿음의 사람을 내버리거나 포기하지 않고 변함없이 사랑하시는 분이십니다. 단지 사랑만하시고 능력은 없는 하나님이 아니라 문제가 생겼을 때 해결해주실 수 있는 능력도 가지신 하나님이십니다. 또한 그 하나님은 각 사람의 행위대로 갚으시는 하나님이십니다. 어려운 상황 가운데에서도 잠잠히 하나님을 바라는 자에게는 능력과 구원과 소망과 피난처가 되어 주십니다. 반면에 속과 겉이 다른 위선으로 남을 공격하고 죽이려고 하는 자들은 심판하시는 하나님이십니다. 이런 하나님에 대한 말씀을 신뢰하기에 다윗은 하나님만 잠잠히 바란다고 기도하고 있습니다. 자신의 모든 해결 방법들을 멈추고 잠잠히 침묵하면서 하나님께 집중하고 있습니다. 그것은 다윗이 변함없이 사랑하시는 하나님, 사랑뿐만 아니라 능력도 가지고 계신 하나님, 거짓으로 남을 속이며 공격하는 자들에게 공의를 행하시는 하나님을 믿기 때문입니다.

먼저 하나님을 잠잠히 바라보는 큰 믿음

사랑하는 성도 여러분, 혹 여러분은 다윗과 같은 상황에 있지는 않습니까? 어떤 문제들로 불안한 가운데 있지는 않습니까? 억울한 가운데 있지는 않습니까? 그 어려움 가운데에서 무엇을 생각하고 계십니까? 우리가 만약 이런 상황 가운데 있다면 하나님께서는 우리가 먼저 어떻게 해야 되지? 누구를 찾아가야 되지? 누구를 만나야 되지? 말하며 자구책 찾기를 원하지 않으십니다. 하나님께서는 "먼저 나를 잠잠히 바라보라. 나에게 먼저 그 문제를 오픈해라. 내가 진짜 해결자다."라고 우리에게 말씀하십니다.

출애굽기 14장 말씀을 보면 이집트를 나온 이스라엘 백성들이 홍해 바닷가에 있는 것을 볼 수 있습니다. 뒤에는 홍해바다요 앞에는 이집트의 군사들이 죽이려고 다가오고 있습니다. 당황하여 어떻게 해야 할지 모르는 이 위급한 상황에서 모세는 뭐라고 외치고 있습니까? 14절 말씀은 "여호와께서 너희를 위하여 싸우시리니 너희는 가만히 있을지니라."라고 말씀합니다. 이 위급한 상황에서 이스라엘 백성은 무엇을 해야 합니까? 도와줄 어떤 사람을 찾아야 합니까? 아닙니다. 어찌할 수 없는 상황 가운데에서 그들을 위하여 친히 싸우시는 하나님을 먼저 '가만히 바라보는 것'(חָרַשׁ)이 그들이 해야 하는 유일한 일이었습니다.

우리는 마태복음 8장 23절에 있는 말씀을 기억해야 합니다. 어떤 말씀입니까? 예수께서 갈릴리 바닷가에서 제자들과 함께 배를 타고 건너편으로 가시는 중 이십니다. 가시는 중에 큰 폭풍이 불어옵니다. 폭풍 가운데 배가 물결에 덮이게 됩니다. 이런 가운데서도 예수께서는 전도사역으로 피곤하셔서 배의 그물에서 주무십니다. 이제 배가 뒤집어지려고 합니다. 어떻게 해야 합니까? 다급한 제자들이 예수님을 흔들어 깨웁니다. "주님, 우리가 죽어가고 있으니까 살려 주십시오"라고 외칩니다. 이렇게 하는 것도 믿음입니다. 그러나 예수님께서는 이런 믿음을 작은 믿음이라고 하셨습니다. 큰 믿음은 무엇입니까? 지금 죽어가고 있어서 예수님을 흔들어 깨운 것이 작은 믿음이면 큰 믿음은 무엇입니까? 오늘 시편 말씀처럼 잠잠히 주님을 바라보는 것입니다. 주무시고 계시는 주님이 내가 폭풍으로 물에 빠져 죽어가고 있다는 사실을 알고 계신다는 것을 믿는 믿음입니다. 잠잠히 잠깐 기다리고 있어야 합니다. 바닷물에 빠져가면서도 주무시고 계시는 주 예수께 시선을 집중할 수 있어야 합니다. 모든 것에 주님이신 예수께서는 이러한 믿음에 대해 믿음이 큰 자라고 말씀하실 것입니다.

오늘 우리가 예배하는 하나님은 어떤 분이십니까? 하나님을 우리가 어떤 분으로 사도신경을 통해 고백했습니까? 전능하사 천지를 만드신 하나님 아버지로 고백했습니다. 우리가 하나님에 대한 이 고백을 진실로 믿고 했다면 우리에게 다가오는 어려움들에 대해 어떠한 자세를 가져야 합니까? 전능하신 하나님, 나를 위해 이 땅에 오시고 나를 위해 목숨과 전부를 주신 우리 주 예수 그리스도의 사랑을 확신한다면, 우리가 직면한 어려움들 속에서 어떠한 자세를 가져야 하겠습니까? 비록 내가 어려움 속에 빠져 죽는 상황 가운데 있을 지라도 모든 것을 아시는 주님만을 잠잠히 바라보는 것이 필요합니다.

혹 여러분에게 있는 결혼과 진로와 가정의 문제 가운데에서 잠잠히 기다리는 것이 필요합니다. 어떻게 기다립니까? 우리의 두 눈을 부릅뜨서 하나님께 고정시키면서 기다려야 합니다. 믿음의 주요 우리를 온전케 하시는 예수를 바라보면서 기다려야 합니다. 여러분의 바라봄과 기다림이 진정한 것이라면 주님께서 가만히 있지 않으실 것입니다. 예수께서는 "너희는 먼저 그 의 나라와 그의 의를 구하라. 그리하면 이 모든 것을 너희에게 더하시리라."라고 말씀하셨습니다(마 6:33). 우리에게 무엇이 있어야 할 줄을 하늘 아버지께서 아신다고 말씀하셨습니다. 우리는 이 시간에 결단하고 강한 확신을 가져야 합니다. 우리에게 있는 모든 어렵고 힘든 것들을 예수께서 먼저 보고 계신다는 것을 믿어야 합니다. 자꾸 사람을 의지하거나 돈과 내 생각으로 무엇을 하려고 하지 않아야 합니다. 그러한 생각을 물리치고 먼저 잠잠히 하나님께 나아가야 합니다. 그 문제를 하나님께 먼저 오픈해야 합니다. 하나님이 진정한 참 해결자이십니다. 그분을 믿고 나아가는 성도들 되시기를 주님의 이름으로 부탁합니다.

잠언 9장 1-18절
지혜의 초청

(1) 지혜가 그의 집을 짓고 일곱 기둥을 다듬고 (2) 짐승을 잡으며 포
도주를 혼합하여 상을 갖추고 (3) 자기의 여종을 보내어 성중 높은 곳
에서 불러 이르기를 (4) 어리석은 자는 이리로 돌이키라 또 지혜 없는
자에게 이르기를 (5) 너는 와서 내 식물을 먹으며 내 혼합한 포도주를
마시고 (6) 어리석음을 버리고 생명을 얻으라 명철의 길을 행하라 하느
니라 (7) 거만한 자를 징계하는 자는 도리어 능욕을 받고 악인을 책망
하는 자는 도리어 흠이 잡히느니라 (8) 거만한 자를 책망하지 말라 그
가 너를 미워할까 두려우니라 지혜 있는 자를 책망하라 그가 너를 사랑
하리라 (9) 지혜 있는 자에게 교훈을 더하라 그가 더욱 지혜로워질 것
이요 의로운 사람을 가르치라 그의 학식이 더하리라 (10) 여호와를 경
외하는 것이 지혜의 근본이요 거룩하신 자를 아는 것이 명철이니라
(11) 나 지혜로 말미암아 네 날이 많아질 것이요 네 생명의 해가 네게
더하리라 (12) 네가 만일 지혜로우면 그 지혜가 네게 유익할 것이나 네
가 만일 거만하면 너 홀로 해를 당하리라 (13) 미련한 여인이 떠들며
어리석어서 아무것도 알지 못하고 (14) 자기 집 문에 앉으며 성읍 높은
곳에 있는 자리에 앉아서 (15) 자기 길을 바로 가는 행인들을 불러 이
르되 (16) 어리석은 자는 이리로 돌이키라 또 지혜 없는 자에게 이르기
를 (17) 도둑질한 물이 달고 몰래 먹는 떡이 맛이 있다 하는도다 (18)
오직 그 어리석은 자는 죽은 자들이 거기 있는 것과 그의 객들이 스올
깊은 곳에 있는 것을 알지 못하느니라 [잠언 9장 1-18절]

비유로서의 잠언

오늘 잠언의 말씀에서 '잠언'이라는 말은 요즘 잘 사용하지 않는 단어입

니다. '바늘 잠' 자에 '말씀 언'을 더하여 잠언(箴言), 곧 충고와 격언을 의미하지만 본질적으로는 '비유'(משל)를 의미합니다. 하나님께서 비유를 통해 교훈을 우리에게 주시는 말씀입니다. 오늘 잠언 9장에서도 우리는 하나님께서 주시는 비유의 말씀을 살펴 볼 수 있습니다. 어떤 비유가 들어있는가 하면 9장 1-12절에는 지혜 여인, 또 9장 13-18절에는 미련한 여인이 등장하는 비유 입니다. 지혜 여인과 미련한 곧 우매 여인, 이 두 여인의 비유를 통해서 우리들에게 교훈하시는 하나님 말씀이 잠언 9장의 말씀입니다.

9장 1절 이하는 "지혜가 그의 집을 짓고 일곱 기둥을 다듬고 짐승을 잡으며 포도주를 혼합하여 상을 갖추고 자기의 여종을 보내어 성중 높은 곳에서 불러~" 라고 말하고 있는데 이것은 동일하게 성중 높은 곳에서 행인을 부르는 9장 13절 이하의 미련한 여인의 행위와 대조적 병렬을 이루고 있습니다. 그러므로 9장 1절의 "지혜가" 라는 단어는 "지혜 여인" 혹은 "지혜로운 여인" 으로 번역하는 것이 좋습니다. 즉 "지혜 여인이 그녀의 집을 짓고 일곱 기둥을 다듬고 짐승을 잡으며 포도주를 혼합하여 상을 갖추고 그녀의 여종을 보내어 성중 높은 곳에서 불러" 로 읽는 것입니다. 이렇게 9장 1절에서 12절까지는 지혜 여인의 초청에 대한 말씀이고, 9장 13절에서 마지막 절까지는 우매 여인의 초청에 대한 말씀입니다.

지혜 여인이 집을 짓습니다. 지은 후에는 잔치를 벌입니다. 포도주가 가득하고 먹을 빵과 여러 음식이 있는 화려한 잔칫상을 차려놓습니다. 잔치 준비가 다 된 후에는 성중 가장 높은 곳에 여종들을 세우고 지나가는 사람들을 부르게 합니다. '돌이켜 들어오고 잔치에 참여하여 생명을 얻으라. 지혜와 명철을 행하라.'고 초청한 것입니다. 지혜 여인의 잔치에 참여하는 지혜로운 자는 장수와 생명을 얻습니다. 반면에 9장 13절 이하에는 지혜 여인 맞은편에 있는 우매 여인을 소개합니다. 이 우매한 여인은 직접 성중 높은 곳에 있는 자리에 앉아서 길을 바로 가는 행인들을 초청합니다. 뭐라고 초청합니까? '자기 집에는 도둑질한 물과 훔친 빵이 있다. 물이 아주 달고 빵은 아주 맛이 있다. 같이 이 잔치에 참여하자.' 라고 부릅니다. 9장 18절은 이 우매한 여인을 따라 가는 것은 어리석어 죽는 길이라고 말씀합니다. 이미 많은 자들이 어리석어 그 여인과 함께 식사하다가 죽었다고 말씀합니다.

두 여인의 비유가 주는 일차적 교훈

잠언 9장은 비유를 말씀하고 있는데 지혜 여인과 우매 여인의 초청에 대한 비유를 통해서 우리의 인생길은 늘 선택 가운데 있는데 이런 선택의 길들에서 우리가 어느 길로 가야하는지를 말씀하고 있습니다. 지혜 여인이 차려놓은 잔치에 참여하여 생명을 얻을 것인가, 아니면 우매 여인의 초청에 응답하여 몰래 훔쳐온 빵과 물을 마시면서 죽음에 이를 것인가? 어떤 초청에 응할 것인가? 어떤 잔치에 참여할 것인가? 이런 두 가지 초청을 대조적으로 보여주고 있는 말씀이 오늘 말씀입니다. 그러나 사람이 인생길을 가다가 두 여인 중에 한 여인을 단순히 선택할 수 있다는 말씀을 하시는 것이 아닙니다. 오늘 하나님의 말씀은 우리가 지혜 여인의 잔치에 참여하여 생명의 길을 가라고 말씀하시는 것입니다. 우매 여인과 함께하여 먹는 빵은 맛있어 보일지 모르지만 결국은 죽는 길이기 때문입니다. 지혜 여인의 초청에 응하여 생명을 얻는 것이 지혜라고 말씀합니다.

두 여인 비유의 궁극적인 교훈

이 비유의 말씀이 주는 교훈을 생각할 때 우리는 이 두 여인이 누구를 의미하는지를 알 필요가 있습니다. 오늘 잠언 말씀은 이 두 여인의 정체에 대해 간접적으로 알려주고 있습니다. 바로 9장 3절과 14절에 있는 "성중 높은 곳"(מרמי קרת)이라는 초청의 장소가 두 여인의 정체와 관련이 있습니다. 성중에 높은 곳은 단순한 장소가 아닙니다. 이곳은 주로 신전이 서 있는 곳을 의미합니다. 지혜 여인이 있는 성중 높은 곳은 하나님이 계신 곳인 시온의 성전을 의미합니다. 지혜 여인은 이 성전에서 하나님께 나오라고 사람들을 초청하는 하나님의 말씀이요 선지자입니다. 구약의 선지자들은 주로 성전 앞에서 하나님의 대변자가 되어 하나님의 말씀을 듣도록 초청하곤 했습니다. 반면에 9장 14절에 있는 미련한 여인이 앉아 있는 성중 높은 곳은 이방의 신전을 의미합니다. 이방신 바알의 신전을 의미합니다. 이 미련한 여인은 그곳에 앉아 바알 신에게 사람들을 오게 하며 풍요에 관한 거짓 교훈을 전하는 바알의 선지자들입니다. 하나님께서는 잠언 9장의 말씀을 듣는 이스라엘 백성들에게 예루살렘 성전의 초청에 응할 것인가, 아니면 바알 신전의 초청에 응할 것인가? 어떤 초정에 응하여 갈 것인지에 대한 도전을 주고 있습니다.

잠언의 이 말씀과 관련해서 우리는 열왕기상 18장의 엘리야를 생각할 수 있습니다. 엘리야 선지자는 갈멜 산에 이스라엘 백성들을 모아놓고 "여호와가 만일 하나님이면 그를 따르고, 바알이 만일 하나님이면 그를 따르라."라고 혼합신앙 가운데 있는 백성들에게 선택의 결단을 촉구하였습니다. 엘리야는 자신이 섬기는 여호와가 하나님이신지, 아니면 450명의 선지자를 가지고 있는 바알이 진짜 신인지를 갈멜 산에서 보여주길 원했습니다. 바알의 선지자들은 할 수 없었지만 자신의 기도에 응답하여 불로 송아지 제물에 임하신 여호와 하나님을 엘리야는 드러내었습니다. 바로 이와 같은 상황이 오늘 잠언 말씀의 상황입니다. 여호와가 하나님이면 여호와를 따르고, 바알이 하나님이면 바알을 따르라는 선택의 결단을 지혜 여인과 미련한 여인을 통해서 이스라엘 백성에게 요구하고 있습니다. 둘 중에 하나를 선택할 수는 있지만 그 선택의 결과는 다르다는 것을 또한 보여줍니다. 하나는 생명의 길로 가는 것이고 다른 하나는 영원한 죽음의 길로 가는 것임을 말씀합니다. 하나님을 선택하고 하나님 말씀의 초청에 반응하고 살면 하나님의 잔치에 참여하여 생명을 얻지만 바알을 선택하고 바알의 잔치에 나아가면 당장은 좋아보일지는 몰라도 영원히 죽는 길임을 잠언 9장은 이스라엘 백성들에게 들려줍니다.

지혜 여인과 예수님

하나님께서는 이와 같이 구약 시대의 이스라엘 백성들에게 올바른 선택을 통해서 생명의 삶으로 나아가도록 교훈하셨습니다. 그러나 이스라엘 백성들은 이러한 하나님의 교훈에 올바로 반응하지 못했습니다. 그들은 하나님의 백성이었지만 늘 바알을 선택했고, 바알이 주는 순간적인 쾌락을 추구하며 징벌과 멸망의 길로 나아갔습니다. 이런 연약한 인생을 바라보신 하나님께서는 진정으로 하나님을 대변할 수 있는 예수님을 이 땅에 보내셨습니다. 요한복음 1장은 하나님 말씀이 육신이 되어 하나님을 드러내신 분이 예수님이라고 말씀하십니다(요 1:1, 14, 16). 잠언에서는 하나님의 말씀이 지혜 여인으로 비유되어 표현되었지만 이제는 비유가 아니라 하나님의 말씀이신 예수님이 직접 육신을 입고 사람으로 이 땅에 오셔서 사람들을 초청하시고 하나님께로 인도하신 것입니다. 바로 이 예수님께서 자신의 죽음과 부활을 통해 하나님께 나아가는 생명의 길을 열어놓으셨고 사람들을 초청하셨습니다.

여러분도 다 아시는 것처럼 누가복음 14장에서 예수님이 들려주신 잔치 비유를 보면 한 사람이 잔치를 마련하고 종들을 보내어서 잔치에 많은 사람들을 초청합니다. 초청받은 사람들은 이 잔치에 참여할 수도 있고 참여하지 않을 수도 있는 선택의 권한이 있습니다. 그런데 잔치가 준비되었지만 초청 받은 사람들은 소를 샀다고, 결혼한다고, 밭을 샀다고 하면서 잔치에 참여하기를 거부합니다. 이들이 초청을 거부하자 하나님께서는 이전에 초청받지 못한 자들을 부르시고 하나님의 잔치로 인도하십니다(눅 14:15-24). 또한 우리는 마태복음 13장에서 예수님이 비유로 말씀하신 네 종류의 밭에 대한 말씀을 알고 있습니다. 예수님은 하나님 나라에 대한 말씀으로 초청하지만 아예 말씀을 무시하거나 외부적인 박해 때문에 말씀을 듣지 않거나, 세상의 염려와 돈의 문제 때문에 말씀에 반응하지 않는 밭들을 언급하셨습니다. 그런 가운데서도 말씀을 듣고 깨달아 열매 맺는 밭도 있음을 말씀하십니다. 예수님은 이런 비유들을 통해 자신이 잠언의 지혜 여인처럼 사람들을 하나님께 나아가도록 초청하는 자임을 알려주신 것입니다(마 11:19).

고린도전서 1장 24절은 예수님을 "하나님의 능력이요, 하나님의 지혜"라고 말씀합니다. 구약 시대에 하나님의 지혜인 선지자들을 통해서 말씀하셨던 하나님께서는 신약시대에는 하나님의 능력이요 지혜인 예수님을 통해서 생명의 길로 나아오도록 초청하십니다(히 1:1-3). 초청을 받아들이는 자들에게는 예수님 자신이 구원의 능력이 되십니다. 예수께서 승천하신 후에는 그의 영이신 성령을 보내셔서 사람들에게 하나님 나라 잔치에 참여하라고 초청하십니다. 길거리, 시장, 가정과 학교와 직장에서도 초청하고 부르십니다. 성령의 부르심에 반응할 때 우리는 생명의 길로 나아갈 수 있습니다. 그러나 성령의 부르심을 거부할 때는 잠언의 미련한 여인을 따라간 것처럼 죽음의 길을 갑니다. 잠깐 자기가 원하는 것을 누리며 사는 것 같지만 그것은 하나님의 생명으로부터 영원히 멀어지는 길입니다.

사랑하는 성도 여러분, 하나님께서는 우리에게 선택할 수 있는 기회와 자유로운 의지를 주셨습니다. 하나님께서 우리를 처음 만드셨을 때부터 우리는 로봇이 아니었습니다. 자기의 의사나 선택의 권한이 없는 로봇과 같은 인간으로 창조되지 않았습니다. 오히려 인간 자신이 선택하고 결정하고 나아갈 수 있는 인격체로 사람을 창조하신 분이 하나님이십니다. 에덴동산에서부터 지혜 여인의 초청에 이르기까지, 더 나아가 예수님의 초청으로부터 성령의 초청에 이르기까지 지금도 여전히 하나님은 인간에게 선택의 권한과 기회를 부여하시는 인격적인 분이십니다.

하나님의 권면에 대한 우리의 자세

이런 인격적인 하나님께서 여전히 우리를 초청하십니다. 예수님의 영이신 성령을 통해서 예수님을 믿는 생명의 길로 나아오라고 말씀합니다. 한편으로는 예수님을 안 믿는 것은 사망의 길에 있다고 말씀합니다. 예수님 없이 육체의 쾌락과 자아실현의 만족을 잠간은 맛볼 수는 있지만 영원히 망하는 길이라고 인격적으로 권면하십니다. 더 나아가 하나님의 은혜로 예수 믿는 길을 선택한 우리에게는 그리스도인이 가는 길은 무엇이며 세상 가치를 따라가는 잘못된 길은 무엇인지도 알게 하십니다. 하나님께서 권면하시는 길로 가기 위해 우리는 어떻게 해야 하겠습니까?

하나님께서 원하시는 길을 선택하기 위해 우리는 먼저 회색지대에 있지 않아야 합니다. 곧 이중적이고 혼합적인 선택을 하려고하지 않아야 합니다. 이렇게 하고 싶고, 저렇게 하고도 싶은 두 마음은 미련한 여인을 선택할 가능성이 많게 합니다. 예수를 믿으면서도 세속적 가치에 미련을 가진 마음은 하나님이 원하시는 길을 가기가 쉽지 않습니다. 세상 사람들이 자랑하는 돈과 명예와 권력에 대한 미련을 늘 갖고 있으면 선택의 순간이 왔을 때에 예수의 영이 아닌 악한 영을 따라 선택하게 됩니다. 우리가 혹 이런 영적 상황에 있지는 않은지 먼저 돌아봐야 합니다.

이렇게 자신을 돌아보는 가운데 우리는 잠언 9장 10절의 말씀대로 여호와를 경외하고 알아가는 것이 필요합니다. 하나님을 알고 두려워하는 것이 올바른 선택의 시작이요 본질이기 때문입니다. 여호와를 경외하는 것은 여호와를 알아가는 것이기도 합니다. 여호와를 알아가는 자는 하나님의 말씀에 귀를 기울이고 관심을 갖습니다. 하나님의 백성들과 함께 기도하며 예배하고 교제하는데 마음을 둡니다. 이러한 행위들로 여호와를 경외하며 하나님이 원하시는 선택으로 나아갑니다. 우리 안에 계셔서 우리를 인도하시는 성령의 요구에 아멘으로 순종할 수 있습니다.

성도 여러분, 우리는 매 순간마다 선택을 하며 살아갑니다. 인생은 태어나서(Birth) 죽는 순간까지(Death) 선택하는 것이라(Choice) 할 수 있습니다. 어떤 직업을 가져야 하는지, 어떤 사람과 결혼을 해야 하는지, 어떤 학교를 지원하고 어떤 교회를 다녀야 하는지, 선택할 일들은 너무 많습니다. 이러한 가운데서 우리는 선택을 잘 하면서 살아야 합니다. 그러나 우리는 일들에서 선택을 잘못 할 수도 있습니다. 직업과 배우자와 학교를 잘못 선택할 수도 있습니다. 그러함에도 우리가 정말 잘못 선택해서는 안 되는 선택들도 있습니다. '예수님이냐, 사탄이냐, 성령이냐, 악한 영이냐?' 하는 선택에서는 분명하고도 바른 선택을 해야 합니다. 이런 일은 자신의 모든 것들을 걸어야 하는 선택이기 때문입니다. 이런 중요한 선택을 잘 감당하기 위해서는 내주하시며 도와주시는 성령의 인도를 잘 받아야 합니다. 이렇게 매사를 잘 선택하여 하나님께 영광을 돌리는 여러분 되길 축원합니다.

전도서 1장 1-11절
해 아래 새 것이 있나니

(1) 다윗의 아들 예루살렘 왕 전도자의 말씀이라 (2) 전도자가 이르되 헛되고 헛되며 헛되고 헛되니 모든 것이 헛되도다 (3) 해 아래에서 수고하는 모든 수고가 사람에게 무엇이 유익한가 (4) 한 세대는 가고 한 세대는 오되 땅은 영원히 있도다 (5) 해는 뜨고 해는 지되 그 떴던 곳으로 빨리 돌아가고 (6) 바람은 남으로 불다가 북으로 돌아가며 이리 돌며 저리 돌아 바람은 그 불던 곳으로 돌아가고 (7) 모든 강물은 다 바다로 흐르되 바다를 채우지 못하며 강물은 어느 곳으로 흐르든지 그리로 연하여 흐르느니라 (8) 모든 만물이 피곤하다는 것을 사람이 말로 다 말할 수는 없나니 눈은 보아도 족함이 없고 귀는 들어도 가득 차지 아니하도다 (9) 이미 있던 것이 후에 다시 있겠고 이미 한 일을 후에 다시 할지라 해 아래에는 새 것이 없나니 (10) 무엇을 가리켜 이르기를 보라 이것이 새 것이라 할 것이 있으랴 우리가 있기 오래 전 세대들에도 이미 있었느니라 (11) 이전 세대들이 기억됨이 없으니 장래 세대도 그 후 세대들과 함께 기억됨이 없으리라 [전도서 1장 1-11절]

해 아래에는 새 것이 없는가?

새해를 맞이했습니다. 이 새해에는 어떻게 살기를 원하십니까? 어떠한 기대와 소망을 가지십니까? 새해를 맞이하며 살아가는 여러분들의 마음가짐은 어떠합니까? 오늘 전도서 말씀에서 전도자는 새해를 맞이하는 사람들과 같이 인생의 새로움을 기대하는 것과 관련하여 말씀합니다. 앞으로 살아갈 사람의 인생살이에 대한 하나의 의견을 제시하고 있습니다.

먼저 1장 3절에서 전도자는 해 아래의 이 세상에서 사람이 수고하며 살아가는 것이 유익한지에 대해 질문을 던집니다. 이 새해도 살아갈만한가? 이런 질문 속에서 전도서 1장 4절에서 11절에서는 인생살이에 대한 하나의 답변을 소개하고 있습니다. 4절에서는 '한 세대가 가고 한 세대는 온다. 노년의 세대가 가고 새로운 젊은 세대가 온다. 그렇지만 땅은 영원히 있다.' 고 말씀합니다. 무슨 말씀입니까? 인생이란 사람들이 태어나 살다 죽어가고 다시 태어나고 죽는 반복이며 변화이다. 이런 인생의 반복과 변화 속에서도 그들이 거쳐 간 땅은 그대로 있다는 것입니다. 변하는 것 같지만 변하지 않는 것이 인생이고 이 세상이라고 말하는 것입니다. 비슷하게 11절에서는 이전 세대들이 기억되지 못했으니 이후의 미래 세대도 기억되지 못하는 것이 인생이다. 반복되고 변화하는 인생살이지만 기억되지도 못하는 것이 인생이라고 회의적으로 말합니다. 아무리 유명하고 위대한 일을 하였다할지라도 속히 잊어지며

흔적도 없이 사라지는 것이 인생이라고 말합니다.

5절에서는 "해는 뜨고 해는 지되 그 떴던 곳으로 빨리 돌아가고."라 말합니다. 해가 동쪽에서 떠서 서쪽으로 지는데 다음날 되면 해는 어느새 그 동쪽에서 다시 떠오른다고 말합니다. 이제 막 새해가 시작되었지만 곧 년 말이 되어 다시 새로운 해를 기다리고 있을 것이며 지금 오늘 아침을 먹었지만 내일도 아침을 먹기 위해서 숟가락을 잡고 있을 것이라는 말입니다. 인생이란 빠른 순환과 반복뿐임을 말합니다. 6절에서도 "바람은 남으로 불다가 북으로 돌아가며 이리 돌며 저리 돌아 바람은 그 불던 곳으로 돌아가고." 바람이 남에서 북으로 불고 여기저기 자유롭게 다니는 것 같지만 원래 불기 시작했던 곳으로 돌아간다면서 역시 반복과 순환에 대한 관찰을 보여줍니다.

7절은 '모든 강물이 다 바다로 흐르지만 바다를 채우지는 못한다. 그래도 강물은 계속해서 바다로 흐른다. 그럼에도 계속해서 흐르는 강물은

그 바다를 채울 수는 없다.' 고 말합니다. 변화가 있는 것 같지만 결국 변화하지 않는다. 새로운 변화가 있을 것 같지만 결국은 변하지 않으며 이와 같이 계속된 시도에도 만족함이 없는 것이 인생이라고 말합니다.

그래서 어떻다는 것입니까? 8절을 보면 결론적으로 인간을 비롯한 모든 만물은 피곤하다. 살아가는 것은 피곤한 일이라는 것입니다. 끊임없이 먹고 자고 일하지만 내일도 다시 먹고 자고 일해야 하는 반복과 순환의 인생은 변화가 있는 것 같지만 아무리해도 채워지지 않는 피곤한 삶일 뿐이라고 말합니다. 더 나아가 사람이 말로 다 말할 수 없고 아무리 보고 귀로 들어도 만족해 할 수 없는 것이 인생이라 말합니다. 9-10절에서는 이것을 부연하여 설명합니다. 이미 있던 것이 후에 다시 있을 것이고 이미 한 일을 다시 하게 될 것이기 때문에 해 아래 세상과 인생에는 결국 새 것은 없다고 말합니다. '지금은 새해라고 말하지만 사실 이 새해는 새로운 해가 아니고 작년에 있었던 것이고, 또 앞으로도 있을 것에 불과한 것이다. 혹시 무엇을 가리켜 새 것이라고 말할지 모르겠지만 그것은 이미 오래 전의 세대들에게도 있었던 것' 이라 말합니다. 이렇게 전도자는 인생사 가운데 있을 수 있는 모든 '새로움' 을 부정하고 있습니다. '인생길에 새로움이란 없고 오직 반복과 순환일 뿐이다. 변화가 있는 것 같지만 사실 변형되어 보이는 것일 뿐이며 본질은 변하지 않는다. 이런 인생사에서 끊임없이 먹고 자며 무언가를 이루기 위해 일하고 채우려 하지만 채워지지 않는 것이 세상이고 인생이다. 그래서 결국 인생살이는 피곤한 것이며 유익이 아닌 무익하다고 말하고 있습니다.

인생에 대해 전도자가 지혜를 전달하는 방식

사랑하는 여러분, 본문에서 전도자가 이렇게 말한다고 해서 '아! 역시 그렇구나. 해 아래에는 새 것이 없구나. 단순한 반복과 순환일 뿐이구나. 인생은 피곤할 뿐이구나.' 라고 동의하면서 아멘하시면 안됩니다. 우리가 성경말씀을 듣다보면 쉽게 이해된다고 그냥 고개를 끄덕이며 아멘하기 쉽지만 늘 그런 것은 아닙니다. 특별히 구약의 지혜서로 분류되는 잠언과 전도서, 욥기와 아가의 말씀들은 쉬워 보이지만 사실 조심스럽게 읽어야 하는 말씀입니다. 이 지혜의 말씀들을 표면적으로만 읽고 듣다보면 실족하기가 쉽고 삶에 대해 잘못된 태도를 갖게 될 수도 있기 때문입니다.

지혜서의 하나인 전도서에서 전도자가 지금 말하고 있는 인생과 세상에 대한 관점은 사실 자신이 궁극적으로 말하고자 하는바는 아닙니다. 해 아래서 펼쳐지는 인생은 살아갈 만한 것인가의 질문에 대해 하나의 답변을 단지 제시하고 있을 뿐입니다. 인간의 경험과 관찰에만 의존된 인생과 세상에 대한 관점을 인용하고 있을 뿐입니다. 해를 '들여다보니' 떴다가 지고, 다시 떴다가 지고, 인생도 '살펴보니' 태어나서 살다 죽고, 다시 태어나 살다 죽는다는 것입니다. 강물을 '들여다보니' 끊임없이 바다로 흐르지만 바다는 채워지지 않고, 인생 역시 눈으로 '보고' 귀로 '들어도' 만족함이 없다는 것입니다. 결국 모든 것에는 새 것이 없고, 반복과 순환뿐이라는 것입니다. 자신이 만져보고, 관찰하고 들어보았을 때 곧 오직 자신의 경험과 현실에만 기초하여 판단한다면, 인생은 반복과 순환 이상의 것은 아니라는 말입니다. '이런 관점에서만 보면 인생살이는 피곤한 것이며 세상에는 새로움이 없다는 결론에 도달할 수밖에 없다.' 하는 것을 전도자는 보여줍니다.

자신의 경험과 관찰에만 의존하여 인생을 반복과 순환의 피곤한 일로 정의한다면 인생을 살아가는 사람들에게 어떠한 영향을 주겠습니까? '이 새해도 작년과 동일하구나! 또 피곤한 한 해를 살아야 하는구나!' 라고 생각을 하게 될 것입니다. 새로움 없는 인생에 대해 회의와 무기력한 태도를 가지게 됩니다. '세상은 그냥 흘러가는 것이구나. 시계 바늘이 째깍째깍 하며 돌아가듯이 순환하면서 돌아가는 것이구나. 이런 세상에서 내가 하고 싶은 대로나 살다가 죽어야 되겠다.' 하는 생각을 가질 수 있습니다. 불교가 말하는 것처럼 '윤회적인 세상 속에서 무엇을 가지려고 아옹다옹하지 말자. 다 부질없는 짓이니 아무 것도 갖지 말자.' 는 사상을 따름으로 실족할 수 있습니다.

그러나 전도자는 궁극적으로 이런 사상을 말씀하려는 것이 아닙니다. 오히려 그렇지 않음을 역설적 화법으로 전달하려는 것입니다. 사실 신약성경은 이런 잘못된 사상을 가진 거짓 선생들을 소개하기도 합니다. 베드로후서 3장 4절은 예수님의 재림을 부인하는 거짓 선생들의 말을 인용하고 있는데, "주께서 강림하신다는 약속이 어디 있느냐 조상들이 잔 후로부터 만물이 처음 창조될 때와 같이 그냥 있다."라고 그들은 말합니다. '세상은 창조이후로 똑같다. 세상에 예수님의 재림은 이루어지지 않을 것이며 세상은 앞으로도 똑같을 것이다.' 이렇게 새로움을 거부하는 것은 구약시대뿐 아니라 신약시대에도 있었습니다.

이런 말씀을 읽고 들을 때 성경을 정상적으로 이해하며 교회생활을 한 사람들은 머리를 갸우뚱 거리며 '뭔가가 좀 이상하다.' 고 생각을 해야 합니다. '해 아래 새 것이 없다고?' 하는 의심과 회의적인 태도를 가져야 합니다. 베뢰아의 성도들처럼 성경을 상고하여 이런 인생에 대한 태도에 아멘 할 수 있는 것인지에 대해 숙고해 보아야 합니다(행 17:11). 왜 그런가 하면 이런 표현은 성경의 다른 부분과 상치되기 때문입니다. 예를 들어 이사야서 43장 19절은 "보라 내가 새 일을 행하리니 이제 타나낼 것이라."라고 말씀합니다. 65장 17절도 "보라 내가 새 하늘과 새 땅을 창조하나니 이전 것은 기억되거나 마음에 생각나지 아니할 것이라."라고 새로운 세상을 말씀합니다. 고린도후서 5장 17절은 "그런즉 누구든지 그리스도 안에 있으면 새로운 피조물이라. 이전 것은 지나갔으니 보라 새 것이 되었도다."라고 새 하늘과 새 땅과 새 사람에 대해 말씀하고 있습니다. "해 아래에는 새 것이 없나니,"가 아니라 "해 아래에는 새 것이 있나니." 입니다. 어떻게 새 것들이 됩니까? 그리스도 예수 안에서 새 사람이 되고 새 하늘과 새 땅이 됩니다. 예수 안에서 새 것들이 될 것을 성경의 다른 부분은 선포합니다. 해 아래 인생과 이 세상은 새로워 질 수 있습니다. 요한복음을 보면 예수님께서도 이렇게 말씀하십니다. "나는 부활이요 생명이니 나를 믿는 자는 죽어도 살겠고 무릇 살아서 나를 믿는 자는 영원히 죽지 아니하리라(11:25-26)." 예수의 죽음과 부활의 생명이 죽음이 지배하는 세상에 새로움을 가져왔습니다. 예수께서 새로운 사람을 만들고, 새로운 세상을 가져오셨습니다. 피상적 경험과 관찰이 아닌 예수 안에서는 우리의 인생을 새롭게 바라볼 수 있습니다. 인생이 단순한 반복과 순환이 아니며 피곤한 것도 아님을 알게 됩니다. 변함없이 그대로 있는 것이 아니라 변하고 있음을 보게 됩니다. 예수 안에서 세상은 새로워지기 위해 변하고 있음을 깨닫습니다. 순환이 아니라 창조에서 완성을 향해 직선적으로 나아가고 있음을 확신하게 됩니다. 계시록 21장 5절에서 하나님께서는 "보라 내가 만물을 새롭게 하노라." 라고 말씀하십니다. 예수님의 재림 때에 만물을 새롭게 완성시키실 것을 말씀하십니다. 예수 안에서 인생들과 세상을 새롭게 변화시키십니다.

예수 안에서의 새로움에 대한 이런 말씀들이 성경의 다른 부분에 있다면 오늘 전도자의 말씀은 문자 그대로 받아들여야하는 말씀이 아닙니다. 인생과 세상을 하나님에 대한 믿음이 아닌 자신의 경험과 관찰에 의존하여 살려고 한다면 유익이 없고 피곤할 뿐이라는 것을 역설적으로 말씀합니다. 경험과 관찰이 아닌 하나님에 대한 믿음으로 인생을 살아가야 한다는 점을 강조하고 있습니다.

인간의 경험과 관찰이 아닌 하나님에 대한 믿음으로 사는 인생

전도자가 역설적으로 호소하는 것은 해 아래 인생을 허락하신 하나님에 대한 믿음이고 그 믿음이 인생의 유익과 새로움을 경험하게 한다는 것입니다. 우리는 이런 메시지를 전도서 전체에서 발견할 수 있습니다. 이런 인생의 유익과 새로움은 자신의 경험에 의해서 인식되는 것이 아닙니다. 무엇을 관찰해서 얻어진 것이 아닙니다. 이것은 하나님께서 예수 안에서 하실 일에 대한 믿음으로 얻어지는 것입니다. 인생을 창조하시고 구속하시는 하나님에 대한 믿음을 통해서 우리는 인생과 세상이 새로워질 것을 알게 됩니다. 내가 경험한 세상과 인생이 아니라 하나님이 창조하시고 다스리시는 세상과 인생으로 믿는 사람은 인생의 유익과 새로움에 대한 소망을 갖게 됩니다. 살아갈 삶에 대한 가치와 의욕을 가지게 됩니다.

고린도전서 15장 58절에서 사도 바울께서는 "그러므로 내 사랑하는 형제들아 견실하며 흔들리지 말고 항상 주의 일에 더욱 힘쓰는 자들이 되라. 이는 너희 수고가 주 안에서 헛되지 않은 줄 앎이라."라고 말씀하십니다. 우리가 항상 힘써야 하는 주님의 일이 무엇입니까? 예수께서 시작하시고 지금도 하고 계시는 일인 이 세상과 사람들을 예수 안에서 새롭게 하는 일입니다. 이 일을 예수께서 재림하여 새 하늘과 새 땅을 완성하실 때까지 하는 것입니다. 만물을 새롭게 회복하시는 하나님 나라의 건설에 동참하는 것입니다. 전도서 1장 11절에서 전도자는 자신의 경험과 관찰에 의존하여 보면 사람들이 한 일들은 기억되지 않고 잊어진다고 말씀했습니다. 그러나 믿음으로 주님의 일을 힘써서 한 자들의 수고는 헛되이 사라지지 않습니다. 계시록 3:12에서 주님이 말씀하신 것처럼 하나님 성전의 기둥이 되는 기념비적인 존재로 기억됩니다. 하나님 나라를 위해 한 일들이 주님 앞에서 영광의 빛을 발하며 영원히 기억될 것입니다. 그러므로 전도자가 역설적으로 말하고 있듯이 하나님을 믿음으로 세상은 살만하다는 것을 삶으로 보여 주어야 합니다. 세상과 사람을 예수 안에서 새롭고 아름답게 만들어 가시는 하나님의 역사에 적극 동참해야 합니다.

아가 8장 1-7절
사랑의 힘

(1) 네가 내 어머니의 젖을 먹은 오라비 같았더라면 내가 밖에서 너를 만날 때에 입을 맞추어도 나를 업신여길 자가 없었을 것이라 (2) 내가 너를 이끌어 내 어머니 집에 들이고 네게서 교훈을 받았으리라 나는 향기로운 술 곧 석류즙으로 네게 마시게 하겠고 (3) 너는 왼팔로는 내 머리를 고이고 오른손으로는 나를 안았으리라 (4) 예루살렘 딸들아 내가 너희에게 부탁한다 내 사랑하는 자가 원하기 전에는 흔들지 말며 깨우지 말지니라 (5) 그의 사랑하는 자를 의지하고 거친 들에서 올라오는 여자가 누구인가 너로 말미암아 네 어머니가 고생한 곳 너를 낳은 자가 애쓴 그 곳 사과나무 아래에서 내가 너를 깨웠노라 (6) 너는 나를 도장 같이 마음에 품고 도장 같이 팔에 두라 사랑은 죽음 같이 강하고 질투는 스올 같이 잔인하며 불길 같이 일어나니 그 기세가 여호와의 불과 같으니라 (7) 많은 물도 이 사랑을 끄지 못하겠고 홍수라도 삼키지 못하나니 사람이 그의 온 가산을 다 주고 사랑과 바꾸려 할지라도 오히려 멸시를 받으리라 [아가 8장 1-7절]

최상의 노래가 들려주는 사랑

오늘 읽은 성경말씀은 아가서입니다. "아가(雅歌)" 라는 말은 한자어인데 '맑고 아름다운 노래' 라는 의미를 가집니다. 그러나 조금 더 원어(שִׁיר הַשִּׁירִים)에 가깝게 이 제목을 해석한다면 '노래 중에 노래', '최고의 노래', 'The best song'의 의미를 갖습니다. 최상의 노래, 곧 가장 좋은 노래라는 제목을 갖고 있는 이 아가서의 말씀에서 절정에 해당하는 부분이 8장의 오늘 본문입니다. 특별히 8장 6절과 7절의 말씀 가운데 "사랑은 죽음 같이 강하고 질투는 스올 같이 잔인하며 불길 같이 일어나니 그 기세가 여호와의 불과 같으니라. 많은 물도 이 사랑을 끄지 못하겠고 홍수라도 삼키지 못하나니 사람이 그의 온 가산을 다 주고 사랑과 바꾸려 할지라도 오히려 멸시를 받으리라."라는 부분이 최상의 노래 중에서도 최고조의 절정에 해당하는 말씀입니다. 이 절정의 구절은 사랑을 노래하고 찬미하는 말씀입니다.

이 구절들에서 노래하고 있는 사랑에 대해 조금 더 살펴보면 이 사랑은 죽음과 같이 강력한 성질을 가지고 있다고 말씀합니다. 죽음은 누구나 거절할 수 없는 성질을 가지고 있습니다. 피할 수 없습니다. 이런 죽음의 성질처럼 이 사랑도 피할 수 없고 막을 수 없으며 꺼질 수 없는 것으로 설명되고 있습니다. 다음으로 사랑은 불길 같이 일어나는 질투와 같은 성질을 가지고 있다고 말합니다. 여기서 질투란 단순한 시기가 아니고 배타적인 것을 의미합니다. 다른 말로 말하면 독점적인 것을 의미합니다. 곧 아무나 사랑하는 것이 아니라 사랑의 대상이 단일하고 독점적이기에 배타적으로 하는 사랑입니다. 세 번째로 이 사랑은 7절에 있는 말씀처럼 강물과 홍수도 삼키지 못하며 쓸어갈 수 없는 영원한 사랑입니다. 마지막으로 그 사랑은 많은 돈과 재산을 주고도 살 수 없는 사랑입니다. 돈으로 살 수 없는 고귀한 사랑입니다. 결론적으로 오늘 아가서 본문은 막을 수 없는 독점적이며 영원한, 그리고 고귀한 가치를 가진 사랑에 대해 말씀하고 있습니다.

부부간의 사랑

그러면 아가서가 노래하는 이 사랑은 어떤 관계에서 언급되는 사랑입니까? 일차적으로 이 사랑은 부부간의 사랑을 말하고 있습니다. 사랑하는 남녀가 하나님의 인도 아래 결혼에 서약하고 부부가 되어 가지는 사랑입니다. 죽음과 같이 강하고 가치가 있으며 영원하며 독점적인 사랑을 부부관계에서 노래하고 있습니다. 부부간의 사랑임을 알게 해주는 것은 5절에 "그의 사랑하는 자를 의지하고 거친 들에서 올라오는 여자가 누구인가. 너로 말미암아 네 어머니가 고생한 곳 너를 낳은 자가 애쓴 그 곳 사과나무 아래에서 내가 너를 깨웠노라."라는 표현에서 알 수 있습니다. 1절 이하에서 언급되는 여자의 어머니 집과 거친 들에서 올라오는 남녀와 남자의 어머니 집에서 가지는 사랑의 교제가 이것을 알려줍니다. 여기서 '어머니의 집'이 강조되고 있는데 어머니의 집이란 안전하고 독립된 곳을 의미하며 친밀한 결혼생활이 준비된 곳을 의미합니다.

사실 이스라엘과 고대 근동에서는 어머니의 집에서 결혼생활이 시작되었습니다. 마치 이삭이 어머니 사라가 죽은 후에 그의 어머니의 장막에서 아내 리브가를 맞이한 것처럼 어머니의 집이란 부부생활과 관련이 있습니다(창 24:67). 어머니로부터 결혼 준비에 대한 교훈을 얻고, 어머니로부터 남편을 섬기기 위한 음식을 공급받으며, 어머니의 집에서 결혼하여 첫 날밤을 지내는 곳이 어머니의 집입니다. 이러한 어머니의 집에서 시작한 결혼생활을 언급하고 있기 때문에 오늘 아가서의 사랑은 부부의 사랑을 의미합니다. 특별히 부부간 연합을 비유적으로 말하는 부분이 있는데 5절에서 "사과나무 아래에서 내가 너를 깨웠노라" 라는 구절입니다. '어머니의 집의 사과나무 아래에서 너를 깨웠다.' 라고 하는 것은 결혼한 부부가 서로 하나 되는 부부 생활의 연합을 의미합니다. 그러므로 아가서의 사랑은 하나님께서 짝지어주신 부부간 사랑의 능력과 고귀하고 영원한 가치를 노래하고 있습니다.

부부간 사랑과 하나님의 사랑

이런 부부간 사랑의 노래에서 주목해야 할 부분이 있는데 6절의 마지막 부분에 있는 "그 기세가 여호와의 불과 같으니라."라는 말씀입니다. 하나님 앞에서 서약하고 결혼한 이 부부가 가지는 사랑의 능력이 어디서

오는지를 보여줍니다. 그 사랑의 능력을 "여호와의 불"(שַׁלְהֶבֶתְיָה)에 비유하고 있습니다. 그 사랑은 근본적으로 하나님으로부터 기원한 사랑입니다. 하나님에 의해서 짝지어졌기에 하나님의 사랑을 반영하는 부부의 사랑입니다. 사실 아가서의 말씀은 이스라엘의 3대 절기의 하나인 유월절에 낭독되는 말씀입니다. 아브라함과 맺으신 언약에 따라 이스라엘을 이집트에서 구원하신 것을 기념하는 유월절에 아가서가 낭독된 것은 이 아가서가 단순한 부부간 사랑만 노래하는 것이 아님을 알게 합니다. 언약에 근거한 변함없는 사랑으로 아내 된 이스라엘을 구원하신 남편이신 하나님의 사랑도 반영하고 있습니다(렘 31:31-33 참고). 아가서의 부부간 사랑은 하나님의 사랑과 관련된 것입니다. 아가서 8장 6-7절에 언급된 죽음, 불길, 물의 모티브는 이스라엘에 대한 하나님 사랑을 노래하는 이사야서 43장 2절에도 등장합니다. 이사야 선지자는 "네가 물 가운데로 지날 때에 내가 너와 함께 할 것이라 강을 건널 때에 물이 너를 침몰하지 못할 것이며 네가 불 가운데로 지날 때에 타지도 아니할 것이요 불꽃이 너를 사르지도 못하리니."라고 예언합니다. 하나님께서 포로 된 이스라엘 백성을 물과 불뿐 아니라 모든 위험에서 지키시고 새롭게 회복하여 구원하시는 사랑을 예언하고 있습니다.

아가서와 같이 부부간의 사랑에 비유되어 표현되는 하나님의 사랑은 호세아서 1-3장에서도 잘 나타납니다(특히 2:14-20). 아내 된 그의 백성 이스라엘을 사랑하시되 불같이 사랑하시고 그들이 떠난다 할지라도 긍휼히 여기시는 하나님 사랑을 노래하고 있습니다. 또한 그 백성이 자신만을 독점적으로 사랑하여 행복하길 원하시는 하나님 사랑을 말씀합니다. 남편 되신 하나님이 아닌 바알이나 다른 우상에게 그의 아내를 뺏기기 원하지 아니하시고 질투하시는 하나님의 사랑을 언급합니다. 요한일서 4장 8절은 '하나님은 사랑이시다.' 라고 말씀합니다. 사랑이신 하나님에 의해 남녀가 인도되고, 하나님의 주례 아래에서 부부로 서약하며,

서로 사랑할 때에 그 사랑은 사랑이신 하나님에게서 나오는 사랑입니다. 이처럼 부부간의 사랑을 통해 하나님의 사랑을 찬양하며 노래하는 것이 아가서의 말씀입니다.

에베소서 5장 21절에서 33절까지의 말씀을 읽어 보겠습니다. "그리스도를 경외함으로 피차 복종하라. 아내들이여 자기 남편에게 복종하기를 주께 하듯 하라. 이는 남편이 아내의 머리됨이 그리스도께서 교회의 머리됨과 같음이니 그가 바로 몸의 구주시니라. 그러므로 교회가 그리스도에게 하듯 아내들도 범사에 자기 남편에게 복종할지니라. 남편들아 아내 사랑하기를 그리스도께서 교회를 사랑하시고 그 교회를 위하여 자신을 주심 같이 하라. 이는 곧 물로 씻어 말씀으로 깨끗하게 하사 거룩하게 하시고 자기 앞에 영광스러운 교회로 세우사

티나 주름 잡힌 것이나 이런 것들이 없이 거룩하고 흠이 없게 하려 하심이라. 이와 같이 남편들도 자기 아내 사랑하기를 자기 자신과 같이 할지니 자기 아내를 사랑하는 자는 자기를 사랑하는 것이라. 누구든지 언제나 자기 육체를 미워하지 않고 오직 양육하여 보호하기를 그리스도께서 교회에게 함과 같이 하나니 우리는 그 몸의 지체임이라. 그러므로 사람이 부모를 떠나 그의 아내와 합하여 그 둘이 한 육체가 될지니 이 비밀이 크도다. 나는 그리스도와 교회에 대하여 말하노라. 그러나 너희도 각각 자기의 아내 사랑하기를 자신 같이 하고 아내도 자기 남편을 존경하라."

아가서의 말씀처럼 에베소서 5장의 말씀도 부부간의 사랑을 말씀하면서 그리스도와 교회간의 사랑, 그리스도의 사랑을 반영하는 부부간 사랑을 말씀하고 있습니다. 교회가 흠 없이 영광스럽게 세워지도록 자신을 주신 예수님의 사랑을 부부가 닮아서 서로 사랑하라고 말씀합니다. 이렇게 아가서 8장 6절의 여호와의 불은 하나님 사랑을 반영한 부부간 사랑의 능력을 말씀하고 있습니다.

부부간 사랑의 위기와 극복

그런데 오늘 아가서 말씀에서 간과할 수 없는 또 하나의 중요한 특징은 사랑을 묘사하는 어휘들이 상당히 도전적이라는 것입니다. 특별히 7절의 어휘들이 상당히 투쟁적이기도 해서 뭔가 사랑에 위기나 위험이 있음을 암시합니다. 예를 들어 "많은 물도 끄지 못하겠고", "홍수라도 삼키지 못하나니", "온 가산을 다 주고 바꾸려 할지라도 오히려 멸시를 받으리라" 같은 말들을 통해 사랑을 끄거나 삼키거나 돈으로 바꾸려는 도전들이 있음을 언급하고 있습니다. 아가서의 사랑은 이런 도전들에 강력히 저항하는 사랑이기도 합니다. 이런 문맥에서 5절 말씀을 보면 부부가 "거친 들"(המדבר)에서 올라온다는 말씀이 이해됩니다. "거친 들"은 광야를 의미하며 부부간 사랑이나 하나님과의 사랑의 관계에 문제를 일으킬 수 있는 비유적 장소일 수 있습니다. 광야는 이스라엘 백성이 하나님의 사랑을 경험한 장소이면서도 하나님의 사랑을 저버린 문제의 장소이기도 합니다(호 12:9; 13:5; 렘 2:2; 신 1:19-33; 시 95:8-10). 3장 6절은 남편이 결혼하기 위해 이 "거친 들"(המדבר)에서 올라온다고 말하고 있습니다. 이제는 8장 5절에서 결혼한 부부가 함께 거친 들에서 올라오고 있다는 것입니다. 사랑의 힘으로 거친 광야에서의 많은 도전과 유혹을 이기고 올라오는 것입니다.

결혼 전이든 혹은 결혼한 후이든 이들에게 거친 광야와 같은 것은 무엇일까요? 그것은 결혼생활을 파괴하거나 쓸어가 버릴 많은 물과 홍수일 수 있습니다. 부부간 사랑을 대체하려고 하는 경제적인 문제일 수 있습니다. 더 나아가 권력일 수도 있습니다. 11절과 12절에는"솔로몬이 바알하몬에 포도원이 있어 지키는 자들에게 맡겨 두고 그들로 각기 그 열매로 말미암아 은 천을 바치게 하였구나. 솔로몬 너는 천을 얻겠고 열매를 지키는 자도 이백을 얻으려니와 내게 속한 내 포도원은 내 앞에 있구나."라는 말씀이 있습니다. 솔로몬이 신하들을 통해 관리하는 포도원과

한 아내 혹은 여인이 직접 관리하는 포도원이 대조되고 있습니다. 이 포도원은 여인의 성(性)이나 가정을 의미하는 비유입니다. 이 여인은 자신의 성이나 가정을 직접 관리하며 지키겠다고 말하고 있습니다. 이 여인이 지키려는 성과 가정을 허무는 것은 솔로몬으로 상징되는 권력과 부입니다. 왕과 그의 신하들은 권력과 부를 통해 이미 수많은 포도원인 여인이나 아내들을 가지며 관리하고 있습니다. 이러함에도 이들은 자신들의 권력과 부를 통해 이 여인을 소유하려고 합니다. 이 여인은 이런 왕과 신하들에게 은 천 이백을 주고서라도 자신의 성과 가정을 지키겠다는 말하고 있습니다.[32] 돈과 권력이라는 거친 광야의 유혹과 도전에 직면한 부부간 사랑의 한 단면을 보여줍니다.

아가서 2장 15절은 "우리를 위하여 여우 곧 포도원을 허는 작은 여우를 잡으라. 우리의 포도원에 꽃이 피었음이라." 라고 말씀합니다. 포도원을 허무는 또 하나의 거친 광야를 여우에 비유하여 언급합니다. 꽃이 피어나고 있는 포도원 같은 가정과 부부간 사랑을 작은 여우가 허물려고 합니다. 이 작은 여우는 부부간 사랑에 금이 가게 하는 성적 유혹이나 타락을 비유적으로 의미합니다(5:7).

성적 탐욕과 부부간의 성적 혹은 인격적 갈등(5:2-7)이 부부간 사랑이나 하나님과의 관계를 허무는 거친 광야일 수 있습니다. 8장 1절은 "네가 내 어머니의 젖을 먹은 오라비 같았더라면 내가 밖에서 너를 만날 때에 입을 맞추어도 나를 업신여길 자가 없었을 것이라." 라고 말씀합니다. 아내가 사랑하는 남편에게 공개적인 장소에서라도 자신의 입을 맞추어 사랑을 표현하기를 원했지만 그렇게 할 수 없었습니다. 그렇게 할 경우 사람들은 그녀를 업신여기고 비도덕적인 사람으로 여기기 때문입니다. 공개적인 장소에서 사랑을 표현한다면 창녀와 같이 취급 받기 때문입니

32) 김구원, 『가장 아름다운 노래: 아가서 이야기』 (서울: CLC, 2011), 318-319.

다. 그래서 이 아내는 '나의 남편이 오빠들과 같은 존재였다면 얼마나 좋았을까? 내 마음대로 사랑을 표현할 수 있었을 텐데' 라는 하소연을 하고 있습니다. 부부관계여도 자연스럽게 사랑을 표현하지 못하게 하는 사회적인 환경과 분위기가 이 부부간 사랑을 위협하는 또 하나의 거친 광야입니다. 특별히 아가서에서 이 여인은 아주 평범한 농사꾼의 딸입니다(1:6). 반면에 남편은 온 예루살렘 처녀들이 흠모하는 왕과 같은 명망 있는 사람입니다(1:3-4). 이러한 사회적 신분의 차이가 부부간 사랑을 흔드는 거친 들로서 비유되어 언급됩니다. 더 나아가 일부다처제와 같은 사회적인 악습도 언급합니다. 6장 8-9a는 "왕비가 육십 명이요 후궁이 팔십 명이요 시녀가 무수하되 내 비둘기, 내 완전한 자는 하나뿐이로구나." 라고 말하고 있는 것처럼 배타적이고 독점적인 부부간 사랑을 허무는 일부다처제의 사회적 악습을 거친 광야로 말씀합니다.

뿐만 아니라 8장 8-9절은 "우리에게 있는 작은 누이는 아직도 유방이 없구나. 그가 청혼을 받는 날에는 우리가 그를 위하여 무엇을 할까. 그가 성벽이라면 우리는 은 망대를 그 위에 세울 것이요 그가 문이라면 우리는 백향목 판자로 두르리라." 라는 말씀이 있습니다. 1장 6절에도 등장하는 "내 어머니의 아들들" 인 오빠들이 이 여인의 포도원에 대해 간섭하는 말씀입니다. 독립된 부부간의 사랑을 방해하는 가족들의 간섭을 거친 들로 묘사하고 있는 부분입니다.

이러한 돈과 권력, 성적 탐욕, 부부간 갈등과 사회적 편견과 악습, 가족의 간섭과 같은 거친 광야에서 이 부부가 승리하고 올라옵니다. 거친 들에서 이 부부가 승리하는데 있어서 중요한 수단은 사랑입니다. 독점적이고 아름다운 부부간 사랑의 힘입니다. 거친 들에서 겪어야 하는 모진 도전들을 짝지어주신 하나님의 사랑으로 참아내고 승리한 사랑을 아가서는 노래합니다.

하나님의 인도하심을 받는 결혼과 부부

아가서의 말씀은 우리에게 하나님의 인도하심 아래에서 서약하고 결혼하여 부부로 사는 것이 얼마나 지혜로운지를 가르쳐 줍니다. 이런 부부는 거친 들과 같은 수많은 부부 생활의 어려움과 도전을 잘 이겨낸다고 말씀합니다. 이 말씀은 특별히 결혼 적령기에 있는 젊은이들에게 주시는 말씀입니다. 8장 4절은 "예루살렘 딸들아 내가 너희에게 부탁한다. 내 사랑하는 자가 원하기 전에는 흔들지 말며 깨우지 말지니라."라고 말씀합니다. 예루살렘의 딸들 곧 결혼하지 않은 하나님의 딸들과 하나님의 아들들에게 주시는 지혜의 말씀입니다. 이들에게 "내 사랑하는 자가 원하기 전에는 흔들지 말며 깨우지 말라."는 말씀은 어떤 권면입니까? 8장 5절에서 깨운다는 것은 부부 생활의 연합에 대한 비유입니다. 그러므로 사랑하는 자가 원하기 전에 곧 하나님께서 짝지어 주시어 서약하며 결혼하는 적절한 시기가 되기 전에 육체적인 관계를 가지지 말라는 부탁입니다(3:1-5).

육체적인 사랑에는 때가 있으니 근신하고 지혜롭게 행동하라는 권면입니다. 이런 하나님 말씀과 그 인도를 따라 살아가는 자들이 지혜롭고 부부 생활에서도 있을 수많은 거친 들을 사랑으로 이기고 승리한다는 말씀입니다. 이 시대를 살아가는 부부의 생활에는 어떠한 어려움들이 있습니까? 경제적인 문제들, 음란한 문화, 성격과 습관의 차이로 인한 갈등, 가사의 분담과 자녀교육에 대한 차이들이 이 시대의 거친 들이요 광야일 수 있습니다. 더 나아가 사회적인 편견과 악습, 처가와 시가의 참견들이 부부 생활과 부부간 사랑에 어려움을 가져다 줄 수 있습니다.

이런 가운데 살아가는 부부와 가정들에게 오늘 말씀은 예수님 안에서 짝지어주신 하나님 사랑으로 승리하라고 권면하십니다. 꺼지지 않고 돈과 권력으로도 살 수 없는 하나님 사랑으로 서로 복종하고 섬김으로 이겨내라 말씀합니다(롬 8:31-39; 엡 5:21). 육아와 가사의 일들을 분담하며 처가와 시가를 균형 있게 살피는 사랑과 지혜가 필요합니다.

성경신학적 구약 주해와 적용

선지서

단순한 구약설교라기 보다 구약 본문들에 대한
주해에 가깝습니다.

각 권의 설교와 주해는
선택된 해당 본문의 이해에만 그치지 않고
그 본문이 속한 책 전체를
이해할 수 있도록 진행되었습니다.
이러한 이해는
구약을 넘어서서
신약을 동시에 이해하는
유익을 줄 것입니다.

이사야 61장 1-3절
예수님의 오심

(1) 주 여호와의 영이 내게 내리셨으니 이는 여호와께서 내게 기름을 부으사 가난한 자에게 아름다운 소식을 전하게 하려 하심이라 나를 보내사 마음이 상한 자를 고치며 포로된 자에게 자유를, 갇힌 자에게 놓임을 선포하며 (2) 여호와의 은혜의 해와 우리 하나님의 보복의 날을 선포하여 모든 슬픈 자를 위로하되 (3) 무릇 시온에서 슬퍼하는 자에게 화관을 주어 그 재를 대신하며 기쁨의 기름으로 그 슬픔을 대신하며 찬송의 옷으로 그 근심을 대신하시고 그들이 의의 나무 곧 여호와께서 심으신 그 영광을 나타낼 자라 일컬음을 받게 하려 하심이라

[이사야 61장 1-3절]

이사야가 예언하는 특별한 사람

오늘 본문은 하나님께서 이사야 선지자를 통해 아주 특별한 사람에 대해 예언하시는 말씀입니다. 이사야는 예수님께서 오시기 전 약 700년 전에 유대 왕국에서 예언활동을 했던 선지자입니다. 특별히 주전 716-687년까지 유대를 통치를 했던 히스기야 왕과 그의 아버지 아하스 왕 때(주전 736-716)에 주로 예언활동을 했던 선지자입니다.

이사야 선지자가 예언하는 사람은 1인칭 화법으로 직접 자신과 자신의 사역에 대해 말하는 사람입니다. 이 사람은 주 여호와의 영이 자신에게 내리셨다고 말씀합니다. 곧 하나님께서 자신에게 성령으로 기름을 부으셨다고 말씀합니다. 하나님의 영으로 기름 붓는다는 것은 하나님께서 특별한 사명을 주시고 구별하여 특별히 세우는 것을 의미합니다. 사사

시대를 보면 이스라엘을 구원하는 사명을 위해 기드온이나 삼손이 성령을 받습니다(삿 6:34; 14:19). 이렇게 하나님께서 구원과 같은 특별한 목적 가운데 쓰시려는 사람에게는 성령이 임하십니다. 성령이 아니라 할지라도 하나님의 일을 위해 세워지는 이스라엘의 제사장과 왕과 선지자들도 '기름으로 부음' (משח)을 받습니다. 이런 자들은 '기름 부음을 받은 자' 곧 '메시아'(משיח)라로 불려 집니다(삼상 24:6; 사 45:1). 그러므로 이사야가 예언하는 이 사람이 자신을 '여호와의 영이 내리셔서 성령으로 기름 부어진 사람'이라고 하는 것은 자신이 사명 곧 하나님의 구원을 위해 하나님께서 특별히 구별하신 사람이라는 것이고 특별한 메시아라는 것을 의미하는 말씀입니다.

이 사람이 해야 하는 특별한 메시아로서의 사명은 61장 1절에 있는 것처럼 '가난한 자에게 아름다운 소식을 전하는 것' 입니다. 아름다운 소식이란 가난한 자에게 기쁨이 되는 좋은 소식입니다. 여기서 "가난한 자들"(ענוים)은 경제적으로 가난한 사람들을 뜻할 수 있지만 문맥적으로는 한글성경 각주에 있듯이 "겸비한 자들"을 의미할 수 있습니다. 가난한 자들의 의미를 이사야서 57장 15절과 연결해서 생각할 필요가 있습니다. 57장 15절은 하나님께서 "통회하고 마음이 겸손한 자와 함께 있나니 이는 겸손한 자의 영을 소생시키며 통회하는 자의 마음을 소생시키려 함이라." 라고 말씀합니다. 하나님께서는 겸비하여 통회하는 가난한 자에게 관심을 가지고 계시며 이런 자들에게 좋은 소식을 전하기 위해 특별한 사람을 보내신 것입니다. 겸비한 자들에게 좋은 소식을 전하기 위해 하나님으로부터 특별히 보냄을 받은 이 사람은 마음이 상한 자를 고치며 포로가 된 자들을 자유롭게 합니다. 감옥에 있는 자들을 석방하여 놓아줍니다. 여호와의 은혜의 해 곧 희년을 선포합니다. 안식년이 7년마다 있는데 이 안식년이 7번 계속되면 49년이 되고 49년째의 다음 해인 50년을 은혜의 해인 희년라고 합니다. 하나님의 율법은 이 희년에는 모든 속박과 모든 빚 가운데 있는 자들에게 자유를 주어 자기의 소유지와 가족에게 돌아가게 하라고 명령합니다(레 25:8-12). 이런 하나님의 은혜가 나타나는 해가 희년인데 하나님이 보내신 사람이 이와 같은 해방의 일을 한다는 것입니다.

이 사람은 하나님의 은혜뿐 아니라 하나님의 보복의 날을 선포하여 모든 슬픈 자를 위로합니다. 곧 하나님께서 대적을 심판하심으로 시온에서 근심하며 슬퍼하고 회개하던 겸비한 자들에게 기쁨과 찬송과 의의 영광을 받게 합니다. 하나님의 보내심을 받아 이러한 일들을 할 한 사람을 이사야 선지자가 예언하고 있습니다.

이사야가 예언한 사람이신 예수님

이사야 선지자가 당시의 하나님 백성들에게 이 사람에 대해 예언한 이유는 무엇일까요? 이사야가 주로 활동한 아하스 왕과 그의 아들 히스기야 왕이 통치하던 시대는 외부침략으로 왕국의 존립이 힘든 상황이었습니다. 특별히 히스기야 왕 때에는 앗수르 제국이 쳐들어와서 시온을 포위하고 항복을 요구하는 위급한 때였습니다. 이런 상황에서 이사야 선지자는 이사야서 말씀의 전반부인 1-39장에서는 주로 죄로 인한 유다의 멸망과 시온의 함락을 예언합니다. 이러한 전반부의 슬픈 예언 가운데 이사야서 후반부인 40-66장에서 이사야는 미래에 있을 유다와 시온의 회복을 예언합니다. 이런 회복의 예언 가운데 61장에서는 회복을 위해 하나님이 보내실 특별한 메시아를 예언합니다. 이미 언급한 것처럼 하나님의 영의 기름부음을 받고 보냄을 받은 사람으로서 포로 가운데 있는 하나님 백성을 해방하는 사람을 예언합니다. 그러므로 이사야 시대에 살았던 백성들이 이사야 선지자의 말씀을 들을 때에 한편으로는 유다의 멸망과 많은 백성의 사로잡힘으로 근심하고 슬퍼하였을 것입니다. 그러나 다른 한편으로는 회복하실 특별한 사람을 하나님께서 보내신다는 말씀에서 기뻐하며 위로를 받았을 것입니다. 하나님의 공의 가운데 다가오는 심판을 생각하며 겸손히 회개할 뿐 아니라 하나님의 인애 가운데 이루어질 회복을 바라보며 소망을 가지라고 이사야서의 말씀을 주신 것입니다.

그러면 이사야가 예언한 이 사람은 누구입니까? 우리는 이 사람이 누구인지를 신약성경에서 확인할 수 있습니다. 누가복음 4장 16절에서 21절까지의 말씀입니다. "예수께서 그 자라나신 곳 나사렛에 이르사 안식일에 늘 하시던 대로 회당에 들어가사 성경을 읽으려고 서시매 선지자 이사야의 글을 드리거늘 책을 펴서 이렇게 기록된 데를 찾으시니 곧 '주의 성령이 내게 임하셨으니 이는 가난한 자에게 복음을 전하게 하시려고 내게 기름을 부으시고 나를 보내사 포로 된 자에게 자유를, 눈 먼 자에게 다시 보게 함을 전파하며 눌린 자를 자유롭게 하고 주의 은혜의 해를 전파하게 하려 하심이라.' 하였더라. 책을 덮어 그 맡은 자에게 주시고 앉으시니 회당에 있는 자들이 다 주목하여 보더라. 이에 예수께서 그들에게 말씀하시되 '이 글이 오늘 너희 귀에 응하였느니라.' 하시니" 라는 말씀입니다. 예수님께서는 자신이 자라나신 고향 동네 나사렛의 회당에서 안식일에 이사야서의 말씀을 읽으셨습니다. 오늘 저희도 읽은 이사야서 61장 1절에서 3절의 말씀입니다. 이 말씀을 읽으시고 이사야가 700년 전에 예언했던 특별한 사람 곧 메시아가 바로 예수님 자신임을 말씀하셨습니다. 예수께서 직접 이 이사야의 예언을 읽으시고 하나님이 보내셔서 가난하고 포로 된 자에게 위로와 회복을 가져오게 하시는 특별한 사람이 자신임을 입증하신 것입니다.

예수께서는 하나님의 뜻 가운데 보냄을 받으셔서 이 땅에 오셨습니다. 죄를 인정하며 겸손히 자신을 영접하는 가난한 자들에게 복된 소식을 전하셨습니다(마 5:3). 죄의 포로에서 해방되어 하나님 나라 백성으로 회복되게 하셨습니다. 볼 수 없고 들을 수 없던 자들로 자신을 보고 자신의 말을 듣고 순종할 수 있게 하셨습니다. 나사로와 같이 죽었던 자를 다시 살게 하셨습니다. 정말 이사야가 예언한 것을 성취하신 분이셨습니다. 예수님은 이 땅에 계셨던 과거에만 사람들의 기쁨과 소망이 되신 것이 아니라 지금과 영원히 가난한 자들의 위로와 회복과 기쁨이 되시는 분이십니다.

고향에서 환영받지 못한 예수님

이런 예수님의 오심이 모든 사람들에게 기쁨이 된 것은 아니었습니다. 누가복음 4장 22절 말씀을 보면 예수께서 자신이 이사야가 예언한 메시아임을 입증하셨음에도 고향인 나사렛 사람들은 예수님을 환영하지 않았습니다. 예수께서 하시는 말씀을 놀랍게 여기기는 했지만 목수였던 요셉의 아들일 뿐이라고 폄하하였습니다. 메시아로 환영하기는 고사하고 예수님을 동네 낭떠러지로 끌고 가서 밀쳐 죽이려고 했습니다(눅 4:29). 예수님의 오심을 반대하거나 죽이려고 했던 자들은 고향사람들뿐만이 아니었습니다. 예수께서 이 땅에 태어나실

때에도 유대의 헤롯 왕은 동방 박사들로부터 메시아의 출생소식을 듣고 아기 예수를 죽이려고 했습니다(마 2:13). 당시의 유대 종교 지도자들인 바리새인과 서기관과 사두개인들도 예수님을 기뻐하지 않았습니다. 이런 예수님에 대한 태도를 사도 요한은 요한복음에서 예수께서 "자기 땅에 오매 자기 백성이 영접하지 아니하였다."라고 말씀하십니다(요 1:11).

예수께서는 그들의 환영하지 않음을 책망하시면서 엘리야와 엘리사 선지자들도 자신들의 백성들에게 환영받지 못했다고 말씀합니다. 그러므로 하나님께서는 이들을 오히려 이방도시 시돈에 보내어 사렙다 과부를 기근에서 구원하시거나 수리아의 나아만을 나병에서 치료하셨다고 말씀합니다. 환영하지 않는 부요한 자들이 아닌 가난하여 자신을 받아들이는 자들에게 하나님께서 자신을 보내셔서 구원하시고 회복하신다는 것을

말씀하신 것입니다. 예수님은 자신을 목수의 아들 정도로 생각하는 자들이 아니라 오히려 그를 영접한 이방인들과 죄를 회개하고 통회하는 겸손한 자들과 함께하시고 그들의 구원과 기쁨이 되셨습니다.

예수님의 오심에 대한 우리의 자세

사랑하는 여러분, 여러분에게는 예수님의 오심이 기쁨입니까 아니면 대수롭지 않은 일이거나 부담스러운 일입니까? 성탄절을 맞이하면서 우리는 예수님의 오심을 어떻게 맞이하는지 돌아보아야 합니다. 예수님은 이미 2천 년 전에 오셨고 승천하셨지만 속히 다시 오실 것을 말씀하셨습니다(계 22:7, 12, 20). 다시 오고 계시는 예수님을 "아멘 주 예수여 오시옵소서."(계 22:20) 하고 맞이할 수 있는지 돌아봐야 하겠습니다. 예수님의 초림과 재림을 기뻐할 수 있는 성도들은 하나님의 나라와 그 의를 구하는 성도들입니다. 심령이 가난하고 온유하며 애통하는 자들입니다. 죄인인 것을 회개하고 예수님 때문에 내가 죄에서 용서함을 받고 죽음에서 해방되었으며 하나님의 자녀 되었음을 믿는 자들입니다. 우주를 만드신 하나님의 자녀이기에 예수님의 초림과 재림은 감격과 기쁨이 될 것입니다. 예수를 믿는 것 때문에 사회적인 악과 불의와 핍박을 받는 자들에게 주님의 재림은 위로와 즐거움의 날이 될 것입니다. 하나님의 뜻을 실현하는데 목마르고 배고픈 자들에게 주님의 재림은 배부른 날이 될 것입니다(마 5:6).

사랑하는 여러분! 예수님의 오심을 기념하는 계절에 무엇을 생각하십니까? 혹 결혼을 생각하십니까? 내가 좋으니까, 남들이 하니까 결혼하려고 하십니까? 그렇게 결혼해서 자식을 낳고 키우고 다시 결혼시키려고 결혼하십니까? 아니면 믿음의 배우자를 만나 믿음의 가정을 이루어 주님이 원하시는 일에 더욱 순종하기 위해 결혼하십니까? 예수를 주님으로 믿는 믿음 안에서 결혼하고 가정을 이루어 예수의 증인으로 살아가는 자들에게 예수의 다시 오심은 기쁨이 될 것입니다. 단순히 먹고 살기 위해서 직장을 구하지 않고 하나님의 나라와 교회와 예배하는 삶을 생각하며 취업하려는 자들에게 예수님의 오심은 기쁨이 될 것입니다.

예레미야 17장 5-18절
고치셔서 의지하게 하소서

(5) 여호와께서 이와 같이 말씀하시니라 무릇 사람을 믿으며 육신으로
그의 힘을 삼고 마음이 여호와에게서 떠난 그 사람은 저주를 받을 것이
라 (6) 그는 사막의 떨기나무 같아서 좋은 일이 오는 것을 보지 못하고
광야 간조한 곳, 건건한 땅, 사람이 살지 않는 땅에 살리라 (7) 그러나
무릇 여호와를 의지하며 여호와를 의뢰하는 그 사람은 복을 받을 것이
라 (8) 그는 물 가에 심어진 나무가 그 뿌리를 강변에 뻗치고 더위가
올지라도 두려워하지 아니하며 그 잎이 청청하며 가무는 해에도 걱정이
없고 결실이 그치지 아니함 같으리라 (9) 만물보다 거짓되고 심히 부패
한 것은 마음이라 누가 능히 이를 알리요마는 (10) 나 여호와는 심장을
살피며 폐부를 시험하고 각각 그의 행위와 그의 행실대로 보응하나니
(11) 불의로 치부하는 자는 자고새가 낳지 아니한 알을 품음 같아서 그
의 중년에 그것이 떠나겠고 마침내 어리석은 자가 되리라 (12) 영화로
우신 보좌여 시작부터 높이 계시며 우리의 성소이시며 (13) 이스라엘의
소망이신 여호와여 무릇 주를 버리는 자는 다 수치를 당할 것이라 무릇
여호와를 떠나는 자는 흙에 기록이 되오리니 이는 생수의 근원이신 여
호와를 버림이니이다 (14) 여호와여 주는 나의 찬송이시오니 나를 고치
소서 그리하시면 내가 낫겠나이다 나를 구원하소서 그리하시면 내가 구
원을 얻으리이다 (15) 보라 그들이 내게 이르기를 여호와의 말씀이 어디
있느냐 이제 임하게 할지어다 하나이다 (16) 나는 목자의 직분에서 물러
가지 아니하고 주를 따랐사오며 재앙의 날도 내가 원하지 아니하였음을
주께서 아시는 바라 내 입술에서 나온 것이 주의 목전에 있나이다 (17)
주는 내게 두려움이 되지 마옵소서 재앙의 날에 주는 나의 피난처시니
이다 (18) 나를 박해하는 자로 치욕을 당하게 하시고 나로 치욕을 당하

> 게 마옵소서 그들은 놀라게 하시고 나는 놀라게 하지 마시옵소서 재앙의 날을 그들에게 임하게 하시며 배나 되는 멸망으로 그들을 멸하소서
> [예레미야 17장 5-18절]

사람을 의지함과 여호와를 의지함

예레미야 선지자를 통해 주신 하나님 말씀입니다. 사람을 믿고 마음이 여호와에게서 떠난 자들은 저주를 받을 것이라 말씀하십니다. 반면에 여호와를 의지하는 자는 복을 받을 것이라 선포하십니다. 사람을 의지하고 마음이 여호와에게서 떠난 자들은 마치 사막의 나무와 같다고 비유하십니다. 사막에 사는 것은 좋은 상황이 아닙니다. 물을 구하기 어려워 언제 죽을지 모르는 상황입니다. 여호와를 떠나 사람을 의지하고 사는 것은 마치 사막에서 사는 나무처럼 어렵고 소망이 없이 살게 되는 것을 의미합니다. 그러나 여호와를 의지하고 산다면 그는 물가에 심겨진 나무와 같다고 비유하십니다. 물가의 나무는 혹 기근이 오고 비가 오지 않는다 할지라도 늘 물가에 있기에 쉽게 수분을 흡수하여 입이 푸르고 열매를 잘 맺습니다. 이와 같이 여호와를 의지하는 사람은 행하는 모든 일에 형통함이 있음을 말씀하십니다(시 1:3). 이렇게 하나님께서는 여호와를 의지하여 사는 사람과 사람을 의지하여 사는 사람을 대조하여 비유로도 말씀하십니다. 결국 여호와를 의지하는 사람으로 복을 받고 살라는 말씀입니다.

여호와를 의지함의 기준

그러나 한편으론 하나님께서 사람이 자신을 의지하며 사는지를 어떻게 즉 어떤 기준으로 판단하시는지 궁금하기도 합니다. 오늘 읽은 말씀 중에 17장 9절은 "만물보다 거짓되고 심히 부패한 것은 마음이라. 누가 능

히 이를 알리요마는 나 여호와는 심장을 살피며 폐부를 시험하고 각각 그의 행위와 그의 행실대로 보응하나니."라고 말씀합니다. 사람이 겉으로는 하나님을 의지하고 사는 것 같지만 사람을 의지하며 살 수 있습니다. 반면에 사람을 의지하고 사는 것 같지만 마음의 중심은 하나님을 간절히 의지하며 사는 사람이 있을 수 있습니다. 사람은 잘 판단할 수 없을지 모르지만 하나님께서는 정확히 사람의 마음을 살피시고 아신다는 것입니다. 하나님을 의지하고 사는 사람인지, 아니면 자기 자신과 사람을 의지하고 사는 사람인지, 그래서 저주받을 사람인지 아니면 복 받을 사람인지, 하나님은 정확히 아시고 정확히 보응하십니다. 그런데 하나님의 판단과 보응의 기준이 사람의 마음에 있습니다. 사람의 마음은 그 사람 인격의 중심이기 때문입니다. 그러므로 전 인격의 중심이며 그 사람을 대표하는 마음이 여호와를 의지하느냐가 중요합니다.

하나님께서는 우리가 읽지 않았지만 예레미야 17장 19절 이하에서는 안식일 율법에 대해 말씀하십니다. 안식일에는 예루살렘 성으로 짐을 가지고 들어오지 말고 백성들의 집에서도 짐을 내어 이사하지 말라고 말씀하십니다. 어떤 일이든 하지 말고 안식일을 구별하여 지킬 것을 명령하십니다. 백성들이 이렇게 한다면 다윗의 왕국과 예루살렘 성을 지켜 주시고 성전 제사도 늘 가능하게 해주시겠다고 약속하십니다. 그러나 만약 하나님 명령을 어기어 안식일에 짐을 가져오고 구별하여 지키지 않으면 다윗 왕국과 예루살렘을 불로 심판하시겠다고 경고하십니다. 사람이 여호와를 의지하는데 있어서 마음이 중요하지만 그 여호와를 의지하는 마음은 율법 순종으로 나타나야 한다는 것입니다. 여호와를 의지하는 사람인가를 하나님께서 판단하는 기준은 하나님 말씀의 순종에 있다는 것입니다. 여호와를 의지하는 사람이 여호와의 말씀을 순종하는 것은 자연스럽고 당연한 것이기 때문입니다. 하나님의 율법을 순종함으로 여호와를 의지하는 사람은 복을 누릴 것이지만 불순종하는 사람은 자신을 의지함으로 하나님의 저주를 받을 것입니다.

여호와를 의지하라는 말씀에 대한 예레미야의 반응

오늘 말씀은 이러한 하나님의 말씀에 대해 사람들이 어떻게 반응하는지도 보여주십니다. 먼저 선지자 예레미야의 반응입니다. 17장 12절 이하에 있는 말씀을 보겠습니다.

> 영화로우신 보좌여! 시작부터 높이 계시며 우리의 성소이시며 이스라엘의 소망이신 여호와여! 무릇 주를 버리는 자는 다 수치를 당할 것이라. 무릇 여호와를 떠나는 자는 흙에 기록이 되오리니 이는 생수의 근원이신 여호와를 버림이니이다. 여호와여 주는 나의 찬송이시오니 나를 고치소서. 그리하시면 내가 낫겠나이다. 나를 구원하소서. 그리하시면 내가 구원을 얻으리이다.

예레미야는 자신의 연약함을 인정하면서 고쳐주시고 구원해 달라고 기도합니다. 높이 계시며 생명의 샘이신 여호와께 믿음과 소망을 고백합니다.

사실 이러한 예레미야의 고백은 쉽게 나온 것은 아닙니다. 그가 처한 어려운 상황을 생각하면 그의 이런 믿음과 소망적인 고백은 쉽지 않다는 것입니다. 예레미야는 이 땅에 예수님 오시기 전 약 600여 년 전에 활동했던 선지자입니다. 예레미야가 활동하던 이 시대는 북이스라엘이 멸망하고 남 유다 왕국만 잔존해 있었습니다. 이 남 유다도 요시야 왕의 아들들이 통치하는 시기에 바벨론 제국에 의해서 멸망으로 나아가는 상황이었습니다. 주전 586년에 유다가 멸망하기 40여 년 전 부터 예언활동을 했던 선지자가 예레미야이고 유다 왕국의 멸망을 지켜보았던 선지자가 예레미야입니다. 이러한 상황에 있는 예레미야를 하나님께서 부르셨고 유다 왕국의 멸망에 대한 메시지를 전하게 하셨습니다. 말로만이 아니라 생활로 하나님의 심판에 대한 메시지를 전하였습니다. 결혼을 하지 않거나 잔칫집과 상가의 방문을 금지함으로써 하나님 심판의 참혹성을 예언하였습니다(16:1-13).

그러나 당시 사람들은 이러한 예레미야의 멸망과 심판의 메시지가 달갑지 않았습니다. 예레미야가 엘리야 선지자처럼 기적을 행하고 뭔가 두려워할만한 일들을 행했다면 귀가 솔깃하겠지만 예레미야 선지자는 이런 가시적인 역사도 없었습니다. 단순히 유다 백성들이 회개하지 않으면 멸망한다는 말씀만 전한 것입니다. 왕과 백성들은 이런 예레미야를 감옥에 집어넣고 뺨을 때리기도 하고 수치심과 조롱으로 괴롭게 했습니다. 이런 상황에서도 사람을 의지하고 살면 저주받고 여호와를 의지하면 복을 받는다는 하나님의 말씀을 전한 것입니다. 전한 후에 자신이 먼저 이 하나님의 말씀에 믿음과 소망으로 반응한 것입니다. 힘들어도 재앙의 날을 전하는 이 예언자의 직분에서 물러나지 않겠다고 고백한 것입니다. 이러한 어려움 속에서도 재앙의 날에 하나님이 자신의 피난처가 되실 것을 고백하고 있으니 쉬운 고백을 한 것이 아닙니다.

여호와를 의지하라는 말씀에 대한 유다 백성의 반응

예레미야의 반응에 이어서 유다 백성의 반응을 17장 15절이 소개하고 있습니다. "보라! 그들이 내게 이르기를 '여호와의 말씀이 어디에 있느냐? 이제 임하게 할지어다.' 하나이다." 예레미야를 통해 하나님께서 주신 말씀에 대한 그들 곧 유대 왕국에서 살아가고 있는 백성들과 지도자들의 반응입니다. 그들은 "여호와의 말씀이 어디에 있느냐, 그런 말씀이 있다면 지금 이루어지게 하라."고 반응한 것입니다. 사실 그들은 자신들이 사람이 아닌 하나님을 의지하고 있다고 생각했는지도 모릅니다. 이 시대에는 유대 백성들이 의지하는 두 가지가 있었습니다. 첫 번째는 사무엘하 7장 14절 이하에 있는 다윗 왕조의 영원성에 대한 하나님의 약속이었습니다. 하나님께서 나단 선지자를 통해 다윗에게 뭐라고 말씀하셨는가? 다윗의 왕국은 영원하며 멸망하지 않는 왕국이 될 것이라고 약속하지 않으셨는가? 이런 다윗 왕국이 멸망할 것이란 말은 하나님 말씀인가? 그들이 의지하는 또 다른 것은 예루살렘 성전이었습니다. 솔로몬에 의해 세워진 성전에 하나님께서 계시는데 어떻게 멸망할 수 있겠는가? 이 여호와의 성전에 어떻게 불이 일어나 파괴될 수 있는가? 이와 같이 유대 백성들이 의지하고 있었던 것들은 다윗 왕조의 영원성에 대한 약속과 예루살렘 성전에 여호와께서 계신다는 것이었습니다(7:1-4; 8:19). 이런 것들에 기초하여 거짓 선지자들도 유대의 평화와 번영을 외쳤습니다. 사실 하나님께서는 이런 약속도 하셨고 성전을 선택하여 거하시기도 하셨지만 맹목적으로 하신 것은 아닙니다. 이것들은 하나님의 말씀을 의지하여 살 때 누릴 수 있는 것들입니다. 그러나 유대 백성들은 실제적으로는 하나님이 아니라 강대국 이집트를 의지하였습니다. 형식적으로는 성전에서 제사했지만 마음으로는 하나님 대신에 번영과 풍요의 신 바알을 의지하였습니다. 하나님의 공의와 인애를 저버리고 기득권자를 중심으로 불의와 불법과 착취를 행하였습니다. 이런 가운데서도 전달되는 하나님의 심판의 메시지에 대해 오히려 이의를 제기하고 있는 것입니다.

말씀대로 심판하시고 새 마음을 주시는 하나님

유대 백성들은 예레미야를 통해 주신 심판의 메시지 보다 거짓 선지자들이 외치는 평화의 메시지를 받아들였습니다. 지적하신 불의한 삶을 돌이키는 대신에 맹목적으로 다윗 왕조와 예루살렘 성전의 영원함만을 붙들었습니다. 결국 하나님께서는 말씀하신대로 맹목적이고도 미신적인 신앙에 대해 심판을 내리셨습니다. 주전 586년에 바벨론을 통해 유다를 멸망시키시고 예루살렘 성전을 파괴시키셨습니다. 자신을 실제적으로 의지하지 않는 자들을 저주하시고 심판하신 것입니다. 그래서 유다가 그러한 하나님의 정의에 의해서 멸망한 것입니다. 유대 백성들뿐 아니라 모든 사람들은 만물보다 거짓되고 심히 부패한 마음을 가졌습니다. 이렇게 전적으로 부패한 사람들에게 무슨 희망이 있겠습니까? 그러나 하나님께서는 부패하고 타락한 사람들에게 새로운 비전과 언약관계를 제시하십니다. 예레미야 31장 32-34절을 보겠습니다.

> 이 언약은 내가 그들의 조상들의 손을 잡고 애굽 땅에서 인도하여 내던 날에 맺은 것과 같지 아니할 것은 내가 그들의 남편이 되었어도 그들이 내 언약을 깨뜨렸음이라 여호와의 말씀이니라. 그러나 그 날 후에 내가 이스라엘 집과 맺을 언약은 이러하니 곧 내가 나의 법을 그들의 속에 두며 그들의 마음에 기록하여 나는 그들의 하나님이 되고 그들은 내 백성이 될 것이라. 여호와의 말씀이니라. 그들이 다시는 각기 이웃과 형제를 가리켜 이르기를 너는 여호와를 알라 하지 아니하리니 이는 작은 자로부터 큰 자까지 다 나를 알기 때문이라. 내가 그들의 악행을 사하고 다시는 그 죄를 기억하지 아니하리라. 여호와의 말씀이니라.

특별히 33절 말씀의 중간 구절에 "내가 나의 법을 그들 속에 두며 그들의 마음에 기록하여 나는 그들의 하나님이 되고 그들은 내 백성이 될 것이다."라고 말씀합니다. 새 마음을 주신다는 말씀입니다. 이 새 마음에 하나님의 말씀을 심고 기록하여 하나님 백성에 합당한 생활을 하게 하신다는 말씀입니다. 이전에는 만물보다 거짓되고 부패한 마음이었지만 이제는 마음을 새로 갈아엎어서 하나님의 말씀에 순종하는 새 마음을 주실 것을 예레미야를 통해 약속하십니다.

이렇게 하나님께서 약속하신 새 마음이 언제 어떻게 주어졌습니까? 바로 우리 주 예수께서 우리의 부패한 마음의 죄악을 제거하시기 위해 십자가를 지시고 죽으셨을 때 우리의 부패한 마음이 제거되었습니다. 예수님의 피로 정결하게 씻어지고 성령을 통해 거듭난 새 마음이 되었습니다. 이 새 마음은 성령께서 하나님의 말씀을 심으셨기에 순종하는 새 마음입니다. 예레미야를 통해 약속하신 말씀을 예수님을 통해 이루신 것입니다. 이렇게 새 마음을 가지게 된 사람들이 누구입니까? 바로 예수님을 믿고 성령을 받은 저와 여러분입니다.

누구를 의지하는 신앙입니까?

사랑하는 여러분, 우리가 살고 있는 이 시대는 어떤 시대입니까? 하나님과 성경 말씀이 점점 영향력이 없어지는 다원주의 시대입니다. 하나님보다는 나와 사람 중심으로 살아가는 시대입니다. 이런 시대에 중요한 것은 무엇입니까? 나와 사람을 만족시키는 돈과 쾌락입니다. 하나님은 없는 세상입니다. 오늘날의 교회는 어떠합니까? 교회 다니는 사람들이 하나님을 예배하고 예수를 믿는 것 같지만 그들의 마음 또한 하나님을 의지해서 살고 있습니까? 요즈음 교회 다니는 사람들의 마음은 대부분 하나님과 그분의 말씀에 있는 것이 아니고 자신들의 기호와 기준에 있습니다. 자신이 교회생활을 결정하고 자신이 마음에 들고 소비할만한 신앙 상품들이 있으면 다닙니다. 그러나 교회가 부담을 주고 마음에 안 들면 즉각 발길을 끊는 시대입니다. 이런 신앙인은 아니라 할지라도 거짓되고 잘못된 신앙을 가지고 교회생활을 하는 사람들도 있습니다. 오직 주일에 한 번 교회 오는 것으로 천국을 확보했다고 믿는 사람들이 있습니다.

예레미야 시대의 유대 백성들처럼 거짓된 것을 붙들고 구원과 행복을 추구하는 사람들이 있습니다. 이런 사람들은 자신들이 속한 다윗의 왕국이 어떤 왕국이어야 하는지, 하나님의 성전에 대한 예배가 어떠한 예배여야 하는지는 전혀 관심이 없던 사람들처럼 교회 다니는 구성원으로서 어떻게 살아가야 하는지에 관심이 없는 사람들입니다. 예수 믿는 사람으로서 하나님의 나라와 의를 구하는 삶의 내용은 없고 하나님이 약속하신 것만 붙드는 사람들입니다. 이 시대에도 자기 보기에 좋은 대로 교회 다니고 신앙생활을 하는 것이 가장 위험한 일입니다.

그러면 하나님을 의지하고 예수님을 잘 믿어 구원의 복을 얻는 신앙 생활은 어떻게 하는 것입니까? 무엇보다 주께서 성전 삼으신 교회로 모여 올바로 예배하고 교제하는 것입니다. 내가 잘 알지 못하는 사람들에게 인사도 하고, 교우들에게 어떻게 사셨는지 물어도 보고, 교회에 어려운 부분은 없는지 살펴도 보는 것입니다. 일주일 내내 나와 내 가정을 살폈으니 주일이라도 주님의 몸 된 지체들을 돌보는 것입니다. 교회로 모여 올바로 예배하고 교제할 뿐 아니라 모든 일상에서도 하나님 말씀대로 순종하며 사는 것입니다. 몸담고 살아가고 있는 세상의 불의와 불법을 안타까워하며 이웃에게 긍휼과 사랑으로 관심을 갖는 신앙입니다. 사회의 불의와 거짓과 폭력과 죄악에 대해서 하나님께 용서와 중보의 기도를 드리는 신앙입니다.

내가 할 수 없기에 하나님이 우리의 소망이라고 고백하면서 "주여! 고쳐 주소서! 치료해 주소서! 우리를 구원해 주소서!"라고 기도할 수밖에 없는 가난한 마음의 소유자가 하나님과 예수님을 의지하여 사는 사람입니다. 이렇게 심령이 가난한 사람들에게 예수께서는 천국 유업을 보장해 주십니다(마 5:3).

예레미야 애가 3장 22-41절
심판 받는 가운데서

(22) 여호와의 인자와 긍휼이 무궁하시므로 우리가 진멸되지 아니함이니이다 (23) 이것들이 아침마다 새로우니 주의 성실하심이 크시도소이다 (24) 내 심령에 이르기를 여호와는 나의 기업이시니 그러므로 내가 그를 바라리라 하도다 (25) 기다리는 자들에게나 구하는 영혼들에게 여호와는 선하시도다 (26) 사람이 여호와의 구원을 바라고 잠잠히 기다림이 좋도다 (27) 사람은 젊었을 때에 멍에를 메는 것이 좋으니 (28) 혼자 앉아서 잠잠할 것은 주께서 그것을 그에게 메우셨음이라 (29) 그대의 입을 땅의 티끌에 댈지어다 혹시 소망이 있을지로다 (30) 자기를 치는 자에게 뺨을 돌려대어 치욕으로 배불릴지어다 (31) 이는 주께서 영원하도록 버리지 아니하실 것임이며 (32) 그가 비록 근심하게 하시나 그의 풍부한 인자하심에 따라 긍휼히 여기실 것임이라 (33) 주께서 인생으로 고생하게 하시며 근심하게 하심은 본심이 아니시로다 (34) 세상에 있는 모든 갇힌 자들을 발로 밟는 것과 (35) 지존자의 얼굴 앞에서 사람의 재판을 굽게 하는 것과 (36) 사람의 송사를 억울하게 하는 것은 다 주께서 기쁘게 보시는 것이 아니로다 (37) 주의 명령이 아니면 누가 이것을 능히 말하여 이루게 할 수 있으랴 (38) 화와 복이 지존자의 입으로부터 나오지 아니하느냐 (39) 살아 있는 사람은 자기 죄들 때문에 벌을 받나니 어찌 원망하랴 (40) 우리가 스스로 우리의 행위들을 조사하고 여호와께로 돌아가자 (41) 우리의 마음과 손을 아울러 하늘에 계신 하나님께 들자

[예레미야 애가 3장 22-41절]

슬픔의 노래인 애가의 상황

오늘 말씀은 예레미야 애가인데 애가가 무엇입니까? 애가(哀歌, איכה)

는 슬픔의 노래를 의미합니다. 애가는 탄식의 기도를 의미합니다. 하나님께서 예레미야의 슬픔과 탄식의 기도와 찬송을 통해 교훈하시고자 하는 말씀이 예레미야 애가의 말씀입니다. 예레미야 애가는 1장에서 5장까지 있는데 온통 탄식과 슬픔의 말씀으로 가득 차 있습니다. 1장 1절을 "슬프다(איכה)! 이 성이여 전에는 사람들이 많더니 이제는 어찌 그리 적막하게 앉았는고."라고 시작하고 2장 1절도 "슬프다(איכה)! 주께서 어찌 그리 진노하사 딸 시온을 구름으로 덮으셨는가.", 4장 1절 역시 "슬프다(איכה)! 어찌 그리 금이 빛을 잃고 순금이 변질하였으며 성소의 돌들이 거리 어귀마다 쏟아졌는고."라고 말씀하여 모든 내용이 슬픔과 애통입니다.

예레미야는 왜 이 슬픔과 애통의 노래를 부르고 있습니까? 그것은 자신의 나라인 유대 왕국이 바벨론에 의해서 주전 586년에 멸망했기 때문입니다. 유대백성들이 살해당하고, 끌려가고, 죽었기 때문입니다. 하나님을 예배해왔던 예루살렘 성전이 불타고 파괴되었기 때문입니다. 예레미야는 이와 같은 비참한 상황을 직접 목격했습니다. 40년 동안 이러한 일들이 일어날 것을 예언해왔지만 실제로 일어난 처참한 상황을 경험하고 하나님 앞에서 애가를 부르고 있는 것입니다.

애가에서 언급되는 비참한 상황은 살과 가죽이 메말라 가고 있는 것에 비유되고 있습니다. 쇠고랑을 찬 채로 감옥에 살게 되어 하나님께 도움을 부르짖지만 하나님께 상달되지 않아 애통해 하는 상황입니다. 이방인을 비롯한 많은 사람들이 조롱하고 비웃습니다. 하나님께서 자신을 끌어다가 자갈밭에 내팽개치시고 발로 자신의 목을 밟으시는 상황으로 묘사하고 있습니다. 이런 비참한 상황을 3장 17절은 샬롬(שלום) 곧 평강이 없는 상황으로 설명합니다. 복과 소망도 없습니다. 어디에 기댈 데가 없는 처참한 상황입니다. 예배할 수도 예배할 장소도 없습니다. 유대 왕으로부터 귀족들과 천민에 이르기까지 다 짓밟히고 묶여서 끌려가는 상황입니다. 4장 10절은 바벨론에 의해 수년간 예루살렘 성이 포위 되었을 때를 말하고 있는데 "딸 내 백성이 멸망할 때에 자비로운 부녀들이 자기들의 손으로 자기들의 자녀들을 삶아 먹었도다."라고 탄식합니다. 얼마나 배고팠으면, 얼마나 굶주렸으면 자기가 낳은 자식을 어미가 삶아 먹을 정도일까요? 이것이 이스라엘에게 임한 처참한 상황이었고 예레미야가 슬픔의 노래를 부를 수밖에 없는 이유였습니다.

예레미야의 슬픔의 노래에는 한 가지 더 힘든 사항이 담겨있습니다. 그것은 두려움입니다. 5장 마지막 절인 22절은 "주께서 우리를 아주 버리셨사오며 우리에게 진노하심이 참으로 크시니이다."라고 탄식합니다. 하나님의 심판과 하나님의 진노하심이 얼마나 큰지 하나님께서 아주 우리를 버리신 것 같은 두려움이 있습니다. "하나님이 우리를 떠나시고 우리를 버리신 것은 아닐까?" 하는 두려움이 예레미야의 가장 큰 슬픔이기도 합니다.

탄식 상황을 가져온 직접적인 원인

이러한 두려움과 슬픔은 왜 일어나게 된 것입니까? 하나님께서는 왜 자신의 친 백성인 유다의 백성들에게 멸망이라는 처참한 상황을 허락하셨습니까? 왜 그들은 하나님께서 버리신 것 같은 상황 가운데 있게 되었습니까? 애가의 말씀은 그 이유를 자세히 말하고 있지는 않지만 3장 39절은 "살아 있는 사람은 자기 죄들 때문에 벌을 받나니 어찌 원망하랴."라고 말씀합니다. 멸망으로 탄식할 수밖에 없는 현실은 유대 백성들의 죄 때문임을 말씀합니다. 유대 백성은 하나님의 선택과 은혜를 입고 하나님과 특별한 언약관계 속에서 사는 백성인데 하나님과의 그 특별한 관계를 저버린 것입니다. 하나님과의 관계를 저버렸다는 것은 형식적으로는 하나님을 예배했을지라도 그들의 마음과 삶에서 하나님을 떠났다는 것을 의미합니다. 하나님을 의지하지 않았고 선지자들을 통한 하나님 말씀을 귀담아 들으려고 하지 않았습니다. 그들은 그저 하나님께 제사만 드릴 뿐입니다. 그들은 단지 자기들 중심으로 성공 지향적이고 안전 지향적인 삶을 살아갔습니다. 예배의 형식은 갖추되 마음과 삶은 하나님과 관계가 없이 산 것입니다. 그러나 하나님은 형식적으로만 관계하시려고 그들을 구원하시고 하나님 백성 삼으신 것이 아니었습니다. 그들의 마음과 삶을 온전히 받기 원하시는 분이셨습니다.

그러함에도 이스라엘 백성의 마음과 삶은 하나님을 떠나버렸습니다. 예레미야서는 구체적으로 그들이 어떻게 하나님을 떠났는지를 자세히 기록하고 있습니다(렘 7장). 그들은 하나님 보다 바알 우상을 더 숭배했습니다. 눈에 보이는 번영과 풍성함과 쾌락을 더 추구했습니다. 이웃과의 관계에 있어서도 하나님을 모르는 자들처럼 불의와 폭력을 행사하였습니다. 하나님께서 그의 백성에게 가나안 땅을 주시어 살게 하신 것은 가난한 이웃이 없도록 돌보고 이방민족의 빛이 되게 하심이었습니다(신 15:5). 그러나 그들은 땅과 재산의 증식에만 관심을 가졌고 재판장에게 뇌물을 주면서까지 이웃의 권리를 짓밟았습니다(사 5:8-25). 애가 3장 34절은 "세상에 있는 모든 갇힌 자들을 발로 밟는 것과 지존자의 얼굴 앞에서 사람의 재판을 굽게 하는 것과 사람의 송사를 억울하게 하는 것은 다 주께서 기쁘게 보시는 것이 아니로다."라고 말씀합니다. 멸망 전 유대 백성들의 죄악을 지적하고 있는 것입니다. 유대의 지도층으로부터 모든 사람에 이르기까지 이웃을 짓밟고 뇌물과 불의를 통해서라도 자기만 잘사는 데에 집중했습니다. 바로 이러한 백성들을 하나님께서 슬피 외치고 탄식할 수밖에 없는 비참한 상황에 있게 하신 것입니다.

슬픔과 탄식에서도 가지는 소망과 믿음의 기도

하나님의 심판으로 비참한 상황가운데 있지만 애가의 말씀에는 슬픔과 탄식만 있는 것은 아닙니다. 절망적인 슬픔과 탄식 가운데서도 새로운 소망을 붙잡고 고백합니다. 3장 21절은 "이것을 내가 내 마음에 담아 두었더니 그것이 오히려 나의 소망이 되었사옴은 여호와의 인자와 긍휼이 무궁하시므로 우리가 진멸되지 아니함이니이다. 이것들이 아침마다 새로우니 주의 성실하심이 크시도소이다." 라고 노래하며 31절 말씀에도 "이는 주께서 영원하도록 버리지 아니하실 것임이며" 라고 말씀함으로 하나님께서 영원히 버리지 아니하실 것에 대한 믿음을 고백합니다. 하나님께서 버리신 것 같은 절망적 상황에 있지만 하나님께서는 영원히 버리지 아니하실 것이라는 소망입니다. 하나님께서 그들을 영원히 버리시지 않는 근거는 무엇입니까? 22절과 23절에서 언급하는 하나님의 인애와 긍휼과 성실하심입니다. 하나님께서 그의 언약 백성을 신실하게 사랑하시고 불쌍히 여기시기에 영원히 버리지 아니하실 것이라는 소망과 믿음을 가집니다.

더 나아가 33절 말씀은 "주께서 인생으로 고생하게 하시며 근심하게 하심은 본심이 아니시로다." 라고 고백함으로 하나님의 백성이 고통을 당하고 처참한 상황에 있게 하신 것은 하나님의 궁극적인 목적이 아님을 말씀합니다. 그의 백성이 어려움 가운데에 있는 것을 즐기시는 하나님이 아니시라는 것입니다. 오히려 하나님은 변함없이 그의 백성들을 사랑하십니다. 비록 징계와 심판으로 비참하고 힘든 상황에 있게 하시더라도 긍휼히 여기시고 영원히 버리시지 아니하십니다. 이런 하나님을 믿기에 심판하신 이후에 긍휼을 베푸실 것에 대한 소망을 발견하는 것입니다.[33)]

이런 소망 가운데 예레미야는 24절에서 자신과 하나님 백성들에게 권면합니다.

> 내 심령에 이르기를 여호와는 나의 기업이시니 그러므로 내가 그를 바

---

33) 트렘퍼 롱맨 3세, 『예레미야, 예레미야애가』 이철민역 (서울: 성서유니온, 2017), 539.

> 라리라 하도다. 기다리는 자들에게나 구하는 영혼들에게 여호와는 선하시도다. 사람이 여호와의 구원을 바라고 잠잠히 기다림이 좋도다.

하나님의 긍휼과 구원하심을 바라며 기다리자고 권면하고 있는 것입니다. 이뿐만이 아닙니다. 40절과 41절에서는 "우리가 스스로 우리의 행위들을 조사하고 여호와께로 돌아가자. 우리의 마음과 손을 아울러 하늘에 계신 하나님께 들자."라고 말하며 무엇이 잘못되었는지 돌아보며 기도하자고 권면합니다. 하나님께 회개하며 돌아가자는 것입니다. 5장 21절에서도 "여호와여 우리를 주께로 돌이키소서! 그리하시면 우리가 주께로 돌아가겠사오니 우리의 날들을 다시 새롭게 하사 옛적 같게 하옵소서!" 라고 하나님과의 관계를 새롭게 회복하게 해달라고 기도합니다. 슬픔 가운데 하나님을 바라보며 죄를 살펴보고 하나님께 회개하며 기도로 나아갑니다. 이러한 예레미야의 기도에 대해 하나님께서는 어떠한 응답을 하셨을까요? 3장 56절과 57절에 하나님의 응답이 나와 있습니다.

> 주께서 이미 나의 음성을 들으셨사오니 이제 나의 탄식과 부르짖음에 주의 귀를 가리지 마옵소서. 내가 주께 아뢴 날에 주께서 내게 가까이 하여 이르시되 두려워하지 말라 하셨나이다.

하나님의 응답이 무엇입니까? "두려워하지 말라" 입니다. 절망적 상황 속에서도 회개와 믿음으로 하나님의 긍휼과 변치 않는 사랑을 의지하여 나아올 때 하나님께서 귀를 기울이시고 응답하신 것입니다. 가까이 다가오셔서 두려워하지 말라고 말씀하셨습니다.

하나님과의 관계를 돌아보며 애통하는 자

사랑하는 여러분! 오늘 말씀은 한편으로 우리에게 슬퍼하며 울라고 말씀하십니다. 예수 믿는 하나님 백성으로서 하나님과의 관계에서 온전하지 못한 부분 때문에 애통하고 울어야 합니다. 나뿐만 아니라 내 불신의 가족 때문에 울어야 합니다. 지역교회들과 지역사회와 민족을 위하여 탄식하며 울 것을 요구하십니다. 하나님과의 관계를 저버린 자들에게는 하나님의 심판이 있기 때문입니다. 하나님과의 관계에서 떠나며 하나님을 마음에 두기를 싫어하는 자들은 사형에 해당하는 하나님의 심판을 받을 것입니다(롬 1:28-32). 하나님께서는 사랑의 하나님이시지만 죄와 불의에 대해 심판하시는 하나님이시기도 하십니다. 하나님의 백성이 하나님과 관계없이 살아가면 비참할 정도로 철저히 심판하시는 하나님이십니다. 그러므로 하나님과의 관계를 돌아보며 우리 자신과 가족과 교회와 이웃을 위해서 울며 애통해야 합니다. 예수님께서는 애통하는 자가 복이 있나니 위로를 받을 것임이라고 말씀하셨습니다(마 5:4). 자신의 연약함 때문에, 이웃의 연약함 때문에, 한국 교회의 연약함 때문에 울고 애통하고 슬퍼하는 자가 복 있는 자입니다. 야고보께서도 4장 9절에서 "슬퍼하며 애통하며 울지어다. 너희 웃음을 애통으로, 너희 즐거움을 근심으로 바꿀지어다."라고 두 마음을 품은 자들에게 애통할 것을 말씀하십니다. 사실 예수께서도 자주 우셨던 분입니다. 나사로가 죽었을 때 그의 죽음으로 슬퍼하는 가족들을 보시면서 함께 우셨습니다. 십자가를 지시며 어렵게 가실 때에는 따라오는 많은 여인들을 돌아보시면서 나를 위해 울지 말고 너희 자녀들을 위해 울라고 말씀도 하셨습니다. 40년 후면 로마를 통한 하나님의 심판을 받을 예루살렘 성을 바라보시면서 탄식하셨습니다(눅 23:28-31; 마 23:37-38).

사랑하는 여러분! 우리는 사랑하는 자들과의 사별로 울기도 합니다. 인간적인 헤어짐으로 울 수밖에 없겠지만 사실은 영원한 이별이 있기 전에 먼저 울어야 합니다. 사랑하는 자를 향한 하나님의 심판이 있기 전에 그를 위해 먼저 울어야 합니다. 먼저 애통해야 합니다. 사랑하는 자를 위해 애통하고 우는 자에게 하나님께서 긍휼로 응답하시기 때문입니다. 포로의 징계와 심판 가운데 있는 자들에게도 이사야 선지자를 통해 회복을 약속하신 분이 하나님이십니다. 이사야 41장 10절에서 "두려워하지 말라. 내가 너와 함께 함이라. 놀라지 말라. 나는 네 하나님이 됨이라. 내가 너를 굳세게 하리라. 참으로 너를 도와주리라. 참으로 나의 의로운 오른손으로 너를 붙들리라."라고 말씀하신 것이 애통하는 자에 대한 하나님의 응답이십니다.

그러므로 하나님께서 교회와 가정을 버리신 것 같은 상황에 있다 할지라도 그 속에서 울며 애통하며 자신을 돌아보며 하나님을 기다림과 소망과 믿음으로 나아가야 합니다. 나 자신의 연약함, 내 가족의 불신, 한국 교회의 연약함에 대해 애통해야 합니다. 이 민족의 정치, 경제, 사회적인 악과 북한 동포, 지구촌 난민들을 위해 울고 애통해야 합니다. 눈물을 흘리며 씨를 뿌리는 자는 기쁨으로 거둘 것입니다(시 126:5-6). 하나님께서 뿌린 대로 거두게 하실 것입니다. 슬픔과 탄식의 상황을 주신 하나님의 본심을 알게 될 것입니다.

에스겔 37장 1-14절
새롭게 창조되는 이스라엘

(1) 여호와께서 권능으로 내게 임재하시고 그의 영으로 나를 데리고 가서 골짜기 가운데 두셨는데 거기 뼈가 가득하더라 (2) 나를 그 뼈 사방으로 지나가게 하시기로 본즉 그 골짜기 지면에 뼈가 심히 많고 아주 말랐더라 (3) 그가 내게 이르시되 인자야 이 뼈들이 능히 살 수 있겠느냐 하시기로 내가 대답하되 주 여호와여 주께서 아시나이다 (4) 또 내게 이르시되 너는 이 모든 뼈에게 대언하여 이르기를 너희 마른 뼈들아 여호와의 말씀을 들을지어다 (5) 주 여호와께서 이 뼈들에게 이같이 말씀하시기를 내가 생기를 너희에게 들어가게 하리니 너희가 살아나리라 (6) 너희 위에 힘줄을 두고 살을 입히고 가죽으로 덮고 너희 속에 생기를 넣으리니 너희가 살아나리라 또 내가 여호와인 줄 너희가 알리라 하셨다 하라 (7) 이에 내가 명령을 따라 대언하니 대언할 때에 소리가 나고 움직이며 이 뼈, 저 뼈가 들어 맞아 뼈들이 서로 연결되더라 (8) 내가 또 보니 그 뼈에 힘줄이 생기고 살이 오르며 그 위에 가죽이 덮이나 그 속에 생기는 없더라 (9) 또 내게 이르시되 인자야 너는 생기를 향하여 대언하라 생기에게 대언하여 이르기를 주 여호와께서 이같이 말씀하시기를 생기야 사방에서부터 와서 이 죽음을 당한 자에게 불어서 살아나게 하라 하셨다 하라 (10) 이에 내가 그 명령대로 대언하였더니 생기가 그들에게 들어가매 그들이 곧 살아나서 일어나 서는데 극히 큰 군대더라 (11) 또 내게 이르시되 인자야 이 뼈들은 이스라엘 온 족속이라 그들이 이르기를 우리의 뼈들이 말랐고 우리의 소망이 없어졌으니 우리는 다 멸절되었다 하느니라 (12) 그러므로 너는 대언하여 그들에게 이르기를 주 여호와께서 이같이 말씀하시기를 내 백성들아 내가 너희 무덤을 열고 너희로 거기에서 나오게 하고 이스라엘 땅으로 들어가게 하리라 (13) 내 백성들아 내가 너희 무덤을 열고 너희로 거기에서 나오게 한즉 너희는 내가 여호와인 줄을 알리라 (14) 내가 또 내 영을 너희 속

에 두어 너희가 살아나게 하고 내가 또 너희를 너희 고국 땅에 두리니 나 여호와가 이 일을 말하고 이룬 줄을 너희가 알리라 여호와의 말씀이니라 [에스겔 37장 1-14절]

에스겔과 에스겔서의 내용

에스겔은 남쪽 유대 왕국에서 살았던 사람입니다. 요시야 왕(주전 640-608)의 아들들이 통치하던 시기에 살았고 바벨론 왕 느부갓네살이 예루살렘을 두 번째 침공한 주전 597년에 당시의 왕인 여호야긴과 함께 바벨론에 끌려왔습니다. 바벨론에 끌려오기 전에 에스겔은 예루살렘 성전에서 하나님을 예배하는 제사장 가문의 사람으로서 30세에 제사장으로 일하기 위해 훈련을 받던 사람입니다(민 4:3). 끌려오던 당시 나이가 26세이고 결혼도 했습니다. 젊은 나이에 포로로 끌려오게 되어 아내와 헤어지게 되었고 예루살렘 성전에서 제사장으로 일할 수도 없게 되었습니다. 운하 공사가 한창이던 바벨론의 그발 강 주변지역에서 함께 끌려온 백성들과 살아야 했습니다.

그렇게 산 지 5년 정도가 지났을 때 에스겔 1장을 보면 30세 나이에 하나님의 부르심을 받게 됩니다(1:1-2). 제사장으로서의 부르심이 아닌 포로 된 백성들에게 하나님의 말씀을 선포하는 선지자로의 부르심을 받습니다. 에스겔은 6년 동안 포로 된 백성들에게 좋은 소식이 아니라 자신의 조국인 유대 나라가 곧 멸망하게 될 것을 예언하게 되었습니다. 이런 그의 예언이 에스겔서 1장에서 24장까지 기록되어 있습니다. 바벨론에 끌려오지 않았다고 여전히 하나님을 배반하며 살아가고 있는 유대 왕국은 결국 망하게 될 것이라는 예언을 한 것입니다. 얼마 후에 에스겔은 예언의 말씀대로 유대가 주전 586년에 망했고 두고 온 아내도 죽었다는 소식을 접하게 됩니다. 이후로도 에스겔은 주전 571년까지 16년 동안 선지자로서 활동을 계속합니다(29:17). 그러나 이전의 메시지와는 달리 에스겔은 포로 된 백성들에게 고국으로 돌아가게 될 것을 선포합니다. 하나님께서 우리를 버리지 않으셨고 하나님 백성으로 회복하실 것에 대한 희망의 메시지를 25장에서부터 마지막 장인 48장까지 전합니다. 에스겔서는 이런 심판과 회복의 예언들로 되어있습니다. 30세의 에스겔이 온갖 고생 가운데 유대의 멸망을 외치고 멸망한 후에는 52세 될 때까지 회복에 대한 소망의 메시지를 전한 말씀이 에스겔서입니다.

에스겔이 본 환상

이런 에스겔서의 내용 가운데 37장은 회복에 대한 말씀의 일부입니다. 먼저 37장 1절을 보면 환상 가운데 하나님께서 그의 영을 통해 에스겔을 이끄시고 어딘가로 데리고 가십니다. 계곡 가운데에 있는 골짜기였습니다. 사람의 뼈가 가득한 골짜기였습니다. 에스겔은 이 골짜기를 어디에선가 경험한 적이 있습니다. 그가 선지자로 부름을 받을 때에 이 골짜기에 온 적이 있습니다. 우리는 에스겔서 3장 22절에서 "여호와께서 권능으로 거기서 내게 임하시고 또 내게 이르시되 일어나 들로 나아가라. 내가 거기서 너와 말하리라."라는 말씀을 봅니다. 선지자 사역의 초창기에 하나님께서는 에스겔과 말씀하시기 위해 에스겔에게 "들"로 나아가라고 하십니다. 여기 "들(הבקעה)"이라고 되어 있는 단어는 37장 1절의 "골짜기(h[qbh)"와 원어로는 동일한 단어입니다. 이번의 경우처럼 이전에도 하나님의 권능과 영에 이끌리어 이 골짜기에 온 것입니다. 이전에 왔었을 때 이 골짜기는 사람의 뼈로 가득한 골짜기가 아니었습니다. 그 때의 골짜기는 여호와의 영광으로 충만한 골짜기였습니다(3:23). 에스겔이 그 영광으로 엎드리자 여호와의 영이 일으켜 세우시고 말씀하시며 선지자의 사역을 시작하게 하신 골짜기였습니다. 하나님의 영광이 충만한 가운데 일어나 선지자 사역을 시작했던 골짜기가 지금은 죽은 사람의 뼈들로 가득 채워져 있음을 에스겔이 보고 있습니다. 에스겔의 말씀사역에도 불구하고 불순종하여 심판을 받은 자들의 뼈인 것입니다. 이 뼈들은 갓 죽은 사람들의 뼈가 아니라 너무 오래 되어 다 말라버린 뼈들입니다. 그때 하나님께서 에스겔에게 물으십니다. "인자야! 이 뼈들이 능히 살 수 있겠느냐?"라고 물으십니다. 말라서 여기저기 머리와 다리와 모든 것이 해체되어져 버린 뼈들이 살 수 있겠느냐는 질문에 에스겔은 "주께서 아십니다."라고 답변합니다.

하나님께서는 에스겔에게 이 마른 뼈들을 향해서 대언하라고 명령하십니다. "예언하라"(הנבא)는 말씀인데 예언의 내용은 하나님께서 마른 뼈들에게 생기 곧 "영"(רוח)을 들어가게 하시어 살게 하시고 그들에게 힘줄이 생기고 살과 피부가 있게 되어 하나님이 여호와인 줄을 알게 될 것이라는 예언입니다. 에스겔이 하나님 명령을 따라 마른 뼈들에게 예언합니다. 그랬더니 뼈들이 서로 연결되어서 올바른 자리에 놓이고 힘줄과 살과 피부가 만들어집니다. 이제 더 이상 마른 뼈들이 아닌 정상적인 사람의 모습을 갖추게 된 것입니다. 그러나 아직 그 사람들에게 생기 곧 영은 없어 산 사람들이 아닙니다. 하나님께서 또 에스겔에게 생기를 향해 예언하라고 명령하십니다. 생명의 "영"이 사방에서 와서 뼈들에게 들어가 살아나게 하라는 예언입니다. 하나님의 명령대로 예언을 했더니 그 영이 그들에게 들어가 그 사람들을 살아나게 합니다. 37장 10절은 살아난 이 사람들이 극히 큰 군대를 이루었다고 말씀합니다. 이것이 두 번째로 에스겔이 방문한 골짜기에서 본 환상입니다.

에스겔이 본 환상의 의미

이 환상에 대해 하나님께서는 친히 그 의미를 11절 이하에서 설명해 주십니다. 사람 에스겔아 이 마른 뼈들은 포로로 잡혀 온 이스라엘 사람들이다. 그들은 스스로를 멸망하여 소망이 없는 마른 뼈들로 여긴다. 포로로 잡혀오기 전에 있었던 예루살렘과 그들이 예배하던 하나님의 성전이 파괴되자 그들은 하나님이 자신들을 버렸다고 생각한다. 그들을 멸망시킨 바벨론의 신 마르둑이 더 큰 신이라고 믿는다. 모든 것이 끝났으며 아무런 소망도 없는 것처럼 자포자기하는 이스라엘이 마른 뼈들이라고 말씀하십니다. 12절 이하에서 하나님은 마른 뼈들에게 예언하여 살아나게 하는 환상은 에스겔이 이러한 바벨론의 이스라엘 사람들에게 예언하여 귀국하게 하는 것임을 말씀합니다. 즉 하나님께서 그의 백성들로 바벨론의 무덤을 열고 나와 이스라엘 땅으로 들어가게 하실 것을 예언하는 것이라고 설명하십니다. 하나님의 영을 그들 속에 두어 살아나게 하고 고국 땅에 들어가게 하시는 것을 예언하게 하시고 이루시어 하나님이 여호와인 줄을 알게 하신다는 환상입니다. 무덤과도 같은 바벨론 땅에서 돌아와 "내 백성" 곧 여호와의 백성과 군대로 회복되게 하신다는 소망의 말씀입니다.

에스겔서에서 자주 등장하는 이 '하나님이 여호와인 줄을 알게 된다.'는 말씀은 무엇을 의미합니까? "여호와"(יהוה)의 문자적 의미는 "주님"이지만 이 하나님의 이름은 주로 하나님과 이스라엘의 특별한 언약관계를 언급할 때 사용됩니다. 특히 이스라엘을 이집트에서 나오게 하신 구속자로서의 하나님을 언급할 때 등장합니다(출 6:2-7). 그렇다면 하나님이 그들의 여호와인 줄을 알게 하신다는 것은 하나님의 바벨론에서의 구속적 일하심을 강조하는 것입니다. 온 세상과 이스라엘의 주님으로서 그의 백성을 바벨론에서 불러내어 약속의 땅에서 다시 살게 하실 하나님을 강조합니다.

그러므로 오늘 에스겔 37장의 말씀은 포로 된 바벨론 땅에서 마른 뼈들과 같이 아무런 소망 없이 살아가는 이스라엘 백성들에게 에스겔의 환상과 예언의 말씀을 통해 소망을 주시는 말씀입니다. 그들이 여전히 하나님 백성이며 여호와의 영을 통해 살아나고 다시 고국으로 귀환하게 될 회복을 말씀하십니다.

여호와의 영을 불어넣어 마른 뼈들이 살아나는 환상은 최초의 사람 아담을 생각나게 합니다. 창세기 2장 7절은 "여호와 하나님이 땅의 흙으로 사람을 지으시고 생기를 그 코에 불어넣으시니 사람이 생령이 되니라." 라고 말씀합니다. 이 "생기"라고 하는 단어는 "생명의 호흡"(נשמת חיים)으로 사람을 살게 하는 하나님의 "영"(רוח)을 암시합니다(창 6:3). 세상 창조에 관여하신 하나님의 영께서 사람 창조에 함께 하심을 보여줍니다(창 1:2). 이 아담의 창조와 동일한 모습을 보여주는 마른 뼈들에 대한 환상은 죽은 것과 같은 하나님의 백성을 하나님의 영을 통해서 새롭게 창조하시는 것을 보여주십니다.

그러므로 이 말씀은 포로로 끌려가 있는 하나님 백성들에게 단순히 귀환에 대한 소망만을 주시는 말씀이 아닙니다. 종말에 새롭게 창조될 하나님 백성들의 모습을 보여주시기도 하십니다. 이것은 에스겔서 36장 26-27절에서 언급하는 하나님의 영에 대한 말씀을 볼 때도 알 수 있습니다:

> 또 새 영을 너희 속에 두고 새 마음을 너희에게 주되 너희 육신에서 굳은 마음을 제거하고 부드러운 마음을 줄 것이며 또 내 영을 너희 속에 두어 너희로 내 율례를 행하게 하리니 너희가 내 규례를 지켜 행할지라.

하나님께서 포로에서 귀환하게 하신 백성들에게 영을 부어넣으시어 새 마음을 가진 사람들을 창조하십니다. 하나님 말씀을 순종하는 새 사람을 창조하시겠다는 약속의 말씀입니다. 그러나 포로로 끌려간 백성들이 하나님의 약속대로 실제 귀환한 이후에도 그들은 여전히 하나님의 말씀에 불순종하는 자들이었습니다. 그들은 아직 하나님이 약속하신 새 영과 새 마음을 갖지 못했던 것입니다. 포로 후기 백성의 불순종은 이 약속이 종말에 메시아를 통해 새롭게 이루실 약속임을 알게 하십니다. 에스겔 37장 24-28절은 귀환의 소망에서 더 나아가 영원히 함께 하실 왕 곧 종말의 메시아를 언급하십니다.

> 내 종 다윗이 그들의 왕이 되리니 그들 모두에게 한 목자가 있을 것이라. 그들이 내 규례를 준수하고 내 율례를 지켜 행하며 내가 내 종 야곱에게 준 땅 곧 그의 조상들이 거주하던 땅에 그들이 거주하되 그들과 그들의 자자손손이 영원히 거기에 거주할 것이요. 내 종 다윗이 영원히 그들의 왕이 되리라. 내가 그들과 화평의 언약을 세워서 영원한 언약이 되게 하고 또 그들을 견고하고 번성하게하며 내 성소를 그 가운데에 세워서 영원히 이르게 하리니 내 처소가 그들 가운데에 있을 것이며 나는 그들의 하나님이 되고 그들은 내 백성이 되리라. 내 성소가 영원토록 그들 가운데에 있으리니 내가 이스라엘을 거룩하게 하는 여호와인 줄을 열국이 알리라. 하셨다 하라.

마른 뼈들이 살아나는 환상으로 시작한 에스겔의 예언은 어떻게 마치고 있습니까? 백성과 하나님과의 화평이 있는 영원한 나라를 이룰 한 왕과 목자에 대한 약속의 말씀으로 마칩니다. 다윗과 관련한 왕으로서 백성들이 하나님 말씀을 지켜 행하게 합니다. 이처럼 에스겔 37장은 귀환의 회복을 넘어서서 백성들이 하나님의 영과 왕을 통해 새롭게 창조되는 종말의 회복을 예언하고 있습니다. 이러한 회복을 가져오시는 왕이 바로 우리 주 예수 그리스도이십니다. 예수께서 우리를 위해 죽으시고 부활하심으로 우리를 죄의 포로에서 자유하게 하시고 새롭게 창조하시어 하나님의 새 백성이 되게 하십니다. 부활하신 예수께서 친히 제자들에게 나타나시고 "숨을 내쉬며 성령을 받으라." 하심으로 새로운 창조를 이루십니다(요 20:22). 예수께서 그의 영을 통해 사람들을 다시 태어나게 하시고 새 마음으로 율법의 요구를 이루게 하십니다(롬 8:4). 예수님을 믿음으로 죄와 죽음의 포로에서 하나님께 돌아오는 회복을 경험합니다. 바울 사도께서는 고린도후서 5장 17절에서 "그런즉 누구든지 그리스도 안에 있으면 새로운 피조물이라 이전 것은 지나갔으니 보라 새 것이 되었도다."라고 선포하셨습니다. 죽음의 골짜기에서 마른 뼈들과 같았던 우리가 예수 안에서 새 살과 새 힘줄과 새로운 피부를 가진 새 사람으로 창조되는 것입니다(엡 2:1-2, 18-22; 4:15-16). 마른 뼈들이 살아나는 에스겔의 환상은 이렇게 예수 그리스도 안에서 죄로 죽은 자들이 살아나 일어남을 궁극적으로 예언하고 있습니다(골 2:12-13).

성도들의 소망과 순종

하나님께서는 에스겔의 환상을 통해 그 시대의 포로 된 백성들뿐 아니라 이 시대에 예수 믿는 우리들에게도 소망을 주십니다. 포로로 끌려간 백성들에게 귀환에 대한 소망을 주셨던 하나님께서는 약속하신대로 보내신 예수 안에서 우리들을 하나님께 돌아오게 하셨습니다. 이제는 부활의 첫 열매이신 예수와 함께 죽은 자들이 예수와 함께 살 것을 소망하게 하십니다(롬 6:8; 8:11):

> 예수를 죽은 자 가운데서 살리신 이의 영이 너희 안에 거하시면 그리스도 예수를 죽은 자 가운데서 살리신 이가 너희 안에 거하시는 그의 영으로 말미암아 너희 죽을 몸도 살리시리라(롬 8:11).

그러므로 예수를 믿는 가운데 고난이 있을지라도 성령을 받은 하나님의 자녀들로서 부활에 대한 소망을 가지고 기다려야 합니다(롬 8:23-24; 고전 15:20-23). 또한 우리는 우리를 징계하시지만 고치시고 회복시키실 신실하신 하나님께 소망을 가져야 합니다. 죄악의 행위대로 갚으시지만 회개하게 하시고 용서하시는 하나님이시기 때문입니다(시 99:8).

그러나 오늘의 말씀은 예수의 영이신 성령을 받고 살아가는 우리들에게 순종의 책임도 막중함을 알게 하십니다. 이제는 우리 새 마음에 심겨진 하나님 말씀을 온유함으로 순종해야 합니다(약 1:21). 이런 가운데 생명의 영이 주변 사람들에게 불어 넣어져 살아나는 역사를 기대하며 증언해야 합니다. 죽은 자들을 살리는 하나님의 역사에 함께 동참해야 합니다. 하나님께서는 에스겔에게 하셨던 것처럼 우리들에게도 교회 밖의 세상 사람들이 능히 살 수 있겠는지 물으실 수 있습니다.

우리는 무엇이라 하나님께 말씀드릴 수 있습니까? 우리에게 그렇게 하신 것처럼 하나님이 원하시면 그들도 예수 믿고 살 수 있게 하실 것이라고 말씀드릴 수 있습니다. 그들도 하나님이 원하시면 죽음의 무덤에서 나와 하나님의 나라에서 살게 될 것입니다. 우리는 무엇을 해야 합니까? 에스겔이 했던 것처럼 하나님 말씀을 선포해야 합니다. 하나님의 생명의 복음을 마른 뼈들을 향해 증거 해야 합니다. 성령의 역사가 일어나도록 외치고 생명의 말씀을 나누며 살아가야 합니다. 힘써서 복음을 선포함으로 날마다 새 생명들이 창조되는 놀라운 역사가 우리들 가운데 일어나기를 기원합니다.

다니엘 6장 14-28절
영원한 하나님 나라

(14) 왕이 이 말을 듣고 그로 말미암아 심히 근심하여 다니엘을 구원하
려고 마음을 쓰며 그를 건져내려고 힘을 다하다가 해가 질 때에 이르렀
더라 (15) 그 무리들이 또 모여 왕에게로 나아와서 왕께 말하되 왕이여
메대와 바사의 규례를 아시거니와 왕께서 세우신 금령과 법도는 고치지
못할 것이니이다 하니 (16) 이에 왕이 명령하매 다니엘을 끌어다가 사
자 굴에 던져 넣는지라 왕이 다니엘에게 이르되 네가 항상 섬기는 너의
하나님이 너를 구원하시리라 하니라 (17) 이에 돌을 굴려다가 굴 어귀
를 막으매 왕이 그의 도장과 귀족들의 도장으로 봉하였으니 이는 다니
엘에 대한 조치를 고치지 못하게 하려 함이었더라 (18) 왕이 궁에 돌아
가서는 밤이 새도록 금식하고 그 앞에 오락을 그치고 잠자기를 마다하
니라 (19) 이튿날에 왕이 새벽에 일어나 급히 사자 굴로 가서 (20) 다
니엘이 든 굴에 가까이 이르러서 슬피 소리 질러 다니엘에게 묻되 살아
계시는 하나님의 종 다니엘아 네가 항상 섬기는 네 하나님이 사자들에
게서 능히 너를 구원하셨느냐 하니라 (21) 다니엘이 왕에게 아뢰되 왕
이여 원하건대 왕은 만수무강 하옵소서 (22) 나의 하나님이 이미 그의
천사를 보내어 사자들의 입을 봉하셨으므로 사자들이 나를 상해하지 못
하였사오니 이는 나의 무죄함이 그 앞에 명백함이오며 또 왕이여 나는
왕에게도 해를 끼치지 아니하였나이다 하니라 (23) 왕이 심히 기뻐서
명하여 다니엘을 굴에서 올리라 하매 그들이 다니엘을 굴에서 올린즉
그의 몸이 조금도 상하지 아니하였으니 이는 그가 자기의 하나님을 믿
음이었더라 (24) 왕이 말하여 다니엘을 참소한 사람들을 끌어오게 하고
그들을 그들의 처자들과 함께 사자 굴에 던져 넣게 하였더니 그들이 굴
바닥에 닿기도 전에 사자들이 곧 그들을 움켜서 그 뼈까지도 부서뜨렸
더라 (25) 이에 다리오 왕이 온 땅에 있는 모든 백성과 나라들과 언어
가 다른 모든 사람들에게 조서를 내려 이르되 원하건대 너희에게 큰 평

> 강이 있을지어다 (26) 내가 이제 조서를 내리노라 내 나라 관할 아래에 있는 사람들은 다 다니엘의 하나님 앞에서 떨며 두려워할지니 그는 살아 계시는 하나님이시요 영원히 변하지 않으실 이시며 그의 나라는 멸망하지 아니할 것이요 그의 권세는 무궁할 것이며 (27) 그는 구원도 하시며 건져내기도 하시며 하늘에서든지 땅에서든지 이적과 기사를 행하시는 이로서 다니엘을 구원하여 사자의 입에서 벗어나게 하셨음이라 하였더라 (28) 이 다니엘이 다리오 왕의 시대와 바사 사람 고레스 왕의 시대에 형통하였더라 [다니엘 6장 14-28절]

다니엘의 지혜와 믿음

오늘 하나님 말씀은 다니엘과 관련한 말씀입니다. 다니엘서 6장 1절 이하의 말씀을 보면 이 다니엘은 "다리오"라는 왕의 총리들 중 한 사람입니다. 5장 31절은 이 다리오 왕에 대해서도 설명하고 있습니다. "메대 사람 다리오가 나라를 얻었는데 그 때에 다리오는 육십이 세였더라."라는 말씀입니다. 다니엘은 바벨론을 멸망시킨 메대 사람 다리오 왕의 총리인 것입니다. 다니엘은 본래 유대인으로서 여호야김 왕이 다스리던 유대 왕국에서 살았습니다. 그러나 다니엘은 주전 605년에 바벨론의 느부갓네살 왕의 침공으로 '젊은 나이'(ילד)에 포로가 되어 친구들과 함께 바벨론에 끌려오게 되었습니다(1:4). 다니엘은 바벨론에 포로로 잡혀왔지만 바벨론 왕을 섬기도록 훈련을 받았고 높은 지위에 오르기도 했습니다. 바벨론 신에게 바쳐진 왕의 음식을 먹지 않고 채식하면서 믿음으로 살았습니다.

이런 다니엘이 벨사살 왕 때 바벨론의 멸망을 지켜봅니다. 주전 539년에 메대와 바사 곧 페르시아의 연합군이 바벨론을 멸망시킨 것입니다. 이 새로운 제국의 시대를 맞이한 다니엘은 적어도 80세가 넘는 노인이었습니다. 6장 28절은 이 노인 다니엘이 다리오왕의 시대와 바사 사람

고레스 왕의 시대에도 형통하였다고 말씀합니다. 여기서 바벨론이나 페르시아의 역사를 살펴보면 오늘 언급되고 있는 이 다리오 왕은 잘 알려지지 않은 인물입니다. 사실 역사적으로 바벨론을 멸망시킨 왕은 바사 사람 고레스입니다. 에스라서와 이사야서에서도 바벨론을 멸망시킨 왕으로는 다리오가 아닌 고레스를 언급합니다(스 1:1; 사 45:1). 그러면 다니엘서의 이 다리오는 누구일까요? 고레스의 다른 이름이거나 고레스와 함께 연합군을 이룬 메대의 총독으로서 바벨론 지역을 통치하도록 고레스에 의하여 전환기에 세워진 분봉왕 일 수 있습니다.

이 다리오 왕은 바벨론에 120명의 지방 장관들을 두었습니다(6:1). 뿐만 아니라 이 지방 장관들을 총괄할 수 있는 총리 3명을 세웠습니다. 다니엘이 3명의 총리 가운데 한 사람이 되었고 다니엘의 뛰어남을 본 다리오는 그를 수석 총리로 세우려고 하였습니다. 6장 3절은 "다니엘은 마음이 민첩하여 총리들과 고관들 위에 뛰어나므로" 라고 서술하고 있습니다. '마음이 민첩하다' 는 것은 '그에게 탁월한 영이 있다' (רוח יתירא בה) 는 것을 의미합니다. 다니엘은 하나님의 영에 사로잡혀서 다른 총리들과 지방 장관들보다 뛰어났습니다. 이런 다니엘을 다리오가 수석 총리로 세우려했던 것입니다. 그러나 다리오 왕이 이렇게 하려고할 때에 다른 총리 두 명과 지방 장관들은 이를 시기하였습니다. 포로로 잡혀온 하찮은 자가 자신들 보다 높은 자리를 차지한다는 것이 마음에 들지 않았던 것입니다. 그래서 다니엘을 총리의 자리에서도 끌어 내리고 싶었습니다. 그들은 다니엘을 끌어내리기 위해 총리직을 어떻게수행하는지 유심히 살펴보았습니다. 잘못한 일이 있다면 이것을 왕에게 알려서 다니엘을 총리직에서 끌어내리려고 했던 것입니다. 그러나 6장 4절에서 알 수 있는 것처럼 다니엘은 총리직을 수행함에 있어서 흠잡을 데가 없었습니다. 정직과 성실함으로 총리의 직분을 충성스럽게 감당했기 때문입니다.

다니엘을 시기했던 총리들과 지방의 장관들은 다른 방법을 찾게 되었습니다. 마침내 그들은 다니엘이 하나님의 율법을 우선적으로 존중하며 살아가는 사람임을 알게 되었습니다(6:5). 이것과 관련된 문제가 아니면 다니엘을 끌어내릴 수 없다고 그들은 생각을 하게 되었습니다. 그러므로 그들은 기도와 관련하여 다리오 왕에게 하나의 법령을 만들도록 제안합니다. 왕권의 강화를 위해 앞으로 30일 동안은 어떤 신에게도 기도하지 말고 오직 다리오 왕에게만 기도해야 한다는 특별 긴급 조치 명령을 내리도록 제안한 것입니다. 이런 법령을 제정하려는 근본적인 목적을 모르는 다리오 왕은 이들의 제안이 그럴듯했습니다. 그래서 앞으로 30일 동안은 아무 신이나 사람에게 구하지 말고 오직 왕에게만 구해야 하며 이 법령을 어겼을 때에는 사자 굴에 던져 넣는다는 형벌도 규정한 법을 공포하였습니다.

다니엘은 이러한 왕의 법이 전국에 발표된 것을 알았습니다(6:10). 그러나 다니엘은 집에 돌아가서 60여 년 동안 해오던 대로 윗방에 올라가 기도합니다. 왕의 법을 어기면 사자굴속에 들어가야 한다는 것을 알면서도 하나님의 성전이 있던 예루살렘을 향해 창문을 열고 하루에 세 번씩 계속 기도합니다. 무릎을 꿇고 아침 9시, 오후 12시와 3시에 하나님께 감사하며 기도합니다. 다니엘을 총리직에서 끌어내리기 위해 매일 살피고 있던 총리들과 장관들은 마침내 기회를 잡았습니다. 다니엘이 왕의 명령을 어기고 왕이 아닌 다른 신에게 구하고 있음을 고발합니다(6:13). 다니엘을 총애했던 다리오 왕이 이 일을 전달받고 심히 근심합니다. 어떻게든 다니엘을 구하려고 해가 질 때까지 왕도 고민해보지만 해결책은 찾지 못합니다. 다른 총리들과 무리들이 이런 왕의 주저함을 보고 다시 나타났습니다. 메대와 바사에서는 왕이 한 번 내린 명령을 어느 누구도 고칠 수 없다는 원칙을 상기시킵니다. 왕은 할 수 없이 다니엘을 사자 굴속에 집어넣으라고 명령하면서 다니엘에게 말합니다. 6장 16절을 보면 왕이 안타까워하면서 "네가 항상 섬기는 너의 하나님이 너를 구원하시리라." 라고 말합니다. 왕의 명령에 따라 다니엘이 사자굴 속에 집어넣어지고 그 굴은 왕의 도장으로 인봉되어 봉쇄됩니다.

사자 굴속의 다니엘과 다리오 왕

18절 말씀을 보면 오늘 본문의 초점이 다니엘 보다는 다리오 왕에게 향하고 있음 알 수 있습니다. 다니엘을 사자 굴속에 던져 넣은 후 다리오 왕은 자기 왕궁에 돌아갔지만 밤새도록 금식하고 오락도 하지 않았을 뿐 아니라 잠도 자지를 않았습니다. 이 이방 왕이 이렇게 밤새 자지 못하고 뜬 눈으로 새우다가 새벽이 되어 급히 사자 굴로 달려갔습니다. 사자 굴의 뚜껑을 열고 다니엘을 슬프게 불렀습니다. 왕이 "살아계시는 하나님의 종 다니엘아, 네가 항상 섬기는 네 하나님이 사자들에게서 능히 너를 구원하셨느냐" 라고 외칩니다. 다니엘이 어떻게 되었는지 궁금하여 새벽이 되자마자 사자 굴로 달려와 물어본 것입니다. 그 굴속에서 다니엘의 목소리가 들립니다. "왕이시여 만수무강하옵소서! 하나님께서 이미 천사를 보내어 사자들의 입을 막으심으로 나를 상하지 못하게 하셨습니다. 저는 무죄합니다. 왕에게도 저는 해를 끼치지 아니했습니다." 라고 말합니다. 다니엘이 살아있는 것입니다. 왕이 매우 기뻐서 다니엘을 사자 굴에서 끌어올립니다. 반면에 시기하여 다니엘을 총리직에서 끌어내 죽이려했던 자들을 그들의 가족들과 함께 사자굴 속에 던지게 합니다. 그들은 사자 굴 바닥에 닿기도 전에 사자들에 움켜져서 먹이가 됩니다.

이제 다리오 왕은 자신이 다스리는 바벨론의 온 땅에 법령을 공포합니다. 26절 말씀을 보면

> 내 나라 관할 아래 있는 사람들은 다 다니엘의 하나님 앞에서 떨며 두려워할지니 그는 살아 계시는 하나님이시요 영원히 변하지 않으실 이시며 그의 나라는 멸망하지 아니할 것이요 그의 권세는 무궁할 것이며 그

> 는 구원도 하시며 건져내기도 하시며 하늘에서든지 땅에서든지 이적과 기사를 행하시는 이로서 다니엘을 구원하여 사자의 입에서 벗어나게 하셨음이라.

라는 내용의 법령을 각 도에 공포합니다. 오늘 본문의 초점이 이방 왕 다리오와 그의 고백에 있음을 알려줍니다. 본문은 다니엘이 사자 굴속에서 얼마나 두려웠으며 얼마나 공포에 떨었는지를 말씀하지 않습니다. 그런 가운데서도 다니엘이 어떠한 믿음을 가졌는지도 언급을 하지 않습니다. 오히려 하나님을 몰랐지만 다니엘을 통해서 하나님을 알아가는 다리오 왕에게 관심이 있습니다. 본문은 다리오 왕이 다니엘을 사자 굴속에 던져 넣지 않으려고 인간적으로 얼마나 노력했는지를 보여줍니다. 다니엘을 구할 방안이 없어서 사자 굴속에 던져 넣기는 했지만 밥도 못 먹고 뜬 눈으로 밤을 새우며 노심초사하는 왕의 모습을 서술합니다.

새벽이 되자 급히 사자 굴에 달려가서 하나님이 과연 다니엘을 살렸는지 아니면 그가 죽었는지 궁금해 하는 다리오 왕에 대한 서술에 관심을 가집니다. 더 나아가 본문은 다리오 왕이 다니엘의 하나님께서 다니엘을 살리신 것을 목격하고 그 하나님을 고백한 것을 상세히 기록합니다. 다리오 왕이 사자들에게서 다니엘을 구원하신 하나님은 살아계시는 하나님이요 하나님의 나라는 멸망하지 않는 영원한 나라임을 고백하며 바벨론 지역의 백성들에게도 알린 사실을 강조합니다. 이렇게 오늘 다니엘서 말씀은 사자 굴속에서 다니엘을 건져내신 하나님을 통해서 하나님의 살아계심과 그 나라의 영원함을 알게 된 다리오 왕을 보여줍니다.

다니엘의 믿음을 통해 이방에 하나님 나라를 드러내심

하나님께서는 이렇게 바벨론에 끌려간 다니엘을 통해서 바벨론의 왕과 백성들에게 더 나아가 메대의 다리오 왕과 그 백성들에게도 하나님의 나라와 하나님의 능력을 드러내셨습니다. 세상 나라들이 멸망하고 일어나는 과정에서도 하나님의 주된 관심은 무엇입니까? 하나님의 백성들을 통해 하나님의 살아계심과 그 능력을 드러내는 것입니다. 다리오 왕과 같이 하나님을 모르는 모든 자들에게 하나님의 살아계심과 그 나라의 영원함을 드러내는 것입니다. 이것이 하나님의 관심인데 어떻게 하나님께서는 그 능력과 그 나라의 권세를 드러내셨습니까? 다니엘의 흔들리지 않는 믿음의 순종을 통해서 그렇게 하셨습니다. 다리오 왕 외에 다른 신과 다른 사람에게 기도하는 사람은 누구든지 사자 굴속에 집어넣는다는 명령을 알고서도 늘 하나님께 하던 대로 기도했던 변함없는 그의 믿음을 통해 일하셨습니다. 목숨이 중요하니 왕이 금지한 30일 동안만 쉬었다가 하나님께 기도해야겠다고 타협할 수도 있었습니다. 이것이 인간적으로는 현명한 생각일지 모르지만 다니엘은 죽으면 죽으리라는 각오로 하나님께 구하는 것을 포기하지 않았습니다. 인간 왕의 명령을 듣는 것보다 능력의 하나님에 대한 믿음을 가졌기 때문입니다.

6장 23절 마지막 부분을 보면 "그의 몸이 조금도 상하지 아니하였으니 이는 그가 자기의 하나님을 믿음이었더라."라고 되어 있습니다. 상황이 어떠하든 다니엘은 변함없이 하나님을 믿었습니다. 그가 하나님을 믿었다는 것은 하나님께서 자신을 구원하실 것을 믿고 사자 굴에 들어갔다는 것은 아닙니다. 죽을 수 있는 위험한 상황에도 불구하고 평생을 섬겨온 하나님을 변함없이 믿었다는 말씀입니다. 이전에 느부갓네살의 신상에 절하기를 거절하여 뜨거운 불속에 들어간 세 친구들처럼 다니엘도 죽는다 할지라도 사자 굴속에 들어간 믿음입니다(3:1-23). 하나님께서 이런 그의 믿음을 통해 하나님의 구원하심을 다리오 왕에게 드러내신 것입니다. 이러한 다니엘의 믿음은 그가 기도한 내용을 통해서도 알 수 있습니다. 6장 10절은 "그의 하나님께 감사하였더라."라고 말씀합니다. 죽음을 각오한 다니엘이 기도할 때 드린 기도의 내용은 감사입니다. 죽을 수 있는 상황에서 다니엘은 살려달라는 기도보다 오히려 하나님께 감사하는 믿음으로 나아간 것입니다. 이렇게 하나님께서는 다니엘의 타협하지 않는 믿음을 통해 하나님의 구원하시는 능력을 이방인들에게 드러내셨습니다. 바벨론이 망했고 앞으로 메대와 바사도 망하겠지만 망하지 않는 영원한 하나님의 나라를 다리오 왕에게 드러내셨습니다.

우리도 믿음을 통해 하나님 나라를 드러냄

이렇게 아담이후로 하나님께서는 아브라함의 후손을 통해 천하 만민이 복을 얻는 것에 관심을 가지셨습니다. 아브라함의 후손으로 오신 예수 그리스도를 믿고 천하 만민이 살아계신 하나님께 돌아오는 것이 하나님의 한결같은 관심입니다. 사랑하는 여러분, 이런 하나님의 관심을 우리가 잊지 않아야 합니다. 우리가 공부를 하든, 집에서 살림하든, 직장에서 일하거나 사업을 하든, 무엇을 하든지 하나님의 관심을 늘 마음에 두어야 합니다. 하나님을 모르는 자들이 하나님을 알고 돌아오기를 하나님께서 원하신다는 것은 성경의 마지막 말씀인 요한계시록에서도 계속 언급되는 사항입니다. 로마 제국뿐 아니라 여러 나라의 수많은 사람들이 하나님의 살아계심을 듣고 돌아오게 될 것을 선언하는 것이 요한계시록의 주요 내용이기도 합니다. 하나님은 이렇게 창세기부터 계시록까지 모든 성경에서 천하 만민이 하나님께 돌아오길 원하시는 일관된 관심을 보여주십니다.

이러한 하나님의 관심에 예수 믿는 우리도 관심을 가져야 되겠습니다. 세상 왕권에 타협하지 않았던 다니엘처럼 우리도 세상에 타협하지 않는 믿음을 통해 사람들이 예수님을 알고 하나님께 돌아오도록 노력을 해야겠습니다. 예수님에 대한 우리의 믿음을 위협하는 일들이 일어나도 여기에 굴복하거나 타협하지 않아야겠습니다. 공부하는 학생이 시험 기간이어도 주일에 하나님을 예배하는 일에는 타협이 없어야 합니다. 주일이니 오늘은 늘 해왔던 것처럼 하나님을 예배해야 합니다. 학생에게 시험이 중요하지만 그래도 그 시험은 하나님과의 관계에 끼어들거나 타협할 수 있는 대상은 아니어야 합니다. 그래서 늘 하던 대로 주일날에 주님을 찾고, 주님을 예배하고, 주님의 사람들과 교제해야 합니다. 다니엘이 나라가 바뀌었어도 총리로서 다리오 왕의 총애를 입은 것처럼 그러한 사람들이 이 세상의 직장에서도,학교와 정부에서도 하나님이 주신 뛰어는 지혜로 주어진 일을 잘 감당하리라 믿습니다. 더 나아가 그의 성공적이며 타협하지 않는 믿음을 통해 하나님의 살아계심과 구원하심의 능력을 많은 사람들에게 드러낼 수 있으리라 믿습니다. 반대로 세상에 굴복하고 타협하는 믿음은 하나님의 살아계심을 드러낼 수 없습니다. 이런 사람은 예수님을 말하지 않고 적당히 신앙생활을 하는 사람이고 세상에서 먹고 살기 위해서 타협하는 사람입니다. 라오디게아 교인들처럼 차지도 뜨겁지도 않은 미지근한 신앙으로 세상에서 적당히 살아감으로써 그리스도인으로서의 존재감을 잃어버린 사람들입니다. 이런 사람들은 세상으로부터 오히려 소금의 맛을 잃어버렸다고 조롱받습니다. 그러므로 신앙 때문에 직장생활에서 왕따를 당해도 사람보다 하나님을 두려워함으로 타협하지 않을 때 하나님의 인정을 받고 그리스도인의 존재감을 드러냅니다(마 10:26-33).

믿음의 행동으로 인간적인 모든 것을 잃어버려도 끝까지 타협하지 않고 가는 것이 중요합니다. 초대교회 성도들이 그러했습니다. 다니엘과 달리 사자로부터 구원받지 못하고 순교했지만 죽도록 충성한 자들이었습니다. 다니엘처럼 사자 굴에서 살아남아야만 하나님의 살아계심이 드러나는 것은 아닙니다. 사자 굴속에서 사자의 밥이 된 하나님 백성을 통해서도 하나님께서는 자신의 살아계심은 드러내실 수 있습니다. 초대 교회 성도들이 로마의 콜로세움에서 사자의 밥이 될 때에도 의연히 죽어감으로써 수많은 콜로세움의 관중들을 침묵하게 했고, 그들로 하여금 그

의연한 죽음을 통해 하나님의 살아계심을 받아들이게 했습니다. 결국은 로마제국이 기독교를 국교로 인정하게 되었고 로마를 통해서 세계에 예수의 복음이 증거 되도록 하셨습니다. 여러분 한 분, 한 분이 타협하지 않는 믿음 생활을 통해서 예수의 교회의 존재감을 이 지역에 드러낼 수 있을 줄 믿습니다. 비록 내세울 수 있는 명예나 출세를 얻지 못한다 할지라도, 아니 세상에서 잘 나간다고 할지라도 타협하지 않는 믿음을 통해 그리스도인으로서의 존재감을 있는 곳에서 드러낼 수 있기를 기원합니다. 이런 믿음으로 예수님 모르는 자들을 예수 믿게 하여 하나님 마음을 기쁘게 하실 수 있기를 축원합니다.

호세아 6장 1-6절
하나님을 아는 것

(1) 오라 우리가 여호와께로 돌아가자 여호와께서 우리를 찢으셨으나 도로 낫게 하실 것이요 우리를 치셨으나 싸매어 주실 것임이라 (2) 여호와께서 이틀 후에 우리를 살리시며 셋째 날에 우리를 일으키시리니 우리가 그의 앞에서 살리라 (3) 그러므로 우리가 여호와를 알자 힘써 여호와를 알자 그의 나타나심은 새벽 빛 같이 어김없나니 비와 같이, 땅을 적시는 늦은 비와 같이 우리에게 임하시리라 하니라 (4) 에브라임아 내가 네게 어떻게 하랴 유다야 내가 네게 어떻게 하랴 너희의 인애가 아침 구름이나 쉬 없어지는 이슬 같도다 (5) 그러므로 내가 선지자들로 그들을 치고 내 입의 말로 그들을 죽였노니 내 심판은 빛처럼 나오느니라 (6) 나는 인애를 원하고 제사를 원하지 아니하며 번제보다 하나님을 아는 것을 원하노라 [호세아 6장 1-6절]

호세아와 이스라엘 백성의 외침

호세아 선지자는 북 이스라엘의 선지자입니다. 솔로몬의 사후(死後)인 주전 931년에 이스라엘이 남 유다와 북 이스라엘로 분열되었는데 이 북 이스라엘에서 활동한 선지자가 호세아입니다. 호세아 선지자는 북 이스라엘 중에서도 여로보암 왕 2세(주전 793-753)때부터 멸망할 시기(주전 721)까지 활동한 선지자입니다. 호세아가 활동한 시기에 남 유다를 통치한 왕들은 웃시야(주전 791-740)와 요담과 아하스와 히스기야(주전 728-687)입니다(1:1). 또한 호세아 선지자와 비슷한 시기에 활동한 선지자들은 북 이스라엘의 요나와 남 유다 출신이지만 북 이스라엘에서 활동한 아모스입니다(왕하 14:23-27; 암 1:1). 이들은 북 이스라엘이 경제적으로 가장 번영했던 여로보암 2세의 시대에 활동을 시작한 선지자들입니다. 이 선지자들이 비슷한 시대에 활동을 했지만 호세아 선지자는 다른 두 선지자들보다도 오래 활동하며 북 이스라엘이 앗시리아에 의해 멸망하는 것을 지켜본 선지자입니다.

이 호세아 선지자가 오늘 본문의 말씀을 보면 뭔가 열심히 외치고 있습니다. "우리가 여호와께로 돌아가자"고 외칩니다(6:1). 또한 "우리가 여호와를 알자"라는 말씀도 반복적으로 외칩니다(6:3). "하나님의 심판을 받아서 힘들고 어려울지라도 하나님께 돌아가고 하나님을 힘써 알자. 하나님께서 도와주실 것이다." 이러한 메시지를 전하고 있습니다. 6장 6절을 보면 하나님께서도 직접 "나는 인애를 원하고 제사를 원하지 아니하며 번제보다 하나님을 아는 것을 원하노라."라고 말씀하십니다. 하나님은 이스라엘 백성이 하나님 알기를 원하신다는 것입니다. 이스라엘 백성들이 원하고 하나님께서도 원하시는 것은 하나님을 아는 것입니다. 사실 호세아 선지자는 북 이스라엘이 하나님을 아는 지식이 없어서 망할 것이라고 전에 예언하였습니다. 호세아서 4장 1절과 6절에 이런 말씀이 있습니다.

> ~이 땅에는 진실도 없고 인애도 없고 하나님을 아는 지식도 없고~ 내 백성이 지식이 없으므로 망하는도다. 네가 지식을 버렸으니 나도 너를 버려~

또 4장 14절에도

> 너희 딸들이 음행하며 너희 며느리들이 간음하여도 내가 벌하지 아니하리니 이는 남자들도 창기와 함께 나가며 음부와 함께 희생을 드림이니라. 깨닫지 못하는 백성은 망하리라.

북 이스라엘 백성들이 하나님을 알지 못하고 하나님을 아는 지식이 없어서 망할 것이라는 말씀을 이미 전한 것입니다. 오늘 본문인 6장에서도 호세아 선지자는 하나님을 아는 것의 중요성을 강조하며 외치고 있습니다. 멸망하지 않으려면 여호와를 알아야 한다고 전하고 있습니다.

그런데 여기서 주의해야 할 것은 여호와를 이스라엘 백성이 이미 잘 알고 있는 것처럼 주장한다는 것입니다. 6장 4절에서 하나님이 반문하시는 것에서 오늘 말씀을 생각해야 합니다. 곧 "에브라임아 내가 네게 어떻게 하랴? 유다야 내가 네게 어떻게 하랴?" 라고 하나님께서 답변하신 말씀입니다. 어떻게 이 백성들을 대하면 좋을지 참으로 답답한 가운데 반문하신 말씀인데 이어서 하나님을 아는 자들에게 있는 인애가 이스라엘에게는 없다고 말씀하십니다. 6절 말씀에 의하면 하나님을 아는 것은 제사보다도 인애(חסד)를 행하는 것입니다. 그런데 그 인애가 이스라엘에게는 "아침 구름"과 "이슬" 처럼 쉽게 없어집니다. 결국 이스라엘에게는 하나님을 아는 인애가 없다는 말씀입니다. 이 하나님의 반의적이고 부정적인 답변은 6장 1-3의 외침과 관련된 답변입니다. 여호와께 돌아가자고, 여호와를 알자고 독려한 외침에 대한 답변입니다. 이 외침은 긍정적인 결과를 확신하고 있습니다. 이스라엘을 낫게 하시고 일으키시는 하나님께서 "새벽의 빛"과 같이 늦은 비와 같이 임하실 것을 확신하는 외침입니다.

그러나 이에 대한 하나님의 답변은 여전히 이스라엘이 하나님을 알지 못한다는 것이며 하나님께서 말씀으로 그들을 죽였고 새벽의 빛이 아닌 "심판의 빛" 으로 임하실 것을 말씀하십니다. 6장 4절에 있는 어휘를 사용하셔서 13장 3절에서는 이스라엘이 "아침 구름"과 "쉬 사라지는 이슬" 같이 인애를 쉽게 버린 것처럼 하나님께서 그들을 버려 쉽게 사라지게 하실 것을 말씀하십니다. 그러므로 6장 4-6절에 있는 하나님의 상반된 답변을 볼 때 호세아에 의해 선포되고 있는 이 6장 1-3은 호세아 자신의 권면이나 외침이 아닙니다. 5장 8-15에서 선포된 하나님의 심판에 대한 이스라엘 자신들의 반응과 외침을 대변하고 있는 것입니다.[34] 이와 같은 이스라엘의 반응을 호세아는 이후의 말씀에서도 언급하고 있습니다. 7장 16에서 호세아는 이스라엘이 '돌아온다' 고 하지만 정작 하나님께 돌아오지 않는 "속이는 활"과 같아서 심판을 받을 것이라 말씀합니다. 8장 2절에서도 호세아는 습관적으로 '여호와를 안다' 고 부르짖는 이스라엘을 언급합니다. 호세아는 여호와께 돌아오지 않고 하나님의 인애를 행하지도 않으면서 말로만 '돌아가자' '여호와를 알자' 고 외치며 하나님께서 모든 것을 즉시 해결해 주실 것처럼 착각하고 있는 이스라엘을 비판하고 있는 것입니다. 호세아 선지자는 곧바로 6장 7-11에서도 이스라엘이 아담과 같이 언약을 어기고 살인과 우상숭배의 악을 행한다고 언급함으로써 실제 이스라엘은 하나님을 알지 못하는 백성임을 보여주고 있습니다.

하나님을 안다고 하는 것

이스라엘은 말로만 하나님을 안다고 할 것이 아니라 하나님께서 바라시는 기준에서 하나님을 알아야 했습니다. 그러면 진정으로 하나님을 안다고 하는 것은 무엇입니까? 6장 6절의 "나는 인애를 원한다. 제사를 원하지 않는다. 번제보다 하나님 아는 것을 원한다."라는 말씀은 하나님을 안다고 하는 것이 무엇인지를 정확히 정의하고 있습니다. 하나님 아는 것과 대구를 이루고 있는 단어가 인애라는 단어입니다. 하나님은 인애를 원하십니다. 곧 하나님을 아는 것을 원하십니다. 하나님을 안다고 하는 것은 하나님의 인애를 경험하고 그 인애를 실천하는 것을 의미합니다. 인애(חסד)가 무엇입니까? 인애라고 하는 것은 한글 성경에 인자라는 말로도 번역 되어 있습니다. 그러나 인애는 단순히 인자하다는 성격에 초점이 있지 않습니다. 성경에서 인애(仁愛)는 어떤 관계의 문맥에서 언급되는 말인데 특별히 하나님과 이스라엘의 언약 관계의 문맥에서 등장하는 단어입니다. 하나님께서 그의 백성으로 이스라엘과 관계를 맺으시고 변함없이 신실하게 그의 백성을 사랑하시는 것을 의미합니다.

그런데 오늘 말씀에서 하나님은 이스라엘 백성들에게 하나님의 인애를 원한다고 말씀하십니다. 하나님께서 이스라엘 백성들을 언약 관계 안에서 신실하게 사랑하시는 것을 이스라엘이 알아야 하고 이것이 하나님을 아는 것이라고 말씀합니다. 더 나아가 그 하나님의 사랑으로 하나님과 이웃을 신실하게 사랑하는 것이 이스라엘의 인애인데 이런 인애를 행하는 것이 하나님을 아는 것이라고 말씀하십니다. 창조주이시며 구원자이신 하나님의 변함없는 사랑을 알고, 그 사랑에 걸맞게 하나님과 이웃을 사랑하는 것이 인애입니다. 이렇게 행하며 사는 백성이 하나님을 아는 백성입니다. 하나님께서는 북이스라엘을 향해서 열왕기하 13장 23절에서 이러한 말씀을 하셨습니다.

> 여호와께서 아브라함과 이삭과 야곱과 더불어 세우신 언약 때문에 이스라엘에게 은혜를 베풀며 그들을 불쌍히 여기시며 돌보사 멸하기를 즐겨 하지 아니하시고 이때까지 자기 앞에서 쫓아내지 아니하셨더라.

하나님께서 아브라함과 이삭과 야곱과의 언약을 통해 이스라엘 백성들을 선택하시고 그들과 특별한 관계를 맺으셨기 때문에 이스라엘에게 은혜를 베푸셨습니다. 그들이 죄악을 행하고 하나님을 배반했다 할지라도 그들을 불쌍히 여기셨고 그들을 돌보셨습니다. 그리고 멸하기를 즐겨하지 아니하셨습니다. 이것이 하나님의 인애입니다. 북이스라엘이 이런 하나님의 인애를 알고 그 인애에 합당한 인애의 반응을 원하셨습니다(10:12; 12:6 참조). 인애는 하나님과 맺은 언약관계에서 이스라엘이 지켜야할 율법의 주요 내용이었습니다(8:1).

하나님께서는 호세아서 1-3장에 언급된 것처럼 호세아 선지자의 삶을 통해 하나님의 인애가 무엇인지를 실제적으로 보여주셨습니다. 하나님께서는 호세아에게 고멜이라는 여인과 결혼 관계를 맺게 하셨습니다. 남편과 아내로서의 특별한 관계를 맺게 하신 것입니다. 그러나 이 호세아의 아내 고멜은 자식을 낳고 살다가 호세아를 떠나버렸습니다. 다른 남자를 사랑하여 호세아로부터 도망쳐 버렸습니다. 그러함에도 하나님께서는 호세아 선지자에게 그의 아내 고멜을 데려와 다시 살게 하셨습니다. 그래서 호세아는 고멜을 데려와 다시 살아갑니다. 이것은 하나님의 북이스라엘에 대한 인애를 보여주시는 교훈이었습니다. 결혼이라는 특별한 관계 때문에 고멜을 아내로 끝까지 사랑하게 하신 것처럼 하나님께서 북이스라엘을 그와 같이 이스라엘과의 언약 관계 때문에 끝까지 사랑하신다는 것입니다. 이 말씀은 또한 고멜과 같이 이스라엘이 하나님을 알지 못하고 인애를 버렸다는 것을 교훈합니다. 고멜은 남편 호세아를 알지 못하는 아내입니다. 남편의 사랑을 알지 못합니다. 하나님이 그렇게 사랑하셨음에도 이스라엘 역시 그 사랑을 알지 못합니다. 하나님을 알지 못합니다. 그러나 이스라엘은 하나님과의 특별한 관계와 그 사랑을 기억하는 백성, 곧 하나님을 아는 백성이 되어야 했습니다. 그러나 이스라엘은 쉬 없어지는 이슬처럼 하나님의 인애를 알지 못하고 쉽게 버렸습니다. 하나님을 모르는 자들처럼 살았습니다.

아담처럼 언약관계를 파괴하고 우상숭배하며 도피성인 길르앗에서 조차 피를 흘렸습니다(6:8, 10). 하나님을 아는 자들로서 인애의 모범을 보여야 할 제사장의 무리가 살인을 행하였습니다(6:9). 멸망의 위기에서도 하나님이 아닌 강대국 이집트를 의지했습니다(왕하 17:4). 그러므로 하나님께서는 무지와 위선의 이스라엘에 답답해하시면서 하나님을 알아야 한다고 말씀하십니다. 인애를 행하여야 한다고 말씀하십니다. 오늘 6장 4절 말씀은 유다에 대해서도 말씀하시는데 유다도 북 이스라엘과 같이 하나님을 알지 못했기 때문입니다. 특히 예레미야 시대의 유다도 하나님께 거짓된 회개로 부르짖었습니다(렘 3:4-10, 22-25). 이런 유다에게 하나님께서는 예레미야를 통해 9장 24절의 말씀을 주셨습니다.

> 자랑하는 자는 이것으로 자랑할지니 곧 명철하여 나를 아는 것 곧 나 여호와는 사랑(חסד)과 정의와 공의를 땅에 행하는 자인 줄 깨닫는 것이라. 나는 이 일을 기뻐하노라 여호와의 말씀이니라.

하나님께서는 그의 백성이 인애와 의와 공의를 행하는 것을 기뻐하신다는 것을 깨닫고 가난한 자와 궁핍한 자를 변호한다면 이것이 하나님을 아는 것이라고 말씀하셨습니다(렘 22:15-16). 그리고 유다 백성에게 망하지 않도록 하나님을 알아야 하고 인애를 행해야 한다고 경고하셨습니다.

새로운 언약관계와 하나님을 아는 지식

이러한 하나님의 경고에도 불구하고 북 이스라엘이나 유다나 하나님을 알지 못하여 멸망하였습니다. 북 이스라엘이 호세아를 통한 하나님의 외침을 듣지 않다가 하나님의 심판을 받아 주전 722년에 앗시리아 제국에 멸망한 것입니다. 그러나 호세아서는 하나님을 알지 못하면 멸망할 것이라는 경고의 말씀만 있지는 않습니다. 하나님과 새로운 언약관계를 맺고 하나님을 온전히 알게 되는 날이 있을 것을 약속하는 말씀도 있습니다. 호세아서 2장 18절에서 23절에 있는 말씀을 함께 보겠습니다.

> 그 날에는 내가 그들을 위하여 들짐승과 공중의 새와 땅의 곤충과 더불어 언약을 맺으며 또 이 땅에서 활과 칼을 꺾어 전쟁을 없이하고 그들로 평안히 눕게 하리라. 내가 네게 장가들어 영원히 살되 공의와 정의와 은총(חסד)과 긍휼히 여김으로 네게 장가들며 진실함으로 네게 장가들리니 네가 여호와를 알리라. 여호와께서 이르시되 그 날에 내가 응답하리라. 나는 하늘에 응답하고 하늘은 땅에 응답하고 땅은 곡식과 포도주와 기름에 응답하고 또 이것들은 이스르엘에 응답하리라. 내가 나를 위하여 그를 이 땅에 심고 긍휼히 여김을 받지 못하였던 자를 긍휼히

> 여기며 내 백성 아니었던 자에게 향하여 이르기를 너는 내 백성이라 하리니 그들은 이르기를 주는 내 하나님이시라 하리라 하시니라

하나님께서 그의 백성과 새로운 언약을 맺으시는 날이 있습니다. 이 새로운 언약은 사람들뿐만 아니라 땅과 하늘의 생물들과도 맺는 언약입니다. 이 언약은 전쟁이 아닌 평화를 가져 오는 언약입니다. 이 날은 언약 가운데에서 하나님이 장가를 드시는 날입니다. 하나님께서 그의 새 백성과 결혼하시는 날인데 의와 공의, 인애와 긍휼로 결혼하시는 날입니다. 하나님과 결혼하면 어떤 일이 일어납니까? 하나님과 결혼한 자들이 하나님을 알게 됩니다.

이 말씀은 우리와 새 언약을 맺으실 예수 그리스도를 염두에 두면서 하신 말씀입니다. 예수 그리스도는 하나님께서 우리를 얼마나 사랑하시는지를 보여주는 인애의 징표입니다. 예수님은 하나님이 어떤 분이신지를 친히 보여주시는 하나님의 형상입니다. 하나님의 인애로서 우리와 결혼하신 분입니다. 예수 그리스도는 신실한 사랑으로 믿는 자들의 남편이 되셨습니다. 하나님께서 그리스도 예수를 통해 우리와 결혼하신 것입니다. 예수를 믿고 결혼한 자들은 하나님을 알게 됩니다. 하나님을 안다는 것이 무엇이라고 말씀하셨습니까? 하나님의 사랑을 안다는 것을 의미합니다.

요한복음 17장 3절에서 예수께서는 "영생은 곧 유일하신 참 하나님과 그가 보내신 자 예수 그리스도를 아는 것" 이라고 말씀하셨습니다. 하나님을 아는 것은 예수님을 통한 하나님의 사랑을 아는 것이고 영생을 얻은 자가 됩니다. 더 나아가 호세아를 통해 말씀하신 것처럼 하나님을 알기에 하나님의 변함없는 사랑인 인애에 응답할 수 있는 자들이 되는 것을 의미합니다. 예수님을 믿음으로 결혼하여 하나님의 인애를 행할 수 있는 자들이 하나님을 아는 자들입니다. 예수 안에서 하나님을 알기에

하나님이 원하시는 이웃에 대한 사랑과 의와 공의를 행할 수 있는 자들이 됩니다. 요한일서 2장 3-5절은

> 우리가 그의 계명을 지키면 이로써 우리가 그를 아는 줄로 알 것이요 그를 아노라 하고 그의 계명을 지키지 아니하는 자는 거짓말하는 자요 진리가 그 속에 있지 아니하되 누구든지 그의 말씀을 지키는 자는 하나님의 사랑이 참으로 그 속에서 온전하게 되었나니~

예수 그리스도의 사랑을 통해서 하나님을 아는 자들은 하나님께서 주신 사랑의 계명을 지키는 자들입니다. 변함없는 하나님 사랑과 자신을 철저히 내어 주신 예수님 사랑으로 이웃을 사랑하는 자들입니다. 이러한 사람이 예수님과 하나님을 아는 자들입니다. 예수 믿는 우리는 북 이스라엘이나 유다 백성과 다릅니다. 호세아서 2장 말씀에 의하면 예수 안에서 새롭게 하나님과 관계를 맺은 우리는 인애를 행할 수 있고 하나님을 아는 자라고 말씀하십니다. 예수 안에서 하나님이 우리와 결혼하셨기에 아내 된 우리는 남편이신 하나님께 인애로 반응할 수 있는 능력을 가진 자들이라고 말씀하십니다.

예수 안에서 하나님을 아는 자들로서 살아감

사랑하는 여러분, 오늘 예배하는 하나님을 여러분은 아십니까? 하나님이 아들을 주기까지 사랑하셔서 우리를 신부 삼으신 것을 아십니까? 그 하나님을 알기에 하나님과 이웃을 사랑하는 자들로 살아가십니까? 혹 하나님을 모르신다면 어떻게 알 수 있습니까? 우리 가운데 역사하시는 성령 하나님과 성경을 통해서 하나님을 알 수 있습니다. 이렇게 하여 우리가 하나님을 아는 순간 우리는 하나님의 사랑에 반응하며 살 수 있습니다. 그러나 하나님 말씀과 성령을 통해 하나님의 사랑을 알지 못하면 하

나님인 원하시는 인애의 삶을 살 수가 없습니다. 그러므로 우리는 날마다 성령의 인도와 하나님의 말씀을 통해서 하나님의 사랑을 깨닫고 확신하며 그 사랑에 합당한 생활로 나아가야 합니다. 예수 안에서 하나님을 알았기에 예수님의 몸 된 교회를 섬기고 사랑해야 합니다. 예수님의 사랑을 아는 자들로서 교회 성도들과 관계하며 살아야 합니다. 자신의 목숨까지도 내어줄 수 있는 사랑으로 성도와 관계해야 합니다. 이 사회를 향해서도 우리는 하나님의 사랑 가운데에서 공의를 행해야 합니다. 이웃과의 관계에서 하나님의 정의를 실현해야 합니다. 하나님의 은총 가운데에서 하나님을 잘 알고, 하나님을 아는 자로서 행동할 수 있기를 주님의 이름으로 축원합니다.

요엘 2장 28-32절
성령을 부어주시는 하나님

(28) 그 후에 내가 내 영을 만민에게 부어 주리니 너희 자녀들이 장래
일을 말할 것이며 너희 늙은이는 꿈을 꾸며 너희 젊은이는 이상을 볼
것이며 (29) 그 때에 내가 또 내 영을 남종과 여종에게 부어 줄 것이며
(30) 내가 이적을 하늘과 땅에 베풀리니 곧 피와 불과 연기 기둥이라
(31) 여호와의 크고 두려운 날이 이르기 전에 해가 어두워지고 달이 핏
빛 같이 변하려니와 (32) 누구든지 여호와의 이름을 부르는 자는 구원
을 얻으리니 이는 나 여호와의 말대로 시온 산과 예루살렘에서 피할 자
가 있을 것임이요 남은 자 중에 나 여호와의 부름을 받을 자가 있을 것
임이니라

[요엘 2장 28-32절]

선지자 요엘과 그의 메시지

오늘은 요엘서의 말씀을 전하게 되었습니다. 선지서의 말씀들을 이해하기가 쉽지는 않지만 쉬운 말씀이든, 어려운 말씀이든, 잘 체계적으로, 또 바르게 이해하고자 하는 열망을 여러분들께서 가지시를 바랍니다. 특별히 이 시대에는 여러 이단들이 난무하는 시대여서 하나님의 말씀을 바르고 풍성하며, 깊이 있게 아는 것들이 중요합니다. 요엘 선지자는 남 유다의 멸망 직전에 활동한 선지자입니다. 호세아 선지자가 북 이스라엘 백성에게 앗시리아에 의해 멸망하기 전에 하나님을 알 것을 외쳤던 선지자였다면 요엘 선지자는 남 유다가 바벨론 제국에 의해 멸망하기 전에 백성들에게 하나님의 말씀을 외친 선지자입니다. 이 요엘 선지자가 3장으로 되어 있는 요엘서에서 무엇을 말씀하고 있을까요? 멸망 직전에 있기

때문에 무엇보다도 하나님의 심판에 대해 말씀하고 있습니다. 두렵고 큰 여호와의 날, 심판의 날에 대해서 1장에서부터 2장 11절까지 증거하고 있습니다. 2장 12절에서 3장까지의 말씀은 주로 회개에 대해서 말씀하고 있는데 심판의 날인 여호와의 날을 생각하면서 이제라도 돌아오라는 말씀입니다. 2장 12절 이하에 있는 것처럼 금식하고 울며 애통하고 마음을 다하여 하나님께로 돌아오라고 외치고 있습니다. 옷을 찢어 회개하는 흉내를 내지 말고 마음을 찢고 여호와께 돌아오라고 권면합니다. 하나님은 은혜로우시며 자비하시며 노하기를 더디 하시며 인애가 크시기에 돌아오면 하나님께서 뜻을 돌이켜 재앙을 내리지 아니하실 수 있다고 말씀합니다. 이렇게 요엘은 멸망 직전에 있는 유다의 백성들에게 이제라도 하나님께 돌아올 것을 외치고 있습니다.

종말에 하나님이 행하실 일

요엘 선지자의 말씀은 심판과 회개뿐 아니라 심판 후에 하나님께서 놀라운 일을 행하실 것에 대해서도 말씀합니다. 이 놀라운 일에 대한 말씀이 2장 18절 이하에 있는데 "그 때에 여호와께서 자기의 땅을 극진히 사랑하시어 그의 백성을 불쌍히 여기실 것이라."라는 말씀으로 시작합니다. 이때에 하나님께서는 그의 백성을 불쌍히 여기시어 그들에게 경제적으로 풍성한 삶을 베풀어 주십니다. 2장 22절은 시온 백성뿐 아니라 들짐승들도 풍족할 것을 말씀합니다.

> 들짐승들아 두려워하지 말지어다 들의 풀이 싹이 나며 나무가 열매를 맺으며 무화과나무와 포도나무가 다 힘을 내는도다 시온의 자녀들아 너희는 너희 하나님 여호와로 말미암아 기뻐하며 즐거워할지어다 그가 너희를 위하여 비를 내리시되 이른 비를 너희에게 적당하게 주시리니 이른 비와 늦은 비가 예전과 같을 것이라.

하나님의 심판의 날이 있겠지만 후에는 하나님께서 불쌍히 여기시고 자연 만물과 하나님의 백성들에게 즐거워하고 기뻐할 수 있는 날을 주실 것이라는 말씀입니다. 이러한 말씀을 27절까지 하신 후에 2장 28절에서 32절에 있는 오늘 본문의 말씀이 이어집니다. 28절의 "그 후에"(אחרי־כן) 라는 말은 "종말에" 곧 "마지막 날에"의 의미로 이해할 수 있습니다(창 49:1; 민 24:14; 신 31:29). 그 날에 하나님께서 하나님의 영을 만민에게 부어주십니다. 물질적인 풍성함을 위해 이른 비와 늦은비를 내려 주실 뿐 아니라 하나님의 영을 부어주십니다. 이른 비와 늦은 비나 하나님의 영을 주신다는 것은 하나님의 특별한 선물을 의미합니다. 하나님의 영을 "만민에게" 선물로 주시는데 여기의 만민은 "모든 사람"(כל־בשׂר)을 의미하면서도 제한이 있는 만민이기도 합니다. 28절 하반부에서 "너희" 자녀들, "너희" 늙은이, "너희" 젊은이라고 말씀하는데 여기서 "너희"는 27절과 연결하여 이해하면 '하나님이 자신들의 여호와로서 함께 계심을 아는 이스라엘이며 하나님의 백성들' 을 의미합니다. 하나님의 자녀들을 말하는 것이고, 하나님의 노인과 청년들을 의미합니다. 그러므로 종말에 하나님의 영은 모든 인류가 아닌 하나님의 모든 백성들에게 부어집니다. 한편으로 29절 말씀을 보면 하나님의 영이 남종과 여종에게도 부어집니다. 무슨 말씀입니까? 하나님의 백성이라면 신분의 차이 없이 하나님의 영을 선물로 받게 될 것을 의미합니다. 결국 나이나 성별과 신분의 차이 없이 하나님의 백성이라면 모두 하나님의 영을 선물로 받을 날이 올 것을 요엘 선지자를 통해 말씀하십니다.

요엘 선지자는 이런 종말의 날에 하나님의 영을 받은 자들에게 어떤 일들이 일어날 것을 또한 말씀합니다. 28절을 보면 자녀들이 장래 일을 말하고 노인이 꿈을 꾸며 젊은이는 이상을 보는 일이 일어납니다. 꿈꾸고 장래 일을 말하고 이상을 본다는 것은 요엘과 같은 선지자들이 주로 하는 일들 입니다. 선지자들은 꿈꾸고 이상을 보며 장래 일을 말하는 자들이었습니다. 그들은 하나님의 영의 임재를 통해서 예언하고 하나님의 말씀을 선포했습니다. 그러므로 장래 일을 말하고 꿈꾸고 이상을 보는 일은 선지자적인 일을 의미합니다. 종말에는 모든 하나님 백성들이 성령을 선물로 받고 선지자가 되어 하나님 말씀을 선포하고 하실 일을 예언한다는 것입니다. 30절과 31절 말씀은 그날에는 또 이적이 일어날 것을 말씀합니다. 하늘과 땅에 피와 불과 연기 기둥이 있습니다. 크고 두려운 여호와의 날이 이르기 전에 해가 어두워지고 달이 핏빛 같이 변하는 일들이 일어납니다. 이러한 말씀들은 종말에 일어날 일을 상징적으로 표현하신 것입니다.

피와 불과 연기 기둥이나 해가 어두워지고 달빛이 핏빛으로 변한다는 말씀들은 하나님의 나타나심이나 출애굽 때에 일으키셨던 심판의 기적들과 관련된 어휘들입니다. 그러므로 성령이 임하시는 날에 일어나는 이 이적은 하나님께서 오셔서 세상을 심판하시는 것을 말씀하십니다(삼하 22:7-10 참고). 30절과 31절에서 이런 심판이 있을 것을 말씀하셨다면 32절에서는 하나님의 구원이 있을 것을 말씀하십니다. 누구든지 여호와의 이름을 부르는 자는 구원을 얻습니다. 곧 여호와께서 약속하신대로 시온산과 예루살렘에 피하여 남은 자들은 여호와의 부름을 받습니다. 이런 말씀을 요엘 선지자를 통해서 주전 600여 년 전에 예언하게 하셨습니다.

요엘 선지자의 시대에 살았던 하나님의 백성들은 이 선지자의 말을 통해 새로운 소망을 가지게 되었을 것입니다. 지금은 바벨론 제국에 의해서 힘든 일들이 있다 할지라도 하나님께서 불쌍히 여기시는 날이 있을 것을 바라보았을 것입니다. 하나님께서 성령을 부어주심으로 하나님의 뜻을 알고 하나님의 말씀을 선포하게 하실 뿐 아니라 대적을 심판하시고 그의 백성을 구원하시는 특별한 날이 있을 것을 소망했을 것입니다.

오순절 성령의 강림

요엘을 통해서 주신 성령 강림에 대한 이 말씀은 600여 년이 지나 예수님께서 이 땅에 오시고 십자가에서 죽으시고, 부활하시고, 승천하신 후에 부어주신 오순절 성령 강림을 통해 성취되었습니다. 예수께서 부활하신 시기는 유대의 유월절 절기였습니다. 유월절은 이집트에서의 구원을 기념하는 절기입니다. 유월절 양이 되신 예수께서 하나님의 백성들을 구원하시기 위해서 친히 유월절 어린 양이 되셨을 뿐 아니라 그 절기 또한 부활절하셨습니다. 그 절기로부터 50일이 되는 날을 이스라엘 사람들은 오순절로 지켰습니다. 보리를 처음 추수하는 절기로 이스라엘의 두 번째 명절이었습니다. 바로 이 오순절에 예수님의 제자들이 성령의 부어주심을 약속하신 예수님의 말씀대로 예루살렘의 다락방에서 기도할 때 성령의 부어주심을 받았습니다. 우리는 이 말씀을 사도행전 2장에서 발견할 수 있습니다.

요엘 선지자를 통해서 약속하셨던 그 성령의 부으심이 120명의 제자들에게 일어난 것입니다. 성령이 임하셨을 때 어떠한 일이 일어났습니까? 성령의 충만함을 받은 제자들이 여러 외국말로 복음을 전하였습니다. 예루살렘에서 오순절 절기를 지키려고 아프리카와 유럽과 메소포타미아 지역에서 온 유대인들과 유대교에 들어온 자들이 갈릴리 악센트이지만 자기가 살던 나라의 방언으로 예수님의 죽으심과 부활의 소식을 듣게 된 것입니다. 오순절의 성령 강림을 위해 기도했던 제자들은 주로 갈릴리 사람들로서 갈릴리의 악센트가 있었습니다. 말투는 갈릴리 악센트였지만 여러 나라의 언어들로 복음을 선포한 것입니다.

우리는 요엘서에서 하나님의 성령이 부어질 때에 어떠한 일이 일어날 것인지를 이미 보았습니다. 모든 하나님의 백성이 예언자가 될 것입니다. 하나님의 뜻과 일을 선포 곧 예언하게 될 것인데 이 일이 오순절의 성령을 받은 예루살렘의 제자들을 통해서 성취된 것입니다.

이 예루살렘의 제자들이 방언으로 오순절을 찾아 예배하러 온 각국의 유대인들에게 예언을 하기 시작한 것입니다. 그 예언의 내용은 무엇입니까? 예수 그리스도의 죽으심과 부활을 통한 하나님의 큰 구원의 사건을 선포한 것입니다. 이러한 구원의 복음을 선포할 때 죄악이 물러가고 죽음과 사탄의 권세가 심판을 받는 기적이 일어납니다. 걸을 수 없던 자들이 일어나 걷습니다(행 3장). 죽었던 자들이 다시 살아납니다(행 9:37-42). 사탄의 나라에 속했던 많은 사람들이 구원을 받고 하나님의 나라 백성이 됩니다. 이미 죄와 죽음과 음부의 권세를 심판하시고 부활하신 예수께서 부어주신 영으로서 이런 기적을 행하십니다. 복음의 선포로 이런 심판의 기적뿐 아니라 구원의 이적이 동시에 일어납니다. 누구든지 예수의 이름을 부르고 죄에서 돌이키며 회개하는 자들이 구원을 받습니다(행 2: 40; 롬 10:13). 성령의 선물을 받아 하나님의 뜻과 일에 순종하는 능력을 공급받습니다. 이렇게 요엘 선지자가 예언한 성령 부어주심은 베드로 사도가 말씀한 것처럼 예수님을 믿는 제자들에게 오순절에 임하신 성령을 통하여 성취되었습니다(행 2:17-21).

성령의 인도를 따르는 삶

사랑하는 성도 여러분, 성령의 강림을 기념하는 이 주일에 우리는 요엘서의 말씀을 통해서 약속되었던 성령이 예수를 주님으로 믿고 죄 용서의 세례를 받은 우리들에게 부어졌다는 것을 믿어야 하겠습니다. 더 나아가 성령을 받은 성도들로서 어떻게 살고 있는지 돌아보아야 하겠습니다. 2천 6백여 년 전에 약속되어지고 2천 년 전에 임하신 성령께서 지금 예수 믿는 우리들 안에도 계신다면 그 동일하신 성령께서 어떻게 역사하시겠습니까? 어떤 일들을 일으키시겠습니까? 성령을 받은 모든 자들을 통해 여전히 하나님의 말씀이 선포되며 복음이 증거 되게 하실 것입니다. 죄와 죽음과 사탄의 권세가 물러가고 구원의 기적이 일어나게 하실 것입니다. 이런 성령의 역사가 성령 받은 우리들을 통해서 오늘날도 힘차게 일어나고 있는지요? 오늘날도 우리 가운데 계신 성령의 인도를 따라 우리가 산다면 이런 기적과 치유를 행하며 하나님 나라의 능력을 드러낼 것을 믿습니다. 그러므로 우리에게 선물로 부어주신 성령을 따라서 우리가 살아가야 합니다. 예수의 피로 새로워진 우리의 양심에 말씀을 심으시고 인도하시는 성령의 음성에 귀를 기울여야 합니다. 성령의 인도를 따라 하나님 나라의 통치를 받는 성도들이 되도록 기도해야 합니다. 이렇게 한다면 성령의 충만한 역사로 마귀를 대적하며 복음을 전하여 치유와 구원의 기적을 경험하는 교우들이 되실 것이라 확신합니다.

아모스 5장 4-15절 여호와를 찾으라

(4) 여호와께서 이스라엘 족속에게 이와 같이 말씀하시기를 너희는 나를 찾으라 그리하면 살리라 (5) 벧엘을 찾지 말며 길갈로 들어가지 말며 브엘세바로도 나아가지 말라 길갈은 반드시 사로잡히겠고 벧엘은 비참하게 될 것임이라 하셨나니 (6) 너희는 여호와를 찾으라 그리하면 살리라 그렇지 않으면 그가 불 같이 요셉의 집에 임하여 멸하시리니 벧엘에서 그 불들을 끌 자가 없으리라 (7) 정의를 쓴 쑥으로 바꾸며 공의를 땅에 던지는 자들아 (8) 묘성과 삼성을 만드시며 사망의 그늘을 아침으로 바꾸시고 낮을 어두운 밤으로 바꾸시며 바닷물을 불러 지면에 쏟으시는 이를 찾으라 그의 이름은 여호와시니라 (9) 그가 강한 자에게 갑자기 패망이 이르게 하신즉 그 패망이 산성에 미치느니라 (10) 무리가 성문에서 책망하는 자를 미워하며 정직히 말하는 자를 싫어하는도다 (11) 너희가 힘없는 자를 밟고 그에게서 밀의 부당한 세를 거두었은즉 너희가 비록 다듬은 돌로 집을 건축하였으나 거기 거주하지 못할 것이요 아름다운 포도원을 가꾸었으나 그 포도주를 마시지 못하리라 (12) 너희의 허물이 많고 죄악이 무거움을 내가 아노라 너희는 의인을 학대하며 뇌물을 받고 성문에서 가난한 자를 억울하게 하는 자로다 (13) 그러므로 이런 때에 지혜자가 잠잠하나니 이는 악한 때임이니라 (14) 너희는 살려면 선을 구하고 악을 구하지 말지어다 만군의 하나님 여호와께서 너희의 말과 같이 너희와 함께 하시리라 (15) 너희는 악을 미워하고 선을 사랑하며 성문에서 정의를 세울지어다 만군의 하나님 여호와께서 혹시 요셉의 남은 자를 불쌍히 여기시리라 [아모스 5장 4-15절]

이스라엘에 대한 애가와 여호와를 찾음

아모스 선지자는 분열왕국 시대에 살았던 사람입니다. 하나님의 왕국이 남 유대와 북 이스라엘로 분열된 시대에 아모스 선지자는 웃시야 왕이 통치하는(주전 791-740) 남쪽 유대에서 살았습니다(1:1). 원래 그는 선지자가 아니었고 양을 치며 뽕나무를 재배하던 목자였습니다. 양을 치고 뽕나무 재배하던 목자가 하나님의 부르심을 받아서 하나님의 말씀을 전하는 선지자가 된 것입니다. 남쪽 유대 사람들에게 하나님 말씀을 전하는 것이 아니라 오히려 북쪽 이스라엘에 가서 말씀을 전해야 하는 선지자였습니다. 특별히 북 이스라엘의 왕의 성소가 있는 벧엘에서 말씀을 전해야 했습니다(7:13). 왕과 왕족들과 고관들이 하나님을 예배한다고 하는 벧엘 지역에서 집중적으로 사역을 한 것입니다.

이런 상황에서 전하고 있는 말씀이 아모스 5장입니다. 5장 1절과 2절은 다음과 같은 애가의 말씀으로 시작하고 있습니다.

> 이스라엘 족속아 내가 너희에게 대하여 애가로 지은 이 말을 들으라 처녀 이스라엘이 엎드러졌음이여 다시 일어나지 못하리로다 자기 땅에 던지움이여 일으킬 자 없으리로다

북이스라엘이 엎드려져서 다시 일어나지 못한다는 말씀입니다. 3절에서도 애가의 내용이 계속됩니다. 천 명의 군대가 전쟁에 나가면 백 명 정도 살아남을 것이다. 백 명의 군대가 전쟁에 나가면 열 명만 살아남으리라. 애가로 북이스라엘의 멸망을 예언한 것입니다. 이러한 애가의 말씀 후에 아모스는 4절에서 여호와를 찾으라고 선포합니다. 멸망 가운데 살아남으려면 여호와 하나님을 찾아야 한다는 것입니다. 그러면 유대가 아닌 북이스라엘 사람들이 어떻게 하나님을 찾아야 합니까? 5절에서 아모스 선지자는 하나님을 찾기 위해서 벧엘이나 길갈 혹은 브엘세바로 가지 말라고 말합니다. 벧엘이나 길갈이나 브엘세바는 공통점이 있습니다. 모두 이전에 하나님을 예배하던 성소입니다. 벧엘은 야곱이 하나님을 만난 곳이기도 하고 하나님의 언약궤가 있던 장소이기도 합니다(창 28:10-22;

삿 20:26-27). 길갈도 출애굽한 이스라엘 백성이 요단강을 건너와서 하나님께 예배한 첫 장소였고, 브엘세바 또한 아브라함이 하나님의 인도를 받고 하나님을 섬기던 장소였습니다. 벧엘과 길갈, 브엘세바, 다 하나님을 만날 수 있는 장소였고 하나님의 임재의 장소였습니다.

그런데 아모스 선지자는 이런 벧엘과 길갈과 브엘세바로 가지 말라고 한 것입니다. 그 장소들에서 하나님을 찾거나 만날 수도 없다는 것입니다. 5장 6절은 오히려 하나님이 "불 같이 요셉의 집에 임하여 멸하시리니 벧엘에서 그 불들을 끌 자가 없으리라"고 말씀합니다. 하나님을 만날 수 있었고 하나님을 예배하던 장소인 벧엘에서 이제는 하나님을 만나기는커녕 하나님의 불이 임하여 거기에 있는 자들을 다 멸하실 것을 말씀합니다. 하나님을 예배하던 벧엘은 더 이상 하나님을 찾는 장소나 하나님을 만날 수 있는 장소가 아니요 하나님의 심판이 임하는 장소라고 아모스 선지자는 말하고 있습니다. 하나님을 예배하는 장소가 왜 하나님의 심판을 받는 장소가 되었을까요? 하나님께서는 5장 21-23절에서 "내가 너희 절기들을 미워하여 멸시하며 너희 성회들을 기뻐하지 아니하나니 너희가 내게 번제나 소제를 드릴지라도 내가 받지 아니할 것이요 너희의 살진 희생의 화목제도 내가 돌아보지 아니하리라 네 노랫소리를 내 앞에서 그칠지어다 네 비파 소리도 내가 듣지 아니하리라"고 말씀하십니다.

어떤 찬양이나 제사도 하지 마라. 하나님께서 좋아하거나 기뻐하지 않으신다고 말씀하신 것입니다. 북이스라엘의 왕과 백성들이 벧엘에서 하나님을 섬긴다고 하면서 황금송아지를 섬길 뿐 아니라 26절에 있는 말씀처럼 식굿과 기윤 곧 별 우상들을 숭배했기 때문입니다. 하나님께서는 이런 북이스라엘 왕을 위한 인간적인 예배와 별들을 숭상하는 우상적 예배를 더 이상 원하지 않으신다는 것입니다. 그러므로 북이스라엘의 성소들에서는 하나님을 찾거나 만날 수도 없으니 그 성소들을 찾지 말라고 아모스가 선포하고 있습니다.

어떻게 여호와를 찾을 것인가?

그러면 어디에서 어떻게 하나님을 찾아야 합니까? 하나님께서는 5장 14절에 이렇게 말씀하십니다.

> 너희는 살려면 선을 구하고 악을 구하지 말지어다 만군의 하나님 여호와께서 너희의 말과 같이 너희와 함께 하시리라

하나님께서는 '어디서' 보다는 '어떻게' 를 말씀하시고 있습니다. 함께 하실 수 있는 하나님을 만날 수 있는 길은 무엇인가? 제사하고 예배하는 장소가 아니라 왕과 백성들이 악을 구하지 않고 선을 구하면 하나님을 찾을 수 있고 만날 수 있다고 말씀합니다. '선'이라고 하는 것은 무엇입니까? 15절 말씀에서 하나님께서는 계속하여 이 '선'에 대해 말씀하십니다.

> 너희는 악을 미워하고 선을 사랑하며 성문에서 정의(מִשְׁפָּט)를 세울지어다 만군의 하나님 여호와께서 혹시 요셉의 남은 자를 불쌍히 여기시리라

하나님을 찾는 것은 성소가 아니라 선을 구하는 것인데 일상의 삶에서 하나님의 공의(מִשְׁפָּט)를 실천하는 것을 의미합니다. 이렇게 하나님의 공의를 실천하는 자들이 '남은 자들' 로서 불쌍히 여김을 얻어 살게 된다고 말씀하십니다. 왜 하나님께서는 북이스라엘의 왕과 백성들에게 선 곧 공의를 세우라고 말씀하실까요? 북이스라엘의 당시 왕은 여로보암 2세(주전 793-753)로 북이스라엘이 가장 번영을 누리던 시대입니다(1:1). 정복이 활발히 일어나서 북쪽 시리아까지 영토를 확장하던 시대였습니다. 영토 확장과 함께 대상무역의 중심지로서 북이스라엘은 많은 관세를 거두어들였습니다. 영토 확장과 많은 관세는 북이스라엘에 많은 지주들을 출현하게 했고 심한 빈부의 격차가 일어나게 했습니다. 갑작스럽게

출현한 지주들은 더 많은 부와 권력을 누리기 위해 가난한 자들을 착취하였습니다. 5장 11절은 이런 상황을 반영하면서 힘없는 자를 밟고 그의 '곡물을 세금이나 선물'(מַשְׂאַת־בַּר)이라는 명분으로 빼앗은 자들을 언급합니다. 하나님의 백성들로서 정복을 통해 살만하게 되었으면 부를 재분배하여 사회적 약자들과 함께 나누며 살아가는 것이 하나님의 공의입니다. 그러나 북이스라엘에서 갑자기 많은 돈과 권력을 가진 자들은 더 많은 부와 권력을 누리기 위해서 힘없는 자를 짓밟고 곡물을 탈취하는 불의를 행한 것입니다. 12절 말씀도 "~너희는 의인을 학대하며 뇌물을 받고 성문에서 가난한 자를 억울하게 하는 자"라고 말하고 있습니다. 재판하는 법정에서도 재판장이 뇌물을 받고 기득권자의 손을 들어주어 가난한 자를 억울하게 하는 일이 일어났음을 지적하시는 것입니다.

이렇게 사회적 약자를 학대하고 짓밟는 불의한 북 이스라엘 사람들에게 아모스 선지자는 하나님을 찾으려면 공의로운 삶을 통해 하나님을 찾아야 한다고 강조합니다. 그들은 5장 7절의 말씀처럼 정의를 쓴 쑥으로 바꾸고 공의를 땅에 던지는 자들이었기 때문입니다. 이런 자들에게 하나님께서는 5장 24절에서도 공의를 말씀하십니다. "오직 정의를 물 같이, 공의를 마르지 않는 강 같이 흐르게 할지어다." 아모스 선지자의 메시지는 분명했습니다. 하나님을 찾아야 그들이 살 수 있는데 하나님을 어떻게 찾을 것인가? 의로운 삶으로 하나님을 찾는다면 곧 불의한 악을 버린다면 하나님께서 그들과 함께 하시고 그들을 불쌍히 여기신다고 말씀하신 것입니다. 그러나 북이스라엘은 이러한 하나님의 경고에도 불구하고 끝까지 하나님을 찾지 않았습니다. 의로운 나라를 세우려고 하지 않았습니다. 그러므로 하나님께서는 그들이 비록 싼 값에 많은 농지를 확보하고 포도나무를 심어 아름다운 포도원을 가꾸었고 좋은 돌로 집을 건축했을지라도 그들로 건축한 집에서 살 수 없고 포도주를 마실 수 없게 하시겠다고 말씀하십니다.

아모스 선지자가 이 말씀을 북이스라엘의 왕족들과 상류층의 사람들에게 전할 때에는 주전 760년경 이었습니다. 그리고 북이스라엘 사람들은 40년 후인 주전 722년에 멸망하게 되었습니다. 앗시리아 제국에 의해서 멸망한 것입니다. 하나님께서는 북이스라엘이 이렇게 멸망하기 전에 남 유대 출신 아모스를 보내어 불의함에서 돌이켜 여호와를 찾음으로 사는 길로 나아가라고 말씀하신 것입니다. 그들이 그렇게 하나님을 찾지 않는다면 5장 8-9절에서 언급하고 있는 것처럼 묘성과 삼성 같은 별들을 만드시고 낮을 어두운 밤으로 바꾸는, 바닷물을 땅에 쏟으시는 하나님이 패망시키시겠다고 말씀하신 것입니다. 그러므로 앗시리아 제국을 통해 이 불의한 나라를 뒤집어엎기 전에 하나님의 공의의 질서를 세우라고 말씀하신 것입니다. 그러나 그들이 하나님을 찾지 않자 하나님께서는 이방의 앗시리아 제국을 통해 북이스라엘을 멸망시키셨습니다.

하나님이 세우시는 공의로운 세상

그러나 아모스 선지자의 예언은 이렇게 비극적인 것으로만 끝나고 있지는 않습니다. 아모스서 9장 11-12절 말씀을 보겠습니다.

> 그 날에 내가 다윗의 무너진 장막을 일으키고 그것들의 틈을 막으며 그 허물어진 것을 일으켜서 옛적과 같이 세우고 그들이 에돔의 남은 자와 내 이름으로 일컫는 만국을 기업으로 얻게 하리라. 이 일을 행하시는 여호와의 말씀이니라.

"그 날에" 곧 마지막 날에 하나님께서 다윗의 왕국을 다시 세우고 분열된 왕국을 하나가 되게 하여 모든 나라를 다스리는 새로운 세상을 만드시겠다고 아모스 선지자를 통해 말씀하십니다. 북이스라엘은 하나님을 찾으라는, 곧 공의를 실현하라는 요구를 거절해서 망했는데 남 유다도 동일한 이유로 멸망했습니다. 그러나 하나님께서는 새로운 다윗의 왕국을 통해서 새로운 공의의 세상을 만드실 것을 약속하신 것입니다. 이 약속 가운데에 오시는 분이 바로 예수님 이십니다. 예수께서는 하늘과 땅의 권세를 가지신 다윗 왕국의 왕으로서 이 땅을 공의로 통치하시는 분이십니다. 이 땅에 불의를 가져온 죄의 세력들을 그의 십자가 아래에서 심판하시고 그를 믿는 자들을 통해 하나님의 공의를 세우시는 분이십니다.

성도 여러분! 하나님께서 처음 만드신 세상에서는 사람들과 짐승이 모두 복을 받아 조화롭고 평화롭게 잘 살았습니다. 이러한 아름다운 세상을 파괴한 것은 하나님의 대적 세력인 사탄과 죄였습니다. 그러나 하나님께서는 예수 그리스도의 십자가와 부활을 통해 이 세력들을 심판하시고 하나님이 원하신 공의로운 세상을 회복하십니다. 예수 믿는 자들을 통해서 하나님이 원하시는 세상을 계속하여 만들어 가고 계십니다. 그러므로 예수를 믿는 성도들은 살고 있는 이 사회 속에서 해야 하는 역할이 있습니다. 하나님이 원하시는 공의로운 세상을 완성해 가는 것입니다. 아모스서에서 말하는 공의로운 세상은 기득권자들이 사회적 약자들을 존중하며 나누는 세상입니다. 하나님께서는 오늘날 예수 믿는 자들에게도 이러한 공의로운 세상을 만들라고 하십니다. 우리는 과연 하나님을 어디에서 찾고 있습니까? 예수 믿는 사람들로 이루어진 교회가 성전이기에 교회에서 하나님을 찾아야 하지만 우리는 살아가는 모든 곳에서 하나님의 의를 실천함으로 하나님을 찾아야 합니다. 일상의 모든 생활에서 하나님 나라와 의를 구하지 않는다면 우리는 교회에서 조차 하나님을 만날 수 없을 것입니다.

교회당에서 예배를 통해 하나님을 찾을지 모르지만 거기에 하나님이 계시지 않을 수 있습니다. 오히려 거기에 불의한 자에 대한 하나님의 징계가 있을 수 있습니다.

아모스서 5장 10절과 13절 말씀처럼 불의를 책망하고 정직히 말하는 자를 싫어함으로 지혜자가 잠잠하거나 탄식하면 이는 악한 때이고 망해 가는 상황입니다. 그리스도인들은 사회적 악에 대해 탄식하며 사회적 약자들을 대변해야 합니다. 우리가 살고 있는 이 사회의 불의에 대해 책임이 있는 삶을 살아야 합니다. 지금부터 497년 전 카톨릭은 정치와 경제와 모든 부분에 있어서 기득권을 가진 세력이었습니다. 이러한 기득권 세력들이 하나님의 공의를 왜곡시키고 타락해 갔을 때에 당시 마틴 루터는 침묵하지 않고 하나님의 공의를 외쳤습니다. 그래서 도망쳐야 했고 성에 갇혀서 지내기도 하며 평생 동안 고달픈 삶을 살았습니다. 그러나 편안한 삶을 살기 위해서 카톨릭의 불의에 침묵하지 않았습니다. 그래서 하나님의 공의를 세우려는 종교개혁으로 개신교가 탄생하게 된 것입니다. 우리가 이런 종교개혁자들의 후손들입니다.

이 한국사회의 성도들이 침묵하지 않고 하나님의 공의를 외칠 때에 하나님이 원하시는 세상으로 변화될 것입니다. 어려움을 감수하고서라도 사회적 불의에 대하여 입을 열고 책임 있는 삶을 살도록 그리스도인들이 연대하여 사회적인 개혁으로 나아갈 때에 하나님께서 함께 하실 줄 믿습니다. 마태복음 5장에 있는 주님의 말씀처럼 우리가 의에 주리고 목마르며 의로움 때문에 핍박받는 자들이라면 진정 하나님 나라의 주인공들입니다.

오바댜 1장 15-21절
심판과 구원의 하나님

(15) 여호와께서 만국을 벌할 날이 가까웠나니 네가 행한 대로 너도 받
을 것인즉 네가 행한 것이 네 머리로 돌아갈 것이라 (16) 너희가 내 성
산에서 마신 것 같이 만국인이 항상 마시리니 곧 마시고 삼켜서 본래
없던 것 같이 되리라 (17) 오직 시온 산에서 피할 자가 있으리니 그 산
이 거룩할 것이요 야곱 족속은 자기 기업을 누릴 것이며 (18) 야곱 족
속은 불이 될 것이며 요셉 족속은 불꽃이 될 것이요 에서 족속은 지푸
라기가 될 것이라 그들이 그들 위에 붙어서 그들을 불사를 것인즉 에서
족속에 남은 자가 없으리니 여호와께서 말씀하셨음이라 (19) 그들이 네
겝과 에서의 산과 평지와 블레셋을 얻을 것이요 또 그들이 에브라임의
들과 사마리아의 들을 얻을 것이며 베냐민은 길르앗을 얻을 것이며
(20) 사로잡혔던 이스라엘의 많은 자손은 가나안 사람에게 속한 이 땅
을 사르밧까지 얻을 것이며 예루살렘에서 사로잡혔던 자들 곧 스바랏에
있는 자들은 네겝의 성읍들을 얻을 것이니라 (21) 구원 받은 자들이 시
온 산에 올라와서 에서의 산을 심판하리니 나라가 여호와께 속하리라

[오바댜 1장 15-21절]

에돔에 대한 말씀

오바댜 선지자는 유다 사람으로서 유다가 멸망하는 것을 지켜본 선지자입니다. 유다는 예수께서 이 땅에 오시기 전인 약 580여 년 전에 바벨론 제국에 의해서 멸망했습니다. 그 후에 하나님께서는 오바댜 선지자를 통해 멸망당하여 바벨론 지역에 끌려간 하나님의 백성들에게 오늘 본문의 말씀을 주시고 있습니다. 먼저 오바댜서 1절은 "오바댜의 묵시라 주 여

호와께서 에돔에 대하여 이와 같이 말씀하시니라"로 시작하고 있습니다. 멸망하여 바벨론 땅에 끌려가 있는 유다의 사람들에게 하나님께서는 유다 나라가 아닌 에돔 나라에 대한 말씀을 하십니다. 멸망당하여 남의 나라 땅에 쫓겨 와서 살고 있는 하나님 백성들에게 왜 에돔에 대한 말씀을 주시는 것입니까?

여러분! 아브라함의 아들이 이삭이고 이삭이 낳은 쌍둥이 아들이 에서와 야곱인 것을 아실 것입니다. 야곱은 이스라엘 12지파의 조상이 되었지만 에서는 에돔 곧 오바댜 선지자가 외치고 있는 에돔 나라의 조상이 되었습니다. 이 에돔 나라는 소금 바다라고 알려진 사해 바다 남동쪽에 위치하고 있는 나라입니다. 그러므로 에돔은 근원에서 볼 때 이스라엘과 형제관계에 있는 나라입니다. 멸망해 버린 이스라엘 곧 유다의 사람들에게 이 형제의 나라 에돔에 대해서 오바댜 선지자는 무슨 말씀을 왜 전하고 있을까요?

교만한 나라 에돔

오바댜서 1장 3절은 에돔 나라에 대해 이렇게 말씀하고 있습니다. "너의 마음의 교만이 너를 속였도다." 하나님께서는 에돔 나라를 교만한 나라로 말씀하십니다. 교만하면서도 교만한 줄을 몰라 잘 속는 나라라고 말씀하신 것입니다. 에돔이 교만하다고 말씀하시는데 어떤 면에서 교만한 걸까요? 3절 이후에 있는 말씀을 보면 에돔의 교만에 대해 알 수 있습니다.

> 바위 틈에 거주하며 높은 곳에 사는 자여 네가 마음에 이르기를 누가 능히 나를 땅에 끌어내리겠느냐 하니 네가 독수리처럼 높이 오르며 별 사이에 깃들일지라도 내가 거기에서 너를 끌어내리리라 여호와의 말씀이니라.

에돔은 교만한데 이 나라의 교만은 그들이 살고 있는 환경과 관련되어 있기도 합니다. 사해 바다 남동쪽의 지역에는 큰 바위들과 높은 암벽들이 많이 있습니다. 이런 높은 암벽들 위 곧 독수리가 둥지를 틀만한 고지대 위에 도시들을 건설한 나라가 에돔입니다. 다른 나라가 쳐들어 와서 에돔의 도시들을 점령하려 해도 높은 지대의 암벽으로 점령이 쉽지 않기 때문에 별들 사이에 사는 자들처럼 안전한 환경 가운데 있습니다. 이런 환경적인 안정감으로 에돔은 교만했습니다.

에돔의 교만은 물질적인 풍부함과도 관련이 있습니다. 비록 암벽 같은 높은 데에 살고는 있지만 이집트에서 시리아나 이라크 쪽으로 가려면 지나가야 하는 도로를 가지고 있습니다. 에돔 지역에는 두 개의 큰 고속도로가 있는데 '왕의 대로'라고 해서 고속도로처럼 큰 길들이 에돔 지역을 관통하여 만들어져 있었습니다. 에돔 지역의 외곽에도 큰 도로가 있어서 물류의 유통의 중심지에 있었습니다. 환경적으로 안전할 뿐만 아니라 물류 유통의 중심지로서 부유하였기에 교만한 나라가 에돔이었는데 오바댜는 이런 측면에서 에돔의 교만을 언급하고 있습니다.

환경적이고, 물질적인 측면에서뿐만 아니라 그들을 교만하게 하는 요소들은 또 있었습니다. 먼저 7절 말씀에 "너와 약조한 모든 자들이 다 너를 쫓아 변경에 이르게 하며 너와 화목하던 자들이 너를 속여 이기며 네 먹을 것을 먹는 자들이 네 아래에 함정을 파니 네 마음에 지각이 없음이로다" 하는 내용은 에돔이 정치적 동맹 가운데 있음을 알려 줍니다. 에돔이 강대국들과 정치적인 조약을 통해 자신의 안전을 도모한 것입니다. 8절은 "여호와의 말씀이니라 그 날에 내가 에돔에서 지혜 있는 자를 멸하며 에서의 산에서 지각 있는 자를 멸하지 아니하겠느냐 드만아 네 용사들이 놀랄 것이라" 라고 말씀하심으로써 에돔에 지혜 있는 자들이 많았음을 알려줍니다. 욥의 고난에 대한 지혜 논쟁을 보여주는 욥기서에서 욥의 친구들이 에돔 출신들이거나 욥 자신도 에돔 지역의 우스에 거주했을 가능성이 큽니다(욥 1:1, 11). 9절에 언급되는 '드만' 은 에서의 손자에 해당하는 사람입니다(창 36:11). 에서의 후손으로 에돔 사람들을 일컫는 다른 말인데 용사들로서 특징지어집니다. 지혜뿐만 아니라 힘 있는 용사들이 많은 나라가 에돔이기도 했습니다. 이렇게 환경적으로 안전하고, 물질적으로 풍부하며, 힘 있는 동맹에게 보호를 받고, 지혜자들과 용사들이 많았던 나라이기에 에돔이 교만했는지 모릅니다. 하나님께서는 포로기의 백성들에게 에돔 나라의 좋은 여건들을 언급하시면서도 그 나라의 교만을 말씀하시고 있습니다.

교만한 에돔의 죄악들

하나님께서는 이런 교만한 에돔이 행한 죄악에 대해 또한 말씀합니다. 1장 10절은

> 네가 네 형제 야곱에게 행한 포학으로 말미암아 부끄러움을 당하고 영원히 멸절되리라 네가 멀리 섰던 날 곧 이방인이 그의 재물을 빼앗아 가며 외국인이 그의 성문에 들어가서 예루살렘을 얻기 위하여 제비 뽑던 날에 너도 그들 중 한 사람 같았느니라

라고 말씀합니다. 하나님의 백성들인 유다나라가 바벨론에 의해서 멸망당할 때에 에돔이 바벨론을 도왔다는 말씀입니다. 에돔 나라의 조상인 에서는 쌍둥이 동생 야곱과 적대적인 관계에 있었습니다. 에서가 배고플 때에 팥죽 한 그릇에 장자의 명분을 팔게 했고 아버지 이삭의 축복을 속여서 빼앗은 사람이 야곱이었기 때문입니다(창 25:27-34; 27:1-29). 그 후로는 출애굽한 야곱의 후손들이 에돔 지역을 지나야 했을 때 에돔이 허락하지 않아 돌아가야 했던 일도 있었습니다(민 20:14-21). 그러나 다윗과 솔로몬시대 이후로는 조공을 바치는 유다의 속국으로 살아야 했습니다. 물론 일시적으로 독립을 시도하여 자유롭게 통치한 시기도 있었습니다. 강대국 바벨론 나라와는 유다와 동맹하여 싸우기도 했습니다. 그러나 유

다가 약해지자 바벨론과 약조를 맺고 유다를 멸망시키는 일에 에돔이 참여합니다. 형제 나라이며 그동안 동맹관계에 있던 유다를 배반하고 바벨론과 동맹한 것입니다. 에돔이 유다의 멸망에 어떻게 관여했는지를 12-14절은 다음과 같이 말씀합니다.

> 네가 형제의 날 곧 그 재앙의 날에 방관할 것이 아니며 유다 자손이 패망하는 날에 기뻐할 것이 아니며 그 고난의 날에 네가 입을 크게 벌릴 것이 아니며 내 백성이 환난을 당하는 날에 네가 그 성문에 들어가지 않을 것이며 환난을 당하는 날에 네가 그 고난을 방관하지 않을 것이며 환난을 당하는 날에 네가 그 재물에 손을 대지 않을 것이며 네거리에 서서 그 도망하는 자를 막지 않을 것이며 고난의 날에 그 남은 자를 원수에게 넘기지 않을 것이니라

형제의 나라 유다가 멸망할 때 방관하거나 도망하는 자들을 노예로 팔거나 재물을 탈취하지 않아야 하는데 에돔은 교만하여 이러한 일들을 행하였습니다. 오히려 하나님의 나라를 대적하여 하나님의 백성들을 괴롭히는 죄악을 행한 것입니다.

에돔에 대한 심판과 시온에서의 구원

이런 교만한 에돔의 죄악에 대해 하나님께서는 심판을 선포하십니다. 오바댜서 1장 2절은 "보라 내가 너를 나라들 가운데에 매우 작게 하였으므로 네가 크게 멸시를 받느니라."라고 말씀하십니다. 하나님께서 이미 에돔을 작게 하셨고 멸시 받는 민족이 되게 하셨습니다. 3절과 4절 마지막 부분은 높은 지형의 안전을 자랑하며 교만하여 있는 에돔을 땅으로 끌어내리겠다고 말씀하십니다. 뿐만 아니라 5절을 보면

> 혹시 도둑이 네게 이르렀으며 강도가 밤중에 네게 이르렀을지라도 만족

> 할 만큼 훔치면 그치지 아니하였겠느냐 혹시 포도를 따는 자가 네게 이르렀을지라도 그것을 얼마쯤 남기지 아니하였겠느냐 네가 어찌 그리 망하였는고 에서가 어찌 그리 수탈되었으며 그 감춘 보물이 어찌 그리 빼앗겼는고

라고 말씀하십니다. 도둑이 와서 남김없이 모두 털어간 것처럼, 포도를 훔치는 자가 모두 따간 것처럼 에돔의 모든 것들이 철저히 수탈되게 하시겠다고 말씀하십니다. 10절에서도 "네가 네 형제 야곱에게 행한 포학으로 말미암아 부끄러움을 당하고 영원히 멸절되리라"라는 심판을 선언하십니다. 15절은 하나님께서 만국을 벌하시는 날에 에돔도 행한 대로받게 하시겠다는 심판의 말씀을 보여줍니다. 결국 에돔은 유다 멸망 후 200년이 지나 아라비아에 의해 멸망하고 자신들의 땅에서 살지 못하고 쫓겨납니다. 멸망한 유다지역으로 이주해 와서 헤브론에 수도를 정하고 새롭게 정착하게 되는데 신약은 이 지역을 이두매라고 부릅다. 이 이두매 지역 출신의 왕이 바로 아기 예수님을 죽이려고 했던 헤롯입니다(마 2:16). 이렇게 하나님께서 유다 백성을 죄 때문에 멸망시키셨지만 유다를 멸망시키는데 협조한 교만한 에돔도 심판하실 것을 말씀하신 것이 오늘 말씀입니다.

그러나 오늘 말씀은 심판에 관한 말씀만 전달하고 있지 않습니다. 17절은 "오직 시온 산에서 피할 자가 있으리니"라고 하여 심판을 피할 수 있는 안전한 장소에 대해 말씀합니다.심판을 피할 수 있는 그 안전한 장소는 에돔의 세일 산이 아닌 유다의 시온 산입니다. 시온 산은 예루살렘에 있는 하나님의 성전을 의미하여 하나님께 피할 수 있음을 의미합니다. 이 시온 산이 가리키는 거룩하신 하나님께 피하는 그의 백성인 야곱은 심판에서 안전하며 유업을 누리게 될 것입니다. 구체적으로 18절에서 20절은 멸망하여 포로 되었던 자들이 돌아오고 약속받은 가나안 땅 전역을 회복하게 될 것을 말씀하고 있습니다. 결론적으로 21절은 "구원 받

은 자들이 시온 산에 올라와서 에서의 산을 심판하리니 나라가 여호와께 속하리라"라고 약속하십니다. 회복되어 돌아온 남은 자들이 하나님의 산에 올라오게 되고 에서의 산을 심판하여 하나님의 나라가 이루어지는 새로운 구원의 시대를 말씀하고 있습니다. 멸망하여 이방 땅에 포로로 잡혀간 하나님의 백성들에게 소망을 주는 말씀입니다. 너희들을 멸망시켰던 나라가 망할 것이고 교만하여 너희를 대적했던 에돔도 결국은 심판을 받을 것이다(시 137:7). 그러나 에서의 산이 아닌 시온 산에 피하는 자들 곧 구원 받은 자들은 나라들을 심판하여 하나님의 나라를 이루게 될 것이라는 말씀입니다.

교만한자를 멸하러 오실 메시아

에돔을 비롯하여 15절에 있는 말씀대로 여호와께서 만국을 벌할 날은 언제입니까? 그것은 바로 다윗의 후손으로 오시는 예수님의 초림과 재림을 의미하고 있습니다. 여러분, 오바댜서 이전에 있는 아모스서 9장 11절과 12절의 말씀을 보십시오.

> 그 날에 내가 다윗의 무너진 장막을 일으키고 그것들의 틈을 막으며 그 허물어진 것을 일으켜서 옛적과 같이 세우고 그들이 에돔의 남은 자와 내 이름으로 일컫는 만국을 기업으로 얻게 하리라 이 일을 행하시는 여호와의 말씀이니라

에돔과 만국의 멸망은 "그 날에" 곧 다윗의 왕국이 회복되는 마지막 날에 일어납니다. 에돔으로 대표되는 교만하여 하나님의 통치를 대적하는 모든 나라는 다윗의 왕국이 회복될 때 멸망할 것입니다. 이 다윗의 왕국의 회복과 에돔과 만국의 멸망은 다윗의 후손으로 오실 메시아에 의해 일어납니다. 메시아가 오셔서 하나님을 대적하고 교만한 모든 나라들을

부수고 다윗의 왕국 곧 하나님의 나라를 이루실 것을 예언한 것입니다.

이런 말씀과 관련된 민수기의 말씀도 보겠습니다. 민수기 24장 16절에서 19절 말씀입니다.

> 하나님의 말씀을 듣는 자가 말하며 지극히 높으신 자의 지식을 아는 자, 전능자의 환상을 보는 자, 엎드려서 눈을 뜬 자가 말하기를 내가 그를 보아도 이 때의 일이 아니며 내가 그를 바라보아도 가까운 일이 아니로다 한 별이 야곱에게서 나오며 한 규가 이스라엘에게서 일어나서 모압을 이쪽에서 저쪽까지 쳐서 무찌르고 또 셋의 자식들을 다 멸하리로다 그의 원수 에돔은 그들의 유산이 되며 그의 원수 세일도 그들의 유산이 되고 그와 동시에 이스라엘은 용감히 행동하리로다 주권자가 야곱에게서 나서 남은 자들을 그 성읍에서 멸절하리로다

민수기에 있는 이 말씀은 누구를 통한 말씀입니까? 발람 선지자가 이스라엘 자손을 바라보면서 축복한 예언 중의 하나입니다. 이 예언의 핵심은 무엇입니까? 야곱에게서 한 분이 나오신다는 것입니다. 곧 별과 같고 왕권을 가지신 메시아가 오신다는 것입니다. 이 분이 하시는 일은 무엇입니까? 그의 원수 모압과 에돔 곧 세일을 정복해서 소유로 삼아 이스라엘의 유산이 되게 하시는 것입니다. 에돔과 모압과 셋(שֵׁת, 소동하는 자)의 모든 자들이 메시아에 의해 멸망합니다.

이사야서 11장 14절도 "그들이 서쪽으로 블레셋 사람들의 어깨에 날아 앉고 함께 동방 백성을 노략하며 에돔과 모압에 손을 대며 암몬 자손을 자기에게 복종시키리라"라고 말씀합니다. 이사야 11장은 어떤 장입니까? 1절에 "이새의 줄기에서 한 싹이 나며 그 뿌리에서 한 가지가 나서 결실할 것이요"라고 말씀하는 다윗의 후손으로 오시는 메시아를 예언하는 장입니다. 이 메시야에 의해서 회복된 백성들이 14절의 "그들"인데 그들은 에돔과 모압을 정복하는 일을 합니다. 에돔의 멸망이 메시야의

사역과 관련되어 있는 것입니다. 교만한 에돔의 멸망은 하나님을 대적하는 열국의 멸망을 대표합니다(사 34장). 다윗의 후손으로 오셔서 하나님 나라인 다윗의 왕국을 회복하시는 메시아는 예수님이시고 예수님의 중요한 사역 중에 하나는 교만하여 하나님을 대적하는 열국을 심판하시는 것입니다. 예수님은 십자가와 부활을 통해서 하나님의 나라를 대적하는 모든 교만한 세력들을 심판하십니다. 그러나 새로운 시온 산이 되시는 예수님에게 피하는 자에게는 구원과 안전을 제공하십니다. 이렇게 하나님께서 메시아의 심판과 구원을 통해 하나님의 나라를 이루실 것을 오바댜 선지자는 예언하고 있습니다.

거짓된 안전과 교만에서 메시아 예수께 돌이켜야

이 오바댜 선지자의 말씀은 예수 믿고 살아가는 오늘날의 성도들에게 어떤 교훈을 주십니까? 먼저는 거짓된 안전감에서 오는 교만으로부터 돌이키라는 말씀입니다. 에돔처럼 환경과 경제와 정치와 스스로의 지혜와 군사적인 요인으로 교만하다면 이것에서 돌이키라는 경고의 말씀입니다. 이런 거짓된 안전에 기대어 사는 것은 소망이 없다고 말씀하십니다. 아무도 자신을 건드리거나 넘어뜨릴 수 없다는 자신 가진 환경과 능력에 대한 확신은 하나님을 불신하게 합니다. 이런 자신에 대한 우월감과 하나님에 대한 불신은 믿음의 교우들에게 상처를 입히고 교만하여 마침내는 하나님을 대적합니다. 더 나아가 믿음의 사람들의 어려움에 대해방관하거나 오히려 그 어려움을 통해서 자기 이익을 추구하려고 합니다. 이런 삶은 소망 없는 에돔 사람의 삶과 같습니다. 거기에는 영원한 안전이 없습니다. 하나님께서 멸하시기 전에 거짓되고 교만한 에돔의 세일 산에서 돌이켜 하나님의 시온 산으로 가라는 말씀입니다.

사랑하는 여러분, 근래에 거짓되고 교만한 확신 속에서 극단적인 일을 행하는 사람들이 있습니다. 자기가 가정을 다 책임진다고 생각하는 가장들이 있습니다. 이런 사람들은 자신이 쓰러지면 자신의 아내와 자식들이 세상에서 고생하고 비참하게 살다가 죽는다고 확신합니다. 그래서 이런 사람은 사업에 실패하면 자신과 다른 가족들의 생명을 함께 잃게 합니다. 얼마나 교만한 사람입니까. 하나님이 아닌 자신만이 가정을 책임지고 돌볼 수 있다고 생각하는 사람들은 교만하여 하나님 앞에서 두려운 일을 행하기도 합니다. 자기 아니면 안 된다는 책임감과 자기 노력과 성실함으로 하나님을 대적하고 거짓된 안전과 자신감 속에서 스스로를 망하게 하는 심판을 받기도 합니다. 극단적인 예를 들었지만 혹 거짓된 안전과 자신감에 있다면 돌이키라는 말씀입니다. 혹 내 외모와 직장에 자신을 갖습니까? 혹 저축해 놓고 투자한 돈에 든든함을 가지십니까? 혹 여러분의 좋은 가정환경과 학벌과 지금까지 형성한 인간관계를 의지하고 자랑하십니까? 이런 것들에 의존된 안정감은 하나님으로부터 떠나게 합니다. 믿음을 버리게 합니다. 예배와 성도들과의 교제에서 떠나게 합니다. 자신의 똑똑함과 지혜 속에서 자신의 유익만을 위해 살아가게 합니다. 결국은 하나님을 대적하여 심판을 받는 길로 나아갑니다. 그러므로 이런 망하는 길에서 속히 돌이킬 것을 하나님께서 말씀하십니다.

이런 멸망의 길에 있다면 돌이켜 시온 산으로 와야 합니다. 피난처이신 예수님께 나아와야 합니다. 예수께서 우리에게 완벽한 환경을 제공해 주십니다. 예수께서 우리에게 필요한 물질을 주십니다. 예수께서 우리에게 안전한 방패가 되어 주십니다. 예수님의 안전은 영원합니다. 이런 예수님 앞에 자신을 책임지려는 교만함을 내려놓고 겸손함으로 나아와야 합니다. 내 건강과 내 가정과 직장과 섬기는 교회도 내가 책임질 수 없음을 고백하고 인정하며 나아와야 합니다. 이렇게 나아오는 사람은 겸손한 사람으로 멸망의 심판에서 구원을 받습니다.

여러분 지금 어디에 서 계십니까? 에돔의 산입니까? 아니면 시온의 산입니까? 에돔입니까? 아니면 예수님입니까? 어디에 서 계십니까? 이 말씀을 듣는 이 순간에도 선택은 여러분에게 있지만 하나님은 여러분이 예수님이 계신 시온 산에 서 있기를 원하십니다. 거기에 안전과 소망이 있기 때문입니다. 겸손함으로 모든 것에 부유하신 예수님을 의존하십시오. 예수님 안에서 우리 가정과 직장과 건강과 진로에 소망이 있음을 경험하실 것입니다.

요나 3장 1-10절
니느웨를 아끼신 하나님

(1) 여호와의 말씀이 두 번째로 요나에게 임하니라 이르시되 (2) 일어나 저 큰 성읍 니느웨로 가서 내가 네게 명한 바를 그들에게 선포하라 하신지라 (3) 요나가 여호와의 말씀대로 일어나서 니느웨로 가니라 니느웨는 사흘 동안 걸을 만큼 하나님 앞에 큰 성읍이더라 (4) 요나가 그 성읍에 들어가서 하루 동안 다니며 외쳐 이르되 사십 일이 지나면 니느웨가 무너지리라 하였더니 (5) 니느웨 사람들이 하나님을 믿고 금식을 선포하고 높고 낮은 자를 막론하고 굵은 베 옷을 입은지라 (6) 그 일이 니느웨 왕에게 들리매 왕이 보좌에서 일어나 왕복을 벗고 굵은 베 옷을 입고 재 위에 앉으니라 (7) 왕과 그의 대신들이 조서를 내려 니느웨에 선포하여 이르되 사람이나 짐승이나 소 떼나 양 떼나 아무것도 입에 대지 말지니 곧 먹지도 말 것이요 물도 마시지 말 것이며 (8) 사람이든지 짐승이든지 다 굵은 베 옷을 입을 것이요 힘써 하나님께 부르짖을 것이며 각기 악한 길과 손으로 행한 강포에서 떠날 것이라 (9) 하나님이 뜻을 돌이키시고 그 진노를 그치사 우리가 멸망하지 않게 하시리라 그렇지 않을 줄을 누가 알겠느냐 한지라 (10) 하나님이 그들이 행한 것 곧 그 악한 길에서 돌이켜 떠난 것을 보시고 하나님이 뜻을 돌이키사 그들에게 내리리라고 말씀하신 재앙을 내리지 아니하시니라

[요나 3장 1-10절]

선지자 요나

요나 선지자에 대해서 많이 들어보셨으리라 생각합니다. 요나 선지자는 어느 시대의 사람일까요? 요나 선지자에 대해 말씀하고 있는 성경의 본문이 또 있습니다. 열왕기하 14장 23절에서 27절까지의 말씀입니다.

> 유다의 왕 요아스의 아들 아마샤 제십오 년에 이스라엘의 왕 요아스의 아들 여로보암이 사마리아에서 왕이 되어 사십일 년간 다스렸으며 여호와 보시기에 악을 행하여 이스라엘에게 범죄하게 한 느밧의 아들 여로보암의 모든 죄에서 떠나지 아니하였더라 이스라엘의 하나님 여호와께서 그의 종 가드헤벨 아밋대의 아들 선지자 요나를 통하여 하신 말씀과 같이 여로보암이 이스라엘 영토를 회복하되 하맛 어귀에서부터 아라바 바다까지 하였으니 이는 여호와께서 이스라엘의 고난이 심하여 매인 자도 없고 놓인 자도 없고 이스라엘을 도울 자도 없음을 보셨고 여호와께서 또 이스라엘의 이름을 천하에서 없이 하겠다고도 아니하셨으므로 요아스의 아들 여로보암의 손으로 구원하심이었더라

요나는 이스라엘의 역사에 있어서 북이스라엘의 여로보암 2세(주전 793-753년) 때에 하나님의 말씀을 받고 활동한 선지자입니다. 요나 선지자 전에는 누가 있었습니까? 엘리사 선지자와 호세아 선지자가 활동을 했습니다. 조금 전에 읽은 열왕기하 14장 23-24절의 말씀을 보면 하나님께서는 일찍이 요나에게 약속의 말씀을 주셨습니다. 여로보암 2세 시대에 나라가 크게 회복되어 지금의 시리아의 북쪽에 있는 하맛 어귀에서부터 아라바 바다 곧 사해 바다까지 영토를 가지게 될 것을 약속하신 것입니다. 여로보암 2세가 하나님을 잘 믿는 왕은 아니었음에도 북이스라엘 영토를 크게 회복하게 할 것이라는 번영의 약속을 주신 것입니다. 요나를 통해 주신 약속대로 하나님께서는 이스라엘을 불쌍히 여기시고 여로보암 2세에게 그 영토를 회복하게 하셨습니다. 이런 일이 있은 후에 하나님의 말씀이 요나에게 다시 임하는데 이 말씀들과 관련한 것이 요나서입니다.

하나님의 명령과 요나의 거절

그런데 이번에 주신 말씀은 북이스라엘의 번영과 같은 약속의 말씀이 아니었습니다. 그것은 이방민족으로서 티그리스 강 유역에서 다시 강성

해지고 있었던 앗시리아 제국에 대한 말씀이었고 이 제국의 악함과 하나님의 심판에 대한 말씀이었습니다. 하나님께서는 요나에게 앗시리아 제국의 큰 성 니느웨로 가서 그들의 악함을 외치라고 말씀하십니다. 그들의 악함이 하늘의 하나님에게까지 들려왔기에 멸망할 것이라 선포하게 하십니다. 이스라엘의 적국이면서 하나님 보시기에도 악한 나라라면 그냥 멸망시키시지 왜 자신을 보내려고 하시는지 요나는 이해할 수 없었습니다. 노아 시대에 타락한 사람들을 홍수로 심판하셨습니다. 성적으로 타락하고 잔인했던 소돔과 고모라도 멸망시키셨습니다. 이와 같이 타락한 니느웨 사람들이라면 동일하게 심판하시면 되는데 왜 불러서 가라 하시고 외치라고 하시는지 요나는 이해할 수 없었던 것입니다. 그리하여 요나는 하나님의 명령을 듣지 않기로 했습니다. 자신이 가지 않는다면 니느웨는 하나님 말씀대로 멸망할 것이라 생각했습니다. 하나님께서는 자신을 보내어 멸망할 적국의 성읍이 혹 돌아오도록 하시는지는 모르지만 하나님으로부터 멀리 도망쳐야겠다고 생각한 것입니다. 적국의 수도로 가서 적국을 살리기보다는 자신이 사라져버리는 것이 낫겠다고 결심하고 요나는 하나님으로부터 도망치기 시작했습니다.

요나는 하나님 명령대로라면 지금 살고 있는 스불론 땅 가드헤벨에서 북쪽으로 올라가 니느웨로 가야합니다. 그러나 그는 반대방향인 남쪽으로 내려와 욥바라고 하는 항구에서 다시스행 배를 탑니다. 다시스가 정확히 어디에 있는지 학자들마다 의견이 분분하지만 대략 스페인의 남부 지역을 가리킵니다. 요나는 배를 타고 하나님이 가라하신 곳과는 반대방향의 장소로 멀리 도망친 것입니다. 욥바에 오자마자 다시스행 배를 탄 요나는 이제 됐구나! 하면서 그 배의 밑층에 들어가 깊은 잠을 잤습니다. 배를 타고 도망치는 요나를 하나님께서는 그냥 내버려 두지 않으셨습니다. 그가 탄 무역선에 태풍이 불게 하시어 바다에서 배가 뒤집어질 정도의 위험한 상황에 처하게 하셨습니다. 배의 선장과 선원들은 파선의 상황에서 자신들이 믿는 신에게 도움을 호소하며 배를 가볍게 하기 위해 물건들을 버립니다. 이러한 위기상황에서도 배 밑층에서 깊이 잠을 자고 있는 요나를 깨워 하나님께 외치라고 말합니다. 제비를 뽑아 이런 위기를 가져온 자도 알고자 하니 요나가 제비에 뽑힙니다. 상황을 파악한 요나는 배의 위험은 바로 자신 때문에 벌어진 일이라고 말합니다. 자신이 하나님의 명령을 듣지 않고 배를 타고 도망치니 하나님께서 이 어려움을 주신 것이므로 바다에 자신을 던지라고 말합니다. 바다의 풍랑이 점점 더 심해지자 선원들은 어쩔 수 없이 요나를 바다에 던집니다. 요나가 바다에 떨어지자마자 하나님께서는 큰 물고기를 준비하시고 그를 삼키게 하셔서 죽지 않게 하셨습니다. 요나는 하나님으로부터 자신이 벗어날 수 없다는 것과 죽을 수밖에 없는 자신을 물고기 뱃속에서라도 살아 생존할 수 있게 하심에 감사를 드립니다. 이렇게 요나가 하나님께 감사의 기도를 드리는 말씀이 요나서 2장입니다.

하나님의 명령을 준행한 요나의 불평과 하나님의 답변

이러한 일이 있은 후에 하나님께서는 요나를 다시 물고기 뱃속에서 육지로 나오게 하시고 니느웨로 가서 명령한 것을 선포하라고 말씀하십니다. 즉 적국 수도 니느웨에 가서 40일 후면 멸망할 것을 외치라고 하신 것입니다. 마침내 요나는 니느웨로 갔습니다. 당시에 니느웨는 12만 명이 살았고 이 성읍을 다 돌아다니려면 삼일을 걸어야 할 만큼 큰 성읍이었습니다(3:3; 4:11). 요나는 삼일을 돌지는 않고 하루를 돌면서 40일 후면 이 성이 무너진다고 외쳤습니다. 하루만 외쳤는데 어떻게 된 일인지 니느웨 사람들이 굵은 베옷을 입고 회개하기 시작했습니다. 금식하기 시작했습니다. 이러한 소식이 왕에게 들렸습니다. 왕도 왕복을 벗습니다. 굵은 옷을 입고 온 나라에 금식하며 회개할 것을 선포했습니다. 짐승까지 포함해서 금식하고 각기 악한 길에서 떠날 것을 명령했습니다. 특별히 앗시리아 사람들은 잔인함과 폭력이 그 특징인데 그런 행위를 멈추자고 한 것입니다. 그러면서 하나님이 뜻을 돌이키시어 멸망의 재앙을 내리시지 않을 수도 있다고 믿었습니다. 어찌된 일입니까? 하나님께서는 이러한 니느웨 백성들의 행위를 보시고 재앙을 내리지 않으셨습니다. 하나님께서 그들을 용서하시고 그들을 심판하지 않으신 것입니다.

이렇게 되자 어찌된 일인지 요나는 하나님을 향해 불평의 말을 합니다. 4장 2절을 보면 주께서는 은혜로우시며 자비로우시며 노하기를 더디하시며 인애가 크시사 뜻을 돌이켜 재앙을 내리시지 아니하시는 하나님이신 줄을 알았다고 말합니다. 이 말은 니느웨 사람들이 적국 사람들이지만 회개하고 돌이키자 심판하지 않으신 하나님은 은혜로우신 분임을 알게 되었다는 말이 아닙니다. 하나님이 행하신 일에 대한 공감과 동의의 표현이 아닙니다. 오히려 하나님께서는 죄악을 심판하기 위해 재앙을 내리시려 하시다가도 죄인들이 회개하고 돌이키면 불쌍히 여기시고 심판을 취소하시는 하나님이신 줄을 이미 알았다는 것입니다. 그런 하나님이신 줄을 알고 빨리 도망쳤는데 결국은 자신의 짐작대로 되었다고 화를 내고 있는 것입니다. 더 나아가 자신의 생명을 거두어 달라고 하나님께 요청합니다. 니느웨 성읍 바깥쪽 동쪽에 초막을 짓고 앉아서 자신을 죽여 달라고 하면서 니느웨 사람들에 대한 하나님의 심판을 기다립니다.

하나님께서는 이런 요나에게 이 일로 화를 내고 불평하는 것은 옳지 않다고 말씀하십니다. 그리고 요나의 초막에 박 넝쿨을 준비하셔서 시원한 그늘로 뜨거운 햇빛을 막아주셨습니다. 요나는 그 날에 박 넝쿨이 만든 그늘로 인해 너무 좋았습니다. 그러나 하나님께서는 새벽에 벌레를 보내어 그 박 넝쿨을 다 갉아먹게 하셨습니다. 다음날 해가 뜰 때에는 더운 동풍을 불게 하셨습니다. 요나는 뜨거운 햇빛과 더운 동풍에 시달리자 박 넝쿨이 사라진 것을 아쉬워하며 자신을 죽여달라고 다시 하나님께 요청합니다. 하나님께서는 요나에게 그늘을 제공했던 박 넝쿨이 없어졌다고 성내는 것은 옳지 않다고 말씀하십니다. 재배 하지도 않은 박 넝쿨이 죽었다고 네가 그렇게 아쉬워하고 아까워한다면 사리분별하지 못하는 저 니느웨 성에 있는 12만 명의 사람들과 가축의 멸망을 하나님이 아까워하는 것은 당연한 것이 아니냐고 말씀하십니다. 비록 이방의 적국이라 할지라도 회개하고 돌이키는 자들을 불쌍히 여기시고 구원하신 것은 옳다고 하나님께서 말씀하신 것입니다.

요나의 편협한 구원관과 세상을 향한 하나님의 긍휼

하나님께서는 요나가 가졌던 편협한 구원관을 좋아하지 않으셨습니다. 하나님께서 그의 조상 아브라함을 선택하여 부르신 것은 아브라함의 후손인 이스라엘 민족만 복을 얻게 하시기 위함이 아니었기 때문입니다. 오히려 아브라함을 통해 천하 만민이 복을 얻게 하시려는 것이었기 때문입니다. 이런 천하 만민의 구원에 제사장적 역할을 하게 하시려고 아브라함을 부르신 것입니다. 아브라함의 자손인 이스라엘을 통해 세상 만민이 하나님의 세상에서 하나님과 함께 살게 되는 비전을 위해 이스라엘을 제사장의 나라로 삼으신 것입니다. 그러나 요나는 이것을 이해하지 못했습니다. 하나님께서 아브라함의 자손인 이스라엘 민족만을 선택하셨고 구원하신다고 믿었습니다.

그러므로 이스라엘을 괴롭히는 저 앗시리아의 니느웨는 당연히 멸망하는 것이 하나님의 공의라고 믿었습니다. 이러한 편협한 구원관 때문에 하나님께서 자신을 바다에서 구원하셨음에도, 곧 하나님의 긍휼을 경험했음에도 니느웨 사람들의 회개와 회복을 못마땅해 하였습니다. 인애가 크신 하나님이심을 잘 알고도 요나는 하나님께서 니느웨 사람들을 심판에서 구원하신 일에 대해 공감하지 못했습니다. 도리어 니느웨 사람들을 멸망시키기 않으면 살지 않겠다고 감히 하나님을 협박합니다. 하나님께서는 이런 요나에게 하나님의 크신 긍휼과 사랑을 알게 하신 것입니다.

요나 이후에도 세상을 향한 하나님의 사랑과 긍휼은 계속 되었습니다. 이런 세상을 향한 하나님의 사랑과 긍휼 가운데에 오시는 분이 바로 예수님이십니다. 아브라함의 자손으로 오셔서 세상 만민을 하나님께로 돌아오게 하신 분이 예수님이셨습니다. 이 예수님께서는 자신을 따르는 제자들에게 자신을 통해 세상을 사랑하사 세상이 멸망하지 않고 영생을 얻게 하시는 하나님의 구원의 비전을 보이시고 가르치셨습니다(요 3:16-17). 그러함에도 제자들은 요나가 가졌던 편협한 유대 선민사상에서 벗어나지 못했습니다. 그들은 예수 믿고 할례 받은 유대인만 구원받는다고 믿었습니다. 부활하신 예수께서 승천하시면서 그들을 향해 예루살렘과 유다와 사마리아와 땅 끝까지 이르러 모든 민족을 제자로 삼는 증인이 되라고 말씀하실 때에도 베드로를 비롯한 제자들은 세상 끝까지 있는 유대인의 구원만 생각했습니다(행 1:8; 마 28:19).

사도행전 10장 말씀은 이런편협한 구원관 가운데에 있는 제자들에게 이방인을 향한 하나님의 사랑과 구원을 보여줍니다. 특별히 교회의 대표라 할 수 있는 베드로 사도의 구원관을 고쳐주십니다. 하나님께서는 어느 날 환상 가운데서 나타나셔서 기도하다 배가 고픈 베드로에게 부정한 짐승들을 잡아먹으라고 말씀하십니다(행 10:13). 환상 속에서 베드로는 부정한 짐승들을 잡아먹을 수 없다고 거절합니다. 이런 베드로에게 하나님께서는 내가 정하다고 하는 것을 네가 왜 부정하다고 하느냐? 하시면서 잡아먹으라고 두 번 더 명령하셨습니다. 이렇게 환상 가운데 반복된 하나님의 명령을 베드로가 생각하고 있을 때 가이사랴의 로마 백부장 고넬료가 보낸 사람들을 만납니다. 결국 베드로는 이방인 고넬료의 집에 가게 되고 거기서 예수를 전하다가 고넬료와 그의 친척과 친구들에게 성령이 임하는 것을 목격하게 됩니다. 하나님께서 이방인이 복음을 듣고 구원을 받는 충격적인 일을 목격하게 하신 것입니다. 예수 믿는 제자들의 편협한 구원관을 깨뜨리시고 이방인의 구원을 위해 세상에 복음을 전하게 하신 것입니다. 베드로후서 3장 9절의 말씀처럼 하나님께서는 아무도 멸망하지 않고 다 회개하기에 이르기를 원하신다는 것을 알려주신 것입니다. 아무도 멸망하지 아니하고 다 회개하여 하나님의 나라에 들어오는 것이 하나님의 마음입니다.

멸망할 세상을 향해 우리도 보내시는 하나님

우리를 예수 믿게 하시고 하나님 나라에 들어가게 하신 하나님께서는 아직도 복음을 모르고 죽어가는 자들이 예수 믿고 죄에서 돌이켜 구원 받기를 고대하십니다. 이런 하나님의 긍휼의 마음을 요나서는 잘 드러내고 있습니다. 이런 하나님의 마음을 대변하도록 요나를 부르신 것처럼 하나님께서는 우리들을 부르셨습니다. 죄로 심판 받고 멸망 할 수밖에 없는 자들에게 가서 외치라고 우리를 부르신 것입니다.

사랑하는 성도 여러분, 하나님께서 여러분에게 일어나 어디론가 가서 멸망 받을 자들을 향해 외치라고 말씀하실 때, 어떻게 반응하시겠습니까? 혹 요나가 가졌던 좁고 이기주의적인 생각으로 반응하려고 하지는 않습니까? 내게 손해를 끼친 저 사람에게는 갈 수 없다며 도망치려고 하지는 않습니까? 나를 힘들게 하는 저 사람과 저 나라 백성은 구원과 사랑의 대상은 아니라고 생각하시지는 않습니까? 불신과 죄악의 사람들은 하나님의 심판을 받아 지옥에서 영원히 벌을 받도록 내버려 두어야 한다고 생각하지는 않으십니까? 그런 사람들에게 가서 복음을 외치느니 차라리 죽는 게 낫다고 생각하지는 않으십니까?

하나님께서 누군가에게 가서 회개의 복음을 외치라 말씀할 때에 우리가 요나와 같이 행동하고 싶게 하는 사람들이 우리에게 있는 것도 사실입니다. 자기 차를 살짝 흠집 냈다고 세상에 무슨 큰일 일어 난 것처럼 분노하여 소리를 고래고래 지르는 사람을 볼 때 저 사람에게도 사랑으로 나아가야할까 하게 하는 사람들이 이 세상에 참 많은 것도 사실입니다.

그러나 사랑하는 여러분, 원래 우리도 그런 사람들이었다는 것을 잊지 않아야 합니다. 우리가 원래 착하고 잘나서, 많이 배워서, 성격이 좋아서, 부모를 잘 만나서 예수를 믿고 이렇게 구원받은 사람들이 된 것이 아닙니다. 원래는 우리도 저런 사람들하고 별 차이가 없는 사람들이었는데 하나님의 긍휼과 은혜로 예수를 믿고 하나님 백성이 된 것입니다. 하나님의 큰 은혜로 된 줄 알고 우리는 예수를 모르고 멸망 길로 가는 사람들에게 회개의 복음과 하나님의 긍휼을 전해야 합니다.

뿐만 아니라 우리는 태풍에 배가 뒤집어져 선원들이 죽으려고 하는데 배 밑층에서 편안히 잠을 자는 요나와 같지 않아야 합니다. 남이야 죽든 말든 나만 교회 다니고 잘 되면 된다고 생각하고 남에게 관심이 없는 것은 영적인 잠을 자고 있는 것입니다. 이기적인 영적 무감각과 무관심으로 살아가지 않아야 합니다. 요나는 지중해 바다에서 구원을 받았을 뿐 아니라 하나님이 어떤 분이신지도 잘 알고 있었습니다. 경험과 지식적인 면에서 하나님은 인애가 크시며 은혜로우신 분임을 그는 이미 잘 알고 있었습니다. 문제는 그의 마음이 하나님의 마음과 함께 하지 않았다는데 있습니다. 사람을 소중히 여기시는 그 하나님께 공감하지 않았다는데 있습니다. 성도 여러분, 혹시 우리가 이러한 영적 상태에 있지는 않은지 돌아보아야 하겠습니다. 다른 사람에 대한 영적 무감각과 무관심속에서 생활 하고 있지는 않은지 말입니다.

오늘 요나서 말씀은 예수님이 해주신 탕자의 비유를 생각나게 합니다(눅 15:11-32). 탕자의 비유에서 특별히 맏아들인 탕자의 형을 생각나게 합니다. 맏아들은 동생이 아버지의 재산을 다 탕진하고 돌아왔을 때 아버지가 동생을 껴안고 잔치하며 환영하는 것 때문에 집에도 들어가지 않으려고 했습니다. 그와 같은 사람이 바로 요나였습니다. 비록 재산을 다 탕진하고 자기 맘대로 살다 돌아왔지만 그 아들을 껴안으시고 환영하시는 아버지는 바로 우리 하나님이십니다. 이런 아버지를 못마땅하게 지켜

보는 형과 요나가 혹 오늘날 우리의 모습은 아닌지 돌아봅니다. 하나님께서는 예수 믿는 우리가 불신의 사람들에게 관심을 가지고 복음으로 소통하기를 원하십니다. 이제 세상의 사람들도 사랑하시고 불쌍히 여기시는 하나님의 마음을 깨달았으니 우리도 예수님의 사랑으로 그들에게 나아갑시다.

미가 6장 1-8절
하나님께서 요구하시는 것

(1) 너희는 여호와의 말씀을 들을지어다 너는 일어나서 산을 향하여 변
론하여 작은 산들이 네 목소리를 듣게 하라 하셨나니 (2) 너희 산들과
땅의 견고한 지대들아 너희는 여호와의 변론을 들으라 여호와께서 자기
백성과 변론하시며 이스라엘과 변론하실 것이라 (3) 이르시기를 내 백
성아 내가 무엇을 네게 행하였으며 무슨 일로 너를 괴롭게 하였느냐 너
는 내게 증언하라 (4) 내가 너를 애굽 땅에서 인도해 내어 종 노릇 하
는 집에서 속량하였고 모세와 아론과 미리암을 네 앞에 보냈느니라 (5)
내 백성아 너는 모압 왕 발락이 꾀한 것과 브올의 아들 발람이 그에게
대답한 것을 기억하며 싯딤에서부터 길갈까지의 일을 기억하라 그리하
면 나 여호와가 공의롭게 행한 일을 알리라 하실 것이니라 (6) 내가 무
엇을 가지고 여호와 앞에 나아가며 높으신 하나님께 경배할까 내가 번
제물로 일 년 된 송아지를 가지고 그 앞에 나아갈까 (7) 여호와께서 천
천의 숫양이나 만만의 강물 같은 기름을 기뻐하실까 내 허물을 위하여
내 맏아들을, 내 영혼의 죄로 말미암아 내 몸의 열매를 드릴까 (8) 사람
아 주께서 선한 것이 무엇임을 네게 보이셨나니 여호와께서 네게 구하
시는 것은 오직 정의를 행하며 인자를 사랑하며 겸손하게 네 하나님과
함께 행하는 것이 아니냐 [미가 6장 1-8절]

선지자 미가와 그의 메시지

미가 선지자는 예수님이 오시기 전 약 700년 전에 이스라엘과 유다의 백성들에게 말씀을 전했던 선지자입니다. 미가 선지자는 모레셋이라고 하는 자그마한 마을에서 태어났습니다. 미가 선지자는 이사야처럼 궁중

에서 하나님의 말씀을 전하지는 않았고 주로 사회적 약자들과 함께 지내면서 하나님의 말씀을 선포했던 선지자입니다. 이사야 선지자가 궁중에서 하나님의 말씀을 전하던 시기가 주로 요담과 아하스와 히스기야 왕 때인데(사 1:1) 미가 선지자도 이 시기에 말씀을 전하였습니다(미 1:1). 미가 선지자를 통해 주신 오늘 본문 말씀인 6장 1절에서 8절까지는 어떤 말씀인지 함께 살펴보고자 합니다.

먼저 오늘 말씀에서 핵심적인 부분은 6장 8절이라 할 수 있습니다. 이 구절은 "사람아 주께서 선한 것이 무엇임을 네게 보이셨나니 여호와께서 네게 구하시는 것은"으로 시작합니다. 하나님께서 사람 곧 하나님의 백성들에게 뭔가 요구하시는 것이 있다는 것입니다. 하나님께서 그의 백성에게 찾으시는 것이 무엇이겠습니까? 미가 선지자는 하나님이 구하시는 것에 대한 정답을 말하기 전에 이미 6장 6-7절에서도 이에 대해 언급하고 가능성 있는 대답들을 예시했습니다. 곧 "내가 무엇을 가지고 여호와 앞에 나아가며 높으신 하나님께 경배할까?", "하나님께서는 자기에게 나아오는 자들에게 무엇을 받기 원하실까?" 이러한 질문을 하면서 이에 대한 가능한 대답도 말합니다. 일 년 된 송아지를 번제물로 가지고 하나님 앞에 나아갈까? 하나님께서는 제물로 귀중하고 값비싼 송아지를 원하실 수도 있다는 것입니다. 한편으로 7절 전반부에서는 천 마리가 넘는 숫양이나 강물과 같이 넘치는 많은 기름을 기뻐하실 수 도 있다고 말합니다. 마지막으로 7절 하반부에서는 영혼의 죄와 허물을 씻기 위해 소중한 맏아들 드리면 기뻐하실 것이라 말합니다. 그러나 이런 것들은 미가 선지자가 당시의 사람들이 생각하는 것들을 말한 것이지 하나님이 찾으시는 것에 대한 정답은 아닙니다.

하나님께서 백성에게 구하시는 것

당시의 사람들은 하나님 앞에 맹목적으로 나아갔습니다. 비싸고 좋은 것

가지고 나아가고 많이 가지고 나아가면 하나님께서 기뻐하시고 복을 주실 것이라 믿었습니다. 이런 믿음은 하나님께서 기뻐하시는 믿음은 아니었습니다. 무조건 많이 드리고 값비싸고 소중한 것을 드리면 하나님께서 기뻐하신다는 말씀은 성경에 없습니다. 이러한 믿음은 성경이 말하는 믿음이 아닙니다. 오히려 이방인들이나 가지는 가나안적인 믿음입니다. 하나님을 모르고 우상을 숭배하는 사람들의 믿음입니다. 이들은 농사가 잘되려면 비가 필요하니 비를 내리는 신 바알에게 잘 바치면 된다고 믿었습니다. 이런 신앙이 이스라엘의 믿음에 영향을 준 것입니다. 많이 바치고 좋은 것을 바치면 하나님께서도 자신들에게 많은 복을 주실 것이라 믿은 것입니다. 이방신들처럼 하나님도 그의 백성에게 좋은 것과 많은 것을 찾으신다고 생각한 것입니다.

이러한 당시의 이방인과 같은 믿음은 7절에서도 잘 나타납니다. 내 허물과 내 영혼의 죄를 위해 내 맏아들이나 다른 자식을 바치면 어떨까 하는 믿음입니다. 자기가 믿는 신에게 자기의 잘못을 용서받기 위해 자기 자식을 바치면 기뻐하는 신은 어떤 신입니까? 이런 신이 가나안 시대에 있기도 했습니다. 암몬 자손의 몰록과 모압의 그모스라고 하는 이방의 신들 은 장자를 바치면 복을 주고 문제를 해결해 준다는 신들이었습니다(왕상 11:7; 왕하 3:27). 열왕기하 16장 3절은 미가 선지자가 활동하던 시대의 왕인 아하스가 자기의 아들을 이방신에게바쳤다고 말씀합니다. 이방신은 이런 행위를 좋아할지 모르지만 하나님은 인신제사를 싫어하십니다. 이것은 하나님께서 요구하시는 예배가 아닙니다. 이방적인 예배요 의식입니다. 이런 인신제사 때문에 유다는 결국 멸망했습니다(왕하 17:17-20). 이런 행위는 하나님께서 찾으시는 것이 아닙니다.

그러면 하나님께서는 예배하는 자에게 무엇을 찾으실까요? 비싸거나 많은 것도 아니고 아들까지 불태워 드리는 것도 아니라면 하나님께서 기뻐하시는 것은 무엇입니까? 물론 하나님께 우리의 가치 있고 소중한 것을 많이 드리는 것이 전혀 필요 없다는 말씀은 아닙니다. 드림에 있어서 중요한 것은 우리가 예배하는 하나님께서는 기계적인 분이 아니라는 것입니다. 우리가 일방적으로 좋다고 하는 것을 드리면 받고 그래서 그 일방적인 드림에 따라 원하는 것을 주셔야만 하는 분이 아니라는 것입니다. 남녀가 사랑을 해도 상대방이 원하는 것을잘 알고 원하는 것을 줄 때에 그것이 좋은 선물이고, 사랑이고 기쁨이 됩니다. 상대방이 무엇을 원하는 지에는 관심도 없이 자기가 좋다고 하는 것을 주고 그 준 것에 대한 대가를 바라는 것은 참된 사랑이나 관계가 아닙니다. 사람은 인격이 있습니다. 사람은 생각이 있습니다. 자기의 취향이 있습니다. 자기가 좋아하는 것이 있습니다. 상대방이 좋아하는 것을 잘 알아서 행동할 때에 참된 인격적인 관계나 상호교제가 일어나는 것입니다. 인간관계도 이러한데 우리가 예배하고 섬기는 지극히 높으신 하나님께 자신이 원하는 방식으로 엎드리고 드리면서 이에 대해서 기계적으로 자판기에서 선물이 나오듯 원하는 무엇을 주셔야 하는 하나님은 아니십니다.

미가를 통해 주신 오늘 본문의 전반부 말씀은 하나님께서는 인격적이신 분이기 때문에 그분을 예배하는 자들은 자신이 아닌 하나님께서 무엇을 원하는지에 대해서 귀를 기울이고 하나님이 원하는 것을 드려야 한다는 것입니다. 이제 6장 8절 말씀에서 미가는 하나님께서 원하시는 것이 무엇인지를 선포합니다. 하나님이 원하시는 것에 대한 정답을 말씀하고 있는데 '오직 정의를 행하며 인자를 사랑하며 겸손하게 내 하나님과 함께 행하는 것이 아니냐?' 라고 수사의문문 형태로 보다 강력히 선포합니다(호 12:7; 암 5:15). 하나님께서 자신을 찾는 자들에게 기대하시는 것은 하나님의 공의(מִשְׁפָּט)를 행하는 삶입니다. 인자를 사랑하는 것입니다. 인자라고 하는 것은 여기에서 사람의 아들(人子)을 의미하지 않습니다. 하나님은 인자(仁慈)하시며 할 때의 그 인자인데 인애(仁愛, חֶסֶד) 곧 하나님의 변함없는 언약적 사랑이나 하나님 백성의 언약적 충성을 의미합니다. 공의와 인애뿐 아니라 겸손하여 하나님의 뜻을 묻는 일상의 생활을 의미합니다. 이것들을 하나님께서 예배하는 하나님 백성들에게 원하신다는 것입니다.

사랑으로 공의를 행하는 삶

세 가지를 말씀하는 것 같지만 사실 미가 선지자의 강조점은 공의를 행하는 것에 있습니다. 공의를 행한다고 하는 것은 사랑을 전제로 하는 행동입니다. 하나님을 사랑하고, 이웃을 사랑하는 사람이 밖으로 표출하는 행동이 바로 공의입니다. 이러한 사랑과 공의는 어떻게 형성되고 표출됩니까? 겸손히 하나님과 함께 행하며 하나님의 뜻을 묻는 생활을 통해 되는 것입니다. 곧 노아와 같이 하나님이 원하시는 것을 듣고 행하는 것을 의미합니다(창 6:9). 이런 삶은 구체적으로 기도하는 삶을 의미합니다. 우리가 왜 기도합니까? 기도는 우리가 '무엇을 얻기 위해서' 라기보다는 하나님이 '무엇을 원하시는지' 를 알기 위해서 기도하는 것입니다. 기도할 때에 우리는 하나님께서 원하시는 것을 구하게 됩니다. 결국 하나님을 사랑하고, 이웃을 사랑하는 것이 하나님의 뜻이라는 것을 알게 됩니다. 하나님을 사랑하고 이웃을 사랑하니까 어떻게 살아야 하는지도 기도하여 알게 됩니다. 그 사랑이 삶으로 나타나야 한다는 것을 깨닫고 사랑을 전제로 하는 공의로운 행동을 하게 됩니다. 이러한 생활이 하나님께서 원하시는 것이라고 미가 선지자는 말하고 있습니다.

그러므로 미가 선지자를 통해 하나님께서는 예수님이 오시기 전 약 700년 전의 유다 나라 곧 하나님 나라의 백성들에게 공의를 행하도록 요구하신 것입니다. 그러면 구체적으로 어떤 공의입니까? 6장 10-15절에 있는 말씀을 보겠습니다.

악인의 집에 아직도 불의한 재물이 있느냐 축소시킨 가증한 에바가 있

> 느냐 내가 만일 부정한 저울을 썼거나 주머니에 거짓 저울추를 두었으면 깨끗하겠느냐 그 부자들은 강포가 가득하였고 그 주민들은 거짓을 말하니 그 혀가 입에서 거짓되도다 그러므로 나도 너를 쳐서 병들게 하였으며 네 죄로 말미암아 너를 황폐하게 하였나니 네가 먹어도 배부르지 못하고 항상 속이 빌 것이며 네가 감추어도 보존되지 못하겠고 보존된 것은 내가 칼에 붙일 것이며 네가 씨를 뿌려도 추수하지 못할 것이며 감람 열매를 밟아도 기름을 네 몸에 바르지 못할 것이며 포도를 밟아도 술을 마시지 못하리라

미가 선지자는 공의롭지 못한 행동들을 통해 하나님이 요구하시는 공의를 말하고 있습니다. 이것은 먼저 10절 이하에서 말씀하는 것처럼 거짓된 방법으로 돈을 버는 것을 의미합니다. 시장에서 속이려고 조작된 에바와 저울을 사용하여 돈을 번 것입니다. 부자들이 폭력을 행하는 것입니다. 사람들이 거짓을 말하는 것입니다. 이런 불의한 재물과 거짓말과 폭력은 성전에서가 아닌 사회에서 생활하면서 일어나는 일들입니다. 성전 밖에서 여러 사람을 만나 관계하면서 일어나는 일들입니다. 그러므로 사회에서 사람들과 살아갈 때 정직하게 장사하고 돈 있어도 폭력을 사용하지 않으며 위증의 거짓을 행하지 않는 공의를 하나님이 요구하신다는 말씀입니다. 만약 그렇게 하지 않는다면 얻지 못하고 병들며 망하게 하겠다고 경고하십니다. 미가서 3장 1-6에 있는 말씀도 보겠습니다.

> 내가 또 이르노니 야곱의 우두머리들과 이스라엘 족속의 통치자들아 들으라 정의를 아는 것이 너희의 본분이 아니냐 너희가 선을 미워하고 악을 기뻐하여 내 백성의 가죽을 벗기고 그 뼈에서 살을 뜯어 그들의 살을 먹으며 그 가죽을 벗기며 그 뼈를 꺾어 다지기를 냄비와 솥 가운데에 담을 고기처럼 하는도다 그 때에 그들이 여호와께 부르짖을지라도 응답하지 아니하시고 그들의 행위가 악했던 만큼 그들 앞에 얼굴을 가리시리라 내 백성을 유혹하는 선지자들은 이에 물 것이 있으면 평강을

> 외치나 그 입에 무엇을 채워 주지 아니하는 자에게는 전쟁을 준비하는 도다 이런 선지자에 대하여 여호와께서 이르시되 그러므로 너희가 밤을 만나리니 이상을 보지 못할 것이요 어둠을 만나리니 점 치지 못하리라 하셨나니 이 선지자 위에는 해가 져서 낮이 캄캄할 것이라

하나님께서 원하시는 공의는 어렵지 않습니다. 통치자들과 갑의 위치에 있는 자들이 권력을 남용하거나 갑질과 거짓말을 하지 않는 것이며 정직과 공정으로 일을 처리하고 을의 위치에 있는 자들을 돌보는 것입니다. 이것이 미가서에서 하나님이 원하시는 공의입니다. 통치자들과 갑의 위치에 있는 사람들에게만 말씀하신 것이 아니라 선지자들과 제사장들에게도 돈이 아닌 공의의 말씀을 따라 외치라고 경고하십니다(3:11). 하나님 백성이 어떻게 살든 가서 축복만을 선언한다면 하나님 앞에서 불의한 선지자입니다. 공의한 선지자는 백성이 잘못 살면 하나님의 징계가 있다고 말합니다. 하나님을 예배하는 삶을 살지 않거나 속이고 뇌물을 받고 약한 사람들을 착취하면 하나님의 심판을 전합니다. 그러나 이렇게 하지 않고 불의한 백성들에게 잘 된다고만 전하는 선지자들에게는 계시를 주지 않고 침묵하시겠다고 경고 하신 것입니다. 결국 가장 좋은 것과 비싼 것으로 많이 드린 예배를 하나님께서 기뻐하시는 것이 아니라 하나님이 원하시는 공의를 삶 속에서 실천하는 것을 기뻐하십니다.

먼저 공의를 행하신 하나님

하나님께서는 당시의 이스라엘 백성들과 변론하시며 자신이 먼저 공의를 행하셨기에 공의를 요구하신다고 말씀하십니다. 미가서 6장 4절의 말씀을 보십시오. “내가 너를 애굽 땅에서 인도해 내어 종 노릇 하는 집에서 속량하였고 모세와 아론과 미리암을 네 앞에 보냈느니라.” 하나님께서는 이스라엘 백성이 이집트에서 종노릇하며 비참하게 살 때에 그들을

구원해 내셨다고 말씀하십니다. 모세와 아론과 미리암 같은 좋은 지도자들을 보내어 구속하셨다고 말씀하십니다. 5절도 보면 모압 왕 발락이 꾀해서 브올의 아들 발람이 그들에게 저주를 선언할 때 하나님은 그 저주를 축복으로 바꾸셨다고 말씀하십니다(민 22-24장). 싯딤 곧 모압의 광야에서부터 요단강 건너 길갈에 도착할 때 까지도 하나님께서 안전하게 그들을 인도해 주신 것을 기억하라고 하십니다. 이런 일들을 잘 돌아보면 하나님께서 이스라엘 백성에게 공의 곧 '의' (צדקה)를 행하신 일이었음을 알게 된다는 것입니다.

여기서 하나님께서 행하신 '의' 는 무엇입니까? 언약에 따라 이스라엘 백성들을 사랑하시어 그들을 노예 된 상태에서 구원하신 것입니다. 더 나아가 대적을 물리치시고 그들의 가는 길을 안전케 하시어 마침내 약속의 땅까지 인도하신 인애입니다. 이것이 하나님의 의이며 공의입니다. 이렇게 하나님께서 이스라엘을 구속하시고 복을 주시며 약속의 땅으로 안전히 인도하시는 공의를 행하였으니 이를 경험한 이스라엘도 하나님 백성으로서 이런 공의를 행할 때 기뻐하신다는 것입니다. 미가 선지자 시대에 유다 백성들은 이런 하나님의 공의를 기억해야 했습니다. 그래서 하나님의 공의를 경험하고 아는 백성들로서 공의를 행해야 했습니다. 그들도 하나님의 공의로 사랑하며 구원하는 자들이 되어야 했습니다. 을의 위치에 있는 자들을 보호하고 돌보는 자들이 되어야 했습니다. 이웃에게 거짓말 하지 않고 시장에서 속이지 않아야 했습니다. 뇌물을 받지 않는 정직하고 공정한 재판을 통해서 다함께 사는 좋은 세상을 만들어야 했습니다. 하나님께서는 미가 선지자를 통해 하나님의 백성들에게 이런 공의를 행하며 공의로운 세상을 만드는 것이 하나님을 기쁘시게 하는 것이라고 외치게 하셨습니다. 만약 이렇게 행하지 않으면 나라를 망하게 하시겠다고 경고하셨습니다. 그러나 유다의 백성들은 말씀을 따라 행하지 않았고 결국은 심판을 받아 멸망하였습니다.

하나님의 의이신 그리스도 예수

그럼 모든 것이 이렇게 끝나버린 것일까요? 미가서 7장 18-19절 말씀을 보겠습니다.

> 주와 같은 신이 어디 있으리이까 주께서는 죄악과 그 기업에 남은 자의 허물을 사유하시며 인애를 기뻐하시므로 진노를 오래 품지 아니하시나이다 다시 우리를 불쌍히 여기셔서 우리의 죄악을 발로 밟으시고 우리의 모든 죄를 깊은 바다에 던지시리이다 주께서 옛적에 우리 조상들에게 맹세하신 대로 야곱에게 성실을 베푸시며 아브라함에게 인애를 더하시리이다

미가 선지자가 위의 말씀에서 예언한 것처럼 하나님께서는 그의 백성에 대한 진노를 오래 품지 않으셨습니다. 그리고 불의한 세상에서 죄를 제거하시고 바다 밑에 던지시는 일을 행하셨습니다. 세상을 사랑하사 그리스도 예수를 보내심으로 죄의 노예로 살아가던 우리를 구원하신 것입니다. 로마서 3장 21-22절은 예수 그리스도가 "하나님의 의"(δικαιοσύνη θεοῦ)라고 선포합니다(롬 1:17 참조). 예수님은 하나님의 언약과 사랑을 따라 이 땅에 오셔서 비참한 가운데에 있는 사람들을 구원하신 하나님의 의로움이십니다. 하나님의 공의이십니다. 예수 믿는 우리들은 예수님을 하나님의 의로 받았습니다. 이스라엘 백성들이 이집트에서 구원받고 광야에서 약속의 땅으로 들어가는 하나님의 공의를 경험했던 것처럼 우리 또한 예수님을 통해 하나님의 공의를 경험했습니다. 하나님께서는 예수 안에서 우리를 보호하시고 완성될 하나님의 나라로 인도해 가십니다. 그러므로 이 하나님께서는 예수 안에서 하나님의 의를 경험한 우리들에게도 무엇을 원하시겠습니까? 의와 공의를 원하십니다. 우리가 받은 의와 공의를 기억하며 공의롭게 사는 것을 가장 기뻐하십니다. 사도 바울께서는 로마서 12장 1절에서 이런 공의로운 삶을 하나님이 기뻐하시는 거룩

한 산 제물이라고 말씀하십니다. 공적인 예배에서 자기의 소중한 헌금과 시간과 자신을 드릴뿐만 아니라 교회당을 벗어난 모든 곳에서도 더욱 공의롭게 살라고 말씀하십니다. 그리스도의 사랑과 구원과 돌보시는 공의를 교우들과 어려운 이웃들에게 실천하라고 말씀하십니다(갈 6:10). 이것이 예수를 믿는 우리들에게 하나님께서 요구하시는 가장 중요한 것임을 말씀해 주십니다.

예수 안에서 하나님의 공의를 행하는 그리스도인

우리는 주일날 예배를 통해서 하나님께서 기뻐하시는 일들을 잘 알아야 합니다. 인격적이신 하나님이 무엇을 우리에게 원하시는지를 잘 들을 수 있어야 합니다. 하나님께서 원하시는 것을 행함으로 하나님을 영화롭게 하는 것이 예수 믿는 우리 인생의 본분이기 때문입니다. 우리의 삶에서 하나님이 원하시는 것을 찾고 사모해야 합니다. 하나님께서는 우리에게 매일 성령 하나님과 동행하여 그 인도를 따르라고 말씀하십니다. 사랑함으로 이 세상 사람들에게 나아가고 정직하게 말하라고 말씀하십니다. 이웃을 배려하여 기본적인 질서를 지키고 불의한 것을 불의하다고 외치라 말씀하십니다. 직장에서도 올바른 소리를 하는 그리스도인 되라 말씀하십니다. 물론 이렇게 공의로움으로 행동하는 것은 희생을 감수해야 하는 행동이기도 합니다. 거짓말을 거부하고 바른 말과 행동을 하는 것은 인간적인 고통이 따릅니다. 그러나 이런 희생과 손해와 고통 속에서도 그리스도인의 의로운 삶은 주님을 기쁘시게 하며 주님의 보상을 받게 될 것입니다. 우리의 가족과 우리 자신을 어려운 현실 속에서도 책임져 주실 것입니다. 싯딤에서 길갈에 이르기까지 이스라엘을 안전하게 인도하신 것처럼 우리의 광야 길에서도 끝까지 책임지고 인도해 주실 것입니다. 그리스도인이 가진 의로운 복음의 생명력을 학교와 직장과 사업장에서 드러내게 될 것입니다.

나훔 1장 1-15절
보응하시는 하나님

(1) 니느웨에 대한 경고 곧 엘고스 사람 나훔의 묵시의 글이라 (2) 여
호와는 질투하시며 보복하시는 하나님이시니라 여호와는 보복하시며
진노하시되 자기를 거스르는 자에게 여호와는 보복하시며 자기를 대적
하는 자에게 진노를 품으시며 (3) 여호와는 노하기를 더디하시며 권능
이 크시며 벌 받을 자를 결코 내버려두지 아니하시느니라 여호와의 길
은 회오리바람과 광풍에 있고 구름은 그의 발의 티끌이로다 (4) 그는
바다를 꾸짖어 그것을 말리시며 모든 강을 말리시나니 바산과 갈멜이
쇠하며 레바논의 꽃이 시드는도다 (5) 그로 말미암아 산들이 진동하며
작은 산들이 녹고 그 앞에서는 땅 곧 세계와 그 가운데에 있는 모든 것
들이 솟아오르는도다 (6) 누가 능히 그의 분노 앞에 서며 누가 능히 그
의 진노를 감당하랴 그의 진노가 불처럼 쏟아지니 그로 말미암아 바위
들이 깨지는도다 (7) 여호와는 선하시며 환난 날에 산성이시라 그는 자
기에게 피하는 자들을 아시느니라 (8) 그가 범람하는 물로 그 곳을 진
멸하시고 자기 대적들을 흑암으로 쫓아내시리라 (9) 너희는 여호와께
대하여 무엇을 꾀하느냐 그가 온전히 멸하시리니 재난이 다시 일어나지
아니하리라 (10) 가시덤불 같이 엉크러졌고 술을 마신 것 같이 취한 그
들은 마른 지푸라기 같이 모두 탈 것이거늘 (11) 여호와께 악을 꾀하는
한 사람이 너희 중에서 나와서 사악한 것을 권하는도다 (12) 여호와께
서 이같이 말씀하시기를 그들이 비록 강하고 많을지라도 반드시 멸절을
당하리니 그가 없어지리라 내가 전에는 너를 괴롭혔으나 다시는 너를
괴롭히지 아니할 것이라 (13) 이제 네게 지운 그의 멍에를 내가 깨뜨리
고 네 결박을 끊으리라 (14) 나 여호와가 네게 대하여 명령하였나니 네
이름이 다시는 전파되지 않을 것이라 내가 네 신들의 집에서 새긴 우상
과 부은 우상을 멸절하며 네 무덤을 준비하리니 이는 네가 쓸모 없게

되었음이라 (15) 볼지어다 아름다운 소식을 알리고 화평을 전하는 자의
발이 산 위에 있도다 유다야 네 절기를 지키고 네 서원을 갚을지어다
악인이 진멸되었으니 그가 다시는 네 가운데로 통행하지 아니하리로다
하시니라 [나훔 1장 1-15절]

선지자 나훔과 보복하시는 하나님

나훔 선지자는 예수께서 오시기 전 약 6백여 년 전 대략 주전 652-626년에 활동했던 선지자입니다. 나훔 선지자가 살았던 나라는 유다이고 당시에 유다를 다스린 왕들은 므낫세와 아몬과 요시야였습니다(왕하 20-23장; 대하 33-34장). 이 시기에 유다 주변에 있던 강대국은 앗수르바니팔(주전 668-627)이 통치하는 앗수르 제국이었습니다. 앗수르 제국은 티그리스 강 유역에 있는 도시 니느웨를 수도로 하여 옛 이집트의 수도인 테베(노아몬, 3:8)를 정복하며 세계를 제패하던 제국이었습니다. 이런 앗수르가 나훔이 살고 있는 유다에도 영향력을 미쳐서 백성들을 괴롭히고 힘들게 했던 시대였습니다.

이런 상황에서 하나님께서는 나훔 선지자를 통해 유다의 백성들에게 앗수르의 니느웨에 대한 말씀을 주신 것입니다. 나훔서 1장 2절은 "여호와는 질투하시며 보복하시는 하나님이시니라"로 시작합니다. 이 말씀 외에도 1장 2절은 '여호와께서 보복하신다'는 말을 두 번 더 반복하고 있습니다. 곧 "여호와는 보복하시며 진노하시되 자기를 거스리는 자에게 여호와는 보복하시며 자기를 대적하는 자에게 진노를 품으시며"라고 말씀하십니다. 나훔은 하나님을 대적하는 자에게 보복하시거나 진노하시는 분으로 선포하고 있습니다. 하나님께서 누구에게 보복하신다는 것입니까? 1장 1절에서 "니느웨에 대한 경고"라고 하셨으니 당시에 니느웨를 수도로 하는 앗수르 제국에게 보복하신다는 말씀입니다. 하나님께서는

앗수르 제국에게 왜 보복하시려는 것입니까? 그들이 하나님께 대적하고 도전하는 자들이었기 때문입니다. 앗수르 제국은 어떻게 하나님께 도전하고 대적했을까요? 그들이 하나님께 대적한 것은 1장 14절에서 설명되고 있습니다. 14절은

> 나 여호와가 네게 대하여 명령하였나니 네 이름이 다시는 전파되지 않을 것이라, 내가 네 신들의 집에서 새긴 우상과 부은 우상을 멸절하며 네 무덤을 준비하리니 이는 네가 쓸모없게 되었음이라.

여기서 너는 앗수르 제국이나 그 제국의 왕과 백성들을 말합니다. 이 제국의 왕과 백성들에게 하나님은 보복하실 것을 말씀하고 있는데 특별히 그들의 신들과 우상들의 멸절과 관련하여 말씀하고 있습니다. 이 제국은 군사력으로 그들의 신들을 하나님의 백성들에게 믿게 하는 악을 꾀한 것입니다. 3장 4절의 말씀은 이런 악에 대해 분명하게 언급하십니다. "이는 마술에 능숙한 미모의 음녀(이쉬타르 여신)가 많은 음행을 함이라 그가 그의 음행으로 여러 나라를 미혹하고 그의 마술로 여러 족속을 미혹하느니라." 1장 11은 이런 악한 일에 유다의 사람들이 관련되어 있음도 말씀하십니다. "여호와께 악을 꾀하는 한 사람이 너희(유다) 중에서 나와서 사악한 것을 권하는도다"라고 말씀하시기 때문입니다. 하나님께서는 앗수르 제국을 의지하여 앗수르의 신들을 권하는 유다의 악한 자들도 말씀하면서 이러한 일을 가져오게 한 앗수르를 보복하실 것을 말씀하십니다. 앗수르와 그들의 신들을 멸절하여 하나님의 백성들을 다시는 괴롭히지 못하게 하실 것을 말씀합니다.

이렇게 앗수르가 하나님의 보복을 받아야 하는 첫 번째 이유는 그들이 하나님을 대적하여 하나님 백성들을 우상으로 미혹한 것에 있습니다. 특별히 창조주이시며 온 천하에 유일하신 하나님의 주권에 도전하여 유다를 침략하고 자신들의 사랑과 전쟁의 여신인 이슈타르를 믿게 한 것에

있습니다. 정복당하고 침략당한 모든 나라들로 하여금 그들의 우상을 섬기게 하는 방식으로 하나님을 대적하였기에 하나님께서 앗수르 제국에 보복하시겠다는 것입니다.

이런 죄악 외에 앗시리아 제국이 하나님의 보복을 받아야 하는 또 다른 이유가 있습니다. 그것은 2장 2절의 "여호와께서 야곱의 영광을 회복하시되 이스라엘의 영광 같게 하시나니 이는 약탈자들이 약탈하였고 또 그들의 포도나무 가지를 없이 하였음이라" 라는 말씀에서 찾을 수 있습니다. 앗수르 제국이 하나님의 백성들을 약탈하고 짓밟았기 때문입니다. 3장 1절도 앗수르의 니느웨에 대해 "화 있을진저 피의 성이여 그 안에는 거짓이 가득하고 포악이 가득하며 탈취가 떠나지 아니하는도다" 라고 말씀합니다. 앗시리아 제국은 그동안 고대 근동에 존재했던 많은 제국들 가운데서도 아주 잔인한 제국이었습니다. 단순한 정복이 아니라 정복당한 백성들을 철저히 죽이고 잔인한 방법으로 탈취하고 노략하는 제국이었습니다. 이러한 제국을 하나님께서는 반드시 보복하여 멸망시키겠다고 말씀하십니다.

하나님의 보복과 공의와 위로

보복 곧 복수하시는 하나님의 모습은 우리에게 낯설게 느껴지기도 합니다. 사실 하나님께서는 레위기서 19장 28절에서 '원수를 갚지 말라', '복수하지 말라' 고 하나님의 백성들에게 말씀하시고 있기 때문입니다. 이런 하나님께서 직접 복수하시고 보복하시겠다고 하니 어울리지 않아 보이기도 합니다. 그러나 하나님의 복수와 보복은 단순한 인간적 충동이나 미움과 앙갚음이 아닌 악에 대한 징벌입니다. 악을 징벌하여 선을 지키고자 하시는 공의로운 행동이십니다. 하나님의 백성들을 불의한 탈취와 억눌림으로부터 지키고 보호하고자 하시는 보복이십니다.

사실, 나훔서 1장 3절 말씀에서 "여호와는 노하기를 더디 하시는" 분으로 소개되고 있습니다. 1장 7절도 "여호와는 선하시며 환난 날에 산성이시라 그는 자기에게 피하는 자들을 아시느니라"라고 말씀하고 있습니다. 하나님께서는 "벌 받을 자를 결코 내버려두지 아니하시고"(1:3) 보복하시는 하나님이시지만 아무런 돌이킴의 기회도 없이 벌하시고 보복하시는 하나님은 아니시라는 것입니다. 선하시고 노하기를 더디 하시는 하나님은 징벌의 환난 날에도 자신에게 피하는 자들을 알아주시고 보호하시는 하나님이시기 때문입니다.

이런 하나님의 성품을 우리는 요나서에서 볼 수 있습니다. 지금 보복하시려는 니느웨에 대해서는 하나님께서 약 백여 년 전에 이미 요나 선지자를 통해 멸망에 대해 말씀을 하셨습니다. 그러나 40일간의 기회를 주시고 요나 선지자를 통해 40일 후에 이 니느웨 성이 멸망할 것을 외치게 하셨습니다. 그러자 니느웨 사람들이 회개하고 하나님께 피하는 자들이 되었습니다. 그들의 죄악에 대해 마땅히 보복하셔야 했지만 선하시며 노하기를 더디 하시는 인애의 하나님께서는 그들을 멸망에서 구해주셨습니다(욘 4:2, 11; 출 34:6-7 참조).

그 후로 백 년이 지났고 니느웨 백성들은 더 이상 하나님을 찾지 않으며 하나님 백성들을 괴롭게 하는 자들이 되었습니다. 이런 상황 가운데서 앗수르 제국에 보복하시고 그들을 멸망시키시겠다고 하나님께서 말씀하신 것입니다. 하나님께서 단순히 복수를 위한 복수를 하시는 것이 아닙니다. 기회를 주시고 피하면 보호하시지만 교만하여 하나님을 대적하고 무시하면 심판하며 보복하시는 하나님이십니다. 이러한 하나님의 보복과 심판은 단순히 보복과 심판 자체로 끝나는 것이 아니라 이 세상의 주권자로서 하나님의 의와 공의의 통치를 드러내시기 위함입니다. 하나님을 대표하고 있는 하나님 백성들을 괴롭힌 앗수르 제국에 대한 보복을 통하여 하나님의 공의를 선포하시려는 것입니다. 이런 하나님의 공의의 통치를 통해 하나님의 백성에게 평화와 위로와 영광을 주시기 위함입니다. 1장 15절 말씀은 이점을 말씀합니다. "볼지어다 아름다운 소식을 알리고 화평을 전하는 자의 발이 산 위에 있도다 유다야 네 절기를 지키고 네 서원을 갚을지어다 악인이 진멸되었으니 그가 다시는 네 가운데로 통행하지 아니하리로다". 2장 2절에서도 "여호와께서 야곱의 영광을 회복하시되 이스라엘의 영광 같게 하시나니"라고 말씀하심으로써 하나님 백성인 이스라엘의 영광을 위해 약탈자들인 앗수르 제국에 보복하실 것을 선포하십니다. 하나님의 보복을 선포하는 나훔(נחום) 선지자의 이름이 가진 의미는 '위로' 입니다. 하나님의 보복이 약탈당하고 있는 하나님 백성들에게 위로를 주시기 위함임을 잘 드러내는 이름입니다. 하나님의 보복은 참고 기다린 유다 백성들에게 하나님을 마음껏 예배하며 서원한 것을 갚는 헌신도 가능하게 하는 위로를 가져옵니다(1:15).

이런 나훔 선지자의 보복과 위로의 예언이 있은 지 약 20~30년 후인 주전 612년에는 앗수르 제국의 니느웨 성이 바벨론의 나보폴라사르 왕(주전 625-605)에 의해 점령당합니다. 한 때 니느웨는 젊은 사자와 같이 강하고 강물로 둘러싸인 난공불락의 성이었지만 물에 침수되고 바벨론의 군사들에 의해 철저히 노략되는 성이 되었습니다(2:6-8, 13). 하나님께서는 죄악에 대해 반드시 보복하시는 분임을 역사 속에서 분명하게 드러내신 것입니다. 하나님께서는 보호하시고 사랑하시는 유다의 백성들이라 할지라도 하나님을 떠나 이방 나라를 의지하고 다른 신들을 숭배하면 심판하시고 보복하셨습니다. 유다 나라도 하나님의 심판하심으로 앗수르 멸망 후 30년 정도 지난 주전 586년에 바벨론 제국에 의해 멸망했기 때문입니다. 하나님께서는 자신의 백성이라고 오냐오냐 하면서 그냥 넘어가지 않으셨습니다. 자신의 백성이 자신을 거부하고 죄악 된 길로 나아갈 때 하나님께서는 자신의 백성에게도 복수하시고 그들의 죄악 벌하신 것입니다.

예수 안에서 이루어진 하나님의 보복과 위로가 주는 교훈

하나님은 오늘 나훔서를 통해서 자신을 보복을 하시는 하나님으로 강조하셨습니다. 더 나아가 악에 대한 보복을 통해서 그에게 피하는 백성들에게 위로와 평화를 주실 것에 대해 말씀하셨습니다. 사랑하는 여러분, 여러분들은 하나님께 어떤 자들입니까? 하나님이 여러분들을 대적하여 보복하셔야 하는 악한 사람들입니까? 아니면 악한 자들에 의해 시달리고 상처받지만 그런 자들을 보복하신 하나님으로부터 위로를 얻는 사람들입니까? 하나님께서는 그의 아들 예수 그리스도를 통해 사람을 약탈하고 괴롭힌 사탄과 죄와 죽음의 세력에 대해 보복하시고 심판하셨습니다. 예수 그리스도의 십자가 아래에서 죄 용서를 받고 하나님께 피하려고 돌아온 자들은 하나님의 긍휼과 보호와 위로를 얻게 될 것입니다. 예수를 믿어 하나님께 돌아온 우리는 하나님의 평안과 영광과 위로가 있는 자들인 줄 믿습니다.

그러함에도 우리는 이 땅에 살면서 악을 꾀하는 자들로 인해 죄의 유혹과 괴롭힘 속에 여전히 노출된 자들일 수 있습니다. 예수께서 이미 악을 정복하시고 승리하셨지만 다시 오셔서 최종적으로 보복하실 때까지는 악이 여전히 잔존하여 우리들을 유혹하고 괴롭힐 것이기 때문입니다. 이러한 때를 살아가는 우리는 날마다 죄악을 경계하며 우리와 함께 하시는 성령 하나님께 피하는 자들이 되어야겠습니다. 선줄로 생각하여 교만하거나 죄를 습관적으로 반복하지 않고 성령과 말씀을 통해 자신을 돌아보고 온전치 않은 부분들을 회개함으로써 하나님의 심판과 보복을 피하는 자들이 되어야겠습니다. 더 나아가 우리는 악을 꾀하는 자들에 의해서 직장과 교회와 사회에서 상처와 손해와 억울한 일들을 당할 때에도 나훔의 하나님 곧 위로의 하나님을 기억해야 되겠습니다. 우리가 아닌 하나님께서 보복하신다는 것에 대한 믿음으로 위로와 소망을 가져야겠습니다. 그리하여 힘들게 하는 자들을 위해 오히려 축복으로 기도하며 용서하는 하나님 백성들로 살아가야겠습니다(마 5:43-48; 롬 12:17-21). 이렇게 원수에 대해 선으로 행하며 참는 것이지만 여러분! 원수에 대한 사랑은 이것이 전부가 아닙니다. 사랑이 무엇입니까? 원수의 악을 묵인하고 참는 것은 사랑이 아닙니다. 오히려 하나님의 공의의 편에 적극적으로 서는 것을 말합니다. 하나님의 진리와 함께 기뻐하고 악과 타협하거나 기뻐하지 않는 것을 말합니다(고전 13:6). 원수를 사랑함은 한편으로 하나님이 주신 지혜와 방법으로 합법적인 질서 아래서 원수의 악에 저항하는 것을 의미하기도 합니다. 어떠한 희생이 있다 할지라도 하나님께서 실현하실 공의의 편에 서 있어야 합니다. 이렇게 하나님의 공의에 주리고 목마르고 박해를 받을 때 하나님의 복과 위로를 받게 될 줄을 믿습니다(마 5:4-12). 다시 한 번 우리 자신을 돌아보십시다. 혹 내가 하나님이 보복하고 벌하셔야만 하는 사람은 아닌지? 그런 삶을 살고 있지는 않은지 돌아 봐야겠습니다. 아니면 악으로 인한 현실의 어려움 속에서도 하나님의 보복하심을 믿기에 인내하며 하나님의 공의의 편에 계속하여 서 있는지 돌아 봐야겠습니다.

하박국 2장 1-4절
믿음으로 말미암아 살리라

(1) 내가 내 파수하는 곳에 서며 성루에 서리라 그가 내게 무엇이라 말씀하실는지 기다리고 바라보며 나의 질문에 대하여 어떻게 대답하실는지 보리라 하였더니 (2) 여호와께서 내게 대답하여 이르시되 너는 이 묵시를 기록하여 판에 명백히 새기되 달려가면서도 읽을 수 있게 하라 (3) 이 묵시는 정한 때가 있나니 그 종말이 속히 이르겠고 결코 거짓되지 아니하리라 비록 더딜지라도 기다리라 지체되지 않고 반드시 응하리라 (4) 보라 그의 마음은 교만하며 그 속에서 정직하지 못하나 의인은 그의 믿음으로 말미암아 살리라 [하박국 2장 1-4절]

선지자 하박국과 유다의 상황

하박국 선지자가 활동한 시대는 바벨론 제국과 긴밀한 관련이 있습니다. 하박국 선지자가 1장 6절에서부터 "갈대아 사람" 곧 바벨론 제국을 언급하기 때문입니다. 하박국 선지자는 이어서 여러 나라를 정복하는 바벨론 제국의 강성함을 말씀하기도 합니다(2:5, 8-10). 이 바벨론이 레바논을 이미 점령하였고 유다도 위협할 것을 하박국 선지자는 전하고 있습니다(1:6-17; 2:17). 사실 바벨론 제국은 우리에게 잘 알려진 느부갓네살의 아버지인 나보폴라사르(주전 625-605년)의 통치 아래에서 급격하게 강한 나라가 되었습니다. 하박국 이전의 나훔 선지자는 앗수르 제국의 멸망과 관련한 하나님의 보복과 심판에 대해 예언하였는데 주전 612년에 이 앗수르 제국의 수도 니느웨를 멸망시킨 왕이 바로 바벨론의 나보폴라사르 왕입니다. 이 나보폴라사르가 중동전역으로 진출하기 위해 주전 605년에 이집트와 전쟁을 벌이던 중 갈그미스에서 죽자 그의 아들 느부갓네살이 전쟁을 승리로 이끌고 왕이 됩니다. 이후에 느부갓네살 왕은 가나안 지역에 본격적으로 진출하기 시작하여 영향력을 발휘합니다. 그러므로 하박국서와 관련한 하박국 선지자의 활동은 최소한 주전 612년 이후에 시작되었고 유대인들의 바벨론 포로를 본격화하는 주전 597년 이전까지 이루어진 것을 알 수 있습니다(왕하 24:1-17; 대하 36:5-10). 이 시기에 해당하는 유대의 왕은 여호야김(주전 608-597년)입니다. 하박국 선지자가 활동한 이 시기에 활동한 또 다른 선지자는 요시야 왕 때부터 이미 활동해왔던 예레미야입니다.

그러면 하박국과 예레미야 선지자는 바벨론의 위협을 받으며 유다를 통치하고 있는 여호야김 시대를 어떻게 보여주고 있을까요?두 선지자는 여호야김 시대의 유다를 공통적으로 폭력과 탈취의 왕국이요 불의로 성을 건축하는 나라로 규정합니다(1:2-3; 2:12; 렘 22:13-14, 17; 왕하 24:1). 이런 시대에 하나님께서는 하박국 선지자를 통해 무슨 말씀을 주셨을까요?

하나님의 공의에 관한 하박국의 질문

사실 하박국서는 하박국 선지자의 개인적인 질문으로 시작하고 있습니다. 두 가지 질문인데 그 첫 번째 질문은 1장 2-4절에서 언급되고 있습니다.

> 여호와여 내가 부르짖어도 주께서 듣지 아니하시니 어느 때까지리이까 내가 강포로 말미암아 외쳐도 주께서 구원하지 아니하시나이다 어찌하여 내게 죄악을 보게 하시며 패역을 눈으로 보게 하시나이까 겁탈과 강포가 내 앞에 있고 변론과 분쟁이 일어났나이다 이러므로 율법이 해이하고 정의가 전혀 시행되지 못하오니 이는 악인이 의인을 에워쌌으므로 정의가 굽게 행하여짐이니이다

하박국 선지자는 개인적으로 하나님을 향해 불만이 섞인 탄식조의 질문을 하고 있습니다. 그의 불만은 하나님께서 그가 부르짖어 기도한 것에 응답하지 않으시는 것에 있습니다. 그의 기도는 하나님께서 통치하시는 이 유다 나라가 하나님의 말씀을 경시하고 불의와 폭력을 행하니 여기서 자신을 구원해달라는 것이었습니다. 하나님을 믿고 살아가는 의인들이 오히려 악인들에 의해 둘러싸이고 어려움을 당하고 있으니 구원해 달라는 것이었습니다. 자신의 기도를 응답하셔서 악인들을 심판하시고 하나님의 공의와 구원을 보게 해달라는 기도였습니다. 그러나 하나님의 응답은 없고 폭력과 겁탈과 불의가 계속 자신의 눈앞에서 일어나고 있습니다. 이런 가운데 하박국은 왜 하나님께서 공의를 속히 실행하지 않으시는가에 대해 질문과 탄식을 하고 있습니다.

마침내 하나님께서 하박국의 기도와 질문에 답변하십니다. 하나님 답변의 구체적인 내용은 1장 6절이 보여줍니다. 하나님은 "보라 내가 사납고 성급한 백성 곧 땅이 넓은 곳으로 다니며 자기의 소유가 아닌 거처들을 점령하는 갈대아 사람을 일으켰나니"라고 말씀하십니다. 갈대아 사람 곧 바벨론 제국을 통해 하나님 말씀을 존중하지 않고 불의를 행함으로 악인이 오히려 의인을 짓누르고 승리하는 유다 왕국을 심판하시겠다는 것입니다. 하나님을 경외하는 자들이 어려움을 당하는 유다의 현실에서 하나님의 공의를 분명히 보이시겠다고 답변하신 것입니다.

그러나 하박국 선지자는 이런 하나님의 답변으로 오히려 고민이 더 깊어졌습니다. 하나님을 믿고 예배한다고 하지만 불의하여 하나님을 무시한 유다 나라에 대해 하나님의 공의를 행하시도록 기도하고 탄식하였지만 하나님 백성들 보다 더 악한 이방 나라를 통해 심판하시는 것이 올바른가에 대한 고민입니다. 그리하여 하박국은 1장 13절에서 하나님께 다시 질문합니다. "주께서는 눈이 정결하시므로 악을 차마 보지 못하시며 패역을 차마 보지 못하시거늘 어찌하여 거짓된 자들을 방관하시며 악인이 자기보다 의로운 사람을 삼키는데도 잠잠하시나이까"라고 호소하며 질문합니다. "하나님께서 유다 나라의 불의에 대해 심판하시고 징계하시는 것은 좋습니다. 그런데 어떻게 징계할 나라가 없어서 바벨론과 같이 하나님도 모르는 나라를 사용하여 그 나라보다는 더 의로운 유다를 심판하시는 것이 하나님의 공의에 맞는 일입니까? 오히려 유다 보다는 더 의로운 나라를 통해 징계하시고 심판하셔야 하는 것이 아닙니까?"라고 질문한 것입니다. 이 두 번째 질문에 대해서 하박국 선지자는 하나님의 답변을 곧바로 듣지 못하고 기다려야 했습니다. 2장 1절은 하박국이 하나님의 답변을 듣고자 성루에 올라가고 하나님의 답변에 귀를 기울이고 있는 것을 보여줍니다.

하박국 선지자는 자신이 몸담고 있는 유다 나라가 멸망해가는 현실 속에서 그냥 무감각한 사람으로 살지 않았습니다. 아무런 문제의식 없이, "세상이 어떻게 흘러가든 나 혼자 잘 먹고 잘 사니까 상관없어."라고 생각하며 살다간 사람은 아닙니다. "하나님! 나의 조국 유다가 하나님을 믿으면서도 왜 이 지경입니까? 왜 하나님의 공의로운 통치가 이런 나라에 나타나지 않습니까? 의인이 잘 되고 악인이 못되는 일이 왜 일어나지 않습니까?" 이와 같은 하나님의 통치에 대한 질문들을 가지면서 살았던 선지자가 하박국임을 말씀합니다. 바벨론을 통해 유다의 불의함을 심판하시겠다고 말씀하실 때에도 하박국은 이렇게 행하시는 것이 과연 하나님의 공의인지에 대해 질문하였습니다. 하나님 말씀이라고 무조건 선포한 것이 아니라 이방 민족을 통해 하나님 백성을 심판하시고 멸망시키시는 것이 하나님의 공의와 어떻게 조화되는지 고민하고 질문하면서 말씀을 전한 사람이 하박국 선지자입니다.

우리는 하나님의 공의에 대한 하박국의 질문들을 들으며 교훈을 얻습니다. 우리가 대한민국과 이 지구에 살면서 아무런 의식 없이 살기를 하나님이 원하지 않으신다는 것을 깨닫게 됩니다. 선하신 하나님이 이 세상과 이 대한민국을 다스리신다면 지금 우리의 현실에서 일어나고 있는 악한 일들은 왜 일어나는지에 대해 문제의식을 가지고 기도하길 원하신다는 것입니다. "하나님! 예수께서 악을 이기시고 이 세상을 정복하시어 하나님의 나라가 이미 시작이 되었다면 좀 더 나은 세상이 되어야 하는 것 아닙니까? 왜 오히려 2천 년 전이나 후나 이 세상과 대한민국은 전보다 나아지지 않고 타락하여만 갑니까?" 하나님께 도전하는 것이 아니라 이 세상의 악한 현실과 하나님의 공의에 대해 신앙인으로서 문제의식을 가지고 살 것을 간접적으로 교훈해 주십니다. 이러한 문제의식을 우리는 욥에게서 발견할 수 있습니다. 욥은 하나님을 제대로 믿고 의롭게 살았던 사람입니다. 그랬던 그가 큰 고난과 어려움을 당하였습니다. 이런 상황에서 욥은 자포자기로 절망하거나 하나님을 저주하지 않았습니다. 욥은 자신이 처한 현실에 대해 문제의식을 가지고 기도했습니다. "나 같이 하나님을 잘 믿는 사람이 이렇게 패가망신한 이유가 무엇입니까? 나보다 더 악한 자들이 오히려 건강하고 잘 되는 이유가 무엇입니까? 하나님께서 통치하신다면 이것이 어떻게 하나님의 공의입니까?" 욥의 이런 심각한 질문과 기도가 욥기서 3장에서부터 31장까지 기록되어 있습니다.

하박국과 욥기의 말씀을 이러한 질문들과 관련하여 우리에게 주시는 이유는 무엇입니까? 하나님의 통치를 믿고 이 땅에서 살아가는 하나님의 백성들로서 하나님의 통치와 이 땅의 현실에 대해 의식하며 사는 것이 중요하기 때문입니다.

하박국의 질문에 대한 하나님의 답변

하나님께서는 하박국 선지자가 가진 문제의식과 질문에 대해 첫 번째 질문에 대답해 주셨던 것처럼 이번에도 구체적으로 대답해주셨습니다. 2장 2절에서부터 20절까지가 하나님의 답변 내용입니다. 이 답변의 말씀 가운데서 2절과 3절을 보면 하나님께서 하박국 선지자에게 하나님의 답변을 돌판에 명백히 새기라고 말씀하십니다. 그렇게 하여 분명히 보고 전달할 수 있게 하라 말씀하십니다. 그러시면서 3절에서는 "비록 더딜지라도 기다리라 지체되지 않고 반드시 응하리라."라고 말씀하십니다. 하나님께서는 더딜지라도 반드시 이루어질 것이니 기다리라고 말씀하시는데 더디지만 하나님께서 반드시 이루시려는 것은 무엇일까요? 이것은 악인에 대한 하나님의 심판을 의미합니다. 이 악인은 4절에서 마음이 교만하며 옳지 못한 자들입니다. 이런 악인은 갈대아 사람들 곧 바벨론을 의미합니다. 이미 하나님께서는 바벨론 사람들에 대해 1장 11절에서 "그들은 자기들의 힘을 자기들의 신으로 삼는 자들이라"고도 말씀하셨습니다. 자기들의 힘을 자기들의 신으로 삼는 교만한 자들입니다. "지금은 유다의 백성들이 악해서 그들보다 더 악한 바벨론 사람들을 통해서 심판하지만 자신의 힘을 자신의 신으로 믿고 사는 이 교만하고 악한 사람들도 오래 가지 못할 것이다. 내가 반드시 심판할 것이니 기다리라."라고 말씀하신 것입니다. 2장 17절에서도 "이는 네가 레바논에 강포를 행한 것과 짐승을 죽인 것 곧 사람의 피를 흘리며 땅과 성읍과 그 안의 모든 주민에게 강포를 행한 것이 네게로 돌아오리라."라는 말씀을 통해 악행을 행한 바벨론에 보복하실 것을 명백히 하십니다. 그러므로 유다에 대한 심판은 '바벨론에 대한 심판을 통한 하나님의 백성들의 구원' 을 전제로 하시는 것임을 말씀합니다.

우리에게 익숙한 14절의 말씀인 "이는 물이 바다를 덮음 같이 여호와의 영광을 인정하는 것이 세상에 가득함이니라."는 바벨론에 대한 심판을 통해 세상이 하나님의 영광을 인정하게 될 것을 말씀합니다(사 11:9 참조). 비록 이제 유다가 환난을 받겠지만 이 환난을 통해 하나님께서 더 큰 영광을 이 세상에 드러내실 것임을 말씀합니다. 물이 바다를 덮는다는 것은 상징적인 표현입니다. 성경에서 바다는 하나님의 적대 세력으로 상징화되어 표현되곤 했습니다. 3장 15절에서도 하박국 선지자는 "주께서 말을 타시고 바다 곧 큰 물의 파도를 밟으셨나이다."라고 표현하여 바다가 하나님의 적대세력임을 드러냅니다. 이런 의미의 '바다'는 요한계시록 21:1에서 사도 요한이 언급한 것처럼 새 하늘과 새 땅에 없는 '바다'입니다. 이 바다와 같은 하나님의 모든 적대세력은 물에 의해서 덮여지고 패배할 것입니다. 바벨론과 같이 의인들을 괴롭히는 모든 적대세력은 온전히 패하고 하나님의 영광만이 이 세상에 가득하게 될 날이 올 것입니다. 이렇게 하여 온 땅이 하나님 앞에서 잠잠하게 될 때가 있을 것이니 기다리라는 말씀입니다.

계속하여 2장 4절 하반부에서 "의인은 그의 믿음으로 말미암아 살리라."라고 말씀하십니다. 여기에서 의인은 어떤 사람입니까? 하나님을 무시하고 교만하여 심판받을 사람들과 대조되는 사람입니다. 하나님과의 올바른 관계 속에서 살아가는 사람입니다. 하나님과의 언약 관계 아래에서 하나님의 심판아래서도 살아남는 사람들입니다. 그러면 하나님께서 말씀하시고 있는 이런 의인이 가지고 살아야 하는 믿음은 어떤 믿음입니까? 하나님께서 전후 문맥에서 악인에 대한 심판을 말씀하시니 악인의 심판을 통해 그의 백성을 구원하실 것이라는 믿음입니다. 비록 유다 사람들이 바벨론 사람들에 의해서 멸망한다 할지라도 하나님께서 정한 때에 바벨론 사람들을 심판하여 유다를 회복시키실 것이라는 믿음을 의미합니다.

그러나 이런 믿음에 대해 좀 더 살펴볼 것이 있습니다. 여기 "그의 믿음으로(באמונתו) 말미암아 살리라"에서 이 "그의"의 '그는'은 누구인가? 하는 것입니다. 이 대명사는 앞에서 언급한 것처럼 의인일 수도 있지만 하나님을 의미할 수도 있습니다. 두 가지로 이해하는 것이 가능한데 그리스 말로 되어 있는 구약 성경(LXX)은 "의인은 나의 믿음으로 말미암아 살리라"(δίκαιος ἐκ πίστεως μου ζήσεται)로 번역하여 하나님의 믿음을 말하고 있기 때문입니다. 바울 사도께서는 로마서 1:17에서 이 부분을 언급하실 때 이 대명사를 빼고 그냥 "의인은 믿음으로 말미암아 살리라"(δίκαιος ἐκ πίστεως ζήσεται)라고 하심으로써 이 두 가지 가능성을 더 확증하셨습니다. 그렇다면 여기서 "그의 믿음"은 하나님의 믿음이 될 수 있는데 하나님께서 무엇을 믿는다는 것보다는 "하나님의 신실하심"을 의미합니다. 하나님과 언약관계에 있는 의인은 하나님께서 행하시는 언약적 신실하심으로 산다는 것입니다. 하나님께서 그와 올바른 언약관계에 있는 의인을 버리지 않으시는 신실하심입니다. 결국 4절 하반부의 말씀에서 하나님께서는 의인이 하나님의 신실하심과 이것을 믿는 그의 신실함으로 살 것을 말씀하신 것입니다. 바벨론을 통해 유다를 심판하시는 가운데서도 그의 의로운 백성들을 구원하시는 하나님의 신실하심을 그의 의인들이 신실히 믿음으로써 살 것이라는 의미입니다.

하나님의 신실하심과 우리의 신실함

하박국 선지자는 3장에 가서 이 신실하신 하나님에 대한 신실함을 가지고 찬양하고 있습니다. 특별히 3장 17-19절 말씀을 보겠습니다.

> 비록 무화과나무가 무성하지 못하며 포도나무에 열매가 없으며 감람나무에 소출이 없으며 밭에 먹을 것이 없으며 우리에 양이 없으며 외양간에 소가 없을지라도 나는 여호와로 말미암아 즐거워하며 나의 구원의 하나님으로 말미암아 기뻐하리로다 주 여호와는 나의 힘이시라 나의 발을 사슴과 같게 하사 나를 나의 높은 곳으로 다니게 하시리로다

"하나님! 유다 왕국이 비록 불의하지만 그렇다고 더 악한 바벨론 제국을 통해 심판하시는 것이 하나님의 공의입니까?"라고 고민하면서 질문했던 하박국은 하나님의 답변을 들은 후에는 기뻐하며 즐거워하고 있습니다. 더 나아가 하박국 선지자는 하나님이 주시는 심판과 환난의 소식에 고통

으로 떨지만 의연히 기다린다고 반응합니다. 그는 3장 16절에서 "내가 들었으므로 내 창자가 흔들렸고 그 목소리로 말미암아 내 입술이 떨렸도다 무리가 우리를 치러 올라오는 환난 날을 내가 기다리므로 썩이는 것이 내 뼈에 들어왔으며 내 몸은 내 처소에서 떨리는도다"라고 말합니다. 환난의 날을 오히려 기다립니다. 그 어려움을 넘어서서 하나님과 의인의 승리를 바라보기에 환난의 날을 즐겁게 기다립니다. 하나님의 공의에 대해 심각히 고민하지 않은 사람은 하박국의 이 즐거움과 기다림에 깊이 공감할 수 없을 것입니다. 심판하시지만 결국은 구원하시는 신실하신 하나님이라는 답변의 말씀도 실감할 수 없을 것입니다. 그러나 심판과 구원이라는 하나님의 공의와 신실하심의 통치를 깊이 고민하며 묵상하는 자들에게는 하박국처럼 기쁨으로 심장이 뛰며 입으로 환호성을 지르게 될 것입니다.

그리스도인으로서 우리 또한 하나님께서 말씀하신 의인을 살게 하는 하나님의 신실하심에 대해 좀 더 생각할 필요가 있습니다. 이미 언급한 로마서 1:17에서 사도 바울은 하나님의 신실하심을 복음에 나타난 "하나님의 의"(δικαιοσύνη θεοῦ)와 관련하여 말씀합니다. 하나님의 복음에 있는 하나님의 의를 통해 "하나님의 믿음" 곧 신실하심이 나타났다는 것입니다. 이 하나님의 의는 예수 그리스도를 의미합니다. 로마서 3:21-22에서 사도 바울은 율법과 선지자들의 증거를 받은 하나님의 의는 "예수 그리스도의 믿음"(πίστεως Ἰησοῦ Χριστοῦ) 곧 신실하심을 통해 모든 믿는 자에게 차별이 없이 영향을 미치는 하나님의 의로서 예수님을 증거합니다. 하나님의 신실하심이 하나님의 복음이며 의이신 예수님의 신실하심을 통해서 나타났다는 것입니다. 사람을 창조하신 하나님께서는 사단에 속아 하나님을 대적하고 저버린 사람을 버리지 않으셨습니다. "그 여인의 후손(씨)"이며 "아브라함과 다윗의 후손(씨)"인 메시아를 통해 구원하실 것을 약속하시고 관계하셨는데 아들 예수를 보내심으로 사람의 구원을 이루신 것입니다. 하나님의 의로서 예수께서 성육신하시고 십자가에 죽기까지 신실히 순종하시어 하나님의 신실하심의 절정을 보여주셨습니다. 또한 그 신실하심으로 예수께서는 우리를 신실함에 이르게 하셨습니다. 이런 의미로 사도 바울께서는 로마서 1:17에서 "믿음으로 믿음에 이르게 하셨다"고 말씀하십니다. 하박국 선지자를 통해 하나님과 관계하는 의인이 하나님의 신실하신 구원을 신실하게 믿음으로 살게 된다고 말씀하신 것처럼, 사도 바울을 통해 신실하신 예수를 통한 하나님의 신실하신 구원을 신실히 믿는 그리스도인들은 산다고 말씀하십니다. 사도 바울은 로마서 8장에서도 이런 하나님의 신실하심을 다가올 환난과 관련하여 그리스도인들에게 다시 강조합니다. 8장 35-39절의 말씀입니다.

> 누가 우리를 그리스도의 사랑에서 끊으리요 환난이나 곤고나 박해나 기근이나 적신이나 위험이나 칼이랴.... 이 모든 일에 우리를 사랑하시는 이로 말미암아 우리가 넉넉히 이기느니라 내가 확신하노니 사망이나 생명이나 천사들이나 권세자들이나 현재 일이나 장래 일이나 능력이나 높음이나 깊음이나 다른 어떤 피조물이라도 우리를 우리 주 그리스도 예수 안에 있는 하나님의 사랑에서 끊을 수 없으리라

이 하나님의 신실하심에 대해 우리는 어떻게 반응하며 살아가고 있습니까? 이 대한민국에서 그리스도인으로 살아가는 우리는 하나님께서 예수님을 통해 이 땅을 정복하시고 하나님이 통치하시는 나라를 이 땅에 가져오셨다고 믿고 살아가는 자들입니다. "예수님께서 죄악을 이기고 사단을 정복하셨다면, 그리고 하나님의 나라가 이 땅에 임했다면 이 땅이 좀 나아져야 되는 것이 아닌가?"라고 생각하게 됩니다. 그리스도인들이 예수로 말미암아 죄 용서를 받았으니 죄 짓지 않고 하나님과 이웃을 사랑하는 새사람들로서 살 것이라 기대하게 됩니다. 그리스도인들로서 우리

는 이런 질문과 기대를 가져야 합니다.

그러나 때때로 우리는 살고 있는 이 나라에서 하나님의 말씀대로 공의가 실현되지 않는 것들을 보며 실망하게 됩니다. 하나님이 무능하다고 생각하기 쉽습니다. 거짓되고 달라지지 않은 신앙인들을 보며 하나님과 교회에 회의를 가지게 되기도 합니다. 내 안에 있는 믿음의 부족함을 볼 때마다, 죄의 유혹에 너무 쉽게 넘어지는 자신을 볼 때마다 자학하거나 때로는 믿음을 포기하려고 할 때도 있습니다. 공정하지 않은 직장문화 때문에 혹 학교와 결혼생활에서의 어려움 때문에 그리스도인이지만 힘들어 절망할 수도 있습니다.

그러나 우리는 회의와 실망보다 하나님의 신실하심을 바라보는 반응을 해야 합니다. 신실하신 하나님께서 자기 아들을 아끼지 아니하시고 우리 모두를 위해 내어주시기까지 사랑하시기 때문입니다. 유혹하고 넘어지게 하는 죄악과 불의를 물리치고 승리하게 하는 성령과 필요한 모든 것으로도 우리를 도와주실 것이기 때문입니다(롬 8:32). 하나님께서는 지난 과거와 같이 현재와 미래에도 동일하게 신실하신 하나님이십니다. 우리를 창조하시고 부르셨으니 예수님 재림의 날까지 실패함 없이 구원을 이루어 가실 것입니다. 이렇게 신실히 행하실 하나님에 대한 믿음으로 매달려야 합니다. 하박국 선지자가 올바로 반응했던 것처럼 다가오는 환난과 어려움 속에서도 동일하게 다가오는 하나님의 구원으로 인해 기쁨으로 기다려야 합니다. 우리 믿음의 선구자요 완성자이신 예수를 바라보아야 합니다(히 12:2; 13:8).

스바냐 1장 1-13절
여호와의 날

(1) 아몬의 아들 유다 왕 요시야의 시대에 스바냐에게 임한 여호와의
말씀이라 스바냐는 히스기야의 현손이요 아마랴의 증손이요 그다랴의
손자요 구시의 아들이었더라 (2) 여호와께서 이르시되 내가 땅 위에서
모든 것을 진멸하리라 (3) 내가 사람과 짐승을 진멸하고 공중의 새와
바다의 고기와 거치게 하는 것과 악인들을 아울러 진멸할 것이라 내가
사람을 땅 위에서 멸절하리라 나 여호와의 말이니라 (4) 내가 유다와
예루살렘의 모든 주민들 위에 손을 펴서 남아 있는 바알을 그 곳에서
멸절하며 그마림이란 이름과 및 그 제사장들을 아울러 멸절하며 (5) 또
지붕에서 하늘의 뭇 별에게 경배하는 자들과 경배하며 여호와께 맹세하
면서 말감을 가리켜 맹세하는 자들과 (6) 여호와를 배반하고 따르지 아
니한 자들과 여호와를 찾지도 아니하며 구하지도 아니한 자들을 멸절하
리라 (7) 주 여호와 앞에서 잠잠할지어다 이는 여호와의 날이 가까웠으
므로 여호와께서 희생을 준비하고 그가 청할 자들을 구별하셨음이니라
(8) 여호와의 희생의 날에 내가 방백들과 왕자들과 이방인의 옷을 입은
자들을 벌할 것이며 (9) 그 날에 문턱을 뛰어넘어서 포악과 거짓을 자
기 주인의 집에 채운 자들을 내가 벌하리라 (10) 나 여호와가 말하노라
그 날에 어문에서는 부르짖는 소리가, 제 이 구역에서는 울음 소리가,
작은 산들에서는 무너지는 소리가 일어나리라 (11) 막데스 주민들아 너
희는 슬피 울라 가나안 백성이 다 패망하고 은을 거래하는 자들이 끊어
졌음이라 (12) 그 때에 내가 예루살렘에서 찌꺼기 같이 가라앉아서 마
음속에 스스로 이르기를 여호와께서는 복도 내리지 아니하시며 화도 내
리지 아니하시리라 하는 자를 등불로 두루 찾아 벌하리니 (13) 그들의
재물이 노략되며 그들의 집이 황폐할 것이라 그들이 집을 건축하나 거
기에 살지 못하며 포도원을 가꾸나 그 포도주를 마시지 못하리라

[스바냐 1장 1-13절]

선지자 스바냐와 유다 주민들의 상태

스바냐는 유다의 요시야 왕 때에 하나님의 말씀을 전했던 선지자입니다. 요시야 왕은 예수께서 이 땅에 오시기 전인 주전 640년부터 608년까지 유다의 왕으로 31년간 통치했습니다. 이 왕의 시대에는 스바냐 선지자뿐 아니라 앗수르 제국의 멸망을 예언한 나훔과 유다에 대한 심판을 전하는 예레미야 선지자도 활동하고 있었습니다. 그러면 스바냐 선지자는 이 요시야 왕의 시대에 어떠한 말씀을 전했을까요? 우리가 읽은 스바냐 본문의 말씀은 대충 보아도 그렇게 밝은 내용의 말씀은 아닙니다. 온통 하나님의 심판에 대한 말씀으로 되어 있기 때문입니다. 요시야가 왕으로 다스리던 유다 왕국은 어떤 상황에 있었기에 하나님께서는 스바냐 선지자를 통해 심판에 대한 말씀만 전하게 하셨을까요? 우리는 요시야 시대에 사는 유다 사람들의 죄목을 하나하나 열거하시는 말씀들을 통해서 그 시대의 상황을 짐작할 수 있습니다. 먼저 1장 4절을 보면 하나님께서는 유다와 예루살렘의 모든 주민들을 언급하시면서 그들을 멸절하시겠다고 말씀하십니다. 하나님께서는 예루살렘 주민들뿐 아니라 바알과 이방신의 제사장들인 "그마림들"(הכמרים)을 아울러 멸절하시겠다고 말씀하십니다. 하나님의 성전이 있는 예루살렘에 거주하는 사람들이 바알을 숭배하며 이방신의 제사장들을 따라 산당들에서 우상을 섬겼기 때문입니다(왕하 23:5; 호 10:5).

5절 말씀도 보면 그 시대 유다 사람들은 지붕에서 하늘의 별들을 경배했습니다. 별들은 원래 그들 이웃에 살고 있는 앗수르 제국 사람들이 섬기는 신이었습니다. 하나님을 믿는 유다 사람들이 앗시리아 제국의 영향을 받아 지붕에서 별들에게 분향하고 제사한 것입니다(렘 7:18; 44:17-19 참조). 또한 하나님께 맹세하면서 말감(מלכם)이라는 이방신의 이름으로도 맹세하였습니다. 말감은 암몬의 신으로서 밀곰 혹은 몰렉(מלך) 이라고도 하는데 자녀들을 불태워서 숭배하는 신이었습니다(왕상 11:5, 7;

렘 49:1). 하나님께서는 이렇게 이방의 우상들을 섬기는 유다의 사람들을 멸하겠다고 말씀하십니다. 6절에 있는 말씀처럼 그들은 하나님을 배반하고 따르지 아니하며 하나님을 찾지도 구하지도 않는 자들이기 때문입니다. 그들은 하나님의 이름으로는 맹세하며 기도하지만 진정으로는 하나님을 찾지 않는 자들이었습니다. 오히려 바알과 별과 말감을 찾고 맹세하며 경배하는 자들이었습니다. 겉으로는 하나님을 섬긴다고 하면서도 실제로는 우상들을 섬기는 자들이었습니다. 요시야 왕의 본격적인 종교개혁(주전 622년) 이전으로 보이는 이런 유다의 상황에서 하나님께서는 스바냐 선지자를 통해 유다와 예루살렘의 주민들을 멸하시겠다고 말씀하신 것입니다.

유다 지도자들의 상태

유다의 일반주민들이 이런 상태에 있었는데 그들의 지도자들은 어떠했을까요? 8절은 "여호와의 희생의 날에 내가 방백들과 왕자들과 이방인의 옷을 입은 자들을 벌할 것이며"라고 말씀합니다. 주로 예루살렘의 지도층에 있는 사람들인 왕족들과 관리들에 대한 징벌을 말씀하시는데 이들이 이방인의 옷 곧 이방의 풍속과 문화를 좇아 우상을 숭배했기 때문입니다. 9절은 이들을 문턱을 뛰어넘는 자들 곧 블레셋의 미신적 풍습을 믿는 자들로 언급하고 있습니다(삼상 5:5; 겔 9:3; 46:2). 이 지도자들은 또한 포학과 거짓으로 자기 주인의 집 곧 왕궁과 하나님의 성전을 채우는 자들입니다. 이방의 우상을 숭배 할뿐 아니라 이웃과의 관계에서도 폭력과 거짓을 행하는 불의한 자들이었습니다. 18절은 "그들의 은과 금이 여호와의 분노의 날에 능히 그들을 건지지 못할 것이며"라고 말씀하는데 이들이 은과 금을 숭배하는 자들이었음을 드러냅니다.

유다와 예루살렘의 일반 주민뿐 아니라 지도자들을 포함한 모든 사람들이 하나님께 심판을 받을 수밖에 없는 상태에 있었는데 이들의 마음을 잘 드러내는 말씀은 12절입니다. 12절은 "그때에 내가 예루살렘에서 찌꺼기 같이 가라앉아서 마음속에 스스로 이르기를 여호와께서는 복도 내리지 아니하시며 화도 내리지 아니하시리라 하는 자를 등불로 두루 찾아 벌하리니"라고 말씀합니다. 예루살렘의 사람들은 "포도주의 찌꺼기 같이 가라앉아서" 곧 마음이 타락하고 굳어져서 하나님께서는 복도 화도 내리지 않는 신이라고 생각한다는 것입니다(사 1:22-26; 출 15:8 참조). 금방 하나님을 제사하고 성전에서 나오면서도 하나님께 복도 저주도 기대하지 않는다는 것입니다. 자신들의 실제적인 삶에서 하나님의 존재를 인정하지 않는다는 것입니다. 하나님은 세상을 창조하셨지만 멀리 하늘에 계시기만하고 자신들이 살고 있는 땅에서는 아무 일도 하지 않는다는 것입니다.

우리는 이러한 생각이나 믿음을 자연신론 혹은 이신론(deism)이라고 합니다. 하나님은 세상을 창조하셨지만 세상이 자연과 우주의 법칙에 따라 운행되게 하시고 참견하지 않으신다는 것입니다. 다소 차이는 있겠지만 요시야 왕 때에 유다와 예루살렘 사람들은 하나님을 예배하면서도 마음속에는 이러한 불신의 생각과 믿음을 가졌다는 것입니다. 하나님은 성전에 계실뿐이고 자신들의 현실적인 삶하고는 아무런 관계가 없다는 생각을 가졌습니다. 그래서 자신들이 거짓과 폭력으로 살든, 바알과 돈을 섬기면서 살든 하나님의 심판은 없다고 믿었습니다. 혹 자신들이 성전에서 행한 제사와 기도에 대해 하나님께서 복 주실 것도 기대하지 않았습니다. 예루살렘 성전에서 이들은 하나님을 형식적으로 인정하는 측면에서 유신론자일지 모르지만 실제적으로는 무신론자들이었습니다. 살아 역사하시고 보응하시는 하나님을 무능한 우상과 같이 대우한 자들이었습니다(사 41:21-24 참조). 이런 유다와 예루살렘 지도자들과 주민들에게 하나님께서는 등불을 켜고 그들을 일일이 찾아서 벌하시겠다고 말씀하십니다.

여호와의 날에 임하는 심판과 구원

그런데 하나님께서 언제 그들을 일일이 찾아서 벌하십니까? 정확한 때를 말씀하시는 않고 "여호와의 날"에 하신다고 말씀하십니다. 7절과 8절은 그 "여호와의 날"이 가까이 왔으며 그 날은 "여호와의 희생의 날" 곧 여호와께서 죽이시는 날이라고 표현합니다. 10절은 그 날에 어문에서 곧 예루살렘의 북쪽에 있는 문에서 부르짖는 소리가, 제 2구역 곧 예루살렘의 네 개의 구역 중에 두 번째에 속한 구역에서는 울음소리가, 작은 산들에서는 무너지는 소리가 날 것이라고 그 날을 자세히 묘사합니다. 14-16절도 이 날을 큰 날이라 부르며 다음과 같이 말씀합니다.

> 여호와의 큰 날이 가깝도다. 가깝고도 빠르도다 여호와의 날의 소리로다 용사가 거기서 심히 슬피 우는도다 그날은 분노의 날이요 환난과 고통의 날이요 황폐와 패망의 날이요 캄캄하고 어두운 날이요 구름과 흑암의 날이요 나팔을 불어 경고하며 견고한 성읍들을 치며 높은 망대를 치는 날이로다

하나님을 구하지도 않고 우상처럼 여긴 모든 불의한 자들을 고통스럽게 심판하는 여호와의 날이 가까이 다가오고 있음을 계속적으로 강조하여 말씀하고 있습니다.

그러나 하나님께서는 여호와의 날에 있을 심판만 말씀하신 것이 아니었습니다. 2장 3절에서는 그러한 여호와의 날에도 숨김을 얻고 구원받을 수 있는 길을 말씀하시고 있기 때문입니다. 2장 3절 말씀을 보겠습니다. "여호와의 규례를 지키는 세상의 모든 겸손한 자들아 너희는 여호와를 찾으며 공의와 겸손을 구하라 너희가 혹시 여호와의 분노의 날에 숨김을 얻으리라." 심판으로 가까이 다가오는 여호와의 날에도 그 심판을 피하고 숨김을 얻는 자들이 있습니다. 그러한 자들은 어떤 사람들입니까? 세상에서 여호와의 규례를 지키는 겸손한 자들입니다. 여호와를 찾는 자들

입니다. 공의와 겸손을 구하는 자들인데 "남은 자"(שְׁאֵרִית)들로 언급됩니다(2:7, 9; 3:12, 13). 무엇보다도 이러한 자들의 중요한 특징은 겸손에 있습니다. 반면에 예루살렘과 유다의 백성들이 심판받는 중요한 이유는 교만에 있습니다. 그들은 교만하여서 마음속으로 하나님을 무시하고 권세와 재물을 의지하는 자들이었습니다(1:6, 8-9, 11, 13, 18). 하나님께서는 이런 유다의 예루살렘뿐 아니라 앗수르의 니느웨 성도 심판하실 것을 2장 15절에서 말씀하시는데 그 성 사람들이 마음속으로 "오직 나만 있고 나 외에는 다른 이가 없다"라고 하면서 교만했기 때문이라고 말씀하십니다(3:11 참조). 교만하여 하나님 백성을 비방한 모압과 암몬도 소돔과 고모라와 같이 심판하십니다(2:8, 10). 이렇게 예루살렘이든 니느웨 사람들이든 교만한 자들은 여호와의 날에 심판을 피할 수 없지만 겸손한 자들은 구원을 얻습니다. 그러므로 여기서 겸손한 자들은 무엇보다도 마음이 하나님만을 전적으로 의존하는 가난한 자들 입니다(3:12; 사 61:1; 66:2). 이런 겸손한 자들이 여호와의 분노의 날에도 숨김을 얻고 구원을 얻는다고 말씀하십니다.

여호와의 새로운 날의 구원과 심판

스바냐 선지자를 통한 하나님 말씀대로 여호와의 날이 임하여 교만한 유다와 예루살렘은 바벨론 제국에 의해 주전 586년에 멸망했습니다. 교만한 앗시리아 제국 니느웨도 스바냐 선지자가 예언한지 10여년이 지난 주전 612년에 멸망했습니다. 하나님을 부정하는 교만한 자들에 대한 하나님의 심판이 말씀대로 이루어졌음을 역사는 우리들에게 가르쳐 줍니다. 한편 하나님께서는 그 분노의 날에 하나님을 의존하는 겸손한 자들을 남겨 두실 것도 말씀하셨는데 왜 그렇게 하시는 것일까요? 3장 9-13절 말씀을 보겠습니다.

> 그 때에 내가 여러 백성의 입술을 깨끗하게 하여 그들이 다 여호와의 이름을 부르며 한 가지로 나를 섬기게 하리니 내게 구하는 백성들 곧 내가 흩은 자의 딸이 구스 강 건너편에서부터 예물을 가지고 와서 내게 바칠지라 그 날에 네가 내게 범죄한 모든 행위로 말미암아 수치를 당하지 아니할 것은 그 때에 내가 네 가운데서 교만하여 자랑하는 자들을 제거하여 네가 나의 성산에서 다시는 교만하지 않게 할 것임이라 내가 곤고하고 가난한 백성을 네 가운데에 남겨 두리니 그들이 여호와의 이름을 의탁하여 보호를 받을지라 이스라엘의 남은 자는 악을 행하지 아니하며 거짓을 말하지 아니하며 입에 거짓된 혀가 없으며 먹고 누울지라도 그들을 두렵게 할 자가 없으리라

심판의 날에도 하나님을 의지하는 남은 자들을 두시는 것은 새로운 시대를 열어 가시기 위함입니다. 이스라엘의 남은 자들을 통해 구스를 포함한 열국이 깨끗하게 되어 예물을 가지고 하나님께 나아오는 구원의 시대를 열기 위함입니다. 하나님의 성산에서 곤고하고 가난한 백성들이 하나님을 찾고 하나님의 보호를 받는 새로운 시대를 열기 위함입니다. 그 새로운 시대는 바로 예수 그리스도가 오시는 시대를 의미합니다. 하나님께서는 남은 자들의 후손 속에서 예수 그리스도를 이 땅에 보내 주시고 예수 그리스도를 통해서 천하 만민이 하나님께 경배하며 나아오는 새로운 시대를 열어주셨기 때문입니다. 3장 15절 말씀은 이렇게 예수 안에서 이루어질 새 시대를 잘 예언하여 보여줍니다.

> 여호와가 네 형벌을 제거하였고 네 원수를 쫓아냈으며 이스라엘 왕 여호와가 네 가운데 계시니 네가 다시는 화를 당할까 두려워하지 아니할 것이라 그 날에 사람이 예루살렘에 이르기를 두려워하지 말라 시온아 네 손을 늘어뜨리지 말라 너의 하나님 여호와가 너의 가운데에 계시니 그는 구원을 베푸실 전능자이시라 그가 너로 말미암아 기쁨을 이기지 못하시며 너를 잠잠히 사랑하시며 너로 말미암아 즐거이 부르며 기뻐하

> 시리라 하리라

이스라엘의 왕이시며 전능하신 하나님이 시온에서 이스라엘 백성과 함께 거하실 것을 말씀합니다. 시온 백성의 모든 원수들을 쫓아내시며 모든 형벌을 제거하시는 구원을 이루시고 그의 백성을 사랑하시며 기뻐하시는 여호와의 새로운 날을 보여줍니다. 임마누엘의 하나님으로 우리 가운데 오셔서 우리의 죄와 죽음의 형벌을 십자가에서 제거하시고 부활하셔서 이스라엘의 왕이 되신 예수 안에서 이런 예언의 말씀들이 성취되었습니다. 그러므로 이 예수님만을 믿고 나오는 가난한 자들을 보호하시고 구원을 베푸십니다. 예수 믿는 시온 백성으로 우리를 사랑하시고 기뻐하시는 여호와의 새로운 날을 우리가 살고 있습니다. 그러나 구원의 새로운 날에는 동시에 하나님의 심판도 함께 있습니다. 1장 2-3절은 이 구원의 새로운 날에 있을 하나님의 우주적인 심판을 언급합니다.

> 여호와께서 이르시되 내가 땅 위에서 모든 것을 진멸하리라 내가 사람과 짐승을 진멸하고 공중의 새와 바다의 고기와 거치게 하는 것과 악인들을 아울러 진멸할 것이라 내가 사람을 땅 위에서 멸절하리라 나 여호와의 말이니라

하나님께서 노아의 날에 홍수를 통해 죄인들을 다 쓸어버리신 것처럼 이스라엘의 왕이 오시는 날에는 거치게 하는 우상과 악인들과 모든 죄악된 것들을 다 제거하실 것을 말씀하십니다(창 6:7; 7:21, 23; 겔 38:20; 계 21:8, 27; 22:15). 유다와 예루살렘의 주민들을 먼저 심판하시겠지만 여호와의 새로운 날에는 우주적인 불의 심판이 있을 것을 예언하신 것입니다(습 3:8; 벧후 3:10). 예수님의 초림의 날에도 대적들이 결정적으로 심판을 받겠지만 재림의 날에는 모든 악한 것들이 최종적으로 진멸당할 것을 의미합니다. 이렇게 하여 하나님께서 왕으로 통치하시는 온전한 하나님의 나라가 이 우주에 이루어질 것을 스바냐 선지자는 말씀하고 있습니다.

다가오는 여호와의 날과 회개와 소망

40년 후에 멸망할 유다의 요시야 왕 때에 하나님께서는 스바냐 선지자를 통해 가까이 오고 있는 여호와의 심판의 날에 대해 외치게 하시고 회개를 촉구하신 것입니다. 더 나아가 심판 가운데 있을 남은 자들을 통한 하나님의 구원과 심판하심을 소망하게 하신 것입니다. 이런 남은 자들을 통한 하나님의 구원하심 속에서 하나님이신 예수님이 이 땅에 오시고 우리를 구원하셨습니다. 이제는 예수님의 사도들을 통해 예수 믿는 우리에게 '가까이 오고 있는 주 예수의 구원과 심판의 날'에 대해 선포하셨습니다. 회개를 촉구하시고 다가오는 주 예수의 날을 소망하게 하셨습니다. 베드로후서 3장 8절에서 14절에 있는 말씀을 보겠습니다.

> 사랑하는 자들아 주께는 하루가 천 년 같고 천 년이 하루 같다는 이 한 가지를 잊지 말라 주의 약속은 어떤 이들이 더디다고 생각하는 것 같이 더딘 것이 아니라 오직 주께서는 너희를 대하여 오래 참으사 아무도 멸망하지 아니하고 다 회개하기에 이르기를 원하시느니라 그러나 주의 날이 도둑 같이 오리니 그 날에는 하늘이 큰 소리로 떠나가고 물질이 뜨거운 불에 풀어지고 땅과 그 중에 있는 모든 일이 드러나리로다 이 모든 것이 이렇게 풀어지리니 너희가 어떠한 사람이 되어야 마땅하냐 거룩한 행실과 경건함으로 하나님의 날이 임하기를 바라보고 간절히 사모하라 그 날에 하늘이 불에 타서 풀어지고 물질이 뜨거운 불에 녹아지려니와 우리는 그의 약속대로 의가 있는 곳인 새 하늘과 새 땅을 바라보도다 그러므로 사랑하는 자들아 너희가 이것을 바라보나니 주 앞에서 점도 없고 흠도 없이 평강 가운데서 나타나기를 힘쓰라

마치 요시야 시대의 백성들에게 말씀하신 것처럼 하나님께서는 이 시대의 하나님 백성들인 우리들에게 비슷한 말씀을 하시고 계십니다. 베드로 사도를 통해 하늘과 땅 곧 온 우주가 하나님의 심판을 받는 "주의 날"이 있을 것이니 속히 회개할 것을 촉구하십니다. 거룩한 행실과 경건함으로

"하나님의 날"이 임하기를 바라보며 살라고 하십니다. 그날에 점도 없고 흠도 없이 평강 가운데에 나타나도록 힘쓰라고 말씀하십니다. 그렇게 하지 않으면 유다와 예루살렘 사람들이 진멸을 당한 것처럼 주 예수의 날에도 철저히 심판당할 것을 경고하십니다. 스바냐 선지자를 통해 심판 가운데서도 여호와를 찾고 공의와 겸손을 구하는 자들이 숨김을 얻을 것이라 말씀하신 하나님께서 이제는 마음이 가난하여 주 예수를 찾고 그의 나라와 의를 구하는 자들이 숨김을 얻을 것이라 말씀하십니다.

사랑하는 성도 여러분! 주 예수의 재림의 날을 함께 소망하면서 혹 우리에게 있는 불신과 교만을 회개해야겠습니다. 회개를 미루며 돈과 세속적인 사람들을 의존하는 생활을 계속하지 않아야겠습니다. 이런 것들을 지적하시는 성령을 무시하면 하나님의 불같은 심판에서 숨김을 얻을 수 없습니다. 지금 말씀을 들을 때에 성령께서 지적하시고 회개하기를 원하시는 부분이 있으면 인정하고 돌이킵시다. 화도 복도 주실 수 있는 하나님 앞에서 경외심을 가지고 겸손하게 그 분을 의존하며 삽시다. 이렇게 하여 주 예수의 재림의 날에 하나님 앞에 의롭고 평안한 자들로 다 함께 서게 되기를 기원합니다.

학개 1장 1-15절
성전 재건

(1) 다리오 왕 제이년 여섯째 달 곧 그 달 초하루에 여호와의 말씀이
선지자 학개로 말미암아 스알디엘의 아들 유다 총독 스룹바벨과 여호사
닥의 아들 대제사장 여호수아에게 임하니라 이르시되 (2) 만군의 여호
와가 이같이 말하여 이르노라 이 백성이 말하기를 여호와의 전을 건축
할 시기가 이르지 아니하였다 하느니라 (3) 여호와의 말씀이 선지자 학
개에게 임하여 이르시되 (4) 이 성전이 황폐하였거늘 너희가 이 때에
판벽한 집에 거주하는 것이 옳으냐 (5) 그러므로 이제 만군의 여호와가
이같이 말하노니 너희는 너희의 행위를 살필지니라 (6) 너희가 많이 뿌
릴지라도 수확이 적으며 먹을지라도 배부르지 못하며 마실지라도 흡족
하지 못하며 입어도 따뜻하지 못하며 일꾼이 삯을 받아도 그것을 구멍
뚫어진 전대에 넣음이 되느니라 (7) 만군의 여호와가 말하노니 너희는
자기의 행위를 살필지니라 (8) 너희는 산에 올라가서 나무를 가져다가
성전을 건축하라 그리하면 내가 그것으로 말미암아 기뻐하고 또 영광을
얻으리라 여호와가 말하였느니라 (9) 너희가 많은 것을 바랐으나 도리
어 적었고 너희가 그것을 집으로 가져갔으나 내가 불어 버렸느니라 나
만군의 여호와가 말하노라 이것이 무슨 까닭이냐 내 집은 황폐하였으되
너희는 각각 자기의 집을 짓기 위하여 빨랐음이라 (10) 그러므로 너희
로 말미암아 하늘은 이슬을 그쳤고 땅은 산물을 그쳤으며 (11) 내가 이
땅과 산과 곡물과 새 포도주와 기름과 땅의 모든 소산과 사람과 가축과
손으로 수고하는 모든 일에 한재를 들게 하였느니라 (12) 스알디엘의
아들 스룹바벨과 여호사닥의 아들 대제사장 여호수아와 남은 모든 백성
이 그들의 하나님 여호와의 목소리와 선지자 학개의 말을 들었으니 이
는 그들의 하나님 여호와께서 그를 보내셨음이라 백성이 다 여호와를
경외하매 (13) 그 때에 여호와의 사자 학개가 여호와의 위임을 받아 백

> 성에게 말하여 이르되 여호와가 말하노니 내가 너희와 함께 하노라 하니라 (14) 여호와께서 스알디엘의 아들 유다 총독 스룹바벨의 마음과 여호사닥의 아들 대제사장 여호수아의 마음과 남은 모든 백성의 마음을 감동시키시매 그들이 와서 만군의 여호와 그들의 하나님의 전 공사를 하였으니 (15) 그 때는 다리오 왕 제이년 여섯째 달 이십사일이었더라
>
> [학개 1장 1-15절]

선지자 학개와 귀환자들의 성전 재건

학개 선지자가 하나님 말씀을 전한 시기는 유다가 바벨론에 멸망하여 포로로 잡혀갔다가 다시 돌아온 때입니다. 구체적으로 주전 538년 페르시아의 고레스에 의해 유대인들이 다시 가나안 땅에 돌아와서도 약 20년이 지난 시기입니다. 곧 학개 선지자는 다리오 왕(주전 522-489년) 제 2년인 주전 520년에 4개월 동안(6-9월) 활동하였습니다(1:1; 2:18). 이러한 시기에 활동한 또 하나의 선지자가 있는데 스가랴입니다(슥 1:1; 7:1; 스 5:1; 6:14). 60년 전 유다의 예루살렘에서는 하나님의 임재를 상징하던 성전이 바벨론 제국에 의해 불타고 파괴되었습니다. 성전을 건축했던 다윗왕조의 왕들도 바벨론 군대에 의해 잔인하게 죽임을 당하고 끌려가기도 했습니다. 유다의 일반 백성들도 대부분 지금의 이라크 지역에 해당하는 바벨론 지역에 포로로 끌려가서 살아야 했습니다(왕하 25장 참조). 그러나 포로 되었던 그들이 이제 돌아왔고 돌아와서도 벌써 20년이 지났습니다.

오늘 본문은 이런 시기에 하나님께서 학개 선지자를 통해 돌아온 자들의 대표인 유다 총독 스룹바벨과 대제사장 여호수아와 "남은 자"(שְׁארִית)들인 귀환자들에게 주신 말씀입니다(1:12, 14; 2:2). 무슨 말씀을 주셨을까요? 성전 재건과 관련한 말씀입니다. 1장 2절은 성전 재건과 관련하여 말씀하는데 특별히 귀환자들이 지금은 성전을 건축할 시기가 아니라고 주장한 것에 대해 말씀합니다. 이런 귀환자들의 주장과 달리 하

나님께서는 지금이 바로 성전을 건축할 시기라고 말씀하십니다. 하나님께서는 귀환자들이 하나님의 집 곧 성전보다는 자신들의 집에만 관심을 가진다고 말씀하십니다(1:4). 사실 18년 전인 주전 538년에는 귀환자들이 곧바로 성전 재건을 준비했었습니다. 페르시아 왕 고레스가 지원도 하여 귀환한지 2년 만에 성전 재건을 위한 공사를 시작하고 성전의 기초를 놓았습니다(스 3:8-13 참조). 그러나 성전 재건을 본격적으로 시작하려 하자 그 땅에 이미 정착한 사람들의 방해로 성전 재건은 중단되었습니다(스 4:1-5). 이들은 귀환자들의 성전재건을 싫어하여 페르시아 왕들에게 뇌물과 모함의 상소를 올렸습니다. 이렇게 하여 다리오 왕 2년까지 16년 동안 성전의 건축은 중단되었던 것입니다. 이런 가운데 귀환자들은 경제적으로도 너무 어렵게 살아야 했습니다. 돌아왔지만 땅을 되찾기도 쉽지 않았고 자기 땅에서 농사를 짓고 가축을 쳐도 가뭄을 비롯한 여러 자연적 재해 때문에 힘든 시기를 보내야 했습니다.

하나님의 집 재건에 무관심했던 귀환자들의 삶

그러므로 귀환자들은 하나님의 성전을 짓기는 해야 되겠지만 정치적이고 경제적인 상황을 볼 때 아직은 건축할 시기가 아니라고 주장한 것입니다. 이런 가운데 하나님께서는 귀환자들의 주장에 반대하시면서 하나님의 집은 황폐한데 귀환자들이 판벽한 집에 거주하는 것이 옳으냐고 반문하십니다. 4절에서 언급하시는 "판벽한(ספונים) 집"은 벽을 장식으로 꾸민 집으로서 여유 있게 살아가는 것을 의미합니다. 성전을 재건할 시기는 아니라고 하면서도 자기 집을 짓고 꾸미는 데에는 신속하게 행한 것을 지적하신 말씀입니다(1:9). 그러시면서 성전 재건이 중단된 16년 동안 너희들의 행위와 삶이 어떠했는지 한 번 "마음으로 돌아보라"(שִׂימוּ לְבַבְכֶם)고 말씀하십니다(1:5, 7; 2:15, 18). 6절 말씀에서 "그동안 너희들이 많이 씨를 뿌리고 심었지? 그래서 원하는 만큼 수확을 했었니?

오히려 수확량이 기대보다 적지 않았냐? 너희들 계속 먹고 마셨지? 그런데도 배부르지도 만족스럽지도 않았지? 아무리 옷을 입어도 따뜻하지 않았지? 열심히 일해서 돈을 모아도 다 빠져나가고 남은 것이 없었지?" 라고 상기시키십니다.

그러시면서 그동안 그렇게 많이 뿌리고 심었지만 기대보다 수확이 적었던 것, 그리고 집에 보관하고 저축하려고 했지만 빨리 없어져버렸던 것은 하나님께서 하신 일이라고 9절에서 말씀하십니다(2:16 참조). 이슬이 그치게 하셨고 땅과 산에 한재 곧 가뭄으로 곡물과 포도가 열매를 맺지 못하게 하셨으며 가축이든 손으로 수고한 모든 일이 잘되지 않게 하셨습니다(1:11). 하는 모든 일과 드리는 모든 것이 하나님께 부정(不淨)했고 자신들의 관심에서 하나님께 돌이키지 않았기에 복을 주시지 않으셨습니다(2:10-14, 16-19). 하나님께서 이렇게 하신 이유는 하나님의 집이 황폐한데도 자신들의 집 건축에는 신속했기 때문이라고 말씀하십니다. 그러므로 하나님께서는 성전재건의 시기가 아니라고 말하지 말고 지금이라도 빨리 가까이에 있는 산에 올라가서 나무를 가져다가 성전을 건축하라고 8절에서 말씀하십니다. 이런 행위를 기뻐하시고 이것을 통해 영광을 얻으시겠다고 권면하십니다.

하나님을 경외함으로 재개된 성전 건축과 그 의미

이런 말씀이 선포되자 12절 말씀을 보면 유다 총독인 스룹바벨과 대제사장 여호수아와 남은 자들로서 귀환한 백성들이 하나님을 경외하였습니다. 이에 대해 하나님께서는 그들과 함께 하신다는 말씀을 주시고 그들의 마음을 감동시키셨습니다(עור, 스 1:1 참조). 그러자 그 모든 귀환자들이 하나님의 전 건축공사를 재개하기 시작하였습니다(1:14). 15절은 그날이 다리오 왕 제2년(주전 520년) 6월 24일 이라고 말씀합니다. 성전재건을 위한 말씀이 선포된 지 약 20여일 만에 성전 재건이 다시 시작된 것입니다(1:1). 그러나 한 달도 안 되어 성전건축에 또 다른 문제가 발생하기도 했습니다. 2장 3절에서 보는 것처럼 이전 솔로몬 성전과 비교하여 지금의 성전건축은 작고 보잘 것 없는 일이라고 낙심하고 소홀히 하는 귀환자들이 발생한 것입니다(슥 1:1-6; 4:10 참조). 이에 대해 하나님께서는 함께하심과 성전의 이후 영광과 재건중단에 대한 경고를 통해 성전건축의 우선성과 중요성을 다시 강조하십니다(2:4-23). 이렇게 성전의 기초를 놓은 지 16년 만에 성전 건축을 재개하여 4년 만인 주전 516년에 성전을 완성하였습니다. 이 성전을 스룹바벨 성전 혹은 제 2성전이라고 부르기도 합니다.

사랑하는 여러분! 하나님께서 학개 선지자를 통해 주신 오늘 말씀의 요지는 무엇입니까?

귀환자들에게 성전 건축의 중요성을 말씀하신 것입니다. 특별히 자신들의 집 건축보다 하나님의 집 건축의 우선순위에 대해 말씀하신 것입니다. 이 우선순위가 잘못되면 모든 일에 복을 주지 않으시지만 하나님을 경외함으로 먼저 성전을 건축하면 기뻐하시고 복을 주신다는 말씀입니다(2:19). 여러분! 그렇다면 하나님께서는 귀환자들에게 왜 예루살렘 성전 재건을 최우선순위로 행해야 한다고 말씀하시는 것일까요? 성전재건이 이렇게 중요한 이유는 무엇일까요? 그것은 성전재건이 포로에서 돌아온 자들의 시대적 사명이었기 때문입니다. 귀환자들은 제 2의 예루살렘 성전을 반드시 건축해야 했습니다. 왜 그럴까요? 포로 전에 하나님께서는 부정한 예루살렘 성전을 떠나셨고 바벨론의 느부갓네살에 의해 주전 586년에 성전을 불타게 하셨고 유다를 멸망하게 하셨습니다. 그러나 땅이 70년간 안식한 후에 귀환과 새 성전과 왕국과 하나님이 오시는 새로운 시대의 도래를 또한 약속하셨습니다(렘 29:10-33:26; 겔 40-48장; 사 40장 참조). 이러한 하나님의 약속의 성취로 하나님의 남겨진 백성들이 돌아왔습니다. 이제는 새 성전과 새로운 다윗왕국과 하나님의 오심과 같은 새로운 시대가 도래 할 것이 기대됩니다. 이런 가운데 하나님께서는 제2 성전재건을 귀환자들의 최우선적 사명으로 독려하신 것입니다. 성전재건은 하나님의 회복의 새 시대가 오고 있음을 가장 잘 알려주는 기념비적인 상징물이기 때문입니다. 재건된 성전을 보면서 새 다윗왕국 곧 하나님 나라의 회복과 하나님의 오심으로 이루어지는 새 성전에 대한 소망을 주시려고 하신 것입니다. 이런 가운데 학개 선지자는 2장 6절 이후에서 제2성전의 이전 성전인 솔로몬 성전 보다 크게 더 영광스러운 성전에 대해 예언합니다. 2장 6절에서 9절까지의 말씀을 보겠습니다.

> 만군의 여호와가 이같이 말하노라 조금 있으면 내가 하늘과 땅과 바다와 육지를 진동시킬 것이요 또한 모든 나라를 진동시킬 것이며 모든 나라의 보배가 이르리니 내가 이 성전에 영광이 충만하게 하리라 만군의 여호와의 말이니라 은도 내 것이요 금도 내 것이니라 만군의 여호와의 말이니라 이 성전의 나중 영광이 이전 영광보다 크리라 만군의 여호와의 말이니라 내가 이곳에 평강을 주리라 만군의 여호와의 말이니라

학개 선지자에게는 지금 재건된 성전도 중요하지만 조금 후 곧 우주와 나라의 질서가 새롭게 변화한 후에 열국백성이 보배를 가지고 찾아오는 영광스런 성전이 더 중요합니다. 기존질서가 무너지고 새 하늘과 새 땅이 되면서 새로운 성전이 이루어지는 것을 바라보고 있는 것입니다. 이 성전은 솔로몬의 성전보다도 더 큰 영광을 가지고 있고 하나님이 주시는 평강으로 채워져 있습니다. 학개 선지자는그 새 성전을 세울 새로운 다윗 왕에 대한 말씀도 2장 21-23절에서 다음과 같이 하십니다.

> 너는 유다 총독 스룹바벨에게 말하여 이르라 내가 하늘과 땅을 진동시킬 것이요 여러 왕국들의 보좌를 엎을 것이요 여러 나라의 세력을 멸할 것이요 그 병거들과 그 탄 자를 엎드러뜨리리니 말과 그 탄 자가 각각 그의 동료의 칼에 엎드러지리라 만군의 여호와가 말하노라 스알디엘의

아들 내 종 스룹바벨아 여호와가 말하노라 그 날에 내가 너를 세우고 너를 인장으로 삼으리니 이는 내가 너를 택하였음이니라 만군의 여호와의 말이니라 하시니라

제2성전 건축의 문맥에서 등장하는 유다 총독 스룹바벨은 누구입니까? 스룹바벨은 다윗의 후손으로서 종말의 날에 새로운 성전을 세울 자의 모형입니다. 이 스룹바벨이 만국을 굴복시키시는 하나님의 인장 곧 하나님의 왕이 되어서 새로운 성전을 짓게 될 것을 예언하고 있습니다. 이처럼 학개서는 성전재건의 중요성을 미래의 새 성전과 그 성전을 세울 다윗의 후손에 대한 소망의 문맥에서 강조하고 있습니다. 뿐만 아니라 성전재건은 돌아온 백성들의 회개의 증거이기도 했기에 중요했습니다. 하나님을 떠나 살다가 포로가 되었지만 돌아오게 하셨으니 몸뿐만 아니라 마음도 하나님께 돌아온다는 증거입니다. 하나님께서 최우선적으로 요구하시는 성전재건의 실행은 하나님 중심으로 살겠다는 회개의 증거입니다. 하나님의 미래 회복의 확실한 증거와 소망이요 귀환자들의 회개의 증거이기에 성전재건은 그 시대의 독특한 사명이었습니다.

새 시대의 새로운 성전건축

그러므로 이 말씀은 이 시대의 예수 믿는 우리들에게도 자기 집보다 교회당 건축을 먼저 해야만 하나님이 복을 주시고 영광을 받으신다는 말씀은 아닙니다. 우리의 신앙선배들은 자주 이 본문 말씀을 그렇게 이해하고 전하기도 했습니다. 교우들의 집보다 하나님의 집을 먼저 지어야 사업과 자녀와 직장의 복을 받는다고 믿기도 했습니다. 그래서 교회당을 건축하여 헌당하는 일에 열심을 내기도 했습니다.그러나 이 본문말씀은 그렇게 적용될 수는 없습니다. 물론 예배의 공간으로서 교회당 건축은 매우 중요합니다. 그렇다하더라도 이 본문이 말하는 성전재건의 중요성

이 지금의 교회당 건축의 중요성과 동일시 될 수는 없습니다. 지금 우리는 하나님께서 예루살렘 제2성전 재건을 통해서 귀환자들에게 바라보게 하셨던 새 성전의 시대를 살고 있기 때문입니다. 그 새 성전은 학개 선지자가 예언했던 스룹바벨 곧 새로운 다윗을 통해 세워진 성전입니다.

바로 예수님이 학개 선지자와 귀환자들이 소망해야 했던 영광스러운 성전을 세우신 새 스룹바벨이며 새 다윗이십니다. 요한복음 1장 14절에서 사도 요한은 예수님의 오심을 "말씀이 육신이 되어 우리 가운데 거하시매 우리가 그의 영광을 보니 아버지의 독생자의 영광이요 은혜와 진리가 충만하더라" 라고 말씀합니다. 영광의 하나님 아들로서 이 땅에 "성막으로 거하셨고"(ἐσκήνωσεν) 피 흘림의 고난과 죽음과 부활을 통해 새로운 성전을 세우셨습니다(요 2:13-22). 다윗의 후손으로 오셔서 사단과 모든 나라를 굴복시키시고 뒤집어 엎으셔서 하나님의 새로운 세상을 만드셨습니다(마 1:1; 4:17). 교회당이 아니라 자신을 그리스도와 하나님의 아들과 주로 믿는 자들을 성전이 되게 하셨습니다. 그러므로 이 시대에 성전건축의 우선성과 중요성을 강조한다면 그것은 예수를 믿는 자들이 모인 교회의 우선성과 중요성이 강조한다는 의미입니다. 예수의 교회에 큰 영광과 구원과 평안이 있습니다. 하나님께서는 이런 예수의 교회의 세워짐을 통해 우리를 복주시고 기뻐하시며 영광을 받으십니다.

사도 바울께서는 고린도전서 3장 16절에서 "너희가 하나님의 성전인 것과 하나님의 성령이 너희 안에 계시는 것을 알지 못하느냐" 라고 말씀하셨습니다. 고린도 교회 성도들이 하나님의 성전이라고 말씀하신 것입니다. 하나님의 성령이 예수 믿는 고린도 교회 성도들 안에 계시는 하나님의 집입니다. 그러므로 오늘날 우리 성도들에게 성전건축이라고 하는 것은 학개 시대 때에 말씀하신 성전건물 건축이 아니라 예수를 믿는 사람들을 만들어 가는 것입니다. 마태복음 28장 19-20절에 있는 예수님의 명령을 따라 복음을 전하여 예수님 제자들을 세워가는 것입니다. 예수를 믿는 사람들을 통해서 이 세상을 새롭게 변화시키고 하나님의 평강이 넘치게 하는 것입니다. 교회를 이룬 예수 믿는 사람들이 세상의 직장, 학교, 가정, 정치, 경제, 도덕, 음악과 미술 등 모든 영역에서 예수를 통한 하나님의 거룩한 통치가 실행되게 하는 것이 이 시대 성전건축입니다. 그러므로 이 시대 성전건축은 하나님의 나라와 세상을 만들어가는 것을 의미하기도 합니다. 이러한 성전건축이 예수님께서 이 시대에 예수 믿고 사는 우리에게 요구하시는 최우선적이요 가장 중요한 사명입니다. 우리는 이 성전을 계속 지어가야 하는 사명이 주어졌고 이 성전의 완성은 예수님의 재림을 통해 이루어집니다. 우리의 성전건축이 진행형이라는 것을 보여주는 말씀은 에베소서 2장 21-22절입니다.

> 그의 안에서 건물마다 서로 연결하여 주 안에서 성전이 되어 가고(αὔξει) 너희도 성령 안에서 하나님이 거하실 처소가 되기 위하여 그리스도 예수 안에서 함께 지어져 가느니라(συνοικοδομεῖσθε)

우리의 성전건축 사명은 예수님이 다시 오실 때까지 계속 진행되는 사명입니다. 이 사명은 완성될 성전을 소망하면서 최우선적으로 실행되어야 합니다. 예수님은 우리에게 "너희는 먼저 그의 나라와 그의 의를 구하라"라고 하셨습니다. 이 말씀에서 "먼저"라는 말에 주의하셔야 됩니다. 너희는 먼저 너희의 집을 짓고 너희의 관심사를 따라서 살고 그 다음에 성전을 건축하라고 말씀하지 않으셨습니다. 예수님을 믿어 죄에서 용서 받고 하나님께 귀환하였으면 먼저 해야 하는 일이 하나님의 나라와 성전을 건축하는 것이라고 말씀하신 것입니다. 이것이 하나님께 돌아왔다는 회개의 증거이기도 하고 자신의 소망이 완성될 성전에 있음을 고백하는 것이기도 합니다. 예수 믿고 구원 받았다고 하면서 여전히 내 관심사와 내 가정이 최우선이고 주일에 한 번 교회 나오는 것이 믿음생활의 전부라면 그는 하나님께 여전히 돌아오지 않은 사람입니다. 진정한 회개와 돌아옴은 내 중심적인 삶에서 하나님과 이웃을 향한 삶으로 관심이 변화된 것을 의미합니다. 페르시아에 살면서도 파괴된 예루살렘 성벽의 재건을 위해 통곡하고 금식했던 느헤미야처럼 하나님 나라 일에 대해 늘 관심을 가지면서 사는 것을 의미합니다(느 1장 참조).

사랑하는 여러분! 학개 시대에 하나님께서는 말씀을 통해 귀환자들의 마음을 감동시키셔서 예루살렘 성전을 건축하게 하셨습니다. 이 시대에 우리도 예배에서 주어지는 말씀을 통한 성령의 감동이 있을 때에 성전과 하나님 나라를 건설할 수 있을 줄 믿습니다. 하나님께서 학개서 2장 4절에서 "스룹바벨아 스스로 굳세게 할지어다 여호사닥의 아들 대제사장 여호수아야 스스로 굳세게 할지어다... 이 땅 모든 백성아 스스로 굳세게 하여 일할지어다 내가 너희와 함께 하노라"라고 말씀하셨던 것처럼 우리에게 말씀으로 권면하실 때 우리도 감당할 수 있을 줄 믿습니다. 하나님께서 여러분에게 이런 말씀을 주시면서 예수께서 모퉁잇돌이 되신 산 성전을 건축하라 하실 때 잘 순종하시길 기원합니다(엡 2:20; 벧전 2:5 참조). 삶의 모든 영역에서 예수 안에서 이루어지는 성전을 세워가는 돌들로서 하나님의 복을 받으시길 기원합니다.

스가랴 1장 1-17절
시온에 돌아오신 하나님

(1) 다리오 왕 제이년 여덟째 달에 여호와의 말씀이 잇도의 손자 베레갸의 아들 선지자 스가랴에게 임하니라 이르시되 (2) 여호와가 너희의 조상들에게 심히 진노하였느니라 (3) 그러므로 너는 그들에게 말하기를 만군의 여호와께서 이처럼 이르시되 너희는 내게로 돌아오라 만군의 여호와의 말이니라 그리하면 내가 너희에게로 돌아가리라 만군의 여호와의 말이니라 (4) 너희 조상들을 본받지 말라 옛적 선지자들이 그들에게 외쳐 이르되 만군의 여호와께서 이같이 말씀하시기를 너희가 악한 길, 악한 행위를 떠나서 돌아오라 하셨다 하나 그들이 듣지 아니하고 내게 귀를 기울이지 아니하였느니라 여호와의 말이니라 (5) 너희 조상들이 어디 있느냐 또 선지자들이 영원히 살겠느냐 (6) 내가 나의 종 선지자들에게 명령한 내 말과 내 법도들이 어찌 너희 조상들에게 임하지 아니하였느냐 그러므로 그들이 돌이켜 이르기를 만군의 여호와께서 우리 길대로, 우리 행위대로 우리에게 행하시려고 뜻하신 것을 우리에게 행하셨도다 하였느니라 (7) 다리오 왕 제이년 열한째 달 곧 스밧월 이십사일에 잇도의 손자 베레갸의 아들 선지자 스가랴에게 여호와의 말씀이 임하니라 (8) 내가 밤에 보니 한 사람이 붉은 말을 타고 골짜기 속 화석류나무 사이에 섰고 그 뒤에는 붉은 말과 자줏빛 말과 백마가 있기로 (9) 내가 말하되 내 주여 이들이 무엇이니이까 하니 내게 말하는 천사가 내게 이르되 이들이 무엇인지 내가 네게 보이리라 하니 (10) 화석류나무 사이에 선 자가 대답하여 이르되 이는 여호와께서 땅에 두루 다니라고 보내신 자들이니라 (11) 그들이 화석류나무 사이에 선 여호와의 천사에게 말하되 우리가 땅에 두루 다녀 보니 온 땅이 평안하고 조용하더이다 하더라 (12) 여호와의 천사가 대답하여 이르되 만군의 여호와여 여호와께서 언제까지 예루살렘과 유다 성읍들을 불쌍히 여기지 아니하

시려 하나이까 이를 노하신 지 칠십 년이 되었나이다 하매 (13) 여호와께서 내게 말하는 천사에게 선한 말씀, 위로하는 말씀으로 대답하시더라 (14) 내게 말하는 천사가 내게 이르되 너는 외쳐 이르기를 만군의 여호와의 말씀에 내가 예루살렘을 위하며 시온을 위하여 크게 질투하며 (15) 안일한 여러 나라들 때문에 심히 진노하나니 나는 조금 노하였거늘 그들은 힘을 내어 고난을 더하였음이라 (16) 그러므로 여호와가 이처럼 말하노라 내가 불쌍히 여기므로 예루살렘에 돌아왔은즉 내 집이 그 가운데에 건축되리니 예루살렘 위에 먹줄이 쳐지리라 만군의 여호와의 말이니라 (17) 그가 다시 외쳐 이르기를 만군의 여호와의 말씀에 나의 성읍들이 넘치도록 다시 풍부할 것이라 여호와가 다시 시온을 위로하며 다시 예루살렘을 택하리라 하라 하니라 [스가랴 1장 1-17절]

선지자 스가랴와 성전 재건의 문제

스가랴서 앞에는 학개서가 있습니다. 이 학개 선지자와 동일한 시기에 활동한 선지자가 스가랴입니다. 학개 선지자가 페르시아의 다리오 왕 2년인 주전 520년 6월에 선지자 활동을 시작했고 스가랴 선지자는 2개월 뒤인 8월에 선지자 활동을 시작했습니다(학 1:1; 슥 1:1). 이렇게 동일한 시기에 선지자 활동을 시작하였지만 학개 선지자는 그해 9월까지 4개월 동안 활동한 반면 스가랴 선지자는 주전 518년 9월 4일까지 더 오랫동안 활동하였습니다(학 2:18; 슥 7:1). 학개와 스가랴 선지자는 동일한 시기에 활동했을 뿐 아니라 페르시아 제국 아래서 성전재건이라는 동일한 내용으로 말씀을 전하기도 했습니다. 성전재건이라는 주제에서 동일한 내용이지만 형태를 달리하는 점도 있어서 차이가 있기도 합니다. 예를 들어 학개 선지자의 말씀은 두 장의 분량으로 짧은 반면에 스가랴 선지자의 말씀은 열 네 장의 분량이고 환상들도 포함하고 있어서 구별이 되기도 합니다. 특별히 스가랴서 1:7-6:15는 8개의 환상들을 언급하고 있는데 오늘 읽은 본문 가운데 1장 7-17절은 이 환상들 가운데서 첫 번째에 해당하는 환상이기도 합니다. 오늘 말씀 가운데서 먼저 이 환상에 대한 말씀을 보겠습니다. 하나님께서는 이 환상을 통해 스가랴 선지자에게 무슨 말씀을 하시고 있는 것일까요?

환상의 시작인 1장 8절은 스가랴가 밤에 혹은 꿈에 골짜기 가운데 있는 화석류 나무들을 사이에서 무엇을 본 것에 대해 언급합니다(창 26:24; 왕상 3:5; 대상 1:7 참조). 화석류 나무는 일반적으로 사막과 대조되어 사람이 살기에 좋은 땅이나 장소를 상징합니다(사 41:19; 55:13). 이 화석류 나무들 사이에서 붉은 말을 탄 한 사람과 그의 뒤에 있는 붉은 말과 자줏빛 말과 백마들을 본 것입니다. 여기서 붉은 말을 탄 사람 뒤에 있는 말들은 단순한 말들이 아니라 사람들이 타고 있는 말들임을 9절 이하에서 알 수 있습니다. 스가랴 선지자가 갑자기 "내 주여!" 라고 부르며 화석류 나무 사이에 붉은 말을 탄 사람 곧 자신의 곁에 있는 여호와의 천사에게 뒤에 있는 말들을 탄 사람들은 무엇을 하는 사람들인지 묻습니다(1:10). 이에 여호와의 천사가 이들은 "여호와께서 땅에 두루 다니라고 보내신 자들" 이라고 대답합니다. 11절은 이 온 땅을 두루 다니고 온 자들이 스가랴의 곁에 있는 여호와의 천사에게 보고하는 내용입니다. 그 보고의 내용은 온 땅이 평안하고 조용하다는 것입니다. 온 땅이 평안하고 조용하다면 좋은 소식일 것 같은데 그렇지 않습니다. 12절은 보고를 받은 여호와의 천사가 여호와께 탄식하며 기도하는 것을 보여주기 때문입니다.

여호와의 천사가 하나님께 탄식하며 기도하는 내용은 이러합니다. "만군의 여호와여 여호와께서 언제까지 예루살렘과 유다 성읍들을 불쌍히 여기지 아니하시려 하나이까 이를 노하신 지 칠십 년이 되었나이다." 온 땅이 평안하고 조용하다는 보고를 받자마자 천사는 예루살렘과 유다가 심판을 받은 지 70년이 다 되었으니(주전 586-515) 이제는 이 백성들을 불쌍히 여겨달라고 하나님께 기도한 것입니다. 이전에 70년과 관련하여 예레미야와 같은 이전 선지자들은 중요한 말씀을 전했습니다(1:4; 7:7). 유다가 멸망하여 백성들이 포로가 되고 하나님께서는 예루살렘 성전을 떠나시지만 70년 후에는 백성들이 귀환하고 하나님께서도 돌아오실 것을 예언했습니다(렘 25:1-11; 사 23:15-17; 40:9-11; 겔 43:1-5; 단 9:2 참조). 무엇보다 그때에는 하나님 백성들을 괴롭힌 모든 열국이 심판을 당할 것에 대해서도 말씀하셨습니다(사 15-34장; 렘 46-51장; 겔 25-32장; 암 1-2장). 하나님께서 온 우주의 왕으로 돌아오시니 모든 열국이 대항할 수 없고 다 패배하여 심판을 받게 될 것이라 선포했습니다. 이러한 선지자들의 예언 가운데 포로로 잡혀갔던 유다의 백성들이 돌아온 것입니다. 주전 538년부터 돌아오기 시작한 것입니다. 그러나 돌아온 그들의 현실에서는 이전 선지자들이 예언했던 것처럼 열국이 심판을 받고 유다가 다시 자치적인 왕국으로 독립하는 현실은 이루어지지 않았습니다. 여전히 페르시아가 자신들을 통치하고 있는 것입니다. 그래서 그들은 하나님께서 자신들과 함께 돌아오지 않으셨다고 생각하기도 했습니다. 그들의 이런 생각은 영적인 것이기도 하고 현실적인 것이기도 했습니다.

우리는 돌아왔는데 하나님께서도 이 땅에 우리와 함께 돌아오셨는가? 하나님께서 우리들과 함께 하시는가? 하나님이 함께 하신다면 어떻게 이방 나라인 페르시아 제국이 여전히 우리를 통치하게 하시는가? 하나님께서는 학개와 스가랴 선지자들을 통해 중단되었던 성전재건을 다시 시작하게 하셨지만 여러 어려움들로 공사는 잘 진행되지 못했습니다. 솔로몬의 성전에 비해 너무 보잘 것 없어 보였고 하나님께서 이방나라를 심판하지 않으시는 것에 대한 영적이고 현실적인 불만이 있었기 때문입니다(학 2:3; 슥 4:10; 1:11). 성전재건의 말씀은 하시면서 이방제국의 지배를 받는 현실의 문제는 외면하신다고 생각한 것입니다. 12절에 언급되는 여호와의 천사가 드린 기도는 이런 상황에 대한 백성의 탄식을 반영하고 있습니다. "전능하신 만군의 하나님! 유다가 심판을 받은 지 70년이 다

되었는데 심판받아야 할 이방제국은 왜 여전히 평안하고 조용한 것입니까?" 라고 기도한 것입니다.

이런 기도에 대해 하나님께서는 13절 이하에서 답변하시고 스가랴에게도 말씀하십니다. 선하시고 위로하는 말씀으로 대답하십니다. 만군의 여호와께서 시온을 위해 크게 질투(קנא) 곧 열심을 내신다고 말씀하십니다(1:14; 8:2). 하나님께서는 예루살렘에 조금 노하셨지만 열국이 심한 고난을 더하였기에 매우 진노하신다고 말씀하십니다. 16절에서는 "내가 불쌍히 여기므로 예루살렘에 돌아왔은즉 내 집이 그 가운데에 건축되리니 예루살렘 위에 먹줄이 쳐지리라" 라고 말씀하십니다. 무슨 말씀입니까? 귀환자들을 불쌍히 여기셔서 이미 예루살렘에 돌아왔다고 하십니다. 하나님이 예루살렘에 돌아오셨으니 성전도 재건될 것이라 말씀하십니다. 성읍들이 넘치도록 다시 풍성할 것이고 시온을 다시 위로하며 선택할 것이라 말씀하십니다(1:17). 제2성전을 재건하게 하시고 예루살렘에 거하시며 이 성읍을 다시 풍성하게 회복하시겠다는 말씀입니다.

사실 하나님께서는 이런 환상을 주시기 전인 8월에 주셨던 1장 3절 말씀에서는 귀환자들에게 그들이 먼저 하나님께 돌아올 것을 명령하셨습니다. "너희는 내게로 돌아오라 만군의 여호와의 말이니라 그리하면 내가 너희에게로 돌아가리라" 라고 그들에게 돌아오라 명령하시면서 하나님께서도 돌아가실 것을 말씀하셨습니다. 그들이 돌이켜 중단했던 성전재건을 9월 24일에 다시 시작하자 약속하신 것처럼 하나님께서도 돌아오셨다고 첫 번째 환상을 통해 말씀하신 것입니다(1:6b, 16). 이방제국의 지배하에 있는 영적이고 현실적인 어려움 때문에 성전재건이 다시 중단될 수 있는 상황에서 하나님께서는 예루살렘에 돌아오셨음을 확실히 하셨고 열국도 심판하실 것을 분명히 하셨습니다. 이처럼 성전재건은 학개서에서는 하나님의 종말의 회복에 대한 증거이고 스가랴서에서는 귀환자들의 돌아옴 곧 회개와 하나님의 돌아오심과 열국 심판의 증거로 나타납니다.

하나님의 돌아오심과 귀환자들의 돌아옴

하나님께서 이 세상을 창조하실 때에는 에덴을 만드시고 하나님께서 친히 사람인 아담과 하와와 함께하시는 세상으로 만드셨습니다. 하나님께서는 자신이 만드신 사람들과 함께 하시기를 원하셨던 것입니다. 하나님의 함께하심은 하나님의 생명과 복이 함께 한다는 것을 의미합니다. 아담과 하와는 최초의 인간으로서 그들을 만드신 하나님과 함께하는 행복한 삶을 누렸습니다. 그러나 사탄과 인간의 죄가 하나님과 함께하는 세상을 파괴했고 행복의 근원이신 하나님을 떠나시게 했습니다. 하나님이 계시는 하늘의 영역과 죄 된 사람이 사는 땅의 영역의 분리가 일어났습니다. 이런 가운데에서도 하나님께서는 수없이 이 땅에 돌아오셨습니다. 아브라함과 그의 후손들 가운데에 오셨습니다. 출애굽의 이스라엘 백성들이 있는 시내산 꼭대기에도 오셨습니다. 광야에서는 성막을 만들어서 언약궤와 구름과 불기둥으로 돌아오셨습니다. 가나안 땅에 들어가 이스라엘 백성들이 예루살렘에 성전을 지었을 때에는 성전에 돌아오셨습니다. 이렇게 그들과 함께 하시기를 원하셨습니다.

그러나 하나님께서 이 예루살렘 성전도 떠나실 수밖에 없게 되었습니다. 에스겔 선지자는 에스겔서 10장 18-19절에서 여호와의 영광이 성전 문지방을 떠나 동문에 머물고 마침내 예루살렘을 떠나 동쪽 산에 머무른 것을 봅니다(겔 11:23). 왜 하나님께서 예루살렘 성전을 떠나셨습니까? 유다 백성의 우상 숭배와 하나님의 의를 실천하지 않는 불의한 삶이 하나님을 떠나시게 했습니다.유다와 예루살렘의 백성에게 있어서 하나님이 그들을 떠나셨을 때에 일어난 결과는 비참했습니다. 앗수르와 바벨론 제국이 백성들을 죽이고 포로로 잡아갔으며 성전을 불태우고 파괴하기도 했습니다. 이러한 상황에서도 하나님께서는 포로로 잡혀간 곳에서도 그들에게 성소가 되어 함께 하셨으며 약속하신대로 70년 후에 그의 백성들을 포로에서 돌아오게 하셨습니다(겔 11:16-17). 그들만 돌아오게 하신 것이 아니라 하나님께서도 친히 함께 돌아오셨습니다. 하나님의 돌아오심을 의심하는 귀환자들에게 오늘 스가랴서 1:16에서 하나님께서는 그들을 불쌍히 여기셔서 예루살렘에 돌아오셨다고 분명히 말씀하십니다. 더 나아가 하나님의 돌아오심을 상징하는 제 2의 성전 곧 스룹바벨 성전을 재건할 것이니 불신의 길에서 돌이키고 성전재건에 참여하라고 말씀하십니다. 이미 돌아오신 하나님 앞에 그들이 돌아오는 것은 악한 길에서 돌아오는 것이고 성전을 재건하는 것입니다(1:4). 이방제국인 페르시아가 심판을 받지 않고 그들을 현실적으로 여전히 힘들게 하지만 하나님의 약속을 신뢰하라는 것입니다. 귀환자들은 이러한 하나님의 말씀에 따라 하나님께 돌아왔고 제2성전을 마침내 4년 후인 주전 516년에 완공하였습니다.

그런데 사랑하는 여러분! 하나님이 돌아오셨고 성전이 재건되었으면 페르시아가 결국은 망해야 되는 것 아닙니까? 모든 열국들이 심판을 받아야 하는 것 아닙니까? 그러나 페르시아는 그리스의 알렉산더에 의해 정복되는 주전 330년까지 망하지 않았습니다. 스가랴 선지자가 활동하던 시대는 주전 520년입니다. 이후 약 200년이 지나도록 페르시아는 멸망하지 않았던 것입니다. 페르시아가 주전 330년에 알렉산더에 의해 멸망했어도 귀환자들의 땅에는 다른 제국이 들어왔습니다. 알렉산더의 그리스 제국이 여전히 이스라엘을 통치했습니다. 열국은 망하지 않았습니다. 예수께서 오실 때에도 이스라엘은 이미 다른 제국 곧 로마 제국에 의해 지배되었습니다. 그렇다면 스가랴 시대에 하나님의 돌아오심은 온전한 돌아오심이 아니었습니다. 돌아오심의 의미가 열국을 정치적으로 심판하며 이스라엘을 독립시키는 것이 아니었습니다. 그러면 무엇입니까? 하나님께서는 스가랴서 9장 9절과 10절에 있는 말씀을 통해 하나님 돌아오심의 궁극적인 의미를 다음과 같이 밝혀주십니다.

> 시온의 딸아 크게 기뻐할지어다 예루살렘의 딸아 즐거이 부를지어다 보라 네 왕이 네게 임하시나니 그는 공의로우시며 구원을 베푸시며 겸손하여서 나귀를 타시나니 나귀의 작은 것 곧 나귀 새끼니라 내가 에브라임의 병거와 예루살렘의 말을 끊겠고 전쟁하는 활도 끊으리니 그가 이방 사람에게 화평을 전할 것이요 그의 통치는 바다에서 바다까지 이르고 유브라데 강에서 땅 끝까지 이르리라

스가랴 시대에 하나님의 돌아오심은 온전한 돌아오심은 아니었습니다. 솔로몬 시대에 예루살렘 성전에 돌아오신 것처럼 단지 회복과 열국심판의 시작을 알리기 위한 돌아오심이었습니다. 진정한 돌아오심은 9장 9-10절의 말씀처럼 겸손하여 나귀를 타시고 평화의 방법으로 모든 열국들을 심판하시는 왕으로 오시는 것입니다. 이 오시는 왕이 종말에 돌아오시는 여호와이심은 계속적으로 스가랴서에서 나타나고 있습니다(14:9, 16). 열국에 대한 심판을 행하시지만 이 열국도 결국은 돌아오신 왕 곧 만군의 여호와께 경배하며 초막절을 지키는 열국이 되게 하십니다(14:16). 하나님으로서 이 땅에 돌아오신 이 왕은 누구이십니까? 바로 예수 그리스도이십니다. 마태는 21장 1-9에서 스가랴가 예언한 이 왕은 나귀새끼를 타시고 예루살렘에 입성하시는 예수님이라고 전하고 있습니다(요 12:12-19). 예수님은 십자가에서 흘리신 언약의 피로 공의와 화평을 이루시고 시온의 백성들을 해방하시며 열국을 통치하시는 왕이십니다(슥 9:9-12). 이 땅에 돌아오셔서 백성들과 함께 하신 하나님이십니다(마 1:23; 요 1:1; 빌 2:6). 부활하시고 승천하셔서 이 땅의 진정한 왕으로 하나님 보좌 우편에 앉아 계시지만 그의 영이신 성령을 보내시어 우리와 여전히 함께 하시고 통치하시는 왕이십니다. 예수께서는 또한 마지막 날에 이 땅에 완전히 돌아오실 것을 약속하셨습니다(마 24:36 이하; 계 22:7, 20).

예수 그리스도의 재림입니다. 다시 돌아오시는 그 날에는 바다 곧 대적의 세력(열국)이 없는 새 하늘과 새 땅과 새 예루살렘에서 삼위의 하나님과 함께 살게 될 것입니다(계 21:1-4). 결국 앞서 말씀드린 것처럼 열국에 대한 심판의 문제로 성전재건을 소홀히 하는 귀환자들에게 하나님께서는 그들에게 돌아오셨고 이 돌아오심은 성전재건을 통해 보여주실 것을 분명히 하셨습니다. 더 나아가 열국의 심판에 대한 것은 스가랴서의 후반부인 9-14장에서 정치적인 방법이 아닌 하나님의 온전한 오심 곧 하나님이 보내신 왕 예수의 오심을 통해 근본적으로 해결하실 것임을 말씀하신 것입니다.

성도 여러분! 하나님이시지만 이 땅에 마침내 온전히 인간이 되어 돌아오신 예수를 통해 우리는 하나님이 거하시는 새로운 성전으로 재건되고 있습니다. 열국이 예수 오심의 복음으로 심판받고 변화하여 하나님께 돌아오고 있습니다. 이제 완전히 다시 오실 예수님을 바라보며 살고 있습니다. 이런 가운데서도 우리는 혹 스가랴 선지자 시대의 백성들처럼 하나님의 돌아오심을 불신하며 살 수도 있습니다. 열국의 심판과 같은 직업, 진로, 자녀, 건강 등의 현실적인 문제를 제시하면서 하나님께서 돌아오신 것이 사실이냐고 의심할 수도 있습니다. 하나님도 돌아오시지 않았는데 성전재건이 뭐가 중요한 일이냐고 멸시할 수 있습니다.

그러나 현실적으로 내가 잘 살고 건강하고 자식들과 직장과 사업이 잘 되어야 예수께서 우리와 함께 하시는 증거이고 이런 현실이 안주어지면 예수께서 함께하시지 않는 것이라고 말할 수 없습니다. 하나님이신 예수의 돌아오심의 증거는 죄와 죽음과 마귀의 세력을 정복하심에 있습니다(히 2:14-18). 물론 우리의 현실적인 어려움들을 인간으로 오신 예수께서 능히 도우실 것입니다. 보내신 성령을 통해 위로하시고 피할 길을 주실 것입니다. 그러나 현실적인 모든 어려움은 궁극적으로 예수님의 재림 때에 다 해결될 것입니다(계 21:4). 우리의 현실적이고 영적인 어려움과 고난이 하나님께서 계획하신 대로 우리 모두에게 다 이루어졌을 때 최후승리를 주실 것입니다(계 6:9-10). 그때까지 우리는 현실적인 어려움에도 불구하고 하나님의 성전 된 교회의 건축에 힘씀으로 예수의 함께하심을 증거하고, 열국 백성을 향한 평화의 복음 선포를 통해 다시 돌아오실 예수님을 증거 해야겠습니다.

말라기 3장 6-12절 십일조와 헌금

(6) 나 여호와는 변하지 아니하나니 그러므로 야곱의 자손들아 너희가 소멸되지 아니하느니라 (7) 만군의 여호와가 이르노라 너희 조상들의 날로부터 너희가 나의 규례를 떠나 지키지 아니하였도다 그런즉 내게로 돌아오라 그리하면 나도 너희에게로 돌아가리라 하였더니 너희가 이르기를 우리가 어떻게 하여야 돌아가리이까 하는도다 (8) 사람이 어찌 하나님의 것을 도둑질하겠느냐 그러나 너희는 나의 것을 도둑질하고도 말하기를 우리가 어떻게 주의 것을 도둑질하였나이까 하는도다 이는 곧 십일조와 봉헌물이라 (9) 너희 곧 온 나라가 나의 것을 도둑질하였으므로 너희가 저주를 받았느니라 (10) 만군의 여호와가 이르노라 너희의 온전한 십일조를 창고에 들여 나의 집에 양식이 있게 하고 그것으로 나를 시험하여 내가 하늘 문을 열고 너희에게 복을 쌓을 곳이 없도록 붓지 아니하나 보라 (11) 만군의 여호와가 이르노라 내가 너희를 위하여 메뚜기를 금하여 너희 토지 소산을 먹어 없애지 못하게 하며 너희 밭의 포도나무 열매가 기한 전에 떨어지지 않게 하리니 (12) 너희 땅이 아름다워지므로 모든 이방인들이 너희를 복되다 하리라 만군의 여호와의 말이니라 [말라기 3장 6-12절]

말라기 선지자와 그의 시대적 상황

구약성경의 마지막에 놓여있는 말라기 말씀의 말라기 선지자는 예수님이 오시기 전 약 400여 년 전에 활동했던 선지자입니다. 곧 하나님의 백성들이 포로로 잡혀갔던 바벨론에서 돌아오고서도 약 100여년이 지난 시대에 활동을 했습니다. 주전 538년부터 돌아오기 시작한 하나님의 남은 백성들은 파괴되었던 성전을 재건하고 예루살렘 성벽을 다시 쌓기도 하였습니다. 모든 것이 포로이전의 상황으로 돌아간 것 같았지만 아직도 회복되지 않은 중요한 것이 있다면 약속된 다윗의 왕국이 다시 세워지지 않았다는 것입니다. 그들은 여전히 이방제국인 페르시아의 통치아래에 있었기 때문입니다.

이런 상황 속에 있는 백성들에게 하나님께서는 말라기 3장 7절에서 "내게로 돌아오라"라는 말씀을 주십니다. 100여 년 전 성전재건 때에도 하나님께서는 스가랴 선지자를 통해그 시대 백성들에게 "내게로 돌아오라"라고 말씀하셨었습니다(슥 1:3). 그 시대의 백성들이 하나님의 돌아오심이나 이방제국의 심판에 대한 불신 속에서 성전재건을 소홀히 했기에 돌아오라고 하셨었습니다. 말라기 시대에도 하나님께서는 백성들에게 돌아오라고 말씀하시고 있습니다. 그들은 하나님을 떠나 어디로 갔기에 하나님께서 돌아오라 하실까요? 하나님께서는 말라기서 3장 5절에서는 다음과 같이 말씀하셨습니다.

> 내가 심판하러 너희에게 임할 것이라. 점치는 자에게와 간음하는 자에게와 거짓 맹세하는 자에게와 품꾼의 삯에 대하여 억울하게 하며 과부와 고아를 압제하며 나그네를 억울하게 하며 나를 경외하지 아니하는 자들에게 속히 증언하리라. 만군의 여호와가 말하였느니라.

그들이 하나님을 떠나 어디로 간 것입니까? 하나님을 떠나 점치는 곳과 간음하는 곳으로 갔습니다. 거짓으로 하나님께 맹세하며 자신을 위해 일하는 품꾼의 월급을 떼먹는 곳으로 갔습니다. 과부와 고아와 나그네들을 억울하게 하는 곳으로 나아갔습니다. 그들은 하나님의 규례를 지키지 않음으로 하나님을 떠났습니다. 3장 6절의 말씀처럼 하나님께서는 이스라엘과의 관계에서 늘 신실하시고 변하지 않으셨지만 야곱의 자손들은 항상 불의와 욕심을 '그만두지 않은 것'(לא כליתם)입니다.[35] 이렇게 하나님을 떠난 야곱의 자손들에게 하나님께서는 "내게로 돌아오라"라고 말씀하시는 것입니다.

하나님께 돌아가는 길

하나님께 돌아오라는 것은 무슨 말씀입니까? 하나님과의 올바른 관계로 다시 나아오라는 말씀입니다. 하나님의 백성으로서 하나님과 맺은 언약 관계에서 마땅히 행해야 하는 율법과 규례를 지키라는 말씀입니다. 그러나 당시의 하나님 백성들은 돌아오라는 말씀에 대해 "우리가 어떻게 돌아갈까요?" 하고 반문을 합니다. 이러한 반문에는 하나님의 율법과 규례를 지켰다는 그들의 주장이 들어있고 여호와를 떠나지 않았다는 그들의 인식이 표현된 것입니다. 어떻게 돌아가야 하는지를 정말 몰라서가 아니라 돌아가야 할 필요성 자체를 느끼지 못한다는 질문입니다. 이러한 반문에 하나님께서는 3장 8-9절에서 그들이 하나님의 것을 도둑질 했다고 말씀하십니다. 구체적으로 십일조와 봉헌물 곧 제사장과 레위인들을 위한 몫으로 드려져야 하는 헌물(거제물, תרומה)을 훔쳤다고 지적하십니다(출 30:13; 레 7:14 참조). 온 나라가 이런 하나님의 것을 도둑질하여 저주를 받았다고 선언하십니다.

포로 후기의 하나님 백성들은 왜 하나님의 것을 도둑질하였을까요? 말라기 선지자가 활동하던 시대는 정치적으로나 경제적으로 아주 힘든 상태였습니다. 이미 말씀드린 것처럼 정치적으로는 여전히 이방 페르시아 제국의 지배아래 있었기 때문입니다. 아무리 열심히 일해도 페르시아 제국이 세금으로 다 가져가 버리는 어려운 상황에서 살았습니다(느 9:37 참조). 이러한 현실에서 그들은 스가랴 선지자 시대부터 가졌던 불만과

---

35) 김근주, 『소예언서 어떻게 읽을 것인가3: 스바냐 학개 스가랴 말라기』(서울: 성서유니온, 2018), 847.

회의를 계속 가지고 있었습니다. 하나님 은혜로 성전재건에 동참하여 성전을 완성하긴 했지만 귀환 후에도 100여 년간 계속되고 있는 이방의 통치에서 다윗왕국의 회복에 대한 기대를 접었습니다. 스가랴 시대에 하나님의 돌아오심과 이방 심판에 대한 회의가 성전재건을 방해했던 것처럼 말라기 시대에도 다윗왕국의 회복에 대한 불신이 하나님의 것을 제대로 드리지 않게 한 것입니다.

정치적 어려움뿐만이 아니라 그 시대는 흉년이 많이 들었고 메뚜기들이 많아서 경제적으로도 힘든 생활을 해야 했습니다(3:11 참고). 이런 가운데에서 드려야 하는 십일조와 헌물들은 그들에게 부담이 되었을 것입니다. 이런 그들의 부담스러운 상태는 다른 제물들을 하나님께 드리는 것에서도 나타납니다. 1장 8절에서 하나님께서는 그들의 제물에 대해 "너희가 눈 먼 희생제물을 바치는 것이 어찌 악하지 아니하며 저는 것, 병든 것을 드리는 것이 어찌 악하지 아니하냐 이제 그것을 너희 총독에게 드려 보라 그가 너를 기뻐하겠으며 너를 받아 주겠느냐"라고 책망하십니다. 인간인 페르시아 총독이 보기에 세금의 용도로도 적당하지 않는 것을 하나님께 바친 것에 대해 책망하신 것입니다. 그러나 이들은 단순히 정치적인 불만과 경제적인 부담 때문에 하나님께 이런 것을 드린 것은 아니었습니다. 이것은 하나님에 대한 불신을 넘어서서 하나님에 대한 멸시와 물질에 대한 탐욕에서 비롯된 것입니다. 1장 13절에서 하나님께서는 그들의 이런 태도를 분명히 지적하십니다.

> 만군의 여호와가 이르노라 너희가 또 말하기를 이 일이 얼마나 번거로운고 하며 코웃음치고 훔친 물건과 저는 것, 병든 것을 가져왔느니라 너희가 이같이 봉헌물을 가져오니 내가 그것을 너희 손에서 받겠느냐 이는 여호와의 말이니라

그들은 하나님께 나아가 제사하는 것을 번거롭게 여겼습니다. 하나님께

서 이런 제물을 드실 수 있겠냐고 코웃음을 쳤습니다. 그리고 제물로 드릴 수 없는 훔친 물건과 저는 것과 병든 것을 드려 하나님을 속이고 멸시했습니다(1:13-14). 이러한 상태에서 십일조인들 그들이 제대로 드렸겠습니까? 3장 8절에서 그들은 자신들이 언제 어떻게 하나님의 것을 도둑질했느냐고 반문하기도 했습니다. 설사 그들이 십일조를 드렸다할지라도 제대로 드리지 않았을 것이며 성전 창고에 있는 십일조를 레위인과 가난한 자들에게 제대로 지급하지도 않았을 것입니다(3:5 참고). 그러므로 그들이 하나님께 돌아온다는 것은 제대로 십일조를 드리는 것에 있음을 하나님께서 말씀하신 것입니다.

언약관계의 회복과 십일조의 회복

하나님께서 그의 백성들에게 관계회복을 하는 데에 있어서 십일조에 대한 언급을 하시는 이유는 무엇일까요? 이것은 말라기 시대의 특별한 상황과 관련되어 있기도 합니다. 십일조는 땅의 유업을 분배받지 못한 레위인들과 제사장들을 위해 하나님께 드리는 여호와의 성물입니다(레 27:30, 32; 민 18:19-32; 신 12:12-19). 십일조가 제대로 드려지지 않으면 레위인들과 제사장들은 밭에 나가 일을 해야 했습니다(느 13:10 참고). 말라기 시대는 정치적이고 경제적인 이유와 하나님을 불신하고 멸시함으로 십일조를 제대로 드리지 않았습니다.그리하여 성전 봉사자들이 생계문제 때문에 성전의 일과 제사를 제대로 행할 수 없었습니다. 성전 예배가 소홀하게 되고 예배의 시스템 자체가 무너지는 상황이 되었습니다. 이런 심각한 상황 가운데 하나님께서는 십일조와 헌물을 제대로 드리라고 명령하시는 것입니다. 하나님께 드릴 것을 드려 성전예배를 회복하고 하나님과의 관계를 회복하라는 것입니다.

더 나아가 하나님께서는 3장 10절 말씀에서 온전한 십일조 곧 "모든 십일조" (כָּל־הַמַּעֲשֵׂר)를 드려 하나님의 성전에 양식이 있게 하고 그것으로 하나님을 시험해보라고 말씀하십니다. 하늘 문을 열고 복을 쌓을 곳이 없도록 붓지 아니하는지 시험 좀 해보라고 말씀하신 것입니다. 사랑하는 여러분! 성경에서 하나님을 시험하라는 것은 유일하게 말라기서에만 있습니다. 성경은 일반적으로 하나님을 시험하지 않도록 말씀하고 있습니다. 하나님을 시험하는 것은 불순종이며 불신앙의 표현이기 때문입니다. 예수님께서도 광야에서 시험받으실 때 "주 너의 하나님을 시험하지 말라"라고 신명기의 말씀을 인용하셨습니다(신 6:16; 마 4:7). 그런데 하나님께서 말라기 시대의 백성들에게는 "나를 시험해라"라고 말씀하신 것입니다.

이 외에도 하나님을 시험하는 것에 대한 언급이 말라기 3장 15절에도 있기는 합니다. "지금 우리는 교만한 자가 복되다 하며 악을 행하는 자가 번성하며 하나님을 시험하는 자가 화를 면한다 하노라"라는 말입니다. 그러나 여기서의 시험은 하나님의 공의를 도전하고 조롱하는 사람들이 하는 시험으로 부정적인 의미를 가집니다. 이런 시험과 달리 하나님께서는 십일조 규례를 지킴으로 예배와 언약관계를 회복하길 바라시시면서 말씀하시는 긍정적인 시험입니다. 하나님을 떠보라는 말씀이 아니고 모든 것이 하나님께 속하였음을 믿고 하나님을 경외하여 십일조의 헌신과 나눔의 행동으로 하나님께 돌아오라는 의미입니다.

이런 태도로 모든 십일조를 제대로 한다면 너희들의 곡식에 메뚜기가 없게 하겠다. 포도나무의 열매가 익기 전에 떨어지는 일이 없도록 하겠다. 땅의 풍성한 열매로 기쁨이 있으니 열국이 축복하는 백성들이 되게 해주시겠다고 11-12절에서 약속하십니다. 그러므로 이 말씀들은 시험 삼아서라도 십일조를 하면 하나님께서 복을 주신다는 의미가 아니라 이미 하나님과의 언약관계를 가진 복된 백성으로서 하나님이 원하시는 십일조 드림을 통해 하나님의 복을 누리라는 말씀입니다.

십일조의 의미

십일조를 제일 처음 드린 사람은 아브라함이었습니다. 아브라함은 조카 롯을 구한 후에 하나님께서 도와주심을 인식하고 하나님께 감사의 표현으로 십일조를 드렸습니다(창 14:17-24). 북방의 왕들에게서 조카 롯을 구하게 하신 하나님께 감사하고 하나님을 천지의 주재로 고백하며 제사장 멜리세덱에게 십일조를 드린 것입니다. 그의 후손 야곱도 부모 집에서 쫓겨나서 외삼촌 집으로 가는 길에 하나님을 만나게 되고 하나님의 함께 하심과 보호하심에 감사하며 헌신의 표시로 십일조를 드리겠다고 서약하였습니다(창 28:10-22). 십일조는 이렇게 하나님의 도우심과 보호하심을 인식하여 감사와 헌신과 믿음을 표현하는 방법이고 고백입니다. 모세의 율법에 따라 이스라엘 백성은 하나님이 선물로 주신 땅에서 얻은 곡식과 과일에 감사하여 십일조를 드려야 했고 그 십일조가 레위인과 제사장들 그리고 객과 고아와 과부에게 배분되게 하여 하나님을 향한 헌신을 표현해야 했습니다(레 27:30-33; 민 18:21-32; 신 14:22-27; 26:12-15). 이렇게 십일조의 본질은 내게 있는 모든 것을 하나님께서 주셨다는 것에 대한 믿음의 고백과 감사와 헌신의 표시였고 사랑과 나눔이었습니다. 이런 십일조 행위에 대해 하나님께서는 범사에 복을 주시겠다고 약속하셨습니다.

말라기 선지자를 통해 말씀하시는 십일조도 이런 의미와 다른 것이 아닙니다. 단지 십일조가 제대로 시행되지 않아 예배가 무너지고 성전봉사자들과 어려운 자들이 피해를 보는 상황에서 시험을 해보라고 보다 적극적으로 말씀을 하신 것뿐입니다. 하나님이 명령하신 십일조 규례를 순종함으로써 하나님과 언약하여 관계하는 백성의 도리를 다하면 풍성한 복을 내리시겠다는 확약을 하신 것입니다. 반면에 물질에 대한 욕심으로 십일조를 계속 도둑질하면 곧 하나님과의 올바른 관계를 저버리면 계속적으로 저주하실 것도 말씀하신 것입니다(3:9; 신 28장 참조).

오늘날 성도의 십일조와 헌금

사랑하는 여러분! 이러한 십일조가 신약 성경에 오면 강조되지 않습니다. 어느 곳에도 십일조를 드리라는 말씀이 없습니다. 물론 마태복음에는 바리새인들의 위선적인 십일조 생활을 비판하시면서 십일조의 본질인 공의와 긍휼과 믿음을 가지고 헌금하라는 예수님 말씀은 있습니다(마 23:23). 그러나 이외에 십일조를 강조하는 말씀이 없는 것은 사실입니다. 이것은 이제 예수 믿는 사람들은 더 이상 십일조를 하지 않아도 된다는 의미일까요? 그렇지 않습니다. 신약에서 십일조에 대한 강조가 없는 이유는 십일조가 더 이상 예수 믿는 성도들에게는 하나님을 향한 헌신과 이웃과의 나눔에 있어서 충분한 기준이 될 수 없기 때문입니다.

구약 시대는 하나님께서 아들을 내어주시기까지 언약백성을 사랑하시고 은혜를 베푸신 시대는 아니었습니다. 그러나 새 언약의 시대에는 하나님께서 예수 그리스도의 오심과 죽음과 부활을 통해 우리들을 구원하시고 하나님의 나라의 상속자가 되게 하셨습니다. 이것이 우리를 향하신 하나님 사랑의 기준입니다(롬 8:32). 이런 시대에 하나님을 향한 우리의 믿음과 헌신과 나눔의 기준도 십일조의 율법자체가 아닌 이것을 완성하신 예수 그리스도입니다. 예수 그리스도를 통한 하나님과의 새로운 관계에 어울리는 우리의 헌금과 헌신은 십일조를 넘어서는 것입니다. 신약시대에 구체적으로 이런 헌신과 헌금을 보여주는 것은 사도행전 2장 43-47과 4장 32-37입니다. 자기의 모든 것을 팔아서 교회 공동체에 드리고 함께 사용하는 것이었습니다. 과격한 헌금생활이었습니다. 로마의 통치 아래에서 예수 믿는 자들이 함께 살아갈 수밖에 없는 특별한 초대교회 상황에서 자기의 재산을 팔아 헌금한 것입니다. 특별한 상황이긴 하지만 중요한 점은 그들이 예수를 믿으면서 십일조 규례에 머무르지 않았다는 것입니다. 십일조를 넘어서는 헌신과 과격한 헌금생활로 나아간 것입니다. 하나님의 과격하신 사랑처럼 그들의 헌신도 과격했습니다. 이런 점에서 십일조가 신약에서 강조되지 않았습니다. 우리 한 번 고린도후서 8장 1절에서 5절까지의 말씀을 보겠습니다.

> 형제들아 하나님께서 마게도냐 교회들에게 주신 은혜를 우리가 너희에게 알리노니 환난의 많은 시련 가운데서 그들의 넘치는 기쁨과 극심한 가난이 그들의 풍성한 연보를 넘치도록 하게 하였느니라 내가 증언하노니 그들이 힘대로 할 뿐 아니라 힘에 지나도록 자원하여 이 은혜와 성도 섬기는 일에 참여함에 대하여 우리에게 간절히 구하니 우리가 바라던 것뿐 아니라 그들이 먼저 자신을 주께 드리고 또 하나님의 뜻을 따라 우리에게 주었도다

사도바울께서는 고린도교회 성도들에게 빌립보 교회와 같은 마게도냐 교회들의 헌금생활에 대해 말씀하고 있습니다. 마게도냐 교회들은 기근으로 어려운 가운데 있는 예루살렘 교회 성도들을 돕기 위한 은혜와 성도 섬기는 일(κοινωνία) 곧 교제에 참여하기를 간절히 사도바울에게 요청하였습니다. 사실 예수 믿은 지도 얼마 안 되는 마게도냐 교회 성도들은 자신들도 극심한 가난으로 아주 어려운 상황에 있었습니다. 이런 상황에서도 그들은 풍성한 "연보"(관대함, ἁπλοτητος) 곧 풍성한 헌금을 넘치도록 드렸습니다. 자신의 분량대로 했을 뿐 아니라 힘에 지나도록 자원해서 드렸습니다. 성도를 섬기는 일을 위해 자신을 하나님께 드렸을 뿐만 아니라 하나님의 뜻을 따라 무리한 헌금을 드렸다고 바울 사도는 소개하고 있습니다. 이것이 초대 교회 성도들의 헌금생활이었습니다. 어려운 교회의 성도들과 사랑의 나눔을 위해 무서울 정도로 과격하게 자기의 모든 것을 드렸습니다.

사랑하는 성도 여러분! 예수를 믿는 그리스도인들에게 있어서는 이와 같은 헌금 생활이 하나님을 향한 헌신과 이웃 사랑의 나눔에서 모델이 됩니다. 우리의 헌금과 헌신은 모든 것을 내어 주신 예수의 사랑에 근거

하고 그것에 기준을 두며 행해져야 합니다. 이런 면에서 십일조는 그리스도인이 하는 헌금생활의 최소한을 의미합니다. 교회 공동체와 어려운 교우들을 위한 기본적인 의무에 해당합니다. 복을 받기 위한 조건도, 십일조를 하는 교인이라는 자부심이나 직분자가 되기 위한 것도 아닙니다. 최소한의 헌금과 헌신이기에 강조되지 않아야 합니다. 인색함이나 정확한 십분의 일의 수치가 아니라 넉넉함으로 관대함으로 드리는 것을 하나님께서 기뻐하실 줄 믿습니다.

예수께서 말씀하신 것처럼 돈이 있는 곳에 마음도 있습니다. 돈을 도둑맞을 수 있는 땅에 쌓지 말고 안전한 하늘에 쌓아야겠습니다(마 6:19-24). 돈을 소중히 여기는 부자 청년이 예수께 어떻게 하면 영생을 얻을 수 있는지에 대해 질문했던 것을 기억하실 것입니다(마 19:16-22). 예수님을 믿고 영생을 얻는 길에서 이 청년에게 걸림돌이 되는 것은 돈이었습니다. 돈과 하나님을 같이 섬길 수는 없기 때문입니다(마 6:24). 예수께서는 이 청년의 문제를 아시고 모든 소유를 팔아 가난한 자들에게 주고 자신을 따르라고 말씀하셨습니다. 그러나 이 청년은 결국 돈을 더 사랑하여 예수님을 따르지 못했습니다. 사랑하는 여러분! 혹시 하나님께 돈을 드리는 헌금의 문제 때문에 하나님과의 관계에서 잘못된 부분은 없습니까? 헌금의 문제뿐만 아니라 하나님의 백성으로서 받을 복을 누리지 못하게 하는 다른 문제는 없습니까? 혹 여러 문제들이 있다면 예수 안에서 하나님과 새 언약의 관계에 있는 자들로서 하나님께 돌아와야 합니다. 하나님께서 원하시는 대로 순종함으로써 돌아와야 합니다. 여러 가지 현실적 어려움 속에서도 만복의 근원이신 하나님께 나아오고 하나님과의 관계를 올바로 유지해야 합니다. 하나님과 올바른 관계 속에 있을 때 모든 부분에서 여러분에게 복을 주시고 누리게 하실 줄 믿습니다.

구약 각 권별 참고문헌

고든 웬함, 『창세기 16-50』: WBC 성경주석 2, 윤상문, 황수철역. 서울: 솔로몬, 2001.

Waltke, B. K. and Fredricks, C. J. *Genesis: A Commentary*. Grand Rapids: Zondervan, 2001.

시드니 그레이다누스, 『창세기 프리칭 예수』, 강정주, 조호진역. 서울: CLC, 2010.

제임스 브루크너, 『출애굽기』. 서울: 성서유니온, 2015.

Childs, B. S. *Exodus.* London: SCM, 1974.

Kaiser Jr, W. C. *The Messiah in The Old Testament*. Grand Rapids: Zondervan, 1995. 『구약성경신학: 구약에서의 메시아』, 류근상 역. 서울: 크리스찬출판사, 2001.

Wenham, G. J. *The Book of Leviticus*. NICOT. Grand Rapids: Eerdmans, 1979.

이원우, "민수기에 나타난 구세대에서 신세대로의 전환",『구약신학저널』 2권 4호(2001): 317-337.

요하난 아하로니, 미카엘 아비요나 공저, 『아가페성서지도』. 서울: 아가페출판사, 1988.

데니스 T. 올슨, 『민수기』, 차종순역. 서울: 한국장로교출판사, 2010.

김영철, 『그리스도의 그림자(1)』. 서울: 웨스트민스터출판부, 1996.

패트릭 밀러, 『신명기』, 김회권 역. 서울: 한국장로교 출판사, 2011.

McConville, J. G. *Deuteronomy*. Leicester: Apollos, 2002.

Howard Jr, D. M. *Joshua.* Nashville: Broadman, 2002.

Hess, R. S. *Joshua*. Leicester: IVP, 1996.

Daniel I. Block, *Judges, Ruth,* NAC Vol. 6A. Nashville: Broadman & Holman, 1999.

Hubbard Jr, R. L. *The Book of Ruth*. Grand Rapids: Eerdmans, 1988.

Firth, D.G. *1 & 2 Samuel*. Nottingham: IVP, 2009.

강정주, 『열왕기 어떻게 읽을 것인가』. 용인: 킹덤북스, 2013.

이 주형, 『평생 갈 내 사람을 남겨라』. 서울: 비즈니스북스, 2011.

Japhet, S. *I & II Chronicles*. London: SCM, 1993.

존 월튼, 빅터 매튜스, 마크 샤발라스,『IVP 성경배경주석: 구약』, 정옥배 외역. 서울: IVP, 2001

로디 브라운, 『역대상: WBC』김의원역. 서울: 솔로몬, 2001.

레이몬드 B. 딜라드, 『역대하: WBC』정일오역. 서울: 솔로몬, 2005.

마크 A. 트론베이트,『에스라-느헤미야』차종순역. 서울: 한국장로교출판사, 2001.

Baldwin, J. G. *Esther: TOTC*, Leicester: IVP, 1984.

J. 제럴드 젠슨, 『욥기』한진희역. 서울: 한국장로교출판사, 2007.

제임스 L. 메이스,『시편』신정균역. 서울: 한국장로교출판사, 2002.

롤랜드 E. 머피, 『잠언:WBC』박문재역. 서울: 솔로몬, 2001.

롤랜드 E. 머피, 『전도서:WBC』 김귀탁역. 서울: 솔로몬, 2008.

Longman III, T. *Song of Songs*: NICOT, Grand Rapids, MI: Eerdmans, 2003.

김구원, 『가장 아름다운 노래: 아가서 이야기』. 서울: CLC, 2011.

존 N. 오스월트 『이사야: NIV적용주석』장세훈. 김홍련역. 서울: 솔로몬,

2015.

트렘퍼 롱맨 3세,『예레미야, 예레미야애가』이철민역. 서울: 성서유니온, 2017.

이안두굿, 『에스겔: NIV적용주석』윤명훈. 임미영역. 서울: 성서유니온, 2006.

간하배, 『다니엘서의 메시아 예언』 서울: 개혁주의신행협회, 1992.

Collins, J. J. *Daniel,* Augsburg: Fortress/SCM, 1993.

김창대, 『한 권으로 꿰뚫는 소예언서』. 서울: IVP, 2013.

김근주, 『소예언서 어떻게 읽을 것인가3: 스바냐 학개 스가랴 말라기』서울: 성서유니온, 2018